Curt Riess

DAS WAREN ZEITEN

*Eine nostalgische Autobiografie
mit vielen Mitwirkenden*

VERLAG FRITZ MOLDEN
WIEN-MÜNCHEN-ZÜRICH-INNSBRUCK

1. Auflage

Copyright © 1977 by Verlag Fritz Molden,
Wien-München-Zürich-Innsbruck
Alle Rechte vorbehalten
Schutzumschlag und Ausstattung: Hans Schaumberger, Wien
Lektor: Franz Schrapfeneder
Technischer Betreuer: Herbert Tossenberger
Schrift: Garmond Garamond-Antiqua
Satz: Paul Gerin, Wien
Druck und Binderarbeit: Otava, Keuruu, Finnland
Mitglied von Finnprint
ISBN 3-217-00845-6

Inhalt

Teil I	DAS PARADIES	7
	1 Sprung in die Vergangenheit	9
	2 Das Paradies	21
	3 Was man so Spionage nennt	32
	4 Der Weltkrieg ist halb so wichtig	49
	5 Aufklärungsfilm	64
	6 Revolution	73
Teil II	DIE ZWANZIGER JAHRE	81
	7 Student	83
	8 Amerika	94
	9 Mein Zauberberg	105
	10 Karriere	126
	11 Flucht	144
Teil III	EMIGRATION	157
	12 Paris	159
	13 Unbegrenzte Möglichkeiten?	174
	14 Lebt Redfern noch?	185
	15 Roosevelt, das FBI und Josephine Baker	199
	16 Erfolg	211
	17 Lebewohl, Sport!	230
	18 Die Kommunisten und Hollywood	240
	19 Wieder ein Anfang	259
Teil IV	KRIEG	273
	20 Wie man Spion wird	275
	21 Persönliches, Allzupersönliches	285
	22 Krieg aus nächster Nähe	297
	23 Trauermarsch	313

Teil V	EIN NEUES LEBEN	327
	24 Berlin	329
	25 Kein Ende abzusehen	339
	26 Es war alles ganz anders	355
	27 Technische Störungen	367
	28 Schicksale im Umbruch	377
Teil IV (VI)	DAS LEBEN GEHT WEITER	395
	29 Ich stelle mich um	397
	30 H. H.	410
	31 Eine neutrale Heimat	419
	32 Und immer wieder E.	431
REGISTER		441

Eine nostalgische Autobiografie mit vielen Mitwirkenden

«Das waren Zeiten» von *Curt Riess*

Der Wahlzürcher Riess, mit der Schauspielerin Heidemarie Hatheyer verheiratet, blickt auf ein bewegtes Leben als vielseitiger Journalist, Schriftsteller, Mitarbeiter des amerikanischen Office of Strategic Service und guter Freund (oder profilierter Feind) zahlreicher Politiker, Schauspieler und Regisseure, Dichter und Sportler zurück. Seine Memoiren schlagen den Bogen vom kaiserlichen Deutschland bis heute.

Als Sohn eines jüdischen Geschäftsmannes verlebte der Autor seine erste Kindheit in Würzburg, die spätere in Berlin. Nach Studien in München und Heidelberg kehrte der junge Doktor in die Hauptstadt zurück, neugierig auf das Schaffen und Treiben der Künstler in den «tollen» zwanziger Jahren. Früh nahm er den Kampf gegen die Nazipartei auf und emigrierte nach deren Machtübernahme in die USA. Er betätigte sich unter anderm als Sportjournalist und schrieb gern über Sechstagerennen und Boxkämpfe. Im Krieg von den Alliierten als Deutschland-Spezialist eingesetzt, musste er einmal unvorbereitet mit dem Fallschirm abspringen. Er hatte Einfluss bei der Entnazifizierung, und sein Buch über Goebbels wurde berühmt. Als Mitarbeiter General Clays stärkte er während der Berliner Blockade die Moral der Bevölkerung durch seine Zeitungsartikel.

Aus nächster Nähe konnte Riess viele Prominentenschicksale verfolgen, und seine Anekdoten, Gespräche und Meinungen über umstrittene Grössen wie die Manns, Brecht, Gründgens, Furtwängler, Görings Frau und andere mehr sind sehr lesenswert. Interessant ist, was er über Hollywoodstars zu berichten weiss, und seine Freimütigkeit im Schildern eigener Amouren lässt man sich ebenfalls gern gefallen. (*Molden Verlag*, Wien)

Margrit Traber

ein. Minnesänger und Spielleute gaben hier ihr
Können Ausdruck; Dramatiker der Zeit sorg
für Spielbücher. Man kennt die Namen: Ad:
Purwalder, der seine Stücke im «Jedermann»-S
schrieb, Hans Sachs, Gregorius Makropedi
später auch Nikolaus Avancinus, Alois Weisse
bach und andere. Endlich behaupteten sich na
vielen Kämpfen mit den Wittelsbachern die Hal
burger, und 1420 wird für Innsbrucks Geschich
das bedeutendste Jahr; denn Herzog Friedri
lässt sich im «Neuenhof» sein Domizil erbaue
Nun ist Innsbruck Residenz, und zu einer solch
gehört das grosse Leben, gehören Feste, Umzü;
Spiele! Maximilian I. übernahm von Sigismund
Regierung über das Land Tirol, richtete viele E
hörden ein, baute sich die neue Burg, die erst unt
Maria Theresia ihr endgültiges Aussehen erhie
Das alte Gebäude des «Goldenen Dachl» dier
als Hofloge, wenn auf dem Stadtplatz öffentlic
Spiele stattfanden.

Der Jesuitenorden war an der Entwicklung d
Theaterspielens durch Jahrhunderte richtungw
send beteiligt. Er pflegte in seinen Schulen d
Drama mit verteilten Rollen besonders im Hi
blick auf den fehlerlosen Gebrauch der latein
schen Sprache und auf die Sicherheit des Au
tretens. Man arbeitete am antiken Drama sowie
der Dramatisierung biblischer Texte. Als 1562
Innsbruck das Jesuitengymnasium gegründ
wurde, gab dies der Stadt und ihrer Freude a
Theater neuen Auftrieb. Der Innsbrucker H
entwickelte sich zum Kulturzentrum auch f
weltliche Musik, deren Kunst den Italienern vo
behalten blieb. Diese fanden sich erst zu Gas
spielen ein, stationierten sich aber allmählich f
immer längere Zeit am Hof. Erzherzog Leopo
legte seinen Ehrgeiz darein, den Innsbruckern e
Komödienhaus zu bauen, worin ihn der jun;
Baumeister Christoph Gumpp, Ahnherr der dur
eineinhalb Jahrhunderte berühmten Architektenf
milie, mit seinem Talent und seinem Eifer unte
stützte. Er begab sich mit des Erzherzogs huldvo

Teil I
DAS PARADIES

1
Sprung in die Vergangenheit

Der blutjunge englische Pilot hatte die Klappe für mich geöffnet. Ich starrte hinunter, das heißt, ich sah eigentlich nichts als tiefe Nacht. Man kann auch sagen, ich sah schwarzen Samt. So ist es mir wenigstens in der Erinnerung stets vorgekommen.

Es war in den letzten Novembertagen 1943.

Nein, ich hatte keine Angst. Ich hatte bisher keine Zeit gehabt, Angst zu bekommen. Wir flogen, wie gesagt, durch schwarzen Samt. Kein Licht, nirgendwo. Auch kein Stern. Ich konnte nur immer denken: In diesen schwarzen Samt mußt du dich stürzen.

Wie war es nur so weit gekommen?

Das alles hing mit dem Gesandten Robert Murphy zusammen, den ich Bob nennen durfte; wir waren befreundet, seit Ende 1942, als er die amerikanische Landung von Algier aus vorbereitete. Wir trafen uns wieder in London. Das war wohl sechs Monate danach oder noch später.

Wir sprachen von dem und jenem. Er sagte beiläufig: „Hättest du Lust, mit Allen zusammenzuarbeiten?" Allen, das war Allen Dulles, im Privatleben Anwalt wie sein Bruder John Foster in New York. „Er ist einer der führenden Männer in der OSS – Office of Strategic Services, eine zweite Army Intelligence."

„Aber ich bin doch bei der Navy, Bob!"

„Vielleicht würde die Navy dich ausleihen." Was er nicht sagte, war, daß er dies bereits veranlaßt hatte. Auch nicht, wo Allen Dulles sich zur Zeit befand.

Das erfuhr ich etwa zwei Wochen später. Anruf in meinem Londoner Hotel in der Half Moon Street. „Ziehen Sie einen Zivilanzug an. Stecken Sie Ihren Paß und Ihre Zahnbürste ein. In einer halben Stunde werden Sie abgeholt."

Der Pilot sagte: „Zehn!"

Eine halbe Stunde nach dem Telefonanruf in London, also vor wenigen Stunden, es dämmerte schon, holte mich ein Jeep ab und brachte mich in eine Vorstadt, im Norden Londons. Wir hielten vor einer Villa. Ich wurde in einen Raum geführt, wo zwei junge Mädchen in amerikanischer Uniform auf Schreibmaschinen hämmerten. Ein Sergeant kam herein, salutierte eher lässig, maß mich mit Blicken, ging wieder, kam mit einer Uniform zurück und sagte: „Probieren Sie das, Sir. Ich denke, es sollte passen. Über Ihren Zivilanzug."

Ich erwiderte, ich hätte ja meine eigene Uniform.

„Nein, ziehen Sie diese Uniform an, und zwar über Ihren Anzug. Für alle Fälle, Sir", fügte er unheilverkündend hinzu.

Die Uniform über dem Zivilanzug war eng, aber es ging.

Drei Minuten später wurde ich in ein anderes Zimmer geführ wo ein junger Mann auf mich wartete, der sich als Colonel v stellte. Er sah auf die Uhr. „Wir haben nicht viel Zeit. In z Stunden startet die Maschine."

Ich fragte nicht, wohin. Ich hatte längst gelernt, keine unnöt Fragen zu stellen.

Der Pilot: „Neun!"

Der Colonel in London sagte, als sei es die selbstverständl Sache der Welt: „Sie wissen natürlich mit einem Fallschirm umzugehen?"

Diesmal fragte ich doch. „Warum?"

Der junge Colonel war erstaunt. „Weil Sie nicht zu Fuß in die Schweiz kommen können. Die ist nämlich von Hitler und Mussolini eingekreist."

„Ich bin noch nie abgesprungen."

„Aber Sie haben es gelernt?"

„Nein."

Der Colonel sah jetzt besorgt drein und ging zum Telefon.

Wer immer es war, mit dem er sprach: auch der schien erstaunt, daß ich kein gelernter Fallschirmspringer war. Aber wie sich aus der kurzen Konversation ergab, schien das nicht ausschlaggebend zu sein.

„Wir müssen den Plan, wie vorgesehen, durchführen. Mr. Allen Dulles hat Sie angefordert. Es ist viel zu spät, um mit ihm jetzt noch in Verbindung zu treten. Er ist vermutlich schon auf dem Weg."

Dies alles war Chinesisch für mich. Der junge Colonel ging. Der Sergeant kam wieder herein, mit einem Fallschirm. „Es ist alles ganz einfach!" beteuerte er und zeigte mir dann, wie der Apparat funktionierte. Besser: er erklärte es. Dann übten wir. Ich bestieg die Couch und sprang etwa zwanzig oder dreißig Zentimeter hinunter.

„Im Grunde kommt es nur auf die Landung an, nicht auf die Höhe . . ."

Er ließ mich mehrmals springen, seinem Gesicht war nicht zu entnehmen, ob er befriedigt war oder nicht. Als er ging, nahm er den Fallschirm wieder mit. „Ihrer liegt schon im Flugzeug, Sir."

Der Colonel sah noch einmal herein. Er konnte auch Deutsch sprechen, freilich mit starkem Akzent. Er lächelte wieder. „In Deutschland würde man Ihnen wohl Hals- und Beinbruch wünschen!"

Ich sagte ihm nicht, daß ich solche Wünsche bei einem angehenden Fallschirmspringer nicht für ganz angezeigt hielte. Ich wollte nun doch etwas mehr über das wissen, was er als „Ihre Mission" zu bezeichnen beliebte. Es war, wenn man ihm glauben durfte, alles ganz einfach. Allen Dulles säße in der, wie gesagt, eingekreisten Schweiz, genauer in Bern. Er habe mich angefordert. Wozu? Das wisse er nicht, sagte der Colonel, das sei nicht seine Sache. Die Navy habe mich bis auf weiteres freigestellt. Ich würde nach Einbruch der Dunkelheit in die Schweiz geflogen werden. Blind, natürlich, und ohne Lichter, verstehe sich. „Wir wollen den Nachtschlaf der ‚Krauts' (das waren die Deutschen) nicht stören." An einer bestimmten Stelle müsse ich abspringen. Dort würde Allen Dulles mich erwarten. Es wäre natürlich möglich, daß wir uns verfehlten. Das sei sogar gar nicht so unwahrscheinlich. Dann sollte ich meinen Fallschirm vergraben oder doch bestens verstecken, und meine Uniform ebenfalls. Und beim Morgengrauen bis zum nächsten Dorf wandern. Und einen Zug nach Bern nehmen. Und von dort aus, nicht etwa von dem Dorf, sollte ich in Bern eine bestimmte Nummer anrufen. Nein, ich dürfe sie nicht aufschreiben! Ich müsse sie mir schon merken. Das Weitere würde ich dann von Dulles erfahren.

Der Pilot sagte: „Sechs . . fünf!"

Ich äußerte meine Bedenken, als ich erfuhr, was über mich beschlossen worden war. Und wenn ich nun sehr weit von Bern landete? Oder auf einem Gletscher, in der Schweiz gab es ja viele Gletscher?

Der Colonel lächelte abermals. Dies sei nicht zu befürchten.

„Und wenn ich in Deutschland lande?"

„Dann behalten Sie natürlich Ihre Uniform an. Dann sind Sie eben ein Kriegsgefangener. Die Zivilkleidung, die Sie darunter anhaben, muß natürlich weg, sonst kostet es Ihren Kragen . . ."

Er lächelte nicht mehr.

„Machen Sie sich keine Sorgen. Sie haben einen sehr guten Piloten."

Mein Pilot sagte: „Vier . . . drei!" Und dann in unendlich schneller Reihenfolge: „Zwei . . . eins . . . los!"

Und er setzte hinzu, während ich schon im Springen war: „Viel Glück, Sir!"

Ich ließ mich fallen.

Ich hatte nicht gedacht, daß man so schnell fallen kann. Und trotzdem war es nicht so schlimm wie die Stunde vorher. Ich zwang mich, langsam zu zählen. Bei „zehn" zog ich vorschriftsmäßig die Leine. Der Fallschirm mußte sich geöffnet haben, denn der Fall wurde viel langsamer. Zuerst schien es mir, als fiele ich gar nicht mehr. Dann bemerkte ich, daß es ganz gemächlich nach unten ging. Wäre es nicht finster gewesen, ich hätte mich wahrscheinlich ganz wohl gefühlt.

Ich habe oft gehört – wer hat das nicht? –, daß man in den Augenblicken vor dem Tod noch einmal sein ganzes Leben durchlebt. Nun, so war es nicht bei mir, aber ich dachte seltsamerweise an Dinge, die eigentlich so wichtig für mich gar nicht gewesen waren. An Ereignisse . . . an Menschen, die ich gut gekannt hatte oder auch nicht so gut, mit denen ich befreundet gewesen war oder die ich immer noch als meine Freunde ansehen konnte. Sie standen ganz plötzlich klar vor mir, zum Greifen nahe. Ewald, der Schulfreund . . . der junge Werner Krauss . . . Friedrich Gundolf, der große Universitätsprofessor . . . die einmalige Fritzi Massary . . . Franz Werfel . . . Thomas Mann . . . Gustaf Gründgens . . . Max Reinhardt . . . Jean Louis Barrault . . . Sascha Guitry . . . Josephine Baker . . . Roosevelt . . . De Gaulle . . . Ernst Lubitsch . . . Fritz Lang . . . Elisabeth Bergner . . . Franz Lehár . . . Richard Strauss . . .

Ewald, mein ältester Freund, wo war er?

Ich dachte an Würzburg, an die kleinen, schmalen Gäßchen . . . die Barockkirchen . . . an Berlin, das Berlin meiner Jugend, mit sauberen Straßen . . . die großen Kinos . . . an Hollywood mit seinen unsagbar luxuriösen Villen, den Swimmingpools, den Tennisplätzen, an New York, an ein bestimmtes chinesisches Restaurant dort, an eine Kneipe in Paris, wo man gut und auch nicht zu teuer aß, an London mit seinem immergrünen Rasen, an die Place Pigalle . . . den Picadilly Circus . . . an den Times Square, von dem es hieß, man würde, wenn man nur lang genug ausharrte, alle Menschen der Welt dort vorbeigehen sehen . . . an den Sunset Boulevard, der sich bis zum Pazifischen Ozean erstreckt, an viele deutsche Städte, die ich gekannt hatte und von denen ich wußte, daß sie jetzt zerbombt waren . . . an Wien . . .

Es schien, als hätte ich das alles in den letzten Sekunden gesehen und erlebt . . . Ich dachte an die Emigration, eigentlich die Flucht aus Deutschland unter einigermaßen dramatischen Umständen . . . meine Eltern waren erst später nachgekommen, sie hatten noch ausreisen können, obwohl es nicht lange vor Beginn des Krieges war, so Ende 1938 . . .

Meine Mutter war damals, als sie in die Vereinigten Staaten kam, schon siebzig Jahre alt oder sogar noch älter, und sie saß dann in ihrer New Yorker Wohnung und sprach immerfort von dem, was gewesen war. Sie war in Sicherheit, ihr konnte nichts geschehen, aber glücklich war sie doch nicht, und das gleiche galt von ihrer Schwägerin, Tante Hede.

Und ich sah mich, wie ich die beiden besuchte, schon Anfang des Krieges, in dem sich die Vereinigten Staaten mit Deutschland, besser mit Hitler befanden, als ich den Auftrag hatte, nach London zu fliegen, und nicht genau wußte, wann ich wiederkommen würde oder ob ich überhaupt wiederkommen würde.

Da saßen sie und sprachen von ihren Jugendzeiten und insbesondere von dem heimatlichen Würzburg. Und ich erwähnte so beiläufig: „Wißt Ihr, daß der Bleicherweg jetzt Röntgenring heißt?"

„Röntgen?"

„Warum Röntgen?"

Da dämmerte es Tante Hede. „Ach ja, das war doch der Mann der Frau, die Tante Melanie die Köchin wegengagieren wollte."

„Es war umgekehrt", rief meine Mutter. „Melanie wollte ihr die Köchin abspenstig machen. Aber warum wird dann der Bleicherweg nach ihr genannt?"

Sie wußten nichts von Röntgenstrahlen. Oder sie hatten es vergessen.

Und die Damen wandten sich wieder anderen Themen zu. Irgendwie kamen sie auf meinen Vater zu sprechen, von dem ich eigentlich sehr wenig wußte. Er war gestorben, als ich knapp zehn Jahre alt war. Ich wußte nur noch, daß ich ihn sehr schön fand mit seinem langen, täglich von einem ins Haus kommenden Friseur mit der Brennschere bearbeiteten Schnurrbart. Er war übrigens wirklich das gewesen, was man damals einen schönen Mann nannte. Er trug sich sehr elegant und besaß unter anderem siebenunddreißig bunte, seidene Westen, zum Teil auch aus Brokat, wie meine Mutter nie müde wurde, mir fast vorwurfsvoll mitzuteilen. Welche Verschwendung!

Aber die beiden alten Damen gingen in ihren Erinnerungen viel weiter zurück.

Ich sah sie förmlich vor mir, wie sie wieder junge Mädchen waren, die sich über einen jungen und – natürlich – heiratsfähigen Mann ereiferten, meinen Vater eben. Sie wußten, wie sie betonten, „alles" über ihn, und dies „alles" erfüllte sie mit einer Art verruchtem Enthusiasmus. Man bedenke: Dieser junge, zumindest für Würzburger Verhältnisse elegante Herr, Mitinhaber des von seinem Vater gegründeten Herrenschneider-Geschäfts, dem besten am Platze – Steinam & Co. –, Bernhard Steinam also, besuchte fast allabendlich das Stadttheater. Er hatte ein Jahresabonnement für den Sitz No. 1 in der ersten Reihe Parkett. Schlimmer noch, er hatte ein Verhältnis mit der Soubrette.

„Sie war eine Französin!"

„Nein, sie war nur Belgierin!"

Die beiden alten Damen, wieder in Backfische verwandelt, konnten sich nicht einig werden. Wohl aber darüber, daß die Soubrette eines Tages Würzburg verließ, um nach Brüssel zu gehen oder nach Paris; und mein Vater sandte ihr zum Abschied ein unerhörtes Blumenarrangement von ungefähr einem halben Meter Durchmesser, eine Uhr darstellend; und statt der Stundenziffer war jeweils eine seiner Photographien zwischen den Blumen zu finden. Das Arrangement wurde der betörenden Dame nicht nur auf die Bühne gebracht, sondern schon vorher von dem nicht gerade diskreten Blumengeschäft in seine Auslage gestellt, wo die beiden Mädchen, meine Mutter und meine Tante, es nach Lust betrachten konnten, wie alle, die nicht ins Stadttheater gehen durften oder konnten.

Das war etwa 1890.

Was die Blumenuhr anging – bis Brüssel oder Paris dürfte sie kaum gelangt sein. Durch welches Coupéfenster sie wann und wo geworfen wurde, vermag wohl niemand mehr zu sagen.

Ich erinnere mich, daß mein Vater, ich mochte vier oder fünf Jahre alt gewesen sein, mir eine ziemlich geräumige Bühne bauen ließ, die fast mein Kinderzimmer ausfüllte. Ich sehe noch, wie der Schreiner und seine Gehilfen das Kunstwerk über die Treppe in unsere Wohnung beförderten, gefolgt von meiner wohl vom Einkaufen zurückkehrenden Mutter, die aussah, als wolle sie die Hände über dem Kopf zusammenschlagen, was ihr aber durch die vielen Pakete unmöglich gemacht wurde. Es handelte sich um eine unerhörte Verschwendung – aber mir, alleinigem Autor der Werke, die dort aufgeführt werden sollten, Regisseur und Darsteller, vor bewundernden Tanten agierend, machte die Sache ungeheuren Spaß.

Die Stimme des Piloten: „Zwei ... eins ... los! Und viel Glück!"

Ein oder zwei Minuten nach meinem Absprung wußte ich, daß der Pilot, dessen Namen ich nie erfahren sollte, nicht irgendein Pilot war, sondern ein Genie. Ich kann nur hoffen, daß er eine hohe Auszeichnung erhalten hat.

Unter mir eine weite schneebedeckte Fläche. Ich sank langsam auf sie zu, ich sank vielleicht einen oder zwei Zentimeter in sie ein. Als ich mich aufrichtete, sah ich, in etwa zehn bis zwanzig Meter Abstand, einige Lichter, die einen Kreis um mich bildeten. Und ich hörte aus allernächster Nähe eine Stimme: „Sind Sie das, Curt?"

Es war Allen Dulles mit einigen seiner, unserer Männer, die mich hier, ganz genau hier, erwartet hatten. Wenn man so etwas im Kino sieht, sagt man: Zu unwahrscheinlich! Aber ich war nicht im Kino. Ich war im Berner Oberland. Ich fuhr mit Allen und drei seiner Assistenten im Auto nach Bern – die anderen folgten in anderen Wagen, die sich bald hinter uns verloren.

Der unsrige hielt vor einer kleinen Villa. Allen schloß die Tür auf und führte mich – in die Küche. In der ganzen Zeit unserer Zusammenarbeit sollten unsere Verhandlungen immer in Küchen stattfinden. Das war eine von vielen Eigenarten Allens.

„Diese Villa und die beiden zur rechten und die drei zur linken sind von uns gemietet. Die Deutschen wissen das natürlich. Deshalb werden Sie auch hier nicht wohnen können. Sie steigen in einem Hotel ab. Die sind ja alle recht leer jetzt. Kennen Sie ein Hotel hier? Was sagen sie zum ‚Metropole'? Ist anständig und nicht zu prominent. Hier ist das Berner Telefonbuch. Und hier ist ein Block und ein Bleistift. Schreiben Sie Ihren Namen, die Telefonnummer und die Adresse darauf."

Und während ich das tat, erklärte er mir, warum er mich in die Schweiz hatte kommen lassen. Dann ergriff er den Block, riß die von mir beschriebene Seite ab, steckte sie ein, nahm ein Gefäßchen vom Tisch, streute daraus irgend etwas Sandartiges auf die nächste Seite des Blocks. Und siehe da – mein Name, die Telefonnummer, die Adresse des Hotels, alles wurde sichtbar.

„Und das, zum Beispiel, dürfen Sie nie wieder machen", bemerkte Allen trocken. Ich hatte meine erste Lektion in Spionage erhalten.

Am nächsten Abend in Bern ging ich – ins Stadttheater. Mein Hotelportier hatte mir, nicht ohne Schwierigkeiten, wie er behauptete, eine Karte besorgt. Man gab eine Oper von Lortzing – aber es handelte sich um eine geschlossene Vorstellung, Volksbühne, glaube ich, die sich möglicherweise auch anders nannte. Es war das erste Mal seit zehn Jahren, daß ich wieder deutschsprachiges Theater sah, und ein halbes Leben, seitdem ich eine so schlechte Aufführung gesehen hatte.

Das war damals in Würzburg zu einer Zeit gewesen, als ich noch nicht in die Schule gehen mußte. Ich liebte das Theater – offenbar eine Erbschaft meines Vaters – und ich liebte vor allem die Schauspieler des Würzburger Stadttheaters. Sie verkehrten nämlich viel bei uns. Mag sein, daß, wie gemunkelt wurde – in einem Städtchen wie Würzburg wird immer gemunkelt –, daß also meine sehr gut aussehende Mutter den männlichen Darstellern besonders gut gefiel. Zurückblickend glaube ich heute allerdings, daß ihnen vor allem unsere Küche zusagte.

In den ersten Jahren unseres Jahrhunderts waren Schauspieler und Schauspielerinnen eines so kleinen Theaters wie das in Würzburg nicht besonders gut honoriert. Man bedenke: ein Stück, das durchfiel, brachte es auf zwei Aufführungen, ein Erfolg lief etwa fünf- oder sechsmal. Nur ausgesprochene Schlager wie etwa „Die lustige Witwe" oder „Der Walzertraum" wurden zehnmal und öfter gespielt.

Das bedeutete für die meisten Schauspieler und Schauspielerinnen, daß sie fast täglich auftreten mußten und auch noch Proben hatten, pro Stück zwei Proben und eine Hauptprobe, auch die letztere noch ohne Kostüm und Maske. Übrigens: In Würzburg brach, das war, glaube ich, im Jahre 1911 oder 1912, der vermutlich erste Theaterstreik der Welt aus. Dabei gelangte an die Öffentlichkeit, wie stark beschäftigt die einzelnen Darsteller waren. Einer konnte nachweisen, daß er in fünf Spielzeiten à zehneinhalb Monate nur sechsmal nicht mitgewirkt hatte, Sonntagnachmittagsvorstellungen eingerechnet. Er war zwar als Komiker engagiert, aber fand natürlich auch in Operetten und klassischen Dramen Verwendung, ja er mußte sich selbst bei „Carmen", „Tannhäuser" und „Lohengrin" unter das Volk mischen.

Und die Gagen waren eben so, daß die Künstler sich allenfalls ein möbliertes Zimmer leisten konnten, vielleicht sogar deren zwei. Bei den Oberkellnern jedes Restaurants und wohl auch jedes Cafés, wo sie sich des öfteren mit zwei Eiern im Glas verköstigen mußten, hatten sie Schulden.

Bei uns aßen sie besser und brauchten nicht zu zahlen. Ich sehe noch den Tisch – oder war es eine Kommode? –, wo ständig ein paar kalte Speisen hergerichtet waren: Schinken, Roastbeef, Gänseleber, denn die Künstler kamen infolge ihrer Überbeanspruchung durch das Theater zu allen Tages- und zu vielen Nachtzeiten.

Mein Liebling war der Operettentenor Hans Fürst, ein gutaussehender junger Mann, übrigens auch der Liebling zahlloser Würzburger Damen und Mädchen, soweit sie Operette sehen durften. (Nebenbei: Er mußte auch sonst mitspielen, zum Beispiel den Spiegelberg in den „Räubern" und natürlich in allen Boulevardkomödien.)

Nun durfte ich zwar schon mit etwa vier oder fünf Jahren ins Theater, natürlich nur in Sonntagnachmittagsvorstellungen, aber ich bekam dennoch so ungefähr alles zu sehen, sogar Stücke, die man damals für gewagt hielt, wie etwa besagte „Lustige Witwe" oder den „Walzertraum", und deren sogenannte erotische Pointen – ach, du lieber Gott! – ich keineswegs verstand, ja nicht einmal begriff, daß es da etwas zu begreifen gab.

In jener Zeit war es an Provinztheatern – und wohl nicht nur auf solchen – üblich, zu improvisieren; und improvisieren bedeutete in neun von zehn Fällen, auf jemanden im Publikum anzuspielen, was jedes Mal ungeheure Heiterkeit auslöste.

In der „Lustigen Witwe" geschah es auch mir.

Der Held, Graf Danilo – sprich Hans Fürst – ist – Gott mag wissen, warum – in eine peinliche Situation geraten. Und bevor er abgeht, um anderen Platz zu machen, hat er etwa zu sagen: „Ich weiß gar nicht, was ich jetzt tun soll – ich muß mir das überlegen." Stattdessen sagt er mit Bezugnahme auf mich kleinen Jungen, der in der Proszeniumsloge vor Entzücken ganz außer sich gerät – und dabei lächelt er mir zu: „Was soll ich bloß tun? Ich werde meinen Freund Curt Steinam fragen!"

Allgemeines Gelächter.

Auch meine Mutter mochte Fürst. Damals gab es für die wichtigsten Darsteller noch sogenannte Benefizvorstellungen – das heißt, der betreffende Künstler erhielt die gesamten Einnahmen der Vorstellung, nach Abzug der Spesen, versteht sich. Solche Benefizvorstellungen gaben auch Anlaß, den jeweils Gefeierten mit Geschenken zu überhäufen, die dann am Ende der Vorstellung auf die Bühne gebracht wurden. Es handelte sich meist um Körbe voller Blumen oder auch Obst. Der Korb meiner Mutter – und natürlich meines Vaters – enthielt Konservenbüchsen, zahlreiche Würste, Schinken und statt einer Schärpe mit Widmung eine weithin sichtbare Unterhose – die Fürst wohl notwendiger brauchte als Blumen und Bänder.

Ich war damals im Theater gewissermaßen zu Hause. Ich kam, natürlich tagsüber, oft hinter die Bühne oder in den sogenannten Schrannensaal, vis-à-vis des Bühneneingangs, wo die Dekorationen aufbewahrt wurden. Wohlgemerkt, es gab niemals, wirklich niemals für ein neues Stück eine neue Dekoration. Gleichgültig, ob es sich um „Wallenstein", „Carmen" oder die „Dollarprinzessin" handelte: alles wurde dem Dekorationsfundus entnommen. Und es bereitete mir diebischen Spaß, festzustellen, daß die Wartburg im „Tannhäuser" identisch war mit dem Palais der „Lustigen Witwe". Und dasselbe Verwendungsprinzip galt auch für Kostüme. Man akzeptierte mich hinter der Bühne und im Schrannensaal, ich war ja noch so klein – und die Büfetts meiner Mutter waren so schmackhaft.

Ich hatte auch schon eine Art professionelle Einstellung zum Theater, die sich durchaus nicht auf die Entdeckung bereits bekannter Dekorationen oder Kostüme beschränkte. Zum Beispiel gab man einmal, möglicherweise auch zweimal, ein ziemlich albernes Stück von Theodor Körner mit dem Titel „Zriny". Zriny ist – vor hunderten von Jahren – ein ungarischer Burgbesitzer, der sich gegen die anstürmenden Türken zur Wehr setzt. Das Ende: Man sieht die Türken gegen die Burg stürmen. Es öffnet sich das Tor und Zriny nebst den wenigen überlebenden Ungarn stürzt heraus. Sie werden Mann für Mann niedergemacht. Als auch Zriny fällt, erscheint seine Frau auf dem Pulverturm und wirft eine brennende Fackel in diesen. Explosion. Sämtliche Türken sterben. Aus. Das wußte ich aus der damals selbstverständlichen Lektüre von Theodor Körners Gesammelten Werken.

„Das können die nicht machen!" prophezeite ich in meinem reifen Alter von neun Jahren. Und um dies festzustellen, ging ich also ins Theater. Ich sollte recht behalten. Als Gräfin Zriny die Fackel in den natürlich gemalten Pulverturm warf, geschah überhaupt nichts. Infolgedessen rappelten sich die toten Ungarn wieder auf. Zriny und die Seinen begannen von neuem zu kämpfen, zu fallen, die Dame schleuderte von neuem die Fackel, die ihr wohl der Inspizient inzwischen gereicht hatte, in den Pulverturm, der, ach, so unversehrt geblieben war. Wieder nichts. Noch einmal das Ganze von vorn. Als auch das drittemal nichts passierte, fiel der Vorhang.

„Ich hab's mir gleich gedacht!" konstatierte ich befriedigt. Rückschauend vermute ich, daß die meisten Würzburger bis auf den heutigen Tag nicht wissen, wie „Zriny" eigentlich ausgehen sollte.

Erstaunlich, daß mir in meinen Erinnerungen an Würzburg immer zuerst das Theater einfällt, das, wie immer man zum Theater auch stehen mag, so wichtig nicht war. Daß mir in frühester Jugend die Architektur dieser herrlichen Stadt nicht einmal bemerkenswert vorkam; auch nicht, daß Würzburg, weil es so klein war, auch behaglich und bequem war. Man war überall, wohin man nur wollte, zu Fuß in ein paar Minuten. Dieser Umstand kam mir damals so selbstverständlich vor, daß ich ihn gar nicht zu schätzen wußte. Es war eine Selbstverständlichkeit.

All das ging mir durch den Kopf, als ich an jenem Novemberabend 1943 einer Vorstellung von Lortzings „Waffenschmied" im Berner Stadttheater beiwohnte. Die Erinnerungen stimmten mich ein wenig traurig – ich weinte sogar ein bißchen, sehr zum Erstaunen der Zuschauer in meiner Nähe, denn so traurig war die Oper gar nicht.

Und dann dachte ich an die Rolle, die ich nun in den nächsten Tagen, Wochen oder vielleicht auch Monaten auf einer anderen, viel gefährlicheren Bühne spielen würde – in Deutschland, mitten im Krieg.

2
Das Paradies

Mit neun Jahren machte ich eine wahrhaft sensationelle Entdekkung, auf die ich noch heute stolz bin – und das ist ohne Ironie gesagt. Andere Kinder interessierten sich für Zinnsoldaten – damals jedenfalls – oder für die Geschichten von Karl May, und sie spielten auch entsprechende Spiele. Ich dagegen interessierte mich, wie gesagt, eigentlich immer nur fürs Theater.

Da war also die Geschichte, die nicht im heimischen Würzburg spielte, sondern etwa um die gleiche Zeit – jedenfalls war ich noch nicht zehn – in Fürth, damals etwa zwei Zugstunden von Würzburg entfernt, wo ich bei einer Tante zu Besuch weilte. Die ließ mich eine Sonntagnachmittagsvorstellung der „Räuber" im Fürther Stadttheater sehen. Das Stück interessierte mich, der Darsteller des Franz faszinierte mich. So etwas hatte ich nicht für möglich gehalten, geschweige denn gesehen. Und so geschah es denn, daß ich mich nach der Vorstellung, doch etwas anders, als ich es als Bühnen-Roué gewohnt war, vor der Bühnentür postierte. Man bedenke: ich, der in Würzburg einfach hineingegangen wäre.

Als schließlich der „Franz" herauskam, ein gedrungener kleiner Mann mit einer weißblonden Mähne, berührte ich ihn leicht am Rücken.

„Was willst du denn, Kleiner?"

„Ich wollte nur sehen, ob Sie wirklich, ich meine wirklich lebendig sind."

Ich hatte diese Geschichte längst vergessen, als mich der Schauspieler etwa zehn Jahre später daran erinnerte. „Eigentlich hast du mich entdeckt", schmunzelte Werner Krauss, damals schon berühmt.

Seltsam, daß mir bei dieser Vorliebe fürs Theater eigentlich nie der Gedanke kam, selbst Schauspieler zu werden. Viele haben mich gefragt, warum ich es nicht wurde, darunter kein Geringerer als der große Theatermann Max Reinhardt. Genaugenommen weiß ich es selbst nicht, nicht einmal nach so vielen Jahren.

Wenn ich an meine früheste Jugend zurückdenke – und das ist schwerer, als die meisten, die Memoiren schreiben, es einen glauben machen wollen –, sehe ich eigentlich nur eine Frau. Es war nicht meine Mutter, nicht eine Verwandte, es war Rosa. Unsere Köchin, unser Zimmermädchen, unser Mädchen für alles und vor allem für mich. Sie mochte Ende Zwanzig gewesen sein – und schon lange in unseren Diensten, mehr Jahre, als ich selbst zählte.

Ein Mädchen vom Lande, übrigens devote Katholikin, die jeden Morgen zu abenteuerlichen Zeiten vor dem Frühstück in die Kirche eilte. Sie war bis auf drei Tage gleichen Alters wie meine Mutter. Später, wenn diese in einem Anfall von Mißmut zu ihr sagte: „Rosa, Sie werden alt!", pflegte sie regelmäßig zu antworten: „Immer noch drei Tage jünger als Sie, Frau Steinam!" Sie sagte nie „gnädige Frau" – das war übrigens in Würzburg nicht üblich –, aber sie tat es auch später in Berlin nicht, wo es eigentlich selbstverständlich war. Ihre Begründung: „Gnädig ist nur der liebe Gott!"

Sie hat mich aufgezogen. Sie war immer für mich da. Abends, wenn meine Eltern ausgingen, aßen wir zusammen. Ich höre sie noch, wie sie beim nahen Metzger die Mahlzeit bestellt: „Für zehn Pfennige gemischten Aufschnitt."

Das gab es damals noch, und das reichte für zwei.

Ich liebte Rosa, gar nicht liebenswert aussehend, klein, dürr, das Gesicht fast hart, und ich konnte mir das Leben ohne sie gar nicht vorstellen. Sie mußte mich wecken, anziehen, am Abend ausziehen und zu Bett bringen. Sie stand mir viel, viel näher als meine elegante Mutter oder auch Vater mit seinem ehrfurchtgebietenden Schnurrbart – vor dem ich übrigens nie Angst hatte.

Meine Liebe zu Rosa wurde erwidert. Wie sehr, habe ich erst später ganz begriffen. Und es muß nicht leicht für sie gewesen sein. Denn sie stand, da gab es keinen Zweifel, unter dem Einfluß der Schwestern eines nahen Klosters, und die waren, wie fast ganz Würzburg, eher antisemitisch. Man wollte uns – damals noch – nicht gerade umbringen, aber man wollte tunlichst wenig mit uns zu tun haben. Und bei Juden dienen? Warum denn?

Das alles wurde mir erst viel später klar; auch daß bis zum Jahre 1803 Juden überhaupt nicht in Würzburg leben durften. Die wenigen, die dort arbeiteten, mußten jeden Morgen aus dem benachbarten Dorf Heidingsfeld kommen und am Abend wieder zurückwandern.

Ich erlebte zum ersten Mal, daß es so etwas wie Antisemitismus gab, als ich in die Schule kam, und zwar für die ersten drei oder vier Jahre in die sogenannte Vorschule der jüdischen Gemeinde, meist „jüdische Schule" genannt, gegenüber der Synagoge. Um dorthin zu gelangen, mußten wir durch die ungemein schmale Kettengasse, und hier war es denn auch, wo uns die so christlichen Rowdies, meist etwas älter als wir, auflauerten und uns als „Jid" beschimpften.

Unsere Eltern empfahlen uns, das zu ignorieren, was wir auch taten, bis die anderen tätlich wurden. Und da wehrten wir uns, und, immer wenn die guten Christen sich nicht in der absoluten Überzahl befanden, keineswegs ohne Erfolg. Die Verkeilten liefen dann fort. Damals begriff ich, daß Antisemiten immer feige sind, wenn sie sich nicht in der Übermacht befinden. (Statt Antisemiten kann man auch das Wort Nationalisten setzen.)

Sie waren auch – das sollte ich bald erfassen – dumm. Sie taten – und tun – sich viel darauf zugute, daß ihre Vorfahren schon vor Jahrhunderten gelebt hatten. Unsere etwa nicht? Klarer Unterschied: sie verfolgen ihren Stammbaum, wir wurden wegen unserer Stammbäume verfolgt.

Warum mir gewisse Augenblicke oder Szenen aus meiner Kindheit wieder ganz wahllos vor Augen kamen?

Ich sah noch die Männer in unsere Wohnung treten, um anstelle des Gaslichts elektrisches Licht zu installieren. Ich weinte, es war wohl der erste Abschied in meinem jungen Leben. Gaslicht – das war so gemütlich gewesen, und das elektrische Licht war so kalt, so grell.

Oder da war das Telefon. Meine Mutter benutzte es häufig, wenn auch nicht so oft wie wir alle später. Damals gab es noch das Fräulein vom Amt. Man nahm den Hörer ab und kurbelte – oder vielleicht war die Reihenfolge auch umgekehrt, und es meldete sich besagte Dame. Dann nannte man eine Nummer, natürlich allerhöchstens eine dreistellige – Würzburg hatte damals keine tausend Telefonanschlüsse, ich glaube, nicht einmal halb soviel. Und hernach meldete sich der oder die Angerufene; oder auch nicht, weil besetzt. In letzterem Fall ertönte kein Zeichen, sondern die Amtsperson äußerte kurz: „Besetzt!" Oder – im Fall einiger Vertrautheit, wie etwa bei meiner Mutter, sie ging in Details: „Frau Steinam, Frau Bing telefoniert gerade mit Frau Frank."

„Die Erinnerung ist das einzige Paradies, aus welchem wir nicht getrieben werden können", hat Jean Paul einmal geschrieben. Und doch gilt das nicht für alle meine Erinnerungen, und sicher nicht für die sogenannten interessanten und daher beschreibenswerten, sondern eher für die an meine Kindheit, die so gar nichts Besonderes aufzuweisen haben, und wohl gerade deshalb.

Meine frühe Kindheit war geruhsam und, wie ich erst viel später begriff, eher behütet. Wie kann man nicht Beschreibenswertes beschreiben? Würzburg war eine kleine Stadt – ihre Schönheit habe ich erst viel später schätzen gelernt, aber dieser Mangel an Weitläufigkeit war eben für das Kind, wenn auch unbewußt, das Entscheidende. Man war überall so schnell, bei Freunden, Tanten, Onkeln, Großeltern – und, natürlich, immer zu Fuß. Gewiß, es gab eine Straßenbahn, eine elektrisch betriebene sogar, aber wenn ich ehrlich sein soll, weiß ich nur von einer Person, die sie benutzte: die wohlbeleibte Mutter meines Vaters, von mir Großmutter Steinam genannt.

Tag für Tag saß sie in ihrem Lehnstuhl, der auf einem Podest ihres Wohnzimmers stand, und sah durchs Fenster. Vor diesem war ein sogenannter Spion angebracht, ein Spiegel, der es ihr ermöglichte, nicht nur zu beobachten, was auf der Martinsgasse vor sich ging, sondern auch die Ereignisse auf der Eichhornstraße, die zwar schmal, aber doch belebt war, zumindest für Würzburger Verhältnisse. Neben ihr saß meist ihr kleiner Hund unbestimmbarer Rasse, Ammi genannt. Ich erinnere mich noch, daß er sich einmal erkältete. Meine Großmutter gab ihm Hustenbonbons und war ärgerlich, daß er sie zerbiß und schluckte. Sie ermahnte ihn: „Schnull'n mußt du, Ammile, net beißen!" Aber Ammile verstand sie wohl nicht, biß weiter und starb bald darauf – übrigens in schon reiferem Alter.

Die besagte Großmutter Steinam bestieg also jeden Sonntag die Straßenbahn, im Sommer den offenen Anhängerwagen, nicht ohne

Hilfe des Schaffners, und fuhr zum Guttenberger Wald. Dort befand sich ein Restaurant, und alle anderen Passagiere stiegen aus, auch diejenigen, die nicht einkehrten, sondern sich im Wald ergehen wollten. Nicht so meine Großmutter. Sie blieb sitzen und machte die Rückfahrt zum Hauptbahnhof mit, blieb abermals sitzen, und das Ganze spielte sich noch ein zweites Mal ab. Das kostete vierzig Pfennige, und dazu kam das fürstliche Trinkgeld von zehn Pfennigen für den Schaffner, der sich nicht genug dafür bedanken konnte.

Wenn keine gesellschaftlichen oder theatralischen Verpflichtungen vorlagen, pilgerten meine Eltern meist zu meinen Großeltern Straus, den Eltern meiner Mutter. Mein Großvater war Weinhändler. Sein Standardwitz: „Man kann Wein auch ohne Wasser herstellen!" Er war gescheit und gerissen und sehr geschickt – was ich alles erst später erfuhr – und infolgedessen bald reich genug, um seinen zahlreichen Kindern – ich glaube, es waren neun oder zehn – für damalige Verhältnisse erstaunlich hohe Mitgiften von jeweils hunderttausend Mark mitzugeben. Warum er Straus mit einem „s" und nicht Strauss mit zwei „s" hieß, ist nie herausgefunden worden; die Juden sind nur selten Familienforscher. Wahrscheinlich ist, daß, als die meisten deutschen Juden Namen bekamen – so gegen Ende des achtzehnten Jahrhunderts –, das zweite „s" durch Unachtsamkeit eines Beamten verlorenging.

Ignaz Straus machte, soweit ich weiß, nur einen entscheidenden Fehler in seinem Leben, will sagen: spekulierte nur einmal falsch. Er baute sein Dreifamilienhaus in der Kapuzinergasse, einer unansehnlichen Gasse. Richard Wagner hatte übrigens eine Zeitlang dort gewohnt, als er die „Feen" komponierte. Eine Tafel bezeugte das, sie ist aber seit Kriegsende verschwunden. Der Grund dafür, daß mein Großvater die Kapuzinergasse wählte, war der, daß sie in nächster Nähe der Ludwigshalle gelegen war, einem Bahnhof für Lokalverkehr mit Pferdewagen; er rechnete sich aus, daß später einmal aus dieser Ludwigshalle der Hauptbahnhof für „richtige", das heißt mit Dampf betriebene Züge werden würde. Das hätte die Kapuzinergasse zu einer Hauptstraße werden lassen. Aber der Hauptbahnhof wurde an anderer Stelle gebaut, die Kapuzinergasse blieb eine Gasse, und die erhoffte Wertsteigerung des Grundstücks blieb aus.

Seine Kinder neckten ihn oft wegen dieser Fehlspekulation. Im übrigen hatten sie gewaltigen Respekt vor ihm. Mit Recht. Er war eine Persönlichkeit. Sein Tag: Um sieben Uhr stand er auf, nahm ein keineswegs frugales Frühstück zu sich, ging dann ins Geschäft, will sagen, er ging von seiner Parterrewohnung über einen etwa fünf Meter breiten Hof in sein Büro; aus dem rührte er sich nicht bis zehn, dann erschien er wieder in seiner Wohnung, um ein zweites, keineswegs frugales Frühstück zu sich zu nehmen, mittels dessen es ihm gelang, bis zum Mittagessen durchzuhalten. Das bestand aus Fleischbrühe mit Einlage, Suppenfleisch, Braten und Mehlspeise, die Nebengerichte nicht eingerechnet. So gestärkt, konnte er es bis zum Kaffee um etwa vier Uhr aushalten und dann bis zum Abendessen um etwa sieben Uhr.

Nach jeder Mahlzeit pflegte er zu versprechen: „Wenn mir morgen so ist wie jetzt, esse ich keinen Bissen!"

Begreiflich, daß er dick und dicker wurde. Daran änderte auch die jährliche Badereise nach dem nahen Kissingen nichts, der einzige Luxus, den er sich gönnte. Es kam schließlich dahin, daß er eines Tages auf der Toilette zusammenbrach, das heißt, nicht er, sondern die Toilette unter ihm. Die Tür mußte auf seine Hilferufe hin gewaltsam geöffnet werden, und drei Männer seiner Kellereien, die schließlich Gewichte von Weinfässern gewohnt waren, mußten sich gewaltig anstrengen, um ihn aus den Trümmern hochzuziehen.

Nun verordnete der Arzt eine Diät, gar nicht so streng, an heutigen Maßstäben gemessen. Immerhin durfte er fast nichts mehr von dem essen, was die anderen Familienmitglieder – darunter ich – mit sichtbarem und oft hörbarem Appetit verspeisten. Unvergeßlich seine kleinen, tief in Fett eingebetteten Augen, listige Augen, die uns, oder besser das, was auf unseren Tellern lag, mit unverhohlenem Neid betrachteten. Unvergeßlich, wie er mit unheimlicher Schnelligkeit plötzlich mit seiner Gabel auf einem unserer Teller landete und den so erbeuteten Leckerbissen in seinem Munde verschwinden ließ, bevor wir richtig begriffen, was geschehen war.

Großvater Straus war kein orthodoxer Jude. Ich glaube, er besuchte die Synagoge nur selten, schon aus Bequemlichkeitsgründen. Aber irgendwo zog er die Grenzen. Als einer seiner Söhne in noch jugendlichem Alter magenkrank wurde und der Arzt mageren Schinken verordnete, gab es lautstarke Szenen ohne Ende.

Gravierender war der Fall von Onkel Paul. Der stand mit der von ihm gegründeten Firma für Chemikalien vor dem Bankrott – Großvater konnte ihn nur mit erheblichen Zuschüssen davor bewahren. Schlimmer, Onkel Paul hatte sich in eine junge Dame vom Varieté verliebt – jawohl, es gab in Würzburg, wie eigentlich in allen deutschen Städten damals, ein Varieté. Er wollte sie heiraten. Am schlimmsten – die Dame war Christin. Mein Großvater soll außer sich gewesen sein.

Später, viel später mußte ich mir eingestehen: dies war Hitlerismus mit umgekehrten Vorzeichen. Immerhin: Onkel Paul wurde in kein Konzentrationslager gesperrt, er bekam nur eine Schiffskarte nach Amerika – damals die gängige Art der Ausstoßung. Ob die betreffende Dame ebenfalls auf Kosten meines Großvaters in das Land der vielleicht auch für Liebende unbegrenzten Möglichkeiten transportiert wurde, war für mich nicht mehr auszumachen.

Neben Rosa, die ich sehr liebte und an der ich mehr hing, als einem Kind überhaupt bewußt sein kann, war mir der liebste Mensch in meiner noch kleinen Welt mein Großvater Steinam. Man kann sich kaum einen größeren Unterschied vorstellen wie den zwischen dem mächtigen und sehr souverän, um nicht zu sagen diktatorisch auftretenden Großvater Straus und dem Vater meines Vaters. Er war nicht eben groß, fast zierlich, ungemein liebenswert und von einer geradezu beispiellosen Bescheidenheit.

Dabei hatte er es weit gebracht. Er hatte wohl als Schneidergeselle irgendwo im Frankenland begonnen, war früh nach Würzburg gekommen und hatte dort bald einen Herrenkleiderladen eröffnet. Einen? Nein, den besten der Stadt. Wenn ich, was man mir später erzählt hat, glauben darf, so hat es für ihn nicht nur in dieser Stadt, sondern auch in Nürnberg und München keine eigentliche Konkurrenz gegeben. Die feinsten Leute Bayerns ließen sich bei ihm ihre Anzüge schneidern und die Beamten ihre Uniformen.

Darin bestand übrigens das Hauptgeschäft: Diese Beamten, wo immer sie lebten, aufzusuchen, in Bamberg und Aschaffenburg, in Bayreuth und Augsburg, und eben auch in Nürnberg und München, ihnen anhand von Stoffmustern Anzüge und Uniformen zu verkaufen, Maß zu nehmen, nach einiger Zeit wieder mit der

Anprobe zu erscheinen, um festzustellen, ob alles paßte, und dann noch ein drittes Mal zu kommen, um das fertige Stück abzuliefern.

Soweit ich mich erinnern kann, war es mein Großvater – er ging damals schon auf die Siebzig zu –, der diese strapaziösen Reisen unternahm. Der Alte war ein ungewöhnlich erfolgreicher Geschäftsmann, er hatte, nach dem gerechnet, was er seinen Kindern zu Lebzeiten schenkte und nach seinem Tod hinterließ, mindestens ein bis zwei Millionen verdient. Aber in das Würzburger Geschäft paßte er nicht mehr so recht; das war ein Unternehmen geworden, in dem es etwas förmlich, um nicht zu sagen steif, zuging, während mein Großvater mehr der zutraulichen, wie man wohl sagen darf etwas altmodischen, wenn nicht veralteten Verkaufsmethode anhing. Nein, in den vornehmen Laden paßte er nicht mehr so recht.

Ich sagte, daß seine Söhne gar nicht mehr so glücklich darüber waren, daß mein Großvater jede Woche auf Reisen ging und Bestellungen annahm und Anproben selbst durchführte. Er tat das auf eine ziemlich alte, damals schon altmodische, aber bewährte Art. Wenn er dem Kunden – meist Beamten oder Offizieren – ein Jackett überzog, das zu weit war, dann sah das der Kunde gar nicht. Während er sich im Spiegel von vorn betrachtete, hielt mein Großvater hinten das Sakko dergestalt zusammen, daß es vorn anzuliegen schien. Und wenn der Kunde sich umdrehte, so hielt mein Großvater das Sakko vorn zusammen.

Das fanden seine Söhne schon ein bißchen unmöglich. Mein Großvater hielt es für selbstverständlich. Und der Erfolg gab ihm wohl recht. Nicht nur, daß er ein blühendes Geschäft aufbaute, die Kunden waren stets zufrieden, und zu ihnen gehörten hohe und höchste Beamte. Die sogenannten feinen Leute waren erfreut und geehrt, daß der alte Mann sie immer wieder besuchte, anstatt daß er das, wie seine Söhne es gewollt hätten, irgendwelchen Angestellten überließ.

Für meinen Großvater, der, abgesehen von den Zuschneidern und Schneidern, ungefähr zwanzig Angestellte gehabt haben dürfte, gab es den Begriff des „minderen" Angestellten überhaupt nicht. Dazu war er viel zu bescheiden. Er schätzte sich nicht höher ein als andere auch. Er war immer zuvorkommend und rücksichtsvoll.

Mehr als fünfzig Jahre später erscheint es mir manchmal, als habe er seinen außerordentlichen Erfolg nie begriffen. Zwar hätte er überhaupt nicht mehr arbeiten müssen, und mein Vater legte ihm das mehrmals nahe. Er war ja Millionär – man bedenke, so um 1906 herum! – und hätte leben können wie ein Millionär. Aber gerade das vermochte er nicht. Er wäre sich ohne Arbeit ganz überflüssig vorgekommen.

Den Sonntag verbrachte er zu Hause, auch wenn seine Frau die erwähnten Exkursionen mit der Straßenbahn unternahm. Um zehn ging sie zu Bett, und eben um diese Zeit verließ er das Haus. Er hätte bis drei Uhr morgens warten können, denn erst dann fuhr der Zug, den er Woche für Woche benutzte, damit er um sieben oder acht seine ersten Kunden besuchen konnte. Aber das hätte bedeutet, daß seine Frau in ihrem Schlaf gestört worden wäre. Und das war für ihn undenkbar.

Die ganze Woche reiste er; erst am frühen Nachmittag des Freitags kam er zurück, rechtzeitig, um zu baden, die Kleider zu wechseln und zum Abendgottesdienst in die Synagoge zu pilgern. Wie lange das ging? Zwanzig Jahre? Dreißig Jahre? Ich weiß es nicht.

Ich weiß nur, daß er einmal nicht am Freitag zurückkehrte, sondern schon am Donnerstag. Wir hörten, es ginge ihm nicht gut. Am Freitag – keine Besserung. Er hatte die Absicht, trotzdem in die Synagoge zu gehen. Aber als die Zeit dazu herankam, fühlte er sich zu schwach. Als eine Stunde später der Gottesdienst begann, war er hinübergeschlafen.

Ich glaube, es war das erste Mal, daß ich, ohne daß körperlicher Schmerz die Ursache war, hemmungslos weinte.

Um diese Zeit war mein Vater schon ein sehr kranker Mann, zu krank sogar, um zur Beerdigung seines Vaters zu gehen. Seine Krankheit hatte etwas recht Mysteriöses an sich, und lange Zeit wußte niemand, worum es sich handeln mochte.

Ein halbes Jahr zuvor hatte er einen schweren Autounfall erlitten. Ja, wir besaßen ein Auto, oder manchmal sogar mehrere. Mein Vater hatte nämlich zusammen mit Emil Rathenau, dem Direktor und Gründer der Berliner AEG, Taxis in Bayern eingeführt. „Wieder so eine verrückte Sache!" kommentierte meine Mutter, die sich immer ärgerte, wenn mein Vater sich an einer „neuen Sache" beteiligte. Wenn wir nach seinem Tod zumindest an einer dieser „Sachen" festgehalten hätten, wären wir im Ersten Weltkrieg vielfache Millionäre geworden.

Autofahren war in jenen Jahren recht mühsam, Pannen an der Tagesordnung, besonders Reifenpannen. Man konnte kaum zwanzig oder dreißig Kilometer weit fahren, ohne daß man einen Reifen wechseln mußte, auch das ein schwieriges Manöver.

An dem fraglichen Tag war ich, wie so oft, bei meiner Tante in Fürth auf Besuch. Mein Vater beabsichtigte, mich im Auto abzuholen, das von einem Chauffeur gesteuert wurde. Ein Geschäftsfreund begleitete ihn. Man wollte so gegen neun Uhr in Würzburg starten und rechnete mit der Ankunft in Fürth um zwölf oder ein Uhr. Als es fünf wurde, rief meine nun doch besorgte Tante in Würzburg an. Ja, das Auto sei pünktlich abgefahren, sagte meine Mutter. Wo war es? Wo die Insassen? Man fand sie erst am darauffolgenden Morgen. Der Wagen war nur zwölf Kilometer von Würzburg entfernt gegen einen Meilenstein geprallt und umgekippt. Chauffeur und Geschäftsfreund waren sogleich tot gewesen, mein Vater, unter ihnen begraben, hatte hingegen nur einen Arm gebrochen.

Aber nun geschah das Seltsame. Die Wunde, die wohl von der Operation herrührte, wollte sich nie ganz schließen. Mein Vater hatte keinen schmerzfreien Tag mehr. Er siechte Monat für Monat dahin. Meine Mutter begleitete ihn von einem Sanatorium zum anderen. Sie war bekümmert. Niemand wußte Rat. Schließlich kam es – einem der Ärzte war aufgefallen, daß mein bis zum Skelett abgemagerter Vater so gelblich aussah – zur Operation. Der Chirurg schloß die Wunde sofort wieder. „Leberkrebs – im letzten Stadium. Vielleicht noch zwei Wochen", wurde meine Mutter informiert.

Meine Mutter weigerte sich, meinen Vater dazu aufzufordern, ein Testament zu machen, obwohl ihre Brüder es ihr nahegelegt hatten. Es wäre natürlich zu ihren Gunsten ausgefallen. Aber: „Er würde merken, wie es um ihn steht!" Nun war also kein Testament da, und das bedeutete, daß das Vermögen meines Vaters geteilt wurde, die eine Hälfte bekam meine Mutter, die andere Hälfte ich, das heißt der für mich ernannte Vormund, ein Bruder meines Vaters.

Das war nicht gerade günstig für meine Mutter, denn so viel Geld hatte mein Vater nicht hinterlassen – dafür Anteile an den bereits erwähnten „neuen Sachen", die meine Mutter für ein Butterbrot verschleuderte.

Ein paar Tage nach der Operation – ich war gerade zehn Jahre alt geworden – sagte sie zu mir: „Dein Vater wird wohl von uns gehen." Wir gingen im Garten auf und ab, und sie gab sich Mühe, ruhig zu bleiben.

Ich weinte nicht. Es machte mir keinen Eindruck, obwohl ich doch so sehr an meinem Vater hing. Ich fühlte eher ein gewisses Erstaunen, als wenige Tage später – der Tod war gerade eingetreten – Verwandte und Bekannte zu uns strömten und hemmungslos schluchzten, auch die Männer. Und Rosa war überhaupt nicht zu trösten. Sie sagte nur immer wieder: „Und er war doch erst zweiundvierzig . . .!"

Es sollte eine Weile dauern, bis ich zu begreifen begann, was der Tod ist.

3
Was man so Spionage nennt

Allen Dulles war, um es gleich hier zu sagen, einer der leitenden Männer der OSS – Office of Strategic Service. Unter diesem Decknamen verbarg sich das häßliche Wort Spionage. Die OSS gehörte, respektive unterstand der Armee. Die Idee zur Schaffung dieser außerordentlich interessanten und auch nützlichen Organisation hatte ein Oberst namens Donovan gegeben, der früher bei der Intelligence gewesen war. Das Entscheidende der OSS bestand darin, daß sie überall stationiert wurde, wo es möglich war – also in der Schweiz, nicht in Deutschland, also in Schweden, aber nicht in Norwegen et cetera –, und daß ihr Apparat denkbar klein war. So entfiel die zeitraubende Bürokratie.

Allen Dulles war ein geradezu idealer Mann für die OSS. Er war nämlich gescheit, er hatte eine außerordentliche Kenntnis der Welt, und zwar nicht nur vom Schreibtisch her. Er arbeitete fast unsichtbar. Ihn interessierte überhaupt keine persönliche Publicity oder eine für die OSS.

Amüsant ist, daß ich viel später, als ich nach Berlin eingerückt war, zufällig in Zehlendorf ein Gebäude sah, in dem die OSS Quartier finden wollte. Allen Dulles war noch nicht in Berlin. Zu meiner Verblüffung sah ich, daß deutsche Arbeiter im Begriff standen – wohl auf Geheiß irgendwelcher amerikanischen Militärs, die nicht bei Troste waren –, die Buchstaben OSS über den Eingang des Gebäudes zu malen. Ich unternahm sofort Schritte, damit dies unterblieb.

Allen Dulles war ziemlich entsetzt, als ich ihm das ein paar Tage später, als er – im Spätsommer 1945 – nach Berlin kam, erzählte.

Aber er selbst verfiel nachher gerade in diesen Fehler, sich und seine Organisation bekanntzumachen, nämlich als er nach dem Krieg die CIA gründete. Man bedenke: Jahrelang war im Telefonbuch von Washington zu finden, wo die CIA stationiert war und welche Telefonanschlüsse sie hatte. Man wird einwenden, das hätten die Gegner – zum Beispiel die Russen – auch so herausgekriegt. Aber soll man es den Gegnern allzu leicht machen? Überhaupt war die CIA genau das Gegenteil von dem, was Allen Dulles mit seiner OSS zum Erfolg verholfen hatte: eine Unmenge von Agenten und damit das Aufhören jeder Diskretion oder gar Geheimhaltung.

Aber die OSS – das ist eine andere Geschichte.

Ich hatte nie viel von der amerikanischen Intelligence, zu deutsch Spionageorganisation, gehalten. Meine Skepsis sollte sich auch 1943 in Bern bewahrheiten.

Allen Dulles wollte wissen: „Hat man Ihnen Geld mitgegeben?"

„Ja, tausend Dollar und an die hundert Schweizer Franken."

Er schimpfte: „Diese Idioten! Was soll ich mit Dollars?" Er erklärte mir dann, der Dollar sei augenblicklich in der Schweiz kaum zu verkaufen. Bei den Banken erhielte man knapp die Hälfte seines Wertes in Franken. „Die Schweiz ist ja eingeschlossen und kann also mit Dollars nichts anfangen, das heißt, keine Waren dafür importieren. Was sie liebend gern täte. Nach Kriegsende wird sich das natürlich schlagartig ändern. Aber bis dahin . . ."

Er schob mir ein Paket Schweizer Franken über den Tisch, ich glaube, es waren fünfhundert oder vielleicht etwas mehr. „Das müßten die Kerle in London und Washington doch wissen! Aber die wissen offenbar überhaupt nichts!"

Auch Allen wußte natürlich nicht alles – und das hätte mich den Kopf kosten können. Zum Beispiel, daß der Inhaber eines deutschen Passes, den er mir übergab, ein Mann, der vor ungefähr einem Vierteljahr zu uns übergelaufen war, längst von den Nazibehörden, vermutlich der Gestapo, gesucht wurde, jedenfalls auf allen Fahndungslisten stand. Hätte ich den Paß öfter vorzeigen müssen . . .

Darum ging es nämlich: Ich sollte von der Schweiz aus nach Deutschland einreisen. Und dort spionieren. Nein, keine geheimen Papiere einsehen oder gar an mich bringen, nicht das Vertrauen hochgestellter Persönlichkeiten oder deren Untergebenen erschleichen – so abenteuerlich war das alles doch nicht.

Ich sollte die Stimmung der Bevölkerung erkunden. War man kriegsmüde? Was dachten oder äußerten die Ausgebombten? Standen sie noch immer hinter ihrem Führer oder hatten sie die

Nase voll? Wie würden sie sich im Falle eines Militärputsches oder einer alliierten Invasion verhalten? Würden sie eingeschleuste Agenten oder auch nur feindliche Piloten verbergen oder ausliefern? Hatten sie Angst vor ihrem Blockwart? Hatten sie überhaupt Angst? Alles in allem ein paar Dutzend Fragen, die auswendig zu lernen nicht weiter schwierig war – eine ergab sich aus der anderen.

Ich sollte herausfinden, wie die Leute in Deutschland dachten, der sogenannte Mann auf der Straße, die durchschnittliche Hausfrau. Das war gar nicht so einfach, wie sich das jetzt liest. Nach so vielen Jahren Hitler-Regime waren die Leute vorsichtig in ihren Äußerungen. Ich fand in der Zeit, in der ich in Deutschland dergestalt „arbeitete", keinen einzigen Menschen, der mir ohne weiteres die Wahrheit darüber gesagt hätte, was er dachte, was er glaubte, was er befürchtete.

Aber ich trat ja nicht als völlig Fremder an sie heran. Durch Vermittlung unserer in Deutschland stationierten Agenten sprach ich mit Menschen, die wußten oder zumindest ahnten, was ich war. Und die hatten wiederum mit anderen Leuten gesprochen. Wenn man mit einem Menschen in einer kleinen Stadt richtig reden konnte, so bedeutete das, daß man erfuhr, was zwei oder drei Dutzend Menschen dachten, die er gut genug kannte, um zu wissen, wie sie zu der Hitler-Regierung und zum Krieg standen.

Was die Leute sagten? Sie waren alle sehr kriegsmüde. Aber die meisten – und das faszinierte mich immer wieder – waren der Überzeugung, der Krieg sei etwas Unabänderliches. Wenn man ihnen entgegenhielt, der Krieg könnte ja an dem Tag zu Ende sein, an dem Hitler und Himmler und Goebbels nichts mehr zu sagen hätten, zuckten sie mit den Achseln. Sie glaubten einfach nicht, daß dieser Tag je kommen würde.

Die Zahl derer, die an einen hundertprozentigen deutschen Sieg glaubten, war gering. Ich würde sagen, daß nach meinem privaten Gallup-Poll etwa einer unter fünfundzwanzig oder dreißig ernstlich an einen deutschen Endsieg glaubte.

Dann war da auch die Geschichte mit der „Wunderwaffe". Um die Zeit, da ich meine Reisen nach Deutschland unternahm, war schon von ihr die Rede. Allerdings nicht in dem Maße wie später. An die Existenz einer neuen Geheimwaffe, die Hitler noch einsetzen würde, glaubten mehr Menschen als an den Endsieg. Und sie dachten, diese Waffe würde vielleicht doch noch ein honoriges Ende ermöglichen.

Aber die weitaus große Majorität, ich würde sagen etwa neunzig Prozent aller Menschen, deren Ansichten ich kennenlernte, wollten über die Zukunft überhaupt nicht nachdenken.

Und dies war das wirklich Erstaunliche – oder, wenn man will, auch gar nicht so erstaunlich: die Menschen interessierten sich nicht mehr für die „großen Ereignisse", sie interessierten sich nur noch für die kleinen. Würde ihre Stadt bombardiert werden? Würde es nächste Woche auf die Lebensmittelkarten wieder mehr Fleisch geben oder mehr Butter oder was immer es gerade nicht gab? Wann würde endlich mal wieder eine Nachricht von ihrem Sohn kommen, der an irgendeiner Front war?

Verständlich, daß die Menschen Angst um ihre Väter und Söhne hatten, die ja stündlich oder täglich fallen konnten. Aber den einen Schritt weiter taten sie nicht: nämlich diejenigen zu verdammen, die schließlich schuld waren an dem Einsatz ihrer Nächsten an der Front. Einige, ich würde sagen, etwa zwanzig Prozent derer, deren Ansichten ich direkt oder indirekt zu hören bekam, glaubten nach wie vor, alles sei die Schuld der Engländer oder der Juden. Bei den meisten setzte der Verstand aus, wenn es um die Schuldfrage ging.

Wenn ich fragte: „Kann man denn damit nicht Schluß machen?" – was ich 1943, immerhin zu einer Zeit, da deutsche Städte schon heftig bombardiert wurden, Stalingrad schon dreihunderttausend Deutschen das Leben gekostet hatte, eigentlich jeden Tag an drei oder vier verschiedenen Orten tat –, war die Antwort ein Achselzucken. Und allenfalls ein: „Ich weiß nicht."

Wohlgemerkt, es handelte sich bei den Antwortenden keineswegs um Leute, die ich auf der Straße ansprach – das hätte ich nicht riskieren können, sie hätten mir, wie schon oben gesagt, natürlich gar keine Antwort gegeben. Es handelte sich um die Leute, die mir vertrauen durften oder jedenfalls glaubten, mir vertrauen zu dürfen, von unseren Agenten Ausgesuchte.

Heute glaube ich, daß der Grund dafür, daß der Krieg so lange dauerte, unter anderem auch in der Tatsache zu suchen ist, daß die Menschen gleichgültig wurden.

Nach Deutschland hineinzukommen war recht einfach. Es gab ja Züge, wenn auch nur wenige, und sie wurden, erstaunlicherweise, nicht besonders genau kontrolliert. Im Gegensatz zu den Zügen in umgekehrter Richtung. Die Gefahr aufzufallen war nicht allzu groß, denn damals, im Spätherbst 1943, wurden bereits so viele Städte in Deutschland bombardiert, daß überall, besonders auf den schwerbeschädigten Bahnhöfen, ein unbeschreiblicher Wirrwarr herrschte. Papiere? Bei eventuellen Kontrollen mußte man nur sagen, sie seien verbrannt, das war auch in vielen Fällen so und konnte ja in der Eile nicht nachgeprüft werden. So weit, so gut.

Die Schwierigkeiten begannen damit, daß durch diese Bombardements viele Treffs unserer Agenten sich verzögerten oder ganz ins Wasser fielen. Die Wohnung, das Haus, wo wir uns hätten sprechen sollen, lag oft in Trümmern. Meist fand ich trotzdem die Gesuchten, oder sie mich. Wenn auch mit Verspätung. Damals suchten so viele Deutsche Angehörige oder Freunde, daß diesbezügliche Fragen in der Nachbarschaft nicht weiter auffielen. Eine gewisse Gefahr drohte, zumindest theoretisch, in Städten, wo man mich hätte erkennen können, also in Berlin, Heidelberg, Würzburg, aber die blieben begreiflicherweise ausgespart. Das hatte ich zur Bedingung gemacht.

Ein nicht zu unterschätzendes Problem bestand darin, daß ich mir keinerlei Notizen machen durfte. Ich mußte alles im Kopf behalten. Problem Nummer zwei war, daß ich an keinem Ort lange, oder jedenfalls nicht länger als vierundzwanzig Stunden bleiben sollte – sonst hätte ich doch auffallen können. Und es war nicht immer leicht, pünktlich abzureisen oder anzukommen, es war in den Stunden nach oder während der Bombardierungen geradezu unmöglich. Manchmal hätte man meinen können, die alliierten Luftstreitkräfte besäßen eine Kopie meiner Reiseroute und bombardierten immer nur dort, wohin ich gerade fahren wollte.

Das Schlimmste – für mich – waren die in den Berner Küchen begangenen Fehler. Nachdem man dort zwei Tage nach meiner ersten Abfahrt entdeckt hatte, daß ich mit einem „heißen Paß" unterwegs war, und während des Rests meiner Reise doch etwas um mich zitterte – die Erkundigungsfahrten dauerten jeweils fünf bis sechs Tage –, gab man mir den frisierten Paß eines Schweizers. Niemand, auch ich nicht, kam auf die doch naheliegende Idee, daß bei einer Kontrolle auch nur eine einzige Frage auf Schwyzerdütsch mich entlarvt hätte. Keine der mehr als zwanzig Abarten dieser Sprache kann man nämlich als Ausländer erlernen, es sei denn im zartesten Kindesalter, in dem ich mich ja nun nicht mehr befand.

Erst bei der dritten Fahrt war ich im Besitz eines von uns selbst fabrizierten synthetischen Passes, mit dem ich mich einigermaßen sicher fühlen durfte. Dafür besaß ich Lebensmittelkarten, die erst in ein oder zwei Wochen zur Ausgabe gelangen sollten. Das fiel einer Kellnerin auf, die den Besitzer des Restaurants benachrichtigte. Ich sah, wie die beiden miteinander tuschelten, und schmerzhaft wurde mir der Unterschied bewußt zwischen Realität und Film, wo der Zuschauer immer auch darüber im Bilde ist, was die „andere Seite" vermutet, weiß oder beschließt.

Übrigens geschah nichts weiter. Der Restaurateur vermutete wohl, daß ich eine sehr hochgestellte Persönlichkeit in der Partei sei, die ihre Marken schon früher als gewöhnliche Sterbliche bekam. Aber vielleicht hielt er mich auch für das, was ich war, und war insgeheim auf meiner Seite.

Ich habe das nie herausbekommen. Ich bezahlte sehr schnell meine Zeche und entfernte mich. Und als ich aus dem Lokal und um die Ecke war, begann ich zu rennen.

Die Rückreise: Sie fand nie per Bahn statt. Ich hatte ja keine für jeden Bewohner Deutschlands notwendige Ausreisegenehmigung. Ich ging an einem vorher verabredeten Abend gegen 20 Uhr an eine Stelle des dort sehr schmalen Rheins, wo er die Grenze zwischen Deutschland und der Schweiz bildet, unweit des Schweizer Städtchens Stein am Rhein. Dort sollte ich bis 21 Uhr warten. In dieser Zeit würde ein Ruderboot erscheinen, um mich abzuholen. Falls eine deutsche Grenzkontrolle des Weges käme, sollte ich einen Spaziergänger mimen – bei völliger Finsternis übrigens! – und dann wieder zu der ursprünglichen Stelle zurückkehren.

Kam das Ruderboot nicht bis 21 Uhr, sollte ich im nächsten Städtchen übernachten und es am folgenden Abend wieder probieren. Das mit dem Übernachten war gar nicht so einfach, denn jedes Hotel war mit Flüchtlingen vollgestopft. Aber irgendwie fand ich stets etwas.

Und wenn es am nächsten Abend wieder nicht klappte, sollte es der folgende sein.

Übrigens klappte es immer gleich beim ersten Mal. Nur bei der letzten, der siebenten Exkursion, nicht. Ich wartete an dem Abend vergeblich. Am zweiten Abend ebenfalls. Am dritten ergriff mich Panik. Ich hatte von weitem eine Grenzkontrolle gesehen und war nicht sicher, ob man mich nicht aufgespürt hatte. Und ich war überzeugt, daß ich nicht mehr an den Ort meiner letzten Übernachtung zurückkehren konnte – das würde auffallen, man würde mir Fragen stellen, mich festnehmen. Zweifellos waren meine Nerven doch etwas zu strapaziert, denn ich wartete nicht bis 21 Uhr, zog mich aus, machte ein Bündel von meinen Sachen und stürzte mich in die Fluten.

Es waren nur wenige Meter, ich würde sagen etwa dreißig oder vierzig, aber es war sehr, sehr kalt. Nur wenige Grade über Null. Das Durchschwimmen des Rheins dauerte sicher nicht mehr als eine knappe Minute, dann war ich am anderen Ufer und in der Schweiz. Just in diesem Augenblick sprangen drei unserer Leute aus einem soeben ankommenden Auto, wollten das Boot vom Dach nehmen, hörten meine leisen Rufe, stürzten sich auf mich, zogen mich in den Wagen, rieben mich mit Decken ab, und los ging's in Richtung Bern. Fast die ganze Zeit über rieben sie mich warm und trocken. Aber meine Zähne hörten nicht auf zu klappern.

Allen Dulles empfing mich in seiner Küche und drückte mir einen Whisky in die Hand. Einer unserer Leute holte trockene Sachen für mich. Noch während ich mich anzog, besser, noch während man mich anzog, begann ich zu diktieren, der Sekretärin, die sich eingefunden hatte.

Ich diktierte – ich weiß es, als wäre es gestern gewesen – knapp drei Stunden, pausenlos, alles, was ich erlebt, beobachtet, herausgefunden hatte. Vier Sekretärinnen, die sich immer wieder abwechselten. Ich war entschlossen, alles „loszuwerden" – morgen würde ich vielleicht das eine oder andere vergessen haben.

Allen verließ keinen Augenblick den Raum – die Küche also. In regelmäßigen Abständen versorgte er mich mit Whisky. Als ich fertig war, fühlte ich mich erstaunlich wohl.

„Noch einen Drink?"

„Ich mache mir selbst einen", sagte ich, stand auf und ging auf das Büfett zu. Zwei, drei Schritte. Das war das letzte, woran ich mich noch erinnere.

Als ich wieder aufwachte, in einem fremden Zimmer, in einem fremden Bett, wußte ich nicht, wie lange ich geschlafen hatte. Eine Stunde? Eine Nacht? Wie ich von Allen Dulles erfuhr: mehr als zwei Tage. „In einem fort . . ."

Ich fühlte mich elend. Kein Wunder, ich war sehr krank.

„Nützt nichts. Du mußt hier fort. Denn die Behörden haben Wind bekommen. Ich schlage vor – Zürich."

Ich zog mich mühsam mit seiner Hilfe an. Einer seiner Männer war zum „Metropole" gefahren, hatte meine Rechnung bezahlt, das wenige, das ich mir inzwischen angeschafft hatte, zusammengepackt.

Allen Dulles: „Mein Rat! Geh in ein Hotel, in dem du unbekannt bist."

„Ich wohnte in den letzten Wochen im ‚Bellerive', wenn ich in Zürich war."

„Also nicht das ‚Bellerive'. Geh ins ‚Urban'. Ein kleines Hotel, fünfzig Meter vom Bellevue. Aber verläßlich. Du weißt, was ich meine."

Ich verstand. Ich bestieg mühsam ein Taxi. Ich setzte mich auf eine Bank im Berner Hauptbahnhof. Noch zehn Minuten bis zur Abfahrt des Zuges. Sie kamen mir vor wie zehn Jahre. Ich glaubte, sterben zu müssen. Vor Schwäche. Endlich der Zug. Ein junger Mann half mir beim Einsteigen. Er setzte sich dann ins selbe Abteil – schräg gegenüber von mir. Wir waren und blieben allein.

„Die Behörden!" hatte Allen Dulles gesagt. Was konnte er damit gemeint haben? Sicher nicht die Schweizer. Die wußten längst von meiner Aufgabe. Das wiederum wußte ich. Denn ungefähr zehn Tage nach meiner Ankunft in der Schweiz hatte ich – übrigens in Zürich, eben im Hotel „Bellerive", einen Besuch erhalten. Der ältere, hagere Mann hatte nicht einmal angeklopft. Er sagte: „Es fällt uns auf, daß Sie immer denselben Anzug tragen."

Ich sagte, ich besäße keinen anderen.

„Und amerikanische Militärhemden und amerikanische Militärschuhe."

„Ich trage gelbe Hemden und braune Schuhe."

„Sie haben natürlich keine anderen?" Dies ohne Sarkasmus.

„Ich kann keine kaufen. In der Schweiz ist ja alles rationiert."

Der Mann schwieg. Dann grüßte er kurz und verschwand. Eine Stunde später wurde beim Portier ein Umschlag für mich abgegeben. Er enthielt Marken für mindestens drei Anzüge, Hemden, Strümpfe, Schuhe. Die Sendung war von keinem Kommentar begleitet. Auch kein Absender war genannt.

Es gab nur eine Erklärung: Der Mann kam von einer Schweizer Stelle. Und warum wollte man dort, daß ich mich „neutraler" anziehen konnte? Der einzig mögliche Grund: Man wollte sich nicht von den Deutschen sagen lassen, daß man einen amerikanischen Agenten beherberge. Und die Behörden, von denen Allan Dulles gesprochen hatte, konnten also nur deutsche Agenten sein.

Mein Blick fiel auf den jungen Mann im Coupé. Kein Zweifel: Über den Rand seiner Zeitung hinweg beobachtete er mich. Ich wurde panisch. Die Gestapo? Würde man es wagen, hier, mitten in einem neutralen Land . . .?

Zürich. Ich stieg aus. Ich fand ein Taxi, ein mit Holzkohle getriebenes Gefährt. „Hotel Urban!" Ein kleines Hotel, ein freundlicher Portier, der mich besorgt betrachtete. Später erzählte er mir, ich hätte mehr tot als lebendig ausgesehen. Das Zimmer. Behutsam öffnete ich den kleinen Koffer, holte meinen Pyjama heraus, kroch ins Bett und bekam einen Schüttelfrost.

Dann horchte ich auf. Schritte auf dem Korridor. Hatte ich die Tür abgeschlossen? Ich hatte sie nicht abgeschlossen. Sie öffnete sich. Der junge Mann aus dem Coupé stand vor mir. Ich wollte schreien. Er legte den Finger auf seinen Mund. „Schönen Gruß von Mr. D. Ich wollte nur sehen, ob Sie gut angekommen sind."

Ich wußte nicht, ob ich ihm glauben sollte. Er musterte mich. „Mein Gott, wie sehen Sie aus! Ein Arzt muß her."

Er telefonierte mit dem Portier. Dann mit einem Arzt in der Nachbarschaft. Meier hieß er oder Müller. Er sagte, er habe jetzt keine Zeit für einen Besuch. Aber vom Hotel zu seiner Praxis seien es nur fünfzig Meter. Ich sollte am besten gleich kommen. Mühsames Anziehen. Ein paar Schritte, vorbei an dem erstaunten Portier, auf die Straße hinaus, die nächste Straße links hinunter, vorbei an dem Restaurant Kronenhalle, das in späteren Jahren zu einer Art Hauptquartier für mich werden sollte. Dr. Meier oder Müller praktizierte im dritten Stock eines Hauses ohne Fahrstuhl. Es war für mich der Himalaja. Er ließ mich übrigens sofort vor. „Mein

Gott! In diesem Zustand gehen Sie auf die Straße?" rief er, nach meinem Puls greifend.

Ich war zu schwach, ihm zu antworten, daß er es ja so verlangt habe.

„Sie gehen sofort wieder ins Hotel zurück. Ich bin in zehn Minuten bei Ihnen!"

Übrigens, ich habe ihn nie wieder gesehen. Was nicht ausschließt, daß er mich gesehen hat. Sicher ist er ins Hotel gekommen, um mich zu untersuchen. Er veranlaßte, daß ich in ein Krankenhaus überführt wurde. Ich selbst wußte davon nichts. Ich war nur halb bei Bewußtsein oder gar nicht. Ich delirierte.

Ich weiß noch: ein stets wiederkehrender Traum war, daß ich über Würzburg mit dem Fallschirm absprang. Und daß ich dort von zahlreichen Familienmitgliedern umringt wurde, die, wie ich wußte, längst tot waren – von einigen wußte ich es freilich noch nicht, sie waren gerade in jenen Tagen, im Herbst 1943 also, von Würzburg in das Konzentrationslager Theresienstadt und von dort nach Auschwitz gebracht worden.

Ein anderer Traum: Ich komme mit dem Fallschirm nach Berlin. Aber dort erkennt mich niemand. Es gab zwar viele Bekannte auf der Straße, aber keiner wußte, wer ich war, und keiner schien es unnatürlich zu finden, daß da einer mit einem Fallschirm herunterkam. Viele der mir wohlbekannten Straßen und Häuser waren zerbombt.

Ein Traum, der mich später oft verwunderte. Denn ich hatte dieses im Krieg zerbombte Berlin ja noch nicht gesehen. Ich wußte nur aus den Kriegsberichten, daß Berlin ziemlich häufig von Bombern heimgesucht wurde. Ich nahm also im Traum vorweg, was ich rund achtzehn Monate später mit eigenen Augen sehen sollte . . .

Berlin. Ich sehe es heute, da ich diese Zeilen schreibe, nicht in Schutt und Asche . . . auch nicht so, wie die Stadt in den fünfziger Jahren wieder erstand . . . Ich sehe die Stadt, wie ich sie als Zwölfjähriger zum ersten Mal in meinem Leben sah . . .

Berlin faszinierte mich. Freilich, ich hatte auch ein wenig Angst vor dieser Stadt, die doch um einiges größer war als Würzburg.

Man hatte es mir vorher gesagt. Aber so groß! Die Fahrt vom Anhalter Bahnhof, unweit des Potsdamer Platzes, bis zum Bayrischen Platz, wo wir wohnten, hatte mit dem elektrischen Automobil, das, wie ich glaube, soeben erst erfunden war und nicht lange leben sollte, fast eine halbe Stunde gedauert. Dabei fuhr das Taxi zuweilen bis zu dreißig Stundenkilometer – man bedenke!

Und gleich am Potsdamer Platz – das erste Wunder. Ein Schutzmann, der, auf einem Podest stehend, den Verkehr regelte. Den Verkehr! Dieses Wort hatte man in Würzburg nicht einmal dem Namen nach gekannt. Und auch nicht gewußt, daß alle Fahrzeuge rechts fahren mußten. In Würzburg fuhr man, wenn überhaupt, wo und wie man wollte. Nur an der Löwenbrücke sorgte ein behelmter Schutzmann, der einzige, den ich in der Stadt je gesehen hatte, dafür, daß wir Schüler stets auf der rechten Seite gingen. Es bereitete ihm offenbar Vergnügen, uns seine Macht spüren zu lassen, will sagen, uns auf die „richtige" Seite zu jagen; vielleicht wäre die Brücke sonst unter unserem Gewicht eingestürzt.

Hier auf dem Potsdamer Platz gab es nun wirklich Verkehr, viele Autos, oft zehn oder fünfzehn zur gleichen Zeit aus vier Richtungen; und sie wurden von dem Schutzmann dirigiert wie das Orchester im Würzburger Stadttheater.

Auf dem Weg nach Hause kamen wir an vielen Schildern vorbei, die ein großes U zeigten. Dies, so erklärte man mir, sei die Untergrundbahn. Ich hatte nie eine solche gesehen, nicht einmal gewußt, daß es so etwas gab. Rosa übrigens auch nicht. Eine Bahn, die sozusagen immer durch einen Tunnel fuhr. Das mußte ich sehen!

Und ging schon am nächsten Morgen, trotz ausdrücklichen Verbots meiner Mutter, die mir versprach, mich demnächst in die Untergrundbahn mitzunehmen – aber was war schon „demnächst"? –, die Stufen zu der nahe gelegenen Untergrundbahnstation Bayrischer Platz hinunter, entrichtete zehn Pfennige und war also im Tunnel. Ich hatte mir vorgenommen, zwei Stationen in einer Richtung zu fahren und dann in der entgegengesetzten Richtung zurückzufahren – da konnte doch wahrhaftig nichts passieren!

Trotzdem – ich fand den Ausgang nicht mehr. Jedenfalls kam er mir anders vor als beim Einstieg. Kein Wunder, die Station Bayrischer Platz hatte zwei Ein- respektive Ausgänge. Ich irrte umher, fuhr von neuem los, sah mich bereits „auf ewig" verloren wie das Kind in einem Buch von Charles Dickens, das sich in London verläuft, und war den Tränen nah.

Bis ich dann doch nach Hause kam. Das war eine sehr elegante und komfortable Sechszimmerwohnung mit Zentralheizung, wie es sie in Würzburg natürlich nicht gab, durch die aber Rosa stark entlastet wurde. Mich interessierte weniger die Zentralheizung, um so mehr der Lift. Man bedenke: ein Mietshaus mit Lift! Diese Maschinerie war an sich für mich nichts Neues – ich hatte sie in den Hotels in Ostende, Blankenberghe, St. Moritz, Marienbad und wohin immer ich mitgenommen wurde gebührend bestaunt. Aber nun konnte ich sogar ganz allein in einem Lift hinauf- oder hinunterfahren. Davon machte ich ausgiebig Gebrauch. Ich zweifle nicht, daß viele Bewohner unseres Hauses mich verfluchten, wenn ich hemmungs- und unterbrechungslos von dem Beförderungsmittel Gebrauch machte, nur zu meinem Vergnügen, und sie zwang, den Aufstieg zu ihren Wohnungen zu Fuß vorzunehmen.

Meine Mutter hatte früher oft die Bemerkung gemacht – im Scherz natürlich und lange vor dem Unfall und der Erkrankung meines Vaters, ich habe diese Worte noch im Ohr: „Wenn einer von uns beiden stirbt, ziehe ich nach Berlin."

Und das tat sie auch.

Sie hatte viele und gute Gründe dafür. In Würzburg war sie die Witwe schlechthin. Man – vor allem natürlich die Familie meines Vaters, geführt von meinem cholerischen Onkel Adolf – konnte sich nicht vorstellen, daß eine hübsche Frau, Mitte Dreißig, bei aller Liebe zu ihrem verstorbenen Mann, sich nun nicht, ähnlich den indischen Witwen, verbrennen oder doch zumindest lebendig begraben lassen wollte. Und nichts anderes wäre für sie ein Leben in Würzburg gewesen. Denn wenngleich sie – dies sage ich aus späterer Sicht – durchaus kein Kind von Traurigkeit war, befand sie sich doch in der kleinen Stadt ständig unter Aufsicht. Nicht zuletzt durch Onkel Adolf und seine ihr nicht sehr gewogene Frau, der schönen Tante Thekla, die nun wiederum durchaus ein Kind von Traurigkeit, will sagen, eine ganz entsetzliche Spießerin war – was ich damals alles nicht ahnte.

Meine Mutter fuhr also gelegentlich auf Besuch zu ihrer dort lebenden, ebenfalls verwitweten Schwester in die Hauptstadt. Und kehrte eines Tages mit der Nachricht zurück, sie werde demnächst wieder heiraten.

Ein recht wohlhabender Kaufmann, Mitinhaber eines Geschäftes ähnlicher Art wie das unsrige in Würzburg, hatte sich in sie verliebt. Erkundigungen, die ihre Familie – ich fürchte, gar nicht allzu diskret – einholte, dürften befriedigend verlaufen sein, was Vermögen und Einkommen des Bräutigams anging. Aber da blieb noch eine Frage von Bedeutung. War er . . . ?

Er war, wie ein Bruder meiner Mutter, der stets witzige Onkel Rudolf, schließlich aufatmend bekräftigen konnte. Um diese Feststellung zu machen, war er während eines Abendessens in irgendeinem Restaurant Herrn Carl Riess auf die Herrentoilette gefolgt. Er hatte sich sofort mit Späherblicken davon überzeugt, daß mein zukünftiger Stiefvater kein Christ sein konnte.

So war das damals noch.

Ich erfuhr die Neuigkeit, nicht die soeben angedeutete, sondern die von der bevorstehenden Verheiratung meiner Mutter, durch Rosa. Die war ganz in Tränen. Die Vorstellung, sich von mir trennen zu müssen, ging über ihre Kräfte. Aber dahin sollte es gar nicht kommen. Selbstverständlich würde sie nach Berlin mitgehen, dekretierte meine Mutter. Für Rosa, die aus einem Dorf kam, war schon Würzburg eine recht große Stadt. Und nun gar Berlin! Eine Stadt, von der man sich im Kloster sicher nicht viel Vertrauenerweckendes erzählte.

Aber Rosa hatte keine Wahl. Da war ja ich. Ich, der überhaupt nicht begriff, welches Opfer sie meinetwillen brachte. Denn, um es gleich zu sagen: in Berlin wurde sie nie recht heimisch. Dort waren nicht die ihr vertrauten Schwestern, nicht das Kloster, nicht die Kirche, nicht das Kirchengeläute.

Ich fuhr also nach Berlin, das heißt, ich und Rosa fuhren. Und das war mehr als eine Reise, ein Umzug, eine Umschulung. Das war der Anfang eines Schicksals, das ich immer wieder erleiden sollte. Das war der Beginn des roten Fadens, der sich durch alle folgenden Jahre zog. Das Schicksal! Vielleicht ist der Ausdruck ein wenig pathetisch. War es nicht Schicksal, keine eigentliche Heimat zu besitzen, keinen festen Standort, immer wieder emigrieren zu müssen, wenn ich das damals auch nur „reisen" nannte? Ich bekam zu den zwei Familien, die ich ja schon hatte, noch eine dritte; eine dritte Großmutter, zwei neue Tanten und zumindest einen Onkel, ganz zu schweigen von den anderen zahlreichen Mitgliedern der Familie Riess und den ihr verwandten und verschwägerten Familien.

Ich bekam, natürlich, neue Schulkameraden und Freunde meines Alters. Und neue Lehrer. Nur eine neue Heimat bekam ich nicht. Es sollte lange dauern, fast ein Vierteljahrhundert, bis ich begriff, daß ich zu denen zählte, die im tiefsten Sinne des Wortes keine Heimat haben dürfen. Das empfand ich übrigens niemals als Tragödie – und damals schon gar nicht.

Die Schule war für mich entgegen den Befürchtungen meiner Mutter kein Problem. Ich durfte eine Schülermütze tragen, die prompt gekauft wurde, mit dem Kennzeichen für Quarta. Das Lernen fiel mir nicht schwer. Das war auch früher nicht der Fall gewesen, ich hatte schon immer die Begabung, etwas sehr schnell aufzufassen, allerdings wenn möglich noch schneller wieder zu vergessen, falls ich es nicht mehr brauchte. Die Lehrer waren viel netter als die betont-angeberischen und manchmal sadistisch-strengen königlich-bayrischen Professoren in Würzburg. Die in Berlin waren lustig, aufgeschlossen, fanden alles halb so wichtig. Was es ja auch war:

Das Wichtigste, oder soll ich sagen: das Beste an meiner Schule war für mich Ewald, einer meiner Klassenkameraden. Wir mochten uns auf Anhieb. Schon am zweiten oder dritten Tag lud ich ihn nachmittags zu mir ein – in Berlin gab es nachmittags keine Schule, im Gegensatz zu Würzburg –, und einen Tag später war ich sein Gast, zum Abendessen, Stullen natürlich, was anderes wäre in Berlin undenkbar gewesen! Meine Mutter wiederum hielt auf warmes Abendbrot nach Würzburger Art, viele, viele Jahre lang.

Ewald. Ein ungemein aufgeweckter und sehr klug aussehender Knabe mit Brille. Wir wurden bald unzertrennlich. Ich hatte bisher viele Freundschaften gehabt, aber keinen Freund. Jetzt hatte ich einen. Ich konnte mir das Leben ohne ihn gar nicht mehr vorstellen. Wir hatten auch die gleichen Interessen – Musik, Literatur. Aber das war nicht das Entscheidende. Entscheidend war, ja, was eigentlich? Sicher ist es nicht übertrieben zu sagen, daß trotz vieler Zwischenfälle in unserem Leben wir, obwohl heute durch

Welten getrennt und durch einen eisernen Vorhang, Freunde geblieben sind.

Viele beneideten mich, weil ich eigentlich immer sehr sauber aussah. Ich sage: aussah, denn ich war es wohl ebensowenig wie meine Kameraden. Sie sagten auch: „Steinam sieht immer aus, als ob er sich gewaschen hätte." Wohlgemerkt: als ob. Kaum ein Junge von vierzehn oder fünfzehn Jahren wäscht sich, zumindest nicht freiwillig. Und ich bildete da keine Ausnahme.

Vielleicht hatte mein äußeres Aussehen auch damit zu tun, daß ich nie Pickel hatte, wie sie in den Jahren der Pubertät so oft die Gesichter der Jungens verunstalten.

Nicht nur Ewald mochte mich. Man darf sagen, daß alle in der Klasse mich mochten, die Lehrer und auch die Mitschüler. Ich stelle das fest, ohne mir darauf etwas einzubilden. Der Grund dafür war nämlich nicht ich, sondern mein fränkisch-bayrischer Dialekt. Den fanden die kleinen wie die großen Berliner sehr drollig, und sie konnten nie genug davon zu hören bekommen.

Dreißig Jahre später hatte ich ein ähnliches Erlebnis. Ich fuhr in amerikanischer Uniform durch die amerikanische Zone des geteilten Deutschland – aus Gründen, die hier nichts zur Sache tun. Jeden Abend, gleichgültig ob in Frankfurt, Nürnberg, München oder kleineren Städten, gab ich dem Berliner Fahrer meines Jeeps die Liste der Adressen, die ich am nächsten Tag aufsuchen mußte. Seine Aufgabe: sich zurechtzufragen, so daß es dann am folgenden Tag keine Verzögerungen gab.

Einmal, in München, hielt der Jeep plötzlich an, und mein Fahrer fragte einen Passanten nach einer bestimmten Adresse.

„Aber das hätten Sie doch gestern abend feststellen müssen!"

Und er: „Ick weess, ick wees ja ooch, wo wir hinfahren. Ick wollte bloß nochmal frajen. Ick hör' die Leute jar zu jerne."

Damals, in meiner Jugend, dauerte es einige Zeit, bis ich die Ursache meiner unbestreitbaren Popularität herausfand; und noch viel länger, zwanzig, dreißig Jahre länger, bis ich ein Phänomen feststellte, dessen Erklärung ich bis heute nicht gefunden habe. Nämlich: Warum sind Österreicher oder Bayern in Berlin oder Hamburg so populär, warum sind die Berliner in Bayern Saupreußen, in Wien Piefkes? Warum lächelt jeder Pariser, wenn einer aus Marseille den Mund auftut? Warum findet man in Marseille – ich meine im Volk – die Pariser unerträglich? Warum kann ein Automobilist aus Atlanta New Yorker Einbahnstraßen in verbotener Richtung fahren, ohne sich mehr als einen leichten Verweis einzuhandeln, während ein New Yorker in Memphis bei einem minderen Vergehen auf die Polizeiwache muß? Warum ist der Süden im Norden so populär und der Norden im Süden so unbeliebt?

Ich war jedenfalls lange Zeit Nutznießer dieses Tatbestandes, zumindest bis auch ich zu berlinern begann.

Ich lebte mich schnell in Berlin ein, und es gefiel mir ungemein. Kein Kopfsteinpflaster, sondern asphaltierte Straßen. Verkehr, Betrieb. Alles so groß! Alles so modern! Würzburg kam mir im Vergleich dazu wie ein altes Kaff vor. Ich wußte es damals nicht besser. Ich war, schon lange vor Kennedy, ein Berliner – und zwar mit Herz und Seele.

Schwieriger war schon mein Verhältnis zu dem neuen Vater, wenn auch nicht annähernd so schwierig, wie es hätte sein können. Natürlich gab es keinen Vergleich zu dem verstorbenen Vater, der eben ein sehr attraktiver Mann gewesen war – das hatte ich ja noch mitbekommen –, und dem neuen, der klein und glatzköpfig war. Aber da er mich wohl ganz nett fand – auch hier, und überhaupt bei seiner Familie, spielte meine Mundart eine Rolle – und entschlossen war, mich nicht fühlen zu lassen, daß ich ein Stiefkind war, verwöhnte er mich fast hemmungslos. Übrigens hatte er viel Verständnis für meine sogenannten künstlerischen Interessen, die noch in den Kinderschuhen steckten (welch fürchterliche Metapher!), ging selbst gern in Konzerte, interessierte sich für Theater, war auch in anderer Hinsicht aufgeschlossen – in welchem Maße, sollte ich erst später ganz erfassen.

Rosa haßte ihn, und er mochte Rosa nicht. Er war ihr zu preußisch, und die Tatsache, daß er mir gegenüber, wenn auch in mildester Form, eine gewisse Autorität zu wahren trachtete, brachte sie der Raserei nahe. Wenn ich noch ein drittes Stück Braten haben wollte und er fand, ich hätte genug gegessen – und das hatte ich fast immer und oft ein bißchen zuviel –, gab sie mir ostentativ noch ein Stück.

„Wenn er doch Hunger hat!" war ihre Begründung.

Mein Vater mochte Sauerbraten nicht, den er, übrigens fälschlicherweise, für ein süddeutsches Gericht hielt, aber er mußte es, mein Leibgericht, oft essen, bis er ziemlich entschieden dagegen protestierte. Darauf bekam er jeweils ein Schnitzel vorgesetzt, wenn meine Mutter und ich Sauerbraten aßen. Etwas anderes: Er erhielt nie einen besonderen Teller für den Salat, obwohl er sich das sehnlichst wünschte, denn Rosa fand: „Im Magen kommt doch alles zusammen!"

Es konnte nicht gut gehen und ging letzten Endes auch nicht gut.

Eines Tages packte Rosa weinend ihre Koffer. Ich war damals übrigens schon siebzehn und nicht mehr der kleine Junge, als den sie mich stets behandelt hatte. Trotzdem: ich heulte wie ein Kind, als sie uns verließ.

4
Der Weltkrieg ist halb so wichtig

1. August 1914.
Ein historischer Tag, wie ich später in Zeitungen und in unzähligen Geschichtswerken lesen sollte – und das war er wohl auch. Obwohl ich ihn damals – ich war ja knapp zwölf Jahre alt – kaum als solchen empfand.

Ich weiß nur noch: Mein Stiefvater, meine Mutter und ich wollen zum Schloß fahren. Warum eigentlich? Natürlich weil vom Schloß, das heißt vom Kaiser, die Entscheidung fallen muß, ob nun Friede sein wird oder Krieg. Wir kommen bis zum Potsdamer Platz, dann sind die Straßen zu verstopft, als daß unser Taxi weiterfahren könnte. Wir drängen uns bis zu den Linden durch, ja, bis etwa zum Kronprinzenpalais.

Das alles sehe ich noch vor mir: Menschen, die jubeln, weil es den Anschein hat, daß ein Krieg ausbrechen wird, unendlich weit weg das Schloß, und in Stecknadelkopfgröße ein Mann auf dem mittleren Balkon. Es ist der Kaiser, wie alle um uns herum sagen, nein, sich zuschreien, sie brüllen, sie toben, sie können sich vor Begeisterung gar nicht fassen. Er ruft, er kenne keine Parteien mehr, er kenne nur noch Deutsche. Aber auch das erfahre ich erst später. Und wie arrogant und töricht diese Worte sind, wurde mir erst nach vielen Jahren klar.

Der Krieg, später Weltkrieg, noch später Weltkrieg I. genannt, hat also begonnen, und alle finden das großartig, vielleicht mit Ausnahme meines Stiefvaters, der eine bittere Miene macht.

Aber erst zu Hause wird er uns erklären: „Wenn England in den Krieg eintritt, sind wir verloren!"

Er hat natürlich völlig recht. Aber seine Begründung ist doch etwas seltsam. Als Hersteller von Anzügen und Livreen hat er viel mit englischem Tuch zu tun. Er weiß, daß es besser ist als das deutsche. Also, folgert er, sind die Engländer überhaupt besser als die Deutschen.

Das Leben ging für mich weiter wie bisher. Warum auch nicht? Der einzige Unterschied – ich wurde patriotisch. Wir alle wurden patriotisch. Dafür sorgte die Schule. Alle Augenblicke wurden wir zu irgendwelchen Kundgebungen in die Aula zusammengerufen, meistens um einen Sieg zu feiern – es gab deren anfangs unzählige –, und wir freuten uns enorm über die Zahl der gefangenen Feinde, vielleicht noch mehr über die Zahl der feindlichen Gefallenen. Wir hatten ja zum Tod noch keinerlei Beziehung, und ich fürchte, das galt auch für die sogenannten Erwachsenen, also unsere Lehrer. Diese Feiern bildeten eine erfreuliche Unterbrechung des Unterrichts.

Wir mußten oder sollten zumindest für den Kauf dieser oder jener Abzeichen mit irgendeinem Slogan werben. Es waren vor allem Slogans des Hasses, wie etwa „Gott strafe England!", nachdem England mit Verspätung von einigen Tagen in den Krieg eingetreten war.

Mein Stiefvater war also, im Gegensatz zum Kaiser, dessen Generälen und Ministern nicht patriotisch und erwies sich damit als wesentlich klüger als diese. Freilich, in den ersten Kriegsjahren wollte ich seine „unpatriotischen" Bemerkungen nicht hören, geschweige denn an sie glauben. Ich fand es auch nicht richtig, daß er nur sehr ungern Goldstücke herausrückte, die ich in der Schule ablieferte, nach dem Motto: „Gold gab ich für Eisen", und in begrenztem Umfang Kriegsanleihe zeichnete, obwohl nicht einmal er ahnen konnte, daß die Anleihescheine fünf Jahre später nicht einmal mehr den Wert von Klosettpapier haben würden. Hier unterschied er sich vorteilhaft von einem Bruder meines verstorbenen Vaters, der als mein Vormund fast mein gesamtes, vom Vater ererbtes Barvermögen dergestalt „mündelsicher" anlegte. Er hat dieses Verhalten nie erklärt, sondern, als ich ihn viel, viel später einmal darüber befragte, nicht eigentlich zur Rede stellte, mich sofort enterbt.

Übrigens sah ich ihn in den folgenden Jahren oft, auch meine übrige Familie und auch die meiner Mutter, denn ich verbrachte fast alle meine Ferien in Würzburg und ging meinen Verwandten und Freunden dort wohl sehr auf die Nerven, weil ich unaufhörlich von Berlin sprach, von den Wundern der Untergrundbahn, von den privaten Lifts, der Verkehrsregelung. Freilich, was ich ihnen damals über Berlin erzählte, änderte nichts an der Überzeugung aller, wirklich aller Würzburger, Berlin sei so etwas wie ein Exil, nicht unähnlich dem sagenhaften Sibirien, und ich wäre dorthin „verschlagen" worden und sei eher zu bedauern.

Ich spüre heute noch, wie freudig erregt ich war, wenn der Zug sich der Stadt näherte. Schon lange vorher stand ich am Fenster des Zugkorridors und ließ die vertrauten Bilder an mir vorüberziehen. Der jüdische Friedhof – noch außerhalb der Stadt, das Fabriksviertel Grombühl, im Hintergrund der rebenbewachsene Steinberg, berühmt durch seine Weine, das weiße Bismarck-Denkmal inmitten eines Wäldchens, von dem es später ganz verdeckt werden würde, ein paar hundert Meter entfernt die Steinburg, ein beliebtes Ausflugslokal, und dann, endlich die mir so vertraute Parkanlage, das Glacis genannt, die Straßen, in denen ich gespielt hatte, der Bahnhof, die mich erwartende Familie.

Ich wohnte meist bei meinem cholerischen Onkel Adolf, dem jüngsten Bruder meines Vaters, der eine etwas unbestimmte Idee von Berlin hatte und – nach Art der Bayern – keine allzu gute. Er befürchtete wohl, ich bekäme dort nicht genügend zu essen. Jedenfalls verlangte er von seiner Frau und natürlich auch von seiner Köchin, daß ich gemästet würde wie eine Gans. Er schaute mir dann beim Essen wohlgefällig zu – ich konnte damals wirklich eine Unmenge vertilgen – und bemerkte nach jeder Mahlzeit: „So was kriegst du fei in Berlin net!"

Zumindest nicht so viel, und das war wohl auch gut so.

Und was meine Tanten anging – die sahen in mir eine Art Weltwunder. Das war übrigens nicht ganz neu. Seit frühester Jugend wurde ich von ihnen verhätschelt. Sie sprachen ganz laut in meiner Gegenwart darüber, wie „entzückend" ich sei, wie „klug"; ich badete in diesem kollektiven Lob, die Idee, es könnte einseitig oder parteiisch sein, kam mir nie. Mir ganz unbewußt nahm das Gefühl von mir Besitz, ich könnte einfach nichts Falsches sagen oder tun, ich war eben reizend, klug, lustig. Später, nicht einmal so sehr viel später, habe ich oft feststellen müssen, wie sehr mir das geschadet hat; und ich mußte auf viel schmerzhaftere Weise, als es damals denkbar gewesen wäre – nämlich wenn ich auf Menschen stieß, die nicht unbedingt alles reizend und klug fanden, was ich sagte oder tat –, ein bißchen Selbstkritik und, ja man darf es wohl sagen, Bescheidenheit lernen. Es war nicht nur schmerzhafter, es war in jedem Sinne kostspieliger. Aber davon später ...

Würzburg war vermutlich die schönste und reinste Barockstadt Deutschlands. Die alten Häuser, die unzähligen alten Kirchen mit ihren Kostbarkeiten, die verwitterte Marienkirche, die Statuen, die auch in den benachbarten Dörfern zu finden waren, viele von Riemenschneider. Und das Ganze auf die lieblichste Weise in das Tal des Mains eingebettet, dessen geruhsam dahinströmendes Wasser, wenn wir darin schwammen, wie schweres Öl wirkte, obwohl es von außerordentlicher Klarheit war.

Da hatte ich nun meine Kindheit verbracht, ohne zu ahnen, daß dies ein Paradies war. Ich war tausendmal an dem Schloß achtlos vorübergegangen, einem Rokokojuwel, wie es kaum ein zweites Mal existierte; auf die Marienburg hinaufgestiegen, die aus geringer Höhe die Stadt gleichsam beherrschte; ja ich hatte nicht einmal begriffen, wie zauberhaft schön das stilreine Stadttheater mit seinen vielen Logen und Rängen war.

In jenen Jahren und denen, die folgten, begriff ich zwar wenig von den kostbaren Schönheiten des Städtchens, fühlte aber langsam, daß Würzburg nicht nur bequemer und gemütlicher war als Berlin, sondern auch muffiger. Die kleinen Bürger – und eigentlich waren alle dort Kleinbürger – unterstellten sich bedingungslos der kirchlichen Obrigkeit. Es gab ja fast nur Katholiken, etwa vier Prozent der Bevölkerung war protestantisch, zwei Prozent jüdisch.

Meine Schulkameraden von früher, die ich jetzt nur noch selten und immer seltener sah, hatten eigentlich nur eine Sorge: die Beichte am kommenden Samstag, die ja seit der letzten Kommunion wie ein Damoklesschwert über ihnen hing. Sie zerbrachen sich den Kopf darüber, was sie beichten respektive nicht beichten sollten. Untereinander sprachen sie nicht oft darüber, mit mir schon, ich hatte ja als Jude sozusagen eine Ausnahmestellung. Natürlich hatten meine Freunde alle ihre sexuellen Probleme, das heißt, eigentlich immer das gleiche: das der Masturbation. Was gestehen, was nicht gestehen?

Als ob sie ihren Pfarrern etwas vormachen konnten! Die wußten schon deswegen Bescheid, weil auch sie sich auf sexuellem Gebiet durchaus nicht so benahmen, wie es Pfarrern eigentlich geziemte. Es war ein offenes Geheimnis, daß zahlreiche, ich möchte fast sagen zahllose, Pfarrer in Würzburg und vor allem in den Dörfern der Umgegend Verhältnisse mit ihren Köchinnen oder Wirtschafterinnen hatten.

Das klingt sehr verallgemeinernd – aber es war wohl die allgemeine Sitte oder Unsitte, wie immer man dazu stehen mag. Jemand hat einmal von Würzburg gesagt, daß es die meisten Kirchen im Verhältnis zu seiner Einwohnerschaft besitze und die meisten unehelichen Kinder.

Und so hatten viele einen Geistlichen zum Vater.

Man könnte auch hinzufügen, daß Würzburg im Verhältnis zu seiner Einwohnerzahl ungewöhnlich viele Bordelle besaß.

Das alles erfuhr ich natürlich erst später, nicht gerade mit elf oder zwölf Jahren. Und auch, daß vieles in Würzburg geschah, worüber „man" nicht sprach.

Zum Beispiel war es gang und gäbe, daß junge Männer aus besseren Kreisen Freundinnen hatten. Nur mußten da bestimmte Regeln eingehalten werden. Ein Verhältnis konnte man zum Beispiel – wie einer meiner Onkel – mit der Tochter eines Bäckers haben, ihr möglicherweise auch ein uneheliches Kind machen. Aber ein Verhältnis durfte man nicht haben mit der Tochter eines Bäckereibesitzers. So einfach war das. So streng waren die Bräuche.

Etwas zu tun, etwas Strafbares, etwas, das nach dem damaligen Sittenkodex und insbesondere nach Ansicht des katholischen Klerus ungehörig war, mochte hingehen. Sich erwischen zu lassen, war unverzeihlich.

Der erste, der mir von den Schönheiten der Stadt sprach, konnte sie nicht sehen. Denn er war blind.

Ich nannte ihn Onkel Siegfried, obwohl er kein Verwandter war. Siegfried Heidenheimer war seit eh und je der beste Freund meines verstorbenen Vaters gewesen und später meiner Mutter. Mit neunzehn Jahren hatte er nach einer Scharlacherkrankung das Augenlicht verloren – Netzhautablösung, wie es hieß. Er war sehr groß, ich glaube annähernd zwei Meter, schlank, und sah, abgesehen von seinen blutunterlaufenen Augen, ausgezeichnet aus. Er bewegte sich in den Würzburger Straßen wie in einem vertrauten

Zimmer. Natürlich fand sich immer jemand, jeder kannte ihn ja, der ihm dabei half, eine Straße zu überqueren, aber das wäre nicht einmal nötig gewesen, es gab ja noch keinen Verkehr, und die Droschken und sonstigen Pferdefuhrwerke hielten eben an, wenn er des Weges kam.

Er war immer makellos angezogen, gut rasiert, er hatte Charme, die Frauen – das erfuhr ich natürlich erst viel später – fielen ihm zu. Man merkte eigentlich nur, daß er blind war, wenn er sich beim Gehen leicht auf einen stützte und wenn man ihm das Essen vorschneiden mußte. Man konnte mit ihm ins Theater gehen, er verstand, ich möchte fast sagen, er sah alles, ein paar Worte mußte man ihm gelegentlich soufflieren, etwa: Jetzt geht der oder die ab oder kommt herein. Sie genügten vollständig. Er war von einer geradezu alarmierenden Intelligenz. Er spekulierte mit unheimlichem Instinkt und größtem Erfolg an der Börse, und er erwies sich – und das war wohl das Tollste – fast unschlagbar beim Pokern, und das, obwohl man ihm soufflieren mußte, was er in der Hand hielt, und er die Gesichter der anderen Mitspieler nicht beobachten konnte. Er erriet alles an der Art, wie sie sprachen. Er gewann fast immer.

Mit Onkel Siegfried machte ich lange Spaziergänge. Er versuchte mir viel von dem, was er wußte, zu übermitteln. Er war, was den Krieg betraf, noch viel pessimistischer als mein Stiefvater und hielt es für selbstverständlich, daß „wir" ihn verlieren würden. Er erklärte mir, warum, und später stellte ich fest, daß dieser Blinde aus Würzburg mehr und weiter sah als die Sehenden in allen Metropolen der Welt, ganz zu schweigen von den Generälen und Admiralen, die Onkel Siegfried schlechthin als Dummköpfe abtat. Er war wohl der erste und vielleicht der einzige, der mich dazu erzog, nichts unkritisch hinzunehmen und mich nie und unter keiner Bedingung damit zu begnügen, daß andere, weil älter, es besser wissen müßten als ich.

Er erzählte mir viel jüngst vergangene Geschichte in Form von Geschichten. Ich erinnere mich noch seiner Darstellung des Falles Dreyfus, der ja erst rund zehn Jahre zuvor sein Ende gefunden hatte, und seiner Mahnung, die meisten Menschen seien Antisemiten, denn: „Sie sind dumm!"

Ach, Onkel Siegfried! Wie oft habe ich bedauert, mir nicht alles aufgeschrieben zu haben, was du mir erzähltest! Wieviel habe ich von dir gelernt und wieviel mehr hätte ich lernen können! Ich habe nie vorher und nie nachher einen so guten Lehrer gehabt, einen, der so klar sah, ohne sehen zu können.

Eine, die ich stets in späteren Jahren in Würzburg besuchte, war Rosa. Sie hatte sich ja, wie bereits erzählt, von uns trennen müssen, und das haben wir beide lang nicht verwunden. Sie stand mir näher als meine eigene Mutter.

Mutter liebte mich, daran war kein Zweifel. Aber für sie gab es auch anderes – vor allem das gesellschaftliche Leben und ihren zweiten Mann. Ich weiß, das klingt hart, und diejenigen, die meine Mutter kannten, werden es kaum verstehen. Sie erfreute sich allgemeiner Beliebtheit, mehr: sie wurde von fast allen geliebt; sie war ja nicht nur hübsch, elegant, lustig, sie war auch hilfsbereit in geradezu unwahrscheinlicher Weise und sehr, sehr einfühlsam. Ewald sagte später, sie sei die einzige gewesen, die ihn in seinen schwierigen Pubertätsjahren begriffen und beraten habe – übrigens ohne daß ich etwas davon ahnte. Sie verstand alles – nur eben mich nicht, so glaubte ich wenigstens damals; oder sie verstand mich doch nicht so sehr, wie ich es gewollt hätte. Vielleicht war ich ungerecht, vielleicht, ohne es zu wissen, auch eifersüchtig. Jedenfalls: nach zwei, drei Jahren Berlin stand mir mein neuer Vater viel näher als sie. Ich wußte eigentlich nie so recht, worüber ich mit ihr reden sollte. Sie las kaum je ein Buch, und später, als ich selbst Bücher schrieb, auch nicht die meinigen. Sie wollte sie nur besitzen, um sie ihren Freundinnen zu zeigen. Sie wollte auch mich ihren Freundinnen zeigen, damals, als ich noch ein Kind war. Sie war stolz auf mich, mehr als ich es je verdiente, aber sie hätte nicht zu sagen vermocht, warum. Als ich, sehr frühreif und naseweis, ihr einmal sagte, das Schauspiel „Alt-Heidelberg" sei doch Kitsch, bekam ich eine Ohrfeige. „Alt-Heidelberg" war doch ein Erfolgsstück, also bestimmt nicht ohne Wert.

Rosa ging nicht in Konzerte oder ins Theater, las nie ein Buch, war simpel und vielleicht sogar dumm – aber für sie gab es außer ihrem lieben Heiland eben nur mich. Sie hatte mich geweckt, sie hatte mich zu Bett gebracht und mich gebadet, jawohl, noch zu einer Zeit, da viele junge Burschen sich nicht mehr von Frauen abseifen lassen.

Ach, wenn Rosa geahnt hätte, wie wenig Kind ich noch war und daß ich in einer Weise lebte, die ihr Pfarrer sicher als verderbt bezeichnet hätte! Sie würde den Rest ihres Lebens mit Gebeten für mich verbracht haben.

Was meinen Vater immer von neuem ärgerte, das war mein mangelndes Interesse am Krieg oder an der Politik überhaupt. Er fand, auch ein junger Mensch müsse doch wohl Anteil nehmen an dem, was in der Welt vor sich gehe. Aber mich interessierten Zeitungen überhaupt wenig, allenfalls das, was „unter dem Strich" stand, das Feuilleton also und vor allem die Theaterkritiken. Der Mittelpunkt meines Lebens war nach wie vor das Theater.

Und da gab es die Litfaßsäulen. Diese geradezu behäbigen Säulen standen fast an jeder Straßenecke, auf ihnen fand man die Proklamationen von Parteien, Bekanntmachungen von Behörden und einen kompletten Spielplan sämtlicher Berliner Theater. Ich glaube, es waren damals fünfundvierzig, die meisten davon spielten en suite, Operetten oder Schwänke, mit oder ohne Musik. Die Spielpläne waren nicht wie heute – falls sie überhaupt erscheinen – etwas summarisch, sie waren komplett wie ein Theaterprogramm, das heißt, das ganze Personenverzeichnis war abgedruckt, so wie etwa in der Buchausgabe des Stückes, und dahinter standen die Namen der an dem betreffenden Tag spielenden Schauspieler. Wohlgemerkt: Wenn zum Beispiel in Max Reinhardts Deutschem Theater zweimal in einer Woche der „Othello" gespielt wurde, konnte es sehr wohl sein, daß in einer Aufführung Albert Bassermann, in der nächsten, vielleicht drei Tage später, Paul Wegener die Hauptrolle verkörperten. Und das alles war auf der Litfaßsäule zu lesen. Die Besetzung hinab bis zu den letzten Nebenrollen. Wie die Souffleuse, der Inspizient, der Regieassistent oder gar der zuständige Dramaturg hießen, war freilich nicht angegeben. Solche wichtigen Enthüllungen sollten den siebziger Jahren, von wegen der Mitbestimmung am Theater, vorbehalten bleiben.

Am liebsten wäre ich jeden Abend ins Theater gegangen, aber mein Vater fand, alle drei bis vier Wochen seien schon reichlich. Und einen solchen Theaterbesuch empfand ich immer als ein Fest.

Dies war natürlich auch das Verdienst des Theatermannes Max Reinhardt, in dessen Deutsches Theater – wohl das beste der Welt, aber das wußte ich damals noch nicht – es mich unwiderstehlich zog. Ich sah dort natürlich meist sogenannte Repertoirevorstellungen, das heißt mehr oder weniger abgespielte – aber im Vergleich zu Würzburg oder Fürth oder Nürnberg dünkten sie mich, und waren es wohl auch, außerordentlich.

Meine erste Vorstellung war „Der Kaufmann von Venedig" mit Albert Bassermann als Shylock und Else Heims, der Frau Reinhardts, als Portia. In einer verhältnismäßig kleinen Rolle als Lanzelot Gobbo sah ich auch, o Wonne, den von mir „entdeckten" Werner Krauss. Ach, wie schwelgte ich, wenn die Drehbühne in Funktion trat, immer neue Aspekte Venedigs sichtbar machend. Das war etwas ganz Neues und, wie mir schien, Einmaliges. Das war Zauberei. Und wie begeistert war ich erst, als ich ein paar Wochen später den „Sommernachtstraum" sehen durfte, im selben Haus, wieder auf der Drehbühne, wo sich in dem wandelnden und sich verwandelnden Wald immer, in des Wortes wahrster Bedeutung, neue Wunder abspielten.

Mein Vater fand, sehr zu Recht, daß ein kleiner Junge nicht ins Parkett oder gar in eine Loge, wie in Würzburg, sondern auf den zweiten Rang gehörte; das Deutsche Theater besaß keinen dritten. Meine Mutter pflegte mir, wenn ich fortging, den Rat mitzugeben: „Fall bloß nicht runter! Dann mußt du nachzahlen!"

Wir, die wir auf dem zweiten Rang saßen, waren irgendwie eine Gemeinschaft, obwohl wir selten unsere Namen, geschweige denn nähere Umstände wie Adressen, Berufe kannten.

In der Oper Unter den Linden gab es einen vierten Rang. Und hier mußte ich länger „anstehen", wie man das nannte. Anstehen bedeutete, am Sonntag, dem ersten Vorverkaufstag, um fünf Uhr aufzustehen, mit der ersten Untergrundbahn oder Elektrischen in das Zentrum der Stadt zu fahren und sich dort der Reihe der Wartenden anzuschließen. Wer so naiv war, erst bei Kasseneröffnung um zehn Uhr zu erscheinen, hatte kaum noch Aussicht auf einen passablen Platz in den billigen Platzkategorien, gleich welcher Vorstellung. Die Gespräche, die damals zwischen uns, die einander bald kannten, auch wußten, daß der eine oder andere am letzten Sonntag nicht da gewesen war – und warum eigentlich nicht? –, die genau wußten, wer vor Jahren welche Rollen, wer vor Wochen in welchen Stücken aufgetreten war . . .

Und unsere Kritik! Die fiel meist härter aus als die der gefürchteten Kritiker der großen Blätter, deren Ausführungen wir natürlich fast auswendig kannten und die wir zum Teil höchst abschätzig beurteilten. Die Zeit zwischen sechs und elf, bis wir endlich mit unseren Karten abzogen, manchmal enttäuscht auch ohne solche, verging wie im Flug.

Ich muß hinzufügen, daß wir schon in Würzburg ein Grammophon besessen hatten. Mit Trichter. Man mußte es aufziehen, und man konnte sogar Caruso hören, aber wie bei allen anderen Sängern – es gab damals fast nur Gesangsplatten – immer nur mit Klavierbegleitung.

In Berlin dirigierte zum Beispiel Richard Strauss, der schon den Taktstock hob, während der Zuschauerraum sich noch füllte und die Beleuchtung noch nicht erloschen war. Ein Umstand, der mich empörte – in Würzburg wäre so etwas nicht denkbar gewesen! Ihn, Richard Strauss, störte es aber nicht.

Ich hörte in Berlin den „Figaro", die „Carmen", die „Meistersinger". Und etwas später den „Rosenkavalier". Es sollte die Zeit kommen – da war ich etwa fünfzehn oder sechzehn –, als es mir undenkbar schien, auch nur eine einzige Vorstellung meiner Lieblingsopern auszulassen. Es war für mich jedes Mal wie das erste Mal, nur viel schöner, weil ich ja wußte, wann die Stellen kamen, die ich besonders ins Herz geschlossen hatte und die mich immer wieder erregten und oft zu Tränen rührten. Ich war zwar auf dem vierten Rang, aber im siebenten Himmel. Immer, immer wieder. Wir hielten uns für etwas Besseres als diejenigen, die die besseren Plätze einnahmen. Ich glaube, wir hätten gar nicht unten sitzen wollen. Es kam uns kaum zu Bewußtsein, daß wir gar nicht so gut sahen. Wir waren überzeugt, daß wir auf dem vierten Rang Stehplatz viel besser hörten als die unten, und das war vielleicht sogar richtig. Hier, vom vierten Rang, oder vielmehr meist hinter und über ihm auf den Stehplätzen, sah und hörte ich also meine ersten großen Opern, sieht man von „Mignon" oder „Martha" oder dem „Trompeter von Säckingen" und dem „Barbier von Sevilla" in Würzburg ab, denn zu viel mehr hatte es dort selten gereicht.

Manchmal sah ich überhaupt nichts, aber wie mir die Habitués der Stehplätze, oft mit Partituren oder zumindest mit Klavierauszügen bewaffnet, versicherten, versäumte ich gar nichts, und ein sechster Sinn sagte mir, sie hätten wohl recht. In der Tat, ich bin fest überzeugt, daß meine fanatische Liebe zur Oper, die über die nächsten dreißig oder vierzig Jahre anhielt, ihren Ursprung darin hat, daß ich so lange so wenig von dem sah, was sich auf der Bühne tat, besonders nichts von den schauspielerischen Künsten der Sänger und Sängerinnen.

Und die Schule? wird man fragen. Die spielte keine große Rolle, wenigstens nicht als Schule. Eher schon als eine Art Klub, wo man einander traf. Daß es so war, hatte viele Ursachen. Nicht nur lernte ich unglaublich leicht, das sagte ich ja schon – auch die meisten Kameraden taten es. Das hatte sicher seinen Grund auch darin, daß mindestens die Hälfte jüdisch war – jüdische Kinder sind ja sehr frühreif. Einige Jahre später gleicht sich dann die Differenz an Auffassungsvermögen und Intelligenz schnell aus. Infolgedessen gab es in der Schule auch keinen Antisemitismus – ob es in Berlin überhaupt einen gab, wußte ich natürlich nicht, und viele Jahre lang kam es mir nicht einmal in den Sinn, mir diese Frage zu stellen.

Da war also Ewald. Ich werde noch oft von ihm sprechen, und der Verlauf dieses Berichts wird zeigen, warum ich seinen Nachnamen verschweige. Ewald war mein Freund. Undenkbar, daß wir, die in der Klasse nebeneinander saßen, mittags oder abends nicht zusammengewesen wären. Undenkbar, daß einer von uns ein Buch gelesen hätte und der andere nicht, daß wir nicht gemeinsam ins Theater oder in die Oper oder ins Konzert gegangen wären. Übrigens war er begabter als ich, und zwar auf fast allen Gebieten, mit Ausnahme vielleicht des deutschen Aufsatzes, und sicher viel klüger. Später, als er beschloß, Arzt zu werden, überlegte ich mir ernsthaft, ob nicht auch ich diesen Beruf ergreifen sollte, für den ich nicht die geringste Begabung hatte – nur um in seiner Nähe zu bleiben.

Nein, die Schule war nie ein Problem für mich. Das Werner-Siemens-Realgymnasium in der Münchener Straße – heute steht es zwar noch immer, trägt aber einen anderen Namen – war die erste Schule in Berlin und wohl eine der ersten auf der Welt mit einer sogenannten Selbstverwaltung. Wir wählten einen Klassenvorsitzenden, wir hatten einen Schülerrat mit Vorsitzenden – ich war das alles irgendwann einmal. Wir studierten Stücke ein, die wir in der Aula aufführten. Da war auch ich dabei, und einige Male spielte ich sogar Hauptrollen. Mir ist noch in Erinnerung, daß ich, als ich allein einen sogenannten „schnellen Umzug" in der Turnhalle vornehmen mußte – ich war noch Quartaner –, von einem jüngeren, nicht unattraktiven Lehrer ein bißchen betätschelt wurde, was mir damals gar nichts besagte. Übrigens glaube ich, er hätte auch bei seinen Kollegen kaum Mißtrauen erweckt – „so etwas" kannte man damals noch nicht oder wollte davon nichts wissen, es sei denn als Ausschreitung der alten Griechen, also etwas dem klassischen Altertum Zugehöriges.

Dieser junge Lehrer fiel schon in den ersten Tagen des Weltkrieges.

Theaterspielen war nicht meine Sache oder, sagen wir, nicht meine starke Seite, erstaunlich genug bei meiner Begeisterung für Theater. Ich interessierte mich mehr für unsere Schülerzeitung, für die ich bereits in der Quarta meinen ersten Roman verfaßte – ich glaube, er hieß „Mutter! – Tagebuch eines Gefallenen" und versetzte zumindest meinen Vater in Lachkrämpfe. Später wurde ich übrigens Chefredakteur der „Werner-Siemens-Blätter".

Schülerzeitung und Schülertheater waren für uns viel wichtiger als die Schule selbst. Wenn ich beim Unterricht abwesend war, brauchten die Kameraden dem Lehrer nur mitzuteilen, ich sei in einer Redaktionskonferenz oder beim Drucker, und er gab sich zufrieden. Übrigens schwänzten wir im allgemeinen nicht, es sei denn aus triftigen Gründen – der triftigste war wohl der Turnlehrer, ein ganz ekelhaft schneidiger Preuße, ein verhinderter Feldwebel, der uns, wie er es nannte, „zwiebelte".

Wer von uns über Eltern verfügte, die mit sich reden ließen, und einen entsprechenden Hausarzt, ließ sich eiligst dispensieren, immer aus „gesundheitlichen Gründen". Ich glaube, ich habe in den sieben Berliner Schuljahren keine hundert Turnstunden mitgemacht. Ich gehörte nach Ansicht des Sadisten zu den „Dicken, Fetten, Faulen", die grinsend auf den Böcken saßen und sich unterhielten oder Schulaufgaben machten oder sie von anderen abschrieben, während die Turner schwitzten.

Dabei war ich damals weder faul noch fett. Vielleicht, wenn ich mich der Turnerei mehr gewidmet hätte, wäre ich auch später nicht dicker geworden.

Bei meinen täglichen Inspektionen der Litfaßsäulen fiel mir auf, daß der in Fürth von mir „entdeckte" Werner Krauss fast nur kleine und kleinste Rollen spielte. Das ging mich zwar nichts an, aber erboste mich über alle Maßen. Und eines Tages, damals war ich wohl schon an die Dreizehn, schrieb ich einen Brief an Max Reinhardt, in dem ich ihm vorwarf, den größten deutschen Schauspieler – ich mußte es ja wissen! – nur in minderen Rollen zu beschäftigen. Und ich unterzeichnete diese Epistel mit Namen und Adresse.

Ich erhielt sehr schnell Antwort von einer Sekretärin, der Professor würde Herrn Steinam gern persönlich sprechen – am nächsten Donnerstag um zwölf Uhr, wenn es passe. Ich hätte um zehn natürlich in der Schule sein müssen, aber ich zog es vor, ins Deutsche Theater zu fahren, der Brief war wohl auch ein triftiger Grund zum Schwänzen.

Die Sekretärin grinste, als sie meldete, Herr Steinam, der ja bestellt sei, befinde sich im Vorzimmer. Und Reinhardt, als er den kleinen Jungen in den kurzen Hosen sah, begann zu lachen. Er wollte gar nicht mehr aufhören zu lachen. Er wischte sich die Tränen aus den Augen.

„Sie sind also dieser Herr . . .?", er sah noch einmal nach, „. . .dieser Herr Steinam, der findet, daß ich Herrn Krauss nicht richtig beschäftige?"

„Das finde ich allerdings. Ich habe ihn als Franz Moor gesehen. Im Fürther Stadttheater!"

„Sieh da, in Fürth. Nun ja, also setzen Sie sich, Herr . . . oder darf ich noch du zu dir sagen?"

Großmütig erlaubte ich es ihm.

Im folgenden Gespräch wollte er alles über mich erfahren, ob auch ich zum Theater wolle, und schien geradezu erleichtert, als ich das verneinte. Warum eigentlich nicht? Ich weiß heute meine Gründe nicht mehr. Die wurden mir alle erst später klar. Er wollte wissen, warum ich Krauss für einen so trefflichen Mimen hielte? Ich sagte ihm, weil, wenn er auf die Bühne käme, man nur noch ihn ansehen könne. Ob das denn bei den anderen Schauspielern nicht auch der Fall sei?

„Ja, aber doch nicht in dem gleichen Maße."

Ob ich nicht glaube, daß das nicht gerade bei der Gestaltung kleiner Rollen ins Gewicht falle, die sonst möglicherweise niemand beachte?

Ich blieb hartnäckig. „Die können andere auch spielen!"

„Und die bekannten Schauspieler? Du hast sie doch sicher alle gesehen?"

„Einige. Ich darf ja nicht immer."

„Sollen sie nun nicht mehr die großen Rollen bekommen? Sind sie nicht so gut wie Krauss?"

„Nein. Natürlich kann er nicht alle Rollen spielen."

„Nett, daß du das zugibst. Und glaubst du nicht, daß ich besser beurteilen kann als du, wer große und wer kleine Rollen spielen soll?"

„Sie haben Werner Krauss nicht als Franz Moor gesehen!" stellte ich unbeeinflußbar fest.

„Im Fürther Stadttheater, nein, leider. Aber", er sah auf die Uhr, „nun muß ich wirklich auf die Probe."

So ungefähr ist mir diese Unterhaltung in Erinnerung geblieben. Und dann kamen die Worte, die ich sicher nie vergessen werde: „Willst du mit?"

Und ob ich wollte.

Und ich wollte noch oft und durfte eigentlich immer. Es schien Reinhardt zu belustigen, ja vielleicht auch zu freuen, wenn ich kam und staunend miterlebte, wie eine Szene oder oft auch nur der Teil einer Szene entstand und immer, immer gleichsam aus dem Nichts: aus einer Theaterfigur ein Mensch.

Im Grunde genommen gab es zwei verschiedene Max Reinhardt. Ich glaube nicht, daß irgend jemand, der heute noch lebt, seine Söhne vielleicht ausgenommen, ihn so kennengelernt hat wie ich. Da war der seltene Reinhardt, der private Reinhardt, der leicht zum Lachen zu bringende Reinhardt, der sich nichts dabei vergab, mit einem kleinen Jungen ernsthaft zu sprechen.

Der andere Reinhardt, der mich und sicher viele andere an Napoleon erinnerte, war klein, er war gedrungen, er vermittelte sofort den Eindruck seiner Bedeutung. Ich weiß von vielen Proben, wie sich alles änderte, sobald er kam. Er kam ja selten zu Beginn einer Probe, da wurde meistens von einem seiner Mitarbeiter das repetiert, was er am Tag vorher mit den Schauspielern erarbeitet hatte. Für Reinhardt selbst lag der Probenbeginn zu früh, um zehn Uhr schlief er noch, da er ja bis spät in die Nacht hinein zu arbeiten pflegte. Aber so gegen zwölf öffnete sich eine Tür, und das nächste, was jeder spürte – die Schauspieler auf der Bühne, die wenigen Mitarbeiter im Zuschauerraum, die Beleuchter, die Techniker, alle, alle – war eine Wolke von Eau de Cologne. Durchaus kein Geheimnis, daß Reinhardt in Wasser badete, dem viel Eau de Cologne zugesetzt war. Er kam dann gewissermaßen blitzsauber, in weißem Hemd und dunklem Anzug in den Zuschauerraum.

Und alles war wie verwandelt. Alle hatten das Gefühl, was bisher vorgegangen war, sei nur Vorspiel gewesen, jetzt gehe es erst richtig los. Und genau so war es ja auch.

In dem Augenblick, in dem Reinhardt selbst die Zügel ergriff, war alles anders. Er hatte, wenn er wollte, einen geradezu unheimlichen Kontakt zu den Schauspielern, er hypnotisierte sie.

Ich muß immer an eine Geschichte denken, die sich viele Jahre später zutrug und die ich nur vom Hörensagen kenne, allerdings durch Leute, die durchaus verläßlich sind. Sie spielte in Wien, in dem von Reinhardt neu eröffneten Theater in der Josefstadt. Irgendein belangloses Boulevardstück sollte herauskommen. Am Morgen der Premiere war die Generalprobe. Und auch die erste, die Reinhardt, der in diesem Fall nur Direktor war und nicht Regisseur, zu sehen bekam. Er saß schweigend im Zuschauerraum. Als das Stück nach knapp zwei Stunden abgelaufen war, stand er auf und fragte die Schauspieler: „Hätten Sie Lust, noch ein wenig mit mir zu arbeiten?"

Sie alle erklärten sich sofort bereit.

Zwischen, sagen wir zwei Uhr mittags und acht Uhr abends arbeitete Reinhardt mit den Schauspielern. Er machte aus der unbedeutenden Boulevardkomödie ein tolles Stück. Fünf Minuten vor acht kamen die Platzanweiser herein und erklärten, das Publikum warte bereits ungeduldig vor den Türen. Reinhardt stand auf und erklärte, er habe dem auch gar nichts mehr hinzuzufügen, was in den letzten Stunden erarbeitet worden sei.

Am nächsten Tag war die junge Dame, die bis dahin nur in mittelmäßigen Boulevardstücken brilliert hatte, eine der großen deutschsprachigen Schauspielerinnen: Paula Wessely.

5
Aufklärungsfilm

In späteren Jahren hatte ich oft, wenn ich in einem Kino saß, die seltsame Sensation, daß mir eine Frau übers Haar fuhr oder mich auf den Nacken küßte. Was auf ein Kinoerlebnis zurückzuführen war. Aber ich ging schon ins Kino lange vor diesem erstaunlichen und einmaligen Ereignis – ja ich darf dieses Erlebnis wohl als Ereignis bezeichnen.

Meine Vorliebe fürs Kino teilte ich mit vielen meiner Kameraden. Eine solche Institution hatte es in Würzburg nicht gegeben, jedenfalls meines Wissens nicht, und daher war mir auch die Existenz des Filmes unbekannt. Natürlich prangte vor jedem Kino das Schild „Jugendlichen unter 18 ist der Zutritt verboten!" Aber es gab in der Motzstraße, etwa zehn Minuten von unserer Schule entfernt, ein winziges Kino, einen schlauchartigen Saal mit etwa fünfundzwanzig oder dreißig Reihen, in denen jeweils fünf bis zehn Stühle standen. Man ließ uns dort hinein, nachmittags, versteht sich, obwohl wir gerade zwölf waren. Stumm saß ich da und sah auf der Leinwand schöne Frauen und elegante Herren, die heftig gestikulierten. Was sie im einzelnen sagten, blieb freilich unbekannt, und nur die Zwischentitel belehrten über die jeweilige Situation. Wie etwa: „Der Graf kommt unerwartet nach Hause!" Oder: „Mein Herr, Sie haben meine Frau verführt!", worunter wir uns gar nichts vorstellen konnten. Oder: „Sie haben die zwei Millionen aus dem Safe entwendet!" Was immer unter einem Safe zu verstehen sein mochte – der Angeredete war offenbar ein Dieb.

Beseligt starrten wir auf die Leinwand. Uns störte nicht, daß es alle Augenblicke hell wurde, weil nämlich ein Akt abgelaufen war, und daß wir immer nachrücken mußten, von rechts nach links, weil neue Besucher kamen und die alten, das heißt die vor uns Gekommenen, mit ihren „abgelaufenen" Billetts fort mußten, ein Geschick, das auch uns schließlich ereilte.

Uns störte auch nicht der miserable Klavierspieler, der bei Verfolgungsszenen den „Wilhelm Tell" von Rossini intonierte, bei tragischen Szenen aber, etwa dem Tod einer alten Mutter, den zweiten Satz der Fünften von Tschaikowsky auf dem Harmonium spielte; uns störte nicht der Erklärer, der auch gleichzeitig die Billette herausgab und die Plätze zuwies, will sagen die Reihen, in denen zu sitzen uns die Billette berechtigten. Dieser Mann erklärte gelegentlich die Handlung, besonders lyrische Stellen. Etwa: „Leidenschaften sind in Maries Busen entflammt!" Oder: „Was hat denn jetzt das Leben noch einen Sinn für ihn, da sie einen anderen liebt?"

Davon verstanden wir nicht allzuviel. Mehr schon von den Abenteuern von Detektiven, die, selten mit einem Revolver, aber fast immer mit einem Monokel bewaffnet, stets den oder die Verbrecher zur Strecke brachten; wir wußten um so besser, daß es so kommen mußte, weil wir ja oft in der Mitte oder fast erst gegen Ende des Films den dunklen Saal betraten, das Ende also vor dem Anfang sahen. Aber das kümmerte uns nicht. Wir waren gespannt und entzückt zugleich.

Damals ahnte ich noch nicht, daß mich in gar nicht allzu langer Zeit eine andere Art von Entzücken in einem Kino erwartete, nicht in diesem, sondern in einem der wenigen sogenannten Kinopaläste. Ein Ereignis, das viele Jahre meines Lebens prägen sollte.

Ich war damals, ich weiß es noch genau, zwölf Jahre und neun Monate alt, damals, als es geschah. Als leidenschaftlicher Besucher des kleinen Kinos in der Motzstraße und gelegentlich, aber nur selten, eben nur, wenn es sich machen ließ, anderer Flohkinos, kamen für mich die Kinopaläste in der Tauentzienstraße oder am Kurfürstendamm nicht in Frage. Da wurde zu genau kontrolliert. Ich hätte nie die Argusaugen der Dame an der Kasse oder des uniformierten Portiers passiert, der darauf achtete, daß niemand unter achtzehn Jahren – beziehungsweise einer, dem man ansah, daß er noch nicht achtzehn war – die geheiligten Hallen betrat.

Nun erschien eines Tages eine sehr elegante Dame bei meiner Mutter zum Tee. Ich schätze, sie war so um die Fünfunddreißig, aber da mag ich mich irren. Sie war schon öfter bei uns gewesen, und meine Mutter bei ihr, kurz, die beiden waren Freundinnen, wenn auch vielleicht keine intimen. Diese Dame sagte einmal zu mir: „Curt, wenn du Lust hast, dann kannst du ja mal zu mir ins Kino kommen."

Und ob ich Lust hatte!

„Sie sollen ihn nicht so verwöhnen", meinte meine ahnungslose Mutter. Aber gerade das hatte die Dame im Sinn, und zwar in einer Weise, die meine Mutter kaum gebilligt haben würde.

Die Sache war überhaupt nur möglich, weil der Gatte der Dame, Direktor eines sehr großen Kinos am Kurfürstendamm, oft geschäftlich verreist war. Ich wurde von einem Billettabreißer auf ihre Weisung zur Direktionsloge geführt. Dort erwartete man mich bereits. Von dieser Loge aus konnte man die Leinwand sehen. Dann machte die Loge eine Art Knick, und es schloß sich, fast rechtwinkelig dazu und von den anderen Logen oder Plätzen nicht einzusehen, eine Art Wohnzimmer an, mit Stühlen, einer Couch, einem Tisch, an dem der Direktor wohl arbeitete, wenn er im Hause war.

Man gab damals den Film „König Motor". Ich weiß heute noch, wer mitspielte, und könnte die Handlung erzählen, allerdings nur etwa bis zur Hälfte. Dann spürte ich, wie die Hände der Dame sich in meinem Haar zu schaffen machten. Das störte mich in meiner Konzentration auf die Handlung, und ich muß wohl eine unwillige Bewegung gemacht haben. Denn sie sagte: „Wenn du jetzt nett bist, kannst du immer herkommen, jede Woche, wenn das Programm wechselt."

Dies war natürlich entscheidend. Ich folgte ihr also widerstrebend in den hinteren Teil der Loge. Auf dem Tisch standen Kuchen, Schlagsahne, ein damals bereits höchst seltener Luxus, und eine Kanne mit heißer Schokolade. Ich aß und trank, obwohl ich nicht recht einsah, warum ich das nicht auch nach dem Ende des Films hätte tun können. Ich weiß nicht mehr genau, wie sie mich auf die Couch brachte, aber ich weiß nur, daß sie plötzlich auf mir lag und mich küßte, an meinem Hemd nestelte und meine Hose öffnete.

Und dann geschah es.

Ich war, ja, was war ich eigentlich? Ich fand die Gefühle, die von mir Besitz ergriffen, köstlich. Ich hatte so etwas nie erlebt, nicht einmal die Möglichkeit von „so etwas" in Erwägung gezogen. Und ich war überzeugt, daß das etwas war, das noch niemand erlebt hatte. Mache ich mich verständlich? Ich nahm an, dies sei etwas, das die Dame erfunden hatte für mich und für sich selbst, obwohl ich keine Ahnung hatte, ob sie Ähnliches empfand wie ich oder überhaupt etwas. Es kümmerte mich auch nicht. Ich war freudig erregt, und in steigendem Maße. Nur, als alles vorbei war, dachte ich, das sei doch eigentlich etwas sehr Unanständiges, was die Dame sich da ausgedacht hatte.

Etwas später, als ich meine Sachen wieder in Ordnung gebracht hatte, fragte sie, ob ich noch einen Wunsch hätte.

„Ja, ich möchte den Film zu Ende sehen!"

„Aber, er ist doch schon zu Ende."

Die ganze Vorstellung war zu Ende, das Begleitorchester, das noch während der Geschichte auf dem Sofa zu hören gewesen war, hatte zu spielen aufgehört, das Kino war, soweit ich sehen konnte, leer.

„Zur Abendvorstellung kannst du natürlich nicht bleiben, deine Mutter würde sich Sorgen machen", sagte sie, die sich allerdings keine machte. „Und morgen gibt es ein neues Programm."

So kam es, daß ich nie erfahren habe, wie „König Motor" ausging. Das Letzte, woran ich mich, „König Motor" betreffend, erinnere, war Parfüm.

Sie kam noch einmal auf meine Mutter zu sprechen. Ich müßte hoch und heilig versprechen, meiner Mutter nichts von dem zu verraten, was sie als unser „süßes Geheimnis" bezeichnete. Ich dürfte überhaupt mit niemandem darüber sprechen. Ich gab ihr mein heiliges Ehrenwort.

„Dann darfst du auch immer kommen, wenn ein neues Programm läuft, und Schokolade trinken und Kuchen essen."

„Morgen?"

Sie lachte. „Ich weiß nicht, ob du das kannst."

„Warum sollte ich das nicht können?"

„Ich meine, ob es nicht besser wäre, in zwei oder drei Tagen wiederzukommen."

Ich verstand nicht ganz, warum sie den Kinobesuch aufschob, schließlich verstand ich überhaupt nicht viel von dem, was sich da in der Loge abgespielt hatte. Nur, daß es eine Schweinerei gewesen war und sehr, sehr befriedigend.

Und dies erzählte ich auch schon am folgenden Tag meinem Freund Ewald, Schwur hin, Schwur her. Natürlich mußte auch er schwören, nichts weiterzusagen. Aber er hielt den Schwur wohl hauptsächlich, weil er kein Wort von dem, was ich berichtete, glaubte. Er war ein bißchen jünger als ich, noch ein rechtes Kind, zumindest in körperlicher Beziehung „Das geht doch gar nicht!" erklärte er mit Überzeugung. „Das ist doch gar nicht möglich!"

Es war möglich, und zwar zumindest einmal pro Woche, wenn das Programm wechselte, und manchmal auch, wenn es nicht wechselte. Und es machte mir immer größeren Spaß – und ich meine nicht das Programm. Ich war bald mit Feuereifer bei der Sache. Es brauchte keiner Überredung mehr dazu und keiner Schokolade und keines Kuchens.

Ich weiß heute nicht mehr, wie lange es dauerte, nicht einmal, wie und warum es aufhörte. Vielleicht verreiste sie, vielleicht saß ihr Mann zu häufig in der Loge, vielleicht fand sie einen ihrem Alter angemesseneren Freund. Schließlich sah ich sie überhaupt nicht mehr. Sie kam auch nicht mehr zu meiner Mutter, die mir – das war sechs oder sieben Jahre später – so ganz nebenbei erzählte, ihre Freundin, ich erinnere mich ihrer wohl, habe sich erschossen. „Wir stehen alle vor einem Rätsel."

Aber diese meine erste Wohltäterin – wenn dieser Ausdruck erlaubt ist – hatte etwas in mir geweckt. Ich weiß gar nicht, wie ich es beschreiben soll. Ich fand einfach, diese Sache sei doch zu hübsch, als daß ich sie nicht weiter ausüben sollte. Ich sah nicht ein, warum das nicht auch mit anderen Frauen möglich sein könnte. Inzwischen hatte ich natürlich begriffen, und auch durch Kameraden erfahren, daß es sich da nicht um eine Erfindung der Kinodirektorenfrau handelte.

Das seltsame war nur, daß ich mich auf Frauen konzentrierte, nicht unbedingt auf junge Mädchen – die auch, aber vor denen hatte ich eine gewisse Scheu, die ich mir nicht erklären konnte. Die überwand ich später. Vorläufig war ich entschlossen, es mit jeder Frau, aber wirklich mit jeder, der ich begegnete, zu versuchen. Wozu waren denn Frauen da, wenn nicht dazu? Es mag unglaubhaft klingen, aber es gelang fast immer. Ich weiß nicht, ob die Damen, die ich wählte, von mir angezogen waren, ich glaube eher, daß sie verblüfft und amüsiert waren, wenn ich sie, fast ohne Vorrede oder Zärtlichkeiten, überrumpelte. Mein Konsum an Frauen zwischen meinem vierzehnten und achtzehnten Lebensjahr war enorm. Ich verbrachte oft halbe Nächte in fremden Betten, manchmal auch ganze, und ich hatte nicht selten Mühe, rechtzeitig in meinem Bett zu landen, um mich von Rosa und später von anderen Dienstmädchen wecken zu lassen.

Die Rechnung für diese Eskapaden sollte ich zehn Jahre später in Davos bezahlen.

Aber schon damals fiel meiner Mutter auf, wie schlecht ich oft aussah, und auch meine Scheu vor jungen Mädchen, die sich, wie gesagt, bald legte. Da sie sehr direkt war, schüttelte sie einmal den Kopf und fragte: „Hast du denn gar nichts mit einem Mädchen? Ich verstehe das nicht, ich war in deinem Alter viel sinnlicher."

Wenn sie ahnte! dachte ich damals. Und sie ahnte. Wenn auch nicht von meinen Kinobesuchen.

Mit Liebe hatte das alles nicht das geringste zu tun. Ich liebte keine der Damen, mit denen ich schlief. Ich war wohl schon siebzehn, als ich mich das erste Mal verliebte. Es war buchstäblich Liebe auf den ersten Blick und völlig aussichtslos. So aussichtslos, daß ich nie versuchte, mit dem Objekt meiner Liebe irgendwie in Verbindung zu treten. Ja, ich darf wohl sagen, daß sie bis zu ihrem Tod im Jahre 1975 nie von meinen Gefühlen erfahren hat. Es handelte sich um eine junge Schauspielerin, mehr als zehn Jahre älter als ich, blond, mit dem Körper eines Knaben und dem Gesicht einer Madonna. Sie war schon recht bekannt, und ich, der Schulknabe, hatte doch einige Hemmungen, mich ihr in irgendeiner Form zu nähern. Da ich wußte, daß sie zu dem Ensemble des Deutschen Theaters gehörte, kam ich schließlich auf die Idee, mich ihretwegen an Reinhardt selbst zu wenden.

Ein Zufall kam mir zu Hilfe, will sagen, rettete mich davor, mich zu blamieren. Ich erschien wieder einmal zu einer Probe, und ich sah im Halbdunkel, daß die Angebetete unmittelbar neben Reinhardt Platz genommen hatte. Und während einer kurz darauf folgenden Pause sprach ich einen der Regieassistenten Reinhardts an, mit dem ich im Kassenraum zusammenstieß. Ich tat, als wollte ich wissen, so ganz beiläufig, wer das blonde Mädchen sei, das neben Reinhardt saß.

„Das weißt du nicht? Das ist doch die Thimig, Helene Thimig. Seine Freundin. Übrigens ist das kein Geheimnis, das weiß jeder. Sie werden wohl heiraten, wenn er erst von der Heims geschieden ist."

So war das also. Ich war ein bißchen traurig, wenn auch nicht sehr. Es war immerhin erstaunlich – so jedenfalls sah ich es später –, daß ich sie nicht einmal in Gedanken in die Reihe derjenigen stellte, mit denen ich ein höchst zweifelhaftes Leben führte. Wenn ich auch ernstlich daran dachte, daß ich sie später irgendwann einmal nach Beendigung der Schule heiraten würde. Sie oder keine! Wenn es nicht sein sollte, so gönnte ich sie am ehesten Reinhardt. Wenn schon nicht ich, dann wenigstens er. Dieser erste große Verzicht meines Lebens fiel mir nicht allzu schwer.

Es ist ein altes Klischee, von einem Menschen, den man liebt oder zu lieben glaubt, zu sagen, es sei schon beim ersten Blick so gewesen, als habe man sie oder ihn bereits Ewigkeiten gekannt. So ging es mir jedenfalls im Falle Helene Thimig, nur daß es stimmte. Denn als ich wieder einmal zu den Ferien nach Würzburg fuhr, sah ich sie sofort. Ich sah sie in Kirchen, in Schlössern, auf Brücken in der Umgegend – überall, wo eine Madonna Riemenschneiders stand. Das war sie. Wenn Helene Thimig Riemenschneider Modell gestanden hätte – seine Madonnen würden nicht anders ausgesehen haben. Das Rätsel meiner ersten Liebe war also gelöst. Die Lösung bestand darin, daß ich sie lange gekannt und wohl unbewußt geliebt hatte, bevor sie mir in Fleisch und Blut gegenübertrat.

Der Krieg ging weiter. Mehr und mehr Menschen wurden von ihm erfaßt. Schulkameraden, nur wenig älter als ich, machten ein Notabitur – besser: es wurde ihnen sozusagen auf einem silbernen Tablett überreicht –, nur um möglichst bald an die Front zu kommen. Viele fielen sehr schnell, sie hatten ja keine Erfahrung, wie man sich draußen schützte. In den Zeitungen stand viel von „Heldentod" zu lesen, und das bekamen wir auch in der Schule zu hören. Aber der Schuldirektor, der uns bei solchen Gelegenheiten zusammenrief, brachte nicht mehr allzu viel Pathos auf, in seiner Stimme tönte eher Trauer und Resignation. Die Kommuniqués über den täglichen Stand des Krieges hatten längst ihre Glaubwürdigkeit verloren, zu oft war uns der große, alles beendende Sieg für die nächsten Wochen versprochen.

Die Berliner froren und hungerten. War es ein Wunder, daß sie längst kriegsmüde geworden waren? Ich kann nicht einmal das von mir behaupten. Für mich existierte der Krieg kaum, es interessierte mich nicht im geringsten, wer wo gesiegt hatte.

Und mein Vater fand dieses mangelnde Interesse am Krieg immer unverständlicher, obwohl er selbst ungern über den Krieg sprach. Denn er, der nie glaubte, daß Deutschland ihn gewinnen könne, war nun längst überzeugt davon, daß Deutschland ihn verlieren müsse. Aber er hatte recht, daß er es unbegreiflich fand, wie fast ausschließlich ich mich für das Theater, die Oper, Musik und Literatur interessierte. Vor allem mein Bedürfnis, ins Theater zu gehen, war unmäßig geworden, besonders da ich ja nun alt genug geworden war, um zu bestimmen, wann und wie oft ich gehen konnte. Wenn ich an diese Zeit zurückdenke, kommt es mir vor, als ob ich von einer Art Rauschsucht, das Theater und die Oper betreffend, besessen war.

Dabei waren die Besuche mit Schwierigkeiten verbunden. Ich mußte, um zu einer Aufführung zu gehen respektive zu fahren, die um sieben Uhr begann – im Krieg begannen die Vorstellungen früher als sonst –, das Haus um sechs Uhr verlassen. Es kam mehr als einmal vor, daß eine solche Vorstellung bis lange nach Mitternacht währte, besonders bei Reinhardt, der es haßte, Klassiker zusammenzustreichen. Dann gab es keinen Pferdebus mehr, auch keine Untergrundbahn; ich mußte den Weg nach Hause, sicher so sieben bis acht Kilometer, zu Fuß zurücklegen, das heißt, wir mußten – denn Ewald war fast immer dabei. Und wenn wir so um zwei, halb drei Uhr anlangten, war der Gesprächsstoff noch lange nicht ausgeschöpft. Wir gingen noch eine Weile, manchmal eine halbe, manchmal eine ganze Stunde hin und her, um zu diskutieren, ob der eine oder andere seine Rolle auch „richtig" aufgefaßt habe.

Ich begann damals auch sehr viel zu lesen – heute frage ich mich, wann ich zwischen Schule, Frauen, Opern- und Theaterbesuchen dazu noch Zeit fand. Ich las nicht nur viel, ich las systematisch. Ich wollte nicht mehr und nicht weniger, als mir die Weltliteratur einverleiben. Ich ging chronologisch vor. Zuerst Homer, dann Aeschylos, dann Sophokles, dann Euripides, Aristophanes, die alten Römer, die Großen der Renaissance, Shakespeare. Was ihn angeht, so ist mir die Systematik bis in meine späten Jahre erhalten geblieben. Ich machte es mir während des größten Teils meines Lebens zur Regel, mindestens ein Drama Shakespeares pro Monat zu lesen. Wenn der Dreißigste oder der Einunddreißigste gekommen war, ohne daß ich dazu Zeit gefunden hatte, sagte ich alles ab, um mein Pensum zu absolvieren. Und habe es nie bereut.

Damals ließ ich nichts aus, bis ich wohl ein wenig früh, vielleicht zu früh, zu den Modernen kam, vor allem zu Strindberg. Ich sage, ich ließ nichts aus von dem, was mir lesenswert erschien. Das waren vor allem Dramen, keine Gedichte, die interessierten mich nie. Romane verachtete ich – ich weiß wirklich nicht mehr, aus welchem Grund. Die waren für mich, vorläufig zumindest, keine Literatur; keine Literatur auch die Romane von Goethe oder Cervantes, die von Dickens oder Dostojewskij oder die von Thomas Mann. Zumindest vorläufig noch nicht.

Karl May habe ich nie gelesen, im Gegensatz zu einem damals noch unbekannten Adolf Hitler, und doch, so glaube ich noch heute, nichts versäumt.

6
Revolution

Ich erinnere mich noch des Ausbruchs der Revolution im November 1918. Und ich erinnere mich noch, wie mich die Vorgänge belustigten. Das hört sich merkwürdig an, aber es war so.

Ich will erklären: Heute weiß man längst, daß diese Revolution nichts anderes war als der Ausdruck der Kriegsmüdigkeit der Bevölkerung, wozu kam, daß nur die rabiatesten Nationalisten, wie etwa unsere Lehrer oder auch viele Beamte und Offiziere, nicht wußten oder wissen wollten, daß dieser Krieg für Deutschland rettungslos verloren war. Eine Revolution war diese Revolution jedenfalls nicht, obwohl ein paar Tage lang – vor allem im Berliner Zeitungsviertel – ein bißchen geschossen wurde.

Das konnte man damals, ganz zu Beginn, noch nicht wissen. Das wußte auch mein Vater nicht und nicht die zwei anderen Mitinhaber der Firma, die nach ihrem Gründer G. Benedict hieß. Ein Wort über diese Firma, die wohl einmalig in Deutschland, möglicherweise auf der Welt war. G. Benedict verkaufte sehr teure Maßanzüge, vor allem Sportanzüge, Sportmäntel, Regenmäntel. Das Hauptgeschäft aber waren Livreen.

Es bestanden damals in Deutschland noch zahllose Höfe. Der Kaiserhof. Der Hof des Kronprinzen, der anderen Prinzen von Preußen, die Höfe der Könige in Bayern, von Sachsen, von Baden, Fürstenhöfe, palastartige ähnliche Häuser von anderen Prinzen und Grafen . . . unmöglich, sich ihrer aller zu erinnern oder auch nur sie aufzuzählen. Überall gab es eine stattliche Anzahl von Dienern, Kammerdienern, Reitknechten, Köchen, Jägern, Forstmeistern, Beamten, Chauffeuren, Kutschern. Und die brauchten – natürlich – Livreen. Nicht etwa pro Person eine. Jeder mußte eine Art von Ausstattung haben, Anzüge für den Vormittag, für den Nachmittag, für den Abend, für Festlichkeiten oder Empfänge,

Regenmäntel, Wintermäntel, nicht zu vergessen Hüte und Mützen.

Diese Bekleidungsstücke waren in den Farben des jeweiligen Hofes gehalten. Das Tuch, vielmehr die verschiedenen Tucharten, denn im Winter zog man die Dienerschaft anders an als im Sommer, wurde eigens für den betreffenden Hof hergestellt. Von G. Benedict natürlich.

Und erst die Knöpfe! Sie waren, versteht sich, verschiedener Größe, und sie waren entweder golden oder silbern – natürlich nicht aus echtem Gold oder echtem Silber –, je nach Wunsch. Und diese Knöpfe trugen die Wappen des betreffenden Hofes, wobei die Größe des Wappens sich natürlich nach der Größe des Knopfes, will sagen der Knöpfe, richtete. Und alle diese Knöpfe mußten gestanzt werden, versteht sich; es gab da eine eigene Stanzkammer in unserem Geschäft, wo das eigentliche Stanzen zwar nicht vor sich ging, aber wo ein Vorrat an Knöpfen gehalten und alle Stanzen aufbewahrt wurden.

Der Umfang des Livreengeschäftes war gigantisch. Selbst zu einigermaßen normalen Preisen wäre es bedeutend gewesen. Aber die Preise waren nicht normal, das heißt, sie kamen nicht dadurch zustande, daß die Kosten für Tuch, Futter, Arbeitslohn usw. addiert wurden und daß dazu ein gewisser Prozentsatz an Aufschlägen kam, sagen wir dreißig Prozent oder fünfzig Prozent. Die Preise wurden vielmehr über den Daumen gepeilt. Und der betreffende Fürst oder besser seine Hofverwaltung hatte nicht nur keine Ahnung davon, was so etwas kosten könne oder dürfe. Das interessierte sie auch herzlich wenig, das alles wurde ja teils aus recht ansehnlichen Privatschatullen, teils aus Steuergeldern bezahlt. Und allein schon durch die eigens gestanzten Knöpfe war der betreffende Hof uns ausgeliefert.

Eine Order von fünfzigtausend Mark – man bedenke, Goldmark! – war keineswegs eine besonders hohe. Ich erinnere mich noch einer vom Fürsten von Wied, möglicherweise auch zu Wied, erteilten Order. In einem Anfall von Schwachsinn hatten Vertreter von Deutschland, Frankreich, Rußland und England auf das Drängen des Kaisers hin diesen Herrn zum König von Albanien ernannt. Er stammte aus altem Adel und war verschwistert und verschwägert mit zahlreichen Fürstenhäusern, regierend in vielen Ländern, aber von Albanien wußte er nichts. Wichtiger wohl noch, daß die Albanier nichts von ihm wußten oder wissen wollten, was offenbar dem Wahlkollegium völlig gleichgültig war. Die Albanier wünschten sich überhaupt keinen König, und sie benötigten auch keinen.

Dieses alberne Vorhaben wurde dann, wohl infolge des ausbrechenden Weltkrieges, abgeblasen, was meinen Vater und seine Sozien verärgerte. Denn die auf die Firma G. Benedict entfallende Order für Livreen betrug, wenn mein Gedächtnis mich nicht trügt, so um eine halbe Million. Und diese Summe wäre ohne Zweifel noch gewachsen.

Die Firma war sechzehn- oder achtzehnfacher Hoflieferant – sehr zum Bedauern der Inhaber war sie nicht Hoflieferant des Kaiserhofes, wohl aber des Kronprinzen, der auch sagenhaft viele Livreen benötigte. Der Beweis, daß man Hoflieferant war, wurde durch eine Urkunde erbracht, deren viele, eingerahmt natürlich, im Laden hingen. Ferner durften die entsprechenden Embleme das Briefpapier der Firma zieren, und sie waren auch in Metall – ziemlich groß übrigens – über der Fassade des Ladens angebracht. Allen sichtbar, wie die Inhaber hofften – bis zum 9. November 1918.

Obwohl das Geschäft an diesem Tag geschlossen war – alle Läden in der Innenstadt waren geschlossen, natürlich wegen der Revolution –, fanden sich die drei Mitinhaber dort ein, genauer davor, und musterten beklommen die Embleme, Beweise dafür, daß sie Hoflieferanten waren, also sozusagen fast zu den bisher Regierenden gehörten. Sie wünschten die Embleme zum Teufel und zerbrachen sich den Kopf darüber, wie sie wohl entfernt oder verdeckt werden könnten. Sie warteten darauf, daß jeden Augenblick die kochende Volksseele die Embleme bemerken und den Laden stürmen und demolieren würde.

Aber die Volksseele kochte keineswegs, sie ging spazieren. Man bemerkte nur Leute, die sich die Revolution ansehen, keine, die sie machen wollten. Den Emblemen geschah nichts – auch sonst geschah so gut wie nichts.

Es mag am Rande vermerkt werden, daß die Embleme während der gesamten Dauer der Weimarer Republik sowohl vor dem Laden als auch auf dem Briefpapier der Firma verblieben. Das war nicht untypisch – wir waren also Hoflieferanten, obwohl es keine Höfe mehr gab.

Eine ähnlich deprimierte Stimmung wie die in der Firma G. Benedict breitete sich in unserer Lehrerschaft aus. Sie war eben sehr „vaterländisch", und mit der Flucht des Kaisers und der Ausrufung der Republik ging für die Professoren eine Welt unter. Sie wären wohl kaum verwundert gewesen, wenn wir, die älteren Schüler, ihnen den Gehorsam verweigert hätten. Denn nun war ja „erwiesen" – so glaubten wir jedenfalls –, daß sie uns mit lügnerischer Propaganda gefüttert hatten.

Aber in unserem Werner-Siemens-Realgymnasium geschah nichts, wie ja auch in Deutschland so gut wie nichts geschah. Ich jedenfalls erfuhr über die Revolution nur, was in den Zeitungen stand, die ich damals gelegentlich nun doch las. Selbst erbitterte Kämpfe, die sich die Regierungstruppen, eben noch die Kaiserlichen, mit den Spartakisten ausgerechnet im Zeitungsviertel lieferten – die späteren Kommunisten hatten sich im Spartakusbund zusammengeschlossen –, unterbrachen das Erscheinen der Zeitungen nur vorübergehend, und, Ironie des Schicksals, vor allem die sozialistische Zeitung „Vorwärts" erschien nicht. Auf den Dächern wurde gekämpft, in den Redaktionen für oder gegen die oder die Seite geschrieben. Auch das war recht typisch.

Um diese Zeit hatte ich übrigens meinen Namen gewechselt. Mein Stiefvater hatte mich adoptiert. Ein Besuch bei einem Notar, ein paar Unterschriften – das war alles. Ich hieß also nun nicht mehr Steinam, sondern Riess-Steinam. Ich war ein bißchen stolz auf meinen Doppelnamen. Und ich ärgerte vor allem meine Lehrer damit. Auf den Namen Steinam reagierte ich nicht mehr. Ich hieß Riess-Steinam und verlangte, so angeredet zu werden.

Die Adoption verstimmte meine Verwandten in Würzburg. Warum eigentlich? Ich habe es nie begriffen. Ich habe so vieles nicht begriffen, was die Familie meines verstorbenen Vaters von mir wollte oder nicht wollte.

Im übrigen hatte die Revolution in Würzburg meines Wissens nur eine Folge. Mein Onkel Michael Straus, Bruder meiner Mutter, hatte – ausgerechnet – ein paar Monate zuvor den Titel Königlich-Bayerischer Kommerzienrat erworben; Kostenpunkt vierzigtausend Mark. Nun gab es, zumindest vorläufig, den Titel nicht mehr. Michaels Bruder Rudolf, derjenige, der Carl Riess als heiratsfähig „entdeckt" hatte, sagte ihm mit gemütlichem Zynismus: „Wenn du nochmals vierzigtausend Mark zahlst, dann darfst du deinen ehrlichen Namen wieder annehmen!"

In den großen deutschen Städten, vor allem in Berlin, trafen sich die Revolutionäre im Café. Die besonders Radikalen trafen sich im „Romanischen", dem Literatencafé schlechthin. Dort tranken sie einen Kaffee und vielleicht auch einmal einen Schnaps, sicher ungezählte Glas Wasser und diskutierten. Ich glaube nicht, daß auch nur ein einziger von ihnen wußte, wie man mit einer Pistole oder gar mit einem Gewehr oder etwa einer Bombe umging. Um so lauter und blutrünstiger redeten sie.

Man wird sich wundern, daß ich trotz meiner Jugend mit dabei war. Ich weiß nicht, wann ich zum ersten Mal ins „Romanische" kam, wohl aber, daß ich oft dort erschien und daß ich von den Habitués am Stammtisch – es gab deren natürlich unzählige – scherzhaft zurechtgewiesen wurde, wenn ich einige Abende nicht erschien, vermutlich, weil die betreffende Dame mich daran gehindert hatte. Übrigens brachte ich nie eine mit – das wäre unter meiner Würde und wohl auch der des „Romanischen" gewesen.

Wer mich übrigens dort einführte und in dessen Begleitung ich meist kam, war ein gewisser Benedict Lachmann, ein höchst bemerkenswerter Mann. Er war ziemlich groß, eher hager, ging leicht gebeugt, trug sein schwarzes Haar absichtlich unordentlich, sozusagen künstlerisch. Sein Beruf: Buchhändler. Er hatte irgendwann während des Krieges den „Buchladen am Bayerischen Platz" aufgemacht, keine fünfzig Meter von unserer Wohnung. Der Laden war klein, aber voller Köstlichkeiten. Ich entdeckte dort Dutzende von Schriftstellern und Dichtern einfach dadurch, daß ich ihre Bücher sah und sie zu lesen begann.

Benedict Lachmann war anfangs amüsiert, später doch interessiert an dem Schuljungen, der sich so intensiv mit Büchern abgab. Er erteilte positive und negative Ratschläge, er sagte mir, was man lesen müsse und was man nicht lesen dürfe. Urteile, die mir oft wie Sakrilege vorkamen, gab er ab, als seien sie die selbstverständlichsten der Welt. Er sprach über große Klassiker mit furchtloser Respektlosigkeit, er tat sie als veraltet und langweilig ab.

Ähnliches hatte auch ich in vielen Fällen empfunden – aber nie gewagt, es nur mir selbst einzugestehen. Und hier war einer, der zum Beispiel den ganzen Klopstock mit einem Achselzucken hinwegfegte, der schon bei der Erwähnung von Theodor Körner, damals noch als eine Art Schiller junior verehrt, schallend lachte. Auf der anderen Seite schätzte er gewisse Bücher sehr hoch ein und veranlaßte mich, sie zu lesen, etwa die „Buddenbrooks" von Thomas Mann. Ich hatte, mir heute unbegreiflich, Romane für nicht lesenswert gehalten und mußte nun eingestehen, daß dafür überhaupt kein Grund vorlag. Ich las infolgedessen viele Romane, vor allem die Brüder Mann, die großen Russen und, zögernd und mit vorerst nicht allzu viel Verständnis, die großen Franzosen.

Immer und immer wieder muß ich mich fragen, wenn ich an diese Periode meines Lebens zurückdenke, woher ich die viele Zeit nahm. Schule, Frauen, Lesen, Romanisches Café, Theater. Eine Erklärung: Ich las nichts Überflüssiges. Das war Benedict Lachmanns Verdienst. Auch, daß er mir ersparte, zu lesen, was vielleicht vorübergehend Sensation machte, doch bald wieder vergessen sein würde.

Für Theater hatte er wenig übrig. Das mußte früher anders gewesen sein. Er sprach gelegentlich über Schauspieler, anerkennend und oft schwärmerisch, aber sie waren alle längst tot. Reinhardt bedeutete ihm nichts. Von der Oper hielt er wenig – Ausnahme: Mozart! Darüber, daß ich Richard Wagner so inständig liebte, konnte er nur den Kopf schütteln. Das würde sich sehr schnell geben, meinte er, womit er allerdings unrecht hatte.

Einer, den ich im Romanischen Café kennenlernte und der später in meinem Leben eine nicht unbeträchtliche Rolle spielen sollte, war ein gleichaltriger, ziemlich häßlicher junger Mensch, bebrillt und mit – für seine Jugend – erstaunlich schlechter Haltung: Rolf Nürnberg. Er besaß das, was man eine Berliner Schnauze nennt. Er war ungemein intelligent, wußte über vieles – vor allem über das Theater – erstaunlich Bescheid und war unbarmherzig kritisch, und zwar in einem so herablassenden Ton, daß man sich fragte, was er denn an Leistungen aufzuweisen habe, das ihn zu solcher Arroganz berechtigte, es sei denn sein schwerreicher Vater und die Aussicht auf ein großes Vermögen, hinterlassen von seinem Onkel, das ihm mit Vollendung seines einundzwanzigsten Jahres zur Verfügung stehen würde.

Er galt übrigens als homosexuell, was damals noch interessant war – aber er war es nicht. Sein Einfluß auf mich – darüber werde ich später noch sprechen müssen – war ein durchaus negativer. Ich wurde, wenn möglich, noch arroganter als er und wußte, wenn auch mit Maßen, alles besser. Leider sagte mir, wie schon in Würzburg, auch jetzt niemand über mich selbst Bescheid.

Ich glaube, mir wäre sonst vieles erspart geblieben.

Ein anderer, den ich oft und gern sah, war Ernst Lubitsch. Ich kannte ihn seit Jahren, wenn auch nur flüchtig; er war ein – übrigens wenig beachtetes – Mitglied des Reinhardt-Ensembles. Er spielte kleine und fast durchwegs komische Rollen. Er ging früh in die „Kinobranche" – sein Ausdruck! Er inszenierte und spielte dort kurze Filme – Einakter, Zweiakter, und seine Rolle war fast immer die eines jüdischen „Kommis", den er schamlos übertreibend mit zehn Händen gestikulierend darbot. Die Leute lachten über ihn. Mir erschien das schon damals eher peinlich.

Die 1917 gegründete UFA stellte ihn dann – ich habe die Gründe nie erfahren – als Regisseur für tragische Filme ein. Der erste war, wenn ich nicht irre, „Die Augen der Mumie Mâ", eine ganz schreckliche Geschichte mit der von Reinhardt aus dem militärisch besetzten Polen importierten bildschönen Tänzerin Pola Negri. Neben ihr wirkten noch mit das Filmidol aller Backfische zwischen achtzehn und achtundsiebzig, Harry Liedtke, ein charmanter Bursche ohne viel schauspielerische Gaben, und der junge, soeben bei Reinhardt gelandete Charakterschauspieler Emil Jannings, der später einer der prominentesten Filmschauspieler der Welt werden sollte. Die drei spielten in einigen Lubitsch-Filmen – die Stummfilme jener Zeit wurden jeweils in ein oder zwei Wochen gedreht –, bis sie sich, wieder unter ihm, in „Madame Dubarry" trafen.

Dieser Film war für damalige Verhältnisse, übrigens auch für heutige, ein Superunternehmen: ein Kostümfest mit vielen aufwendigen Bauten und mit zweitausend oder dreitausend Statisten gedreht. Und das alles in einer dafür denkbar unmöglichen Zeit, in den letzten Kriegsmonaten und in den ersten Nachkriegsmonaten. Ja, um diese Zeit brauchte Lubitsch bereits mehr als ein paar Wochen für so einen Film.

Das Resultat: Der beste Film aller Zeiten, wie es in den Zeitungen hieß, wobei immerhin bedacht werden muß, daß der Film überhaupt noch keine zwanzig Jahre alt war. Aber diese Beurteilung war keine Übertreibung. „Madame Dubarry" hatte Stil, war großartig und bewegend geschrieben, hinreißend inszeniert. Was freilich die wenigsten beachteten: Die hohe Klasse dieses Meisterwerks war nicht zuletzt den Schauspielern zu verdanken, die fast ausnahmslos aus dem Reinhardt-Ensemble kamen.

Selbst in Paris, London, ja in New York und Hollywood horchte man auf. Für die Mitwirkenden bahnten sich internationale Karrieren an. Lubitsch selbst wollte es vorläufig nicht wahrhaben. Er war Berliner und konnte sich ein Leben ohne Spreewasser nicht vorstellen. Er sprach oft darüber, auch mit mir, in seiner Stammkneipe bei Mutter Mentz, dicht am unteren Kurfürstendamm, nur ein paar Schritte von der Gedächtniskirche und dem „Romanischen" entfernt. Ich war tief beeindruckt von allem, was er sagte, und noch mehr von seinen Filmen. Gelegentlich durfte ich bei den Dreharbeiten dabei sein – keine besondere Schwierigkeit in jenen Tagen, in denen der Film noch stumm war und Nebengeräusche oder Unterhaltungen im Atelier nicht weiter störten.

Ich war – zur Verblüffung meiner den Kintopp verachtenden Freunde aus dem „Romanischen" – ehrlich begeistert von Lubitsch. Der Film war für mich aus der Motzstraße-Phase herausgewachsen. Er wurde zum großen Erlebnis, fast, aber doch wohl nur fast so stark wie das lebendige Theater.

Teil II
DIE ZWANZIGER JAHRE

7
Student

Ich war ratlos und betroffen, als ich das Abitur gemacht hatte. Was nun?

Es hatte keine Schwierigkeiten gegeben. Nicht für mich, und für die meisten meiner Kameraden auch nicht. Einer, er kam aus dem Osten, ich glaube aus Polen oder gar Rußland, sprach besser Französisch als der Französischlehrer. Ich, dank einer englischen Gouvernante in Würzburg, der „Miß", wie ich sie nannte, besser Englisch als der Englischlehrer. Der Junge aus Polen war überdies ein Rechengenie, konnte viel mehr als unser Mathematikprofessor und sollte später ein einflußreicher Mann an der New Yorker Börse werden. Ich steckte meinen Deutschlehrer, was Deutsch anging, in die Tasche, und das gab er auch neidlos zu; er interessierte sich sowieso nur für Fußball. Und Ewald – der konnte einfach alles.

Fast alle meine Mitschüler waren weit über den Durchschnitt begabt und waren auch über den Durchschnitt schwierig. Sicher waren unsere Lehrer froher über unser Abitur als wir. Ich hatte unsere Lehrer nie beneidet, allerdings glaubte ich damals, und werde es wohl immer glauben, daß sie unterdurchschnittlich begabt waren. Eines ist sicher: Der Lehrer einer solchen Klasse hätte ich nie sein wollen.

Aber was wollte ich eigentlich werden? Was sollte ich tun? Was konnte ich tun?

Meine Eltern befürchteten, ich würde mich doch noch entschließen, zum Theater zu gehen. Das bedeutete vor allem, eine Theaterschule zu besuchen. Und Max Reinhardt machte mir, übrigens zögernd und nicht eigentlich überzeugend, den Vorschlag, mich bei der seinen einschreiben zu lassen. Ich verspürte keine Lust dazu. Ich verstand mich, wie immer bisher und wie auch später, als Zuschauer, als kritischer Zuschauer vielleicht, nicht aber als einen, der sich zur Schau stellen sollte.

Das alles hatte einen tieferen Grund, von dem ich damals noch nichts wußte. Ich glaubte zu wissen, daß man Schauspielerei nicht lernen konnte, zumindest nicht auf Schulen. Ich hatte ja oft auf Proben erlebt, daß selbst bedeutende Schauspieler erst dort, erst etwa durch Reinhardt, vieles lernten, was ihnen vorher niemand hatte beibringen können.

Aber da war noch etwas anderes, das auch indirekt mit den Proben zusammenhing. Und mit dem, was ich von dem Leben hinter der Bühne gesehen hatte. Schauspielerei, das war etwas, das sich nur in Gemeinschaft ausüben ließ. Und ohne noch recht zu wissen, warum, war mir eine Tätigkeit, die Gemeinsamkeit zur Voraussetzung hatte, nicht sympathisch. Ich mußte – ich darf es wiederholen, noch wußte ich es nicht – allein arbeiten.

Schreiben? Natürlich, früher oder später. Daran gab es für mich kaum Zweifel. Ich hatte als Redakteur unserer Schülerzeitung in sehr kleinem Kreis einiges Aufsehen erregt; meine deutschen Aufsätze hatten meine Lehrer, wie schon gesagt, ihrer Intelligenz entsprechend oder auch dem Mangel an dieser, interessiert oder bestürzt. Und geärgert. Und bedeutete nicht gerade Schreiben, vorläufig wenigstens, völligen Mangel an Korsett? An Zwang, an Einfügen in etwas Bestehendes? Und wo würde das, was ich geschrieben hatte, verlangt?

Vorerst fuhr ich erst einmal nach München. Ich wollte, so sagte ich meinem Vater, der nicht recht wußte, warum ich eigentlich nicht in sein Geschäft eintrat, Jurisprudenz studieren. Das war alles recht vage. Ich erinnere mich nicht mehr, ob ich Anwalt werden wollte – wozu sonst hätte ich die Rechtswissenschaften studiert? Ich weiß nur, daß ich damals keine drei Jus-Vorlesungen besuchte.

Indessen hatte ich auch philosophische Vorlesungen belegt. Philosophie begann mich zu faszinieren. Auch auf diesem Gebiet entfaltete ich meine Art von Systematik, mit der ich mir in meinen Schuljahren eine grundlegende Kenntnis der Weltliteratur verschafft hatte. Bacon, Hume, Descartes, Locke, besonders letzteren, verschlang ich. Kant studierte ich – zu meiner Verblüffung stellte ich fest, daß man Kant nicht einfach nur lesen konnte. Da mußte man schon mitdenken, mitarbeiten und gewissermaßen die fehlenden Sätze ergänzen. Schopenhauer war befriedigend, Nietzsche schien mir danach nur interessant, aber so wesentlich nicht. Damals ...

Übrigens, die hier erwähnten Philosophen studierte ich natürlich nicht in einem oder zwei Semestern. Das dauerte Jahre und hörte auch mit meinem Studium nicht auf.

Sonst? Ich schlief lange – viel zu lange, um auch nur die wichtigsten Vorlesungen zu besuchen. Da ich nichts von meiner Theaterbegeisterung eingebüßt hatte, belegte ich auch das Kolleg über Theaterkritik von Arthur Kutscher, einem zweifellos kenntnisreichen Mann, der dem eben erst verstorbenen Wedekind sehr nahegestanden hatte und nie aufhörte, sich dessen zu rühmen.

Ich erinnere mich noch, daß er die Gelegenheit der Uraufführung im von der Schauspielerin Hermine Körner geleiteten Schauspielhaus eines Stückes zu einer Art Prüfung benutzte. Wir sollten in die Premiere gehen und darüber schreiben. Bedingung: Unsere Kritiken mußten um Mitternacht im Briefkasten stecken – auf diese Weise wollte Kutscher verhindern, daß wir von den Morgenzeitungen abschrieben.

Ich ging also. Es handelte sich um ein Drama über einen Propheten des Alten Testaments. Es war ein miserables Stück, und von der Aufführung konnte nichts Besseres berichtet werden. In der großen Pause hatte ich genug, ging in das naheliegende Café, Ceylons Teestuben genannt, das Lieblingslokal eines gewissen Adolf Hitler, von dem ich nur wußte, daß er Massenversammlungen im Zirkus Krone veranstaltete. Und schrieb sehr kurz und bündig meinen Verriß, der wohl schon um zehn Uhr im Briefkasten landete.

Ein paar Tage später erschien Professor Kutscher mit unseren Kritiken. Umständlich und nicht ohne Wichtigtuerei erklärte er, mit dem Prädikat „Sehr gut" hätte er keine auszeichnen können, was mich wunderte, denn ich zumindest fand meine Kritik doch sehr gut. Als „Gut" würdigte er auch nur wenige. „Genügend" war etwa ein Drittel, der Rest war „Ungenügend".

Alle Namen wurden genannt, nur der meine nicht. Er nannte ihn auch nicht, als er fortfuhr, ein einziger Student habe es nicht einmal für nötig befunden, das Stück zu Ende anzusehen, das sei unerhört, und gerade deshalb versage er es sich, den Missetäter namentlich zu nennen.

„Das können Sie ruhig tun!" unterbrach ich ihn, respektlos und verletzt, „diesen Verriß habe ich geschrieben!", und verließ den Raum. Eine Woche später kehrte ich freilich noch einmal zurück, platzte mitten ins Seminar, unterbrach den redenden Kutscher und verkündete mit triumphierender Stimme: „Sie werden ja inzwischen erfahren haben, daß die Tragödie ‚Ihres Dichters' " – ich sagte wirklich „Ihres" – „nach der dritten Aufführung abgesetzt wurde. Und das bedeutet, daß Ihre Wertung meiner ganz richtigen Kritik völlig ‚ungenügend' war."

Ich ließ das Wort „ungenügend" förmlich auf der Zunge zergehen. Und verschwand – diesmal für immer. Ich sehe noch Kutschers offenen Mund und die Mienen der anderen Studenten.

Übrigens wußte ich schon: Auch Kritik konnte man nicht lernen, und später begriff ich auch, daß man überhaupt Journalismus nicht lernen kann, vom Schreiben gar nicht zu reden.

Mein Benehmen Kutscher gegenüber war natürlich völlig unmöglich, aber recht hatte ich schließlich doch. Trotzdem war ich verärgert. Und so beschlossen Freunde, mich aufzuheitern und verschleppten mich am Abend in den Zirkus Krone, wo dieser Adolf Hitler sprach, obwohl dort „Juden der Eintritt verboten" war. Ich weiß nicht mehr, wovon und worüber er sprach, nur daß er ein miserables Deutsch sprach und daß ich ihn sehr komisch fand und immerzu lachen mußte. Das taten übrigens sehr viele, was Hitler nur zu noch lauteren und sehr heiseren Wutausbrüchen veranlaßte. Abschließend meinte ich, man müsse sich Hitler öfter anhören. „Ein vorzüglicher Clown", stellte ich fest. Ach, wenn ich doch recht behalten hätte wie im Falle Kutscher!

Auf irgendeinem Faschingsfest – es gab deren unzählige – lernte ich Klaus und Erika Mann kennen, letztere ein bezauberndes Mädchen, nicht eigentlich schön, aber von einem seltsamen Liebreiz. Wir wurden Freunde für eine Nacht, oder vielleicht auch für zwei – das heißt, wir tanzten und amüsierten uns. Und irgendwann sagte Klaus, ich solle doch am nächsten Tag, vielleicht war es auch der übernächste, zu ihnen nach Hause kommen.

Und ich erinnere mich noch genau, daß ich es tat, ohne mir eigentlich darüber klarzuwerden, daß ich dabei vielleicht den damals schon berühmten Thomas Mann kennenlernen könnte. Ich lernte ihn auch kennen, er war ebenfalls kostümiert, er war gerade im Begriff, mit seiner Frau zu irgendeiner Faschingsfestlichkeit zu gehen. Seine Kinder nannten ihn „Zauberer". Wie sie mir erklärten, hatte das mit einem Kostüm zu tun, das er einmal getragen hatte, nämlich das eines Zauberers; an dem Abend, an dem ich ihm vorgestellt wurde, trug er übrigens ein anderes – ich habe längst vergessen, welches.

Ich gefiel Thomas Mann wohl, oder vielleicht auch seiner Frau oder beiden – wer weiß das heute noch? –, und sie sagten, ich solle öfter kommen, und das tat ich gern. Viel von diesen Besuchen ist mir nicht mehr in Erinnerung.

Die erste Begegnung mit Thomas Mann war für mich, ich muß es gestehen, eine Enttäuschung. Ich kannte natürlich alles, was er bis dahin publiziert hatte, wirklich alles. Es war übrigens nicht gar so viel, „Die Buddenbrooks", „Königliche Hoheit", „Tod in Venedig" und „Betrachtungen eines Unpolitischen". Er war für das breite deutsche Publikum auch noch nicht der „Dichterfürst", der er später werden sollte. Für mich aber war er es. Und obwohl ich natürlich Bilder von ihm kannte, glaubte ich, er würde irgendwie – das Wort irgendwie, das ich hasse, ist hier am Platze – wie ein Dichterfürst wirken. Das tat er nun ganz und gar nicht. Er wirkte eher wie ein Großkaufmann oder wie ein Arzt oder ein Anwalt. Er war auch während der wenigen Minuten, die ich damals mit ihm verbringen durfte, sehr steif, sehr förmlich, man möchte fast sagen unnahbar. Jawohl, unnahbar ist das rechte Wort. Später, viel später, als ich ihn gut kennenlernen sollte, prägte ich einmal das Wort: „Wenn Thomas Mann das Zimmer betritt, rollt ein Eisberg herein."

Dabei war er nie unliebenswürdig, geschweige denn schwierig. Und vor allem gab er sich nicht wie so viele bedeutende Männer bedeutend, will sagen, er ließ zwischen den Zeilen nie vermuten, wer er nun eigentlich war.

Ich hätte damals nicht zu sagen vermocht, und kann es auch heute noch nicht, wie ich mir eigentlich vorstellte, daß Thomas Mann sein würde. Ich weiß nur: so, wie er war, hatte ich ihn mir nicht vorgestellt.

Einmal lernte ich den sich gerade verabschiedenden Bruno Walter kennen, den Generalmusikdirektor der Oper, oder vielleicht war er auch Operndirektor.

Es ist erstaunlich, daß ich bis dahin eigentlich selten, wenn überhaupt in die Münchner Oper gegangen war. Das tat ich nun.

Und zwar ging ich hauptsächlich zu den Mozart-Aufführungen, die Bruno Walter im Residenztheater veranstaltete, im Kleinen Haus neben der Großen Oper, in dem sonst Schauspiele aufgeführt wurden. Er spielte mit sehr kleinem Orchester und spielte bei den Rezitativen selbst das Cembalo. Die Künstler, die sangen, waren exquisit. Ich denke noch heute an Maria Ivogün, an ihren Mann Karl Erb, der allerdings meist Oratorien sang, an den Bariton Schipper, an Hermine Bosetti und Delia Reinhardt. Es war mir sofort klar: Hier wurde vor relativ wenigen Zuschauern und Zuhörern ein neuer Mozart-Stil entwickelt. Oder vielleicht war er gar nicht so neu, vielleicht hatte ihn Gustav Mahler in Wien zuerst geschaffen, oder sollte man nicht besser sagen: Mozart wiederentdeckt? Jedenfalls waren für mich die Mozart-Aufführungen Bruno Walters, zu denen man immer Karten bekam, Ereignisse und standen weitaus höher in meiner Gunst als die Berliner Mozart-Aufführungen – die von Richard Strauss nicht ausgenommen.

München war zwar eine musikliebende Stadt, aber schon begann Bruno Walter den starken bayrischen Antisemitismus zu spüren. Daran war zweifellos Hitler nicht schuld. Die Münchner waren Antisemiten – im Unterschied zu den Berlinern. Und viele, vor allem diejenigen, die nichts von Musik verstanden, fanden es wohl unerträglich, daß der Jude Walter eine so entscheidende Rolle in „ihrem" Musikleben spielte. Er ging ja auch bald darauf nach Berlin und New York.

Freilich, nicht die Oper war es, die mich neben der Philosophie am meisten interessierte, sondern nach wie vor das Theater. Ich ging zweimal, dreimal jede Woche ins Theater, fast immer in die Kammerspiele, damals noch in einem langgestreckten, kinoartigen Saal in der Augustastraße untergebracht, wo vorzüglich gespielt wurde – fast so gut wie bei Reinhardt, wenn auch ganz anders, weniger aufwendig, fast frugal, was die Ausstattung anging, und sehr leise. Reinhardt spielte die Zeilen, der Direktor der Kammerspiele, Otto Falckenberg, ließ zwischen den Zeilen spielen. Dies sei keine Wertung. Bei allem Respekt vor Falckenberg: Reinhardt war wohl bedeutender und vor allem vielseitiger.

Und dann . . .

Ich hatte die junge Dame in der „Akropolis" kennengelernt, einem der vielen Schwabinger Lokale, die ich spätabends frequentierte. Ich möchte aus verschiedenen Gründen ihren Namen nicht nennen – ich habe ihr das auch einmal versprochen. Sie war nicht eigentlich schön, aber ungemein anziehend und, wie wir es damals nannten: apart. Sie hatte eine eigene Art, Worte zu betonen, ihre etwas tiefe Stimme schien immer zu fragen. Sie fragte auch immerfort: „Warum?" Und wenn das Wort nicht fiel, lag es in der Luft. Sie war eine vorzügliche Schauspielerin, was eigentlich nicht übersehen werden konnte, aber in München doch nicht genügend anerkannt wurde.

Ich verliebte mich. Ich liebte sie. Und ich hatte Grund zu der Annahme, diese meine Liebe beruhe auf Gegenseitigkeit. Ich verbrachte viele Nächte mit ihr. Ich lernte ihre Rollen mit ihr – es erschien mir ganz undenkbar, daß ich je wieder eine andere Frau auch nur ansehen, geschweige denn lieben könnte. So naiv war ich trotz meiner „Erfahrungen". Ich sagte ihr das auch einmal, nein, ich sagte es ihr hundertmal.

Zuerst fiel mir nicht auf, daß sie manchmal nach der Vorstellung keine Zeit für mich hatte. An einem ihrer spielfreien Abende wanderte ich ziellos durch die Straßen Münchens und landete immer wieder – wie ich dachte zufällig, aber es war wohl kein Zufall – vor dem Haus, in dem sie wohnte. Und sah, diesmal wirklich zufällig, daß sie einem Taxi entstieg und im Haus verschwand, nicht allein, sondern mit einem jungen Mann, an den sie sich schmiegte. Die Situation war eigentlich ganz unmißverständlich, aber ich wollte wohl nicht verstehen. Auch nicht, als der Mann noch nach Stunden nicht das Haus verlassen hatte, auch nicht, als der Morgen bereits dämmerte. Erst als sich das gleiche wiederholte – ich hatte nun die Gewohnheit angenommen, vor ihrem Haus Wache zu beziehen –, begriff ich das Entsetzliche. Sie betrog mich! Die Welt ging unter. Ich war immerhin schon über achtzehn Jahre alt.

Ich wollte sie nicht mehr sehen. Wenn ich sie traf, sah ich durch sie hindurch. Ich wollte nicht mehr mit ihr sprechen und tat es auch nicht. Sie war zuerst verblüfft, dann doch etwas verletzt. Es kam ihr wohl gar nicht in den Sinn, daß sie meine Welt zerstört hatte. Ich blieb unversöhnlich, auch während der nächsten Jahre. Traf ich sie auf irgendeiner Gesellschaft in Berlin, wohin sie bald zog und wo sie großen Erfolg hatte, schnitt ich sie. Gelegentliches Zureden von gemeinsamen Freunden – selbst Max Reinhardt meinte einmal lächelnd, man solle doch nach so langer Zeit wieder miteinander sprechen – fruchteten nichts.

Die Versöhnung oder Aussprache oder wie immer man es nennen will erfolgte dann mindestens sechs oder sieben Jahre später, morgens gegen drei Uhr im Berliner Sportpalast während eines Sechstagerennens. Ich saß – wie es dazu kam, werde ich noch erzählen – auf der Pressetribüne. Die Halle war fast leer. Sie ließ mich durch einen der uniformierten Diener, die unser Presseheiligtum bewachten, herausrufen. Ich kam, wir schüttelten uns die Hände und schlenderten den Gang entlang, der um die Radrennbahn führte, und redeten von allem, hauptsächlich von ihren Erfolgen, aber nicht von den alten Münchner Zeiten. Plötzlich tauchte in ziemlicher Entfernung ein jüngerer Mann auf, Programm und Bleistift gezückt. „Ach Gott!" stöhnte sie. „Nicht einmal hier hat man Ruhe vor Autogrammjägern!" Sie war eben eine berühmte Schauspielerin geworden.

Der Junge wandte sich, ohne sie eines Blickes zu würdigen und offenbar nicht ahnend, daß sie ein Star war, an mich: „Würden Sie so liebenswürdig sein . . .?"

Ich war eben ein bekannter Sportjournalist geworden.

München war mir durch den „Zwischenfall" unerträglich geworden. Ich wartete das Ende des Semesters ab, sprach mit meinem Vater, sagte, daß ich Philosophie studieren wolle, und fuhr nach Heidelberg. Dort arbeitete ich nun wirklich. Das war nicht zuletzt das Verdienst eines heute viel zu wenig gelesenen Gelehrten, des erst etwa in Mitte der Vierzig stehenden Friedrich Gundolf. Der große, dunkelhaarige, schlanke Mann, mit einem Gesicht, das man nicht nur als durchgeistigt bezeichnen konnte – ich fand es schön –, faszinierte mich. Er war, als ich in sein Seminar über die Romantiker eintrat – eine große Ehre, denn er hielt die Zahl der Teilnehmer absichtlich klein –, in Fachkreisen bereits als der bedeutendste deutsche Literaturhistoriker – sicher seit dem Tod seines Lehrers Erich Schmidt – bekannt. Obwohl eigentlich nur sein „Goethe" – für mich immer noch das aufschlußreichste Buch über den Dichter – jenseits der gelehrten Welt gelesen wurde.

Er las nur ein- oder zweimal pro Woche – als ich nach Heidelberg kam, gerade über Kleist; dann war da das Seminar, ferner Vorlesungen bei anderen Professoren über Literatur und Philosophie. Ich war wie ein Schwamm, der alles in sich aufsog. Ich konnte nicht genug bekommen. Zum ersten Mal in meinem Leben arbeitete ich – und das verschaffte mir Genugtuung. Es gab Nächte, in denen ich nur drei bis vier Stunden schlief, obwohl ich allein war. Ich war geradezu eifersüchtig auf den Schlaf, der, wie ich fand, mir die Zeit stahl, die ich für Wichtigeres brauchte.

Das alles war das Verdienst von Gundolf. Er war mein „Korsett" geworden. Ich mußte ganz einfach lernen und wissen – ich hätte ihm sonst wohl kaum unter die Augen treten können. So jedenfalls kam es mir vor. Wir unternahmen lange Spaziergänge, die jeweils damit begannen, daß ich ihn „nur" nach Hause begleiten sollte. Er wohnte auf halber Höhe des Schloßberges. Aber wir gingen dann weiter, oft stundenlang. Wir redeten fast immer über Literatur, das heißt, er redete und ich hörte zu. Manchmal stellte ich Fragen, und es kam wohl vor, daß er plötzlich stehenblieb und mich verwundert anblickte: „Seltsam, daß ich nie auf den Gedanken verfiel, daß sich hier eine Frage stellt." Ich wußte nicht, ob ich ihn amüsierte oder interessierte. Ich hoffe, eher das letztere.

Ich lernte unendlich viel in den wenigen Semestern, die ich in Heidelberg verbringen durfte. Oft blieb ich auch während eines Teils der Ferien dort, natürlich Gundolfs wegen und wohl auch, weil ich meine Doktorarbeit schnell hinter mich bringen wollte.

Gundolf prophezeite mir eine Karriere als ernsthafter Schriftsteller oder vielleicht auch an der Universität. Erstaunlicherweise warnte er mich nur vor einem: „Schreiben Sie nie für Zeitungen!"

Nachdem ich Heidelberg als frischgebackener Doktor verlassen hatte, sah ich ihn nie wieder, obwohl ich die feste Absicht hatte, es bei erster Gelegenheit zu tun. Er starb ja auch ziemlich früh, 1931, und so blieb ihm erspart, die Verbrennung seiner Bücher zu erleben und seine eigene Ächtung. Ich wunderte mich ein wenig, daß man ihn nicht „ausgespart" hatte, denn er war immerhin der Lehrer des unter den Nazis für die Kulturbelange zuständigen Ministers gewesen. Jawohl, Goebbels war ein Schüler Gundolfs, und ein begeisterter, wie aus seinen Briefen hervorgeht. Dessen sogenannte Rasse spielte damals für ihn noch keine Rolle. Übrigens mochte Gundolf den Studenten Goebbels nicht, erwähnte ihn mir gegenüber sogar ein- oder zweimal als „unsympathischen jungen Mann". Immerhin, den Namen hatte er nicht vergessen, obwohl es etwa zwei oder drei Jahre her war, daß Goebbels bei ihm belegt hatte.

Ich selbst erlebte Goebbels also nicht mehr in Heidelberg, das sollte erst viel später in Berlin der Fall sein. Indessen sah ich die wenigen Freunde von Gundolf oft – vor allem den in kurzen Abständen immer wieder erscheinenden Stefan George. Ich wußte nicht viel mit ihm und dem Kreis um ihn anzufangen. Das hatte nicht nur mit meiner Interesselosigkeit für Lyrik zu tun.

Einen anderen, damals sehr namhaften Schriftsteller, Emil Ludwig, der gelegentlich in Heidelberg um der einen oder anderen Vorlesung willen auftauchte, traf ich oft in einer kleinen Konditorei an der Hauptstraße, wo er sich mit einem alten, etwas kauzigen Professor – oder vielleicht nannte man ihn nur so – unterhielt. Der las für Ludwig Unmengen von geschichtlichen und biographischen Werken und machte Auszüge, die Ludwig dann in seinen Büchern über Bismarck, Napoleon, Goethe und andere verwertete. Ludwig, damals gerade stark in Mode, erschien stets in einem gewissen Erregungszustand in besagter Konditorei. Er konnte keine Zeitung lesen, ohne dort etwas zu finden, was ihn als Vorzeichen kommenden Unheils in Nervosität versetzte. Und wie recht er hatte und wie unrecht wir, die wir uns über ihn mokierten! Wir waren so gewöhnt an seine Ausbrüche, daß, als er nach dem Mord an Außenminister Walther Rathenau völlig die Fassung verlor, wir ihn nicht recht ernst zu nehmen vermochten. Noch einmal: Wie recht hatte er doch!

Recht hatte er auch, als er nach Lektüre meines Dramas „Die Einsamen", das auf Gundolf einen gewissen Eindruck gemacht hatte, mir riet: „Zerreißen Sie das so schnell wie möglich!" Das tat ich zwar nicht, aber irgendwie ist das Werk dann doch der Nachwelt verlorengegangen. Wichtig nur für mich – ich hatte zu schreiben begonnen.

In jenen Tagen hatte längst etwas anderes angefangen, ja befand sich eigentlich schon im Jahre 1923 auf dem Höhepunkt, was ich nicht recht verstand, was andere, ältere und gescheitere Leute ebenfalls nicht begriffen – man nannte es die Inflation. Sie sollte mein Leben von Grund auf ändern.

Vorläufig geschah einmal nichts. Jedenfalls mir nicht. In Heidelberg bekam ich nicht so recht mit, was die Inflation für die kleinen Leute bedeutete, und daß die Preise in den Restaurants und Cafés anfangs sehr langsam und später rapid anstiegen, war für mich nicht von besonderem Interesse; mein Vater erhöhte meinen Monatsscheck. Er hatte sehr früh entdeckt, daß eine Inflation herrschte, will sagen, daß die Mark sich immer schneller entwertete, und zwar auf eine sehr einfache Weise: Er stellte fest, daß er für den Preis, zu dem ein Maßanzug verkauft wurde, nicht einmal mehr einen Meter des englischen Tuches einkaufen konnte, von dem er für einen Anzug drei benötigte. Es war also, wie er argumentierte, etwas faul im Staate Dänemark, und er beschloß, seine Waren nur noch gegen Dollar zu verkaufen, vielmehr gegen so viele Mark, wie sie eben gerade dem herrschenden Dollarkurs entsprachen.

Man wird mir kaum zum Vorwurf machen, daß ich nichts von dem Sinn der Inflation verstand – niemand mit Ausnahme von einigen gewitzten Bankiers und Kaufleuten tat das.

Ich bemerkte nicht, daß das „Volk", will sagen die übergroße Mehrzahl derjenigen, mit denen ich Kontakt hatte, sehr schnell verelendete, ohne daß die Leute recht begriffen, warum. Ich sah nur, daß es – zum Beispiel – meinen Eltern weiterhin gut ging, nicht besser als früher, denn wir waren keine Inflations-Gewinnler wie etwa die deutschen Großindustriellen, die mächtigen Bankiers, aber auch nicht schlechter. Und es begann sich bei mir der Gedanke einzunisten – es war noch keine Überzeugung, geschweige denn ein Entschluß –, es sei vielleicht doch besser, in solcher Zeit Geld zu verdienen, also Kaufmann zu werden, gescheiter jedenfalls, als sich der Literatur zu widmen.

Aber da war doch Gundolf, da war die Universität, da waren die unzähligen Bücher, die ich lesen wollte, ja mußte, da war schließlich meine Doktorarbeit.

Als ich sie beendet hatte – ich sagte ja schon, daß ich sie mit äußerster Schnelligkeit bewältigte, also ununterbrochen an ihr Tag und Nacht arbeitete –, war ich körperlich fertig.

Und fester denn je entschlossen, daß man in einer solchen Zeit Kaufmann werden mußte.

Aber mein Vater, der mich besser kannte als ich mich selbst, wollte mir noch eine Frist setzen. Ich sollte mich, bis ich meine endgültige Berufswahl traf, ein wenig in der Welt umsehen. Gewählt wurden die Vereinigten Staaten, um diese Zeit das Traumland aller Europäer.

Das war schon 1924.

8
Amerika

In New York war alles größer, schneller, besser.
Das haben damals wohl alle erzählt, die zu jener Zeit, also noch während der zwanziger Jahre, von Europa nach Amerika fuhren. Und es erging mir nicht anders als ihnen.
Da waren vor allem die Wolkenkratzer. In Deutschland und in den europäischen Städten, die ich kannte, waren die Häuser drei, allenfalls vier Stockwerke hoch. Ich hatte wohl gewußt, daß es in den Staaten höhere Häuser gab, hatte auch gelegentlich Photos von Hochhäusern gesehen. Aber daß sie so hoch sein konnten – zwanzig, vierzig, ja sechzig Stockwerke – das konnte ich nun zwar mit eigenen Augen sehen, aber lange nicht fassen. Und immer wieder stand ich auf der Straße und zählte die unzähligen Stockwerke. Ich tat das mindestens zehnmal am Tag. Ich konnte an keinem Wolkenkratzer vorübergehen, ohne mit dem Zählen zu beginnen. Das geschah noch ein halbes Jahr nach meiner Ankunft.
Ebenso faszinierend war wohl, wie und in welchem Tempo sich New York veränderte. Irgendwo standen eben noch zwei oder drei ältere, aber keinesfalls baufällige Häuser mit mehreren Stockwerken – ein paar Wochen später waren sie verschwunden, und wieder ein paar Wochen danach stand dort ein Gerüst, das in den Himmel ragte: ein Wolkenkratzer sollte gebaut werden, nein, er wurde schon gebaut. Ein Heer von Arbeitern war damit beschäftigt. Drei Dutzend bauten an der Unterkellerung, andere am 7. Stockwerk, wieder andere am 23. oder 44. Es war ein seltsames Schauspiel, das sich da dem Auge bot. Und immer standen Hunderte von Zuschauern herum, die sich daran nicht sattsehen konnten. Ich habe nie und nirgends wieder erlebt, daß der Bau eines Hauses zum Schauspiel für Zuschauer wurde. Und sie schienen alle Zeit der Welt zu haben. Das amerikanische Tempo? Das gab es

auch, aber die Menschen fanden eben doch noch Zeit, wenn etwas Interessantes zu bestaunen oder zu besichtigen war. Oder gar ein Unglücksfall!

In dem berühmten amerikanischen Tempo verwandelte sich auch die sagenhafte Fifth Avenue. Sie war, als ich ankam, vom Washington Square, wo sie ihren Ausgang nahm, bis zur 70. oder 80. Straße eine Avenue eleganter Privathäuser, übrigens damals noch die einzige Avenue ohne Straßenbahnverkehr. Hier wohnten die Astors und die Goulds und die Vanderbilts. Und dann wichen immer häufiger und immer schneller die Privathäuser Geschäftshäusern, und zwar vom Süden nach Norden hin. Ich erinnere mich noch an den Tag, da bekanntwurde, daß das Kaufhaus Saks – übrigens auch heute noch an der 34. Straße und der Seventh Avenue gelegen – an der Fifth Avenue eine Filiale bauen wollte. Gewiß, Saks gehörte zu den feineren Warenhäusern – aber ein Warenhaus welcher Kategorie auch immer an der Fifth Avenue, wo sich Millionäre ergingen – undenkbar! Doch bald darauf wurde Saks in der Fifth Avenue eröffnet, und schon in den dreißiger Jahren gab es Hunderte von Geschäften und sicher ein halbes Dutzend Warenhäuser an der einst so vornehmen, ja fast geheiligten Fifth Avenue.

Dies alles war damals außerordentlich imponierend für ein Greenhorn aus Europa, heute kaum mehr nachfühlbar; denn auch in Europa gibt es ja jetzt überall Wolkenkratzer, und zumindest seit Ende des Zweiten Weltkrieges wird auch hier schnell gebaut, und ganze Stadtteile verwandeln sich im Nu. Aber in den zwanziger Jahren . . .

Trotzdem: dies war nicht das, was mir an New York und an Amerika am meisten imponierte. Das imponierendste war vielmehr, daß alles so war, wie es sein sollte – zumindest kam es mir so vor. Eine heile Welt, wie man diesen Zustand später zu nennen pflegte.

Ich war nach Amerika gekommen aus einem verzweifelten, hungernden, an der Inflation zugrunde gehenden Deutschland und lernte eine Welt kennen, in der es alles im Überfluß gab. Ich war abgefahren mit dem festen Entschluß, Kaufmann zu werden und Geld zu verdienen, denn nur so konnte man dem Elend entgehen, dem, zum Beispiel, Schriftsteller oder Universitätsprofessoren oder Schauspieler ausgeliefert waren – und hatte nicht die geringste Mühe, kaufmännischer Angestellter zu werden.

Ich erhielt durch eine entfernte Verwandte meiner Mutter eine Stellung in einer Seidengroßhandlung. Fünfzehn Dollar pro Woche für den Anfang, achtzehn Dollar nach zwei Monaten. Meine Arbeit bestand darin, das Lager in Ordnung zu halten, und war ungeheuer langweilig. Aber immerhin konnte ich von meinem Gehalt leben.

Wer konnte das in dem ruinierten Deutschland? Ich wußte, was die Angestellten meines Vaters verdienten, und sie verdienten im Rahmen des Möglichen gar nicht so schlecht. Und trotzdem hätten die jungen weiblichen Büroangestellten nicht von dem existieren können, was man ihnen ausbezahlte; sie lebten davon, daß sie bei ihren Eltern wohnten und von ihnen verköstigt wurden, wofür sie freilich einen Teil ihres Gehalts abgeben mußten. Kaum ein männlicher Angestellter, dessen Frau nicht mitarbeitete. Und kaum einer der Angestellten in der Firma meines Vaters – genauso wie in anderen Firmen – hätte sich nebenher viel leisten können, sei es auch nur, gelegentlich ins Theater oder ins Kino oder auch mal in die Oper zu gehen.

Es gab keine Angestellten, geschweige denn Arbeiter, die ihr eigenes Auto besessen hätten; in den Vereinigten Staaten hatten unzählige Arbeiter ihre Autos. Einer der stärksten Eindrücke, die das Land auf mich machte: die überdimensionalen Parkplätze vor den Fabriken außerhalb New Yorks, dicht besät mit Autos, mit Hunderten, wenn nicht Tausenden von Autos. Ich weiß, das ist alles heute in Europa auch so. Aber 1923 oder 1924 standen vor einer Fabrik allenfalls zwei oder drei Autos, die den Besitzern oder vielleicht dem Prokuristen gehörten.

Ja, das außerordentliche an Amerika war: Jeder, der arbeiten wollte, konnte arbeiten, und jeder der arbeitete, konnte sich davon ernähren.

Die Überfahrt war stürmisch gewesen. Die Stürme hörten gar nicht auf, sie waren so schlimm, daß ein Passagier – man bedenke! – über Bord gespült wurde; was allerdings seine Schuld war, denn er hatte sich auf einem Deck ergangen, das offiziell gesperrt war. Die Geschichte sollte geheimgehalten werden, aber sie sickerte doch schnell durch, weil das Schiff eine halbe Stunde lang stoppte oder im Kreis um den vermutlichen Unglücksort fuhr, aber auch weil an diesem Abend nicht getanzt werden durfte.

Ich überstand den Sturm ohne Schwierigkeit – ich wurde auch

später nie seekrank –, aber er machte alles ein bißchen schwierig: das Essen, das Lesen, das Ankleiden, sogar den Schlaf, denn man kullerte immer wieder aus dem Bett. Außerdem war es langweilig, sich in den Speisesälen und Gesellschaftsräumen aufzuhalten, die zu drei Viertel leer waren, weil die übergroße Mehrheit der Passagiere mehr tot als lebendig in ihren Kabinen lag.

Das schlimmste: Ich entdeckte, daß ich trotz der Miß in Würzburg, trotz vieler Jahre Englischunterrichts und meiner Überlegenheit über den Englischlehrer in Berlin diese Sprache weder richtig sprechen noch verstehen konnte, wenn es darauf ankam. Ich war nach der ersten Unterhaltung mit meinem Steward respektive Kellner völlig fassungslos. Wie würde das drüben sein? Auf dem Schiff hatten die Leute ja Zeit für mich oder mußten sich die Zeit nehmen. Aber in der großen Stadt? Um es gleich zu sagen: Es dauerte nur ein paar Tage, und ich konnte mich verständlich machen, und nur ein paar Wochen, und ich konnte verstehen, was man mir sagte. Das große Problem blieb noch etwa vier Wochen lang das Telefon. Wenn man mich anrief, verstand ich überhaupt nichts. Aber auch hier wurde es schließlich anders. Nicht langsam, sondern ganz plötzlich. Gestern noch verstand ich kein Wort am Telefon, heute verstand ich jedes.

Man riet mir, um die Sprache schneller zu erlernen, viel Zeitungen zu lesen und oft ins Kino zu gehen, das ja noch stumm war. Ich konnte also die Darsteller nicht hören oder gar verstehen – das konnte niemand –, aber ich erfuhr durch die Zwischentexte, um was es ging.

Eines half mir entscheidend: die amerikanische Mentalität. In den USA oder in New York hielt es niemand für ungewöhnlich oder gar für tadelnswert, daß ein anderer mit starkem Akzent und grammatikalisch nicht einwandfrei sprach. Amerika war das Land der Einwanderer, hier hatte fast jeder einmal angefangen, will sagen der Vater oder der Großvater oder der Urgroßvater. Das Wissen darum machte die Menschen tolerant. Sie versuchten – mit Maßen natürlich – einander behilflich zu sein. Es mag erstaunlich klingen, aber es war doch so, wenigstens damals so: Verglichen mit den Amerikanern, waren die Europäer viel härter, viel rücksichtsloser, bereit, um des Überlebens willen einander die Kehle durchzuschneiden.

Ich ging übrigens nicht nur ins Kino, um Englisch zu lernen, sondern weil es mir, wie in Berlin, viel Spaß machte. Es gab in New York Kinopaläste von geradezu unheimlicher Größe. Das Capitol, damals das bedeutendste Kino am Broadway, faßte wohl an die viertausend Zuschauer. Die meisten Filme – natürlich alle aus Hollywood stammend, Importe gab es noch kaum, obwohl sie ja durch Auswechseln der Zwischentexte hätten verständlich gemacht werden können – lagen weit über dem Durchschnitt der europäischen Filme, dazu gab es noch eine Bühnenschau von überdimensionalen Ausmaßen, kurz, man war gut bedient. Was mich besonders erfreute, war, daß jeder Film durchgespielt wurde, es gab nicht mehr, wie noch in Europa, eine Einteilung in sogenannte Akte, die jeweils mit den Worten begannen: „1. Akt" ... „2. Akt" ... etc. und mit „Ende des 4. Aktes" etc. endeten. Das hatte natürlich damit zu tun, daß selbst die großen europäischen Kinos nur über einen Vorführungsapparat verfügten, der eben nur eine Filmrolle abspulen konnte, die amerikanischen Kinos aber je zwei Apparate besaßen, so daß, ohne daß die Spule ausgewechselt werden mußte, die Vorführung gewissermaßen nahtlos weitergehen konnte.

Was mich ärgerte, war, daß von zwölf bis vierundzwanzig Uhr und manchmal noch länger unterbrechungslos durchgespielt wurde, so daß man nie genau wußte, wann der Hauptfilm anfangen würde. Die Dame an der Kasse wußte es auch nicht, und so platzte man fast unweigerlich mitten hinein. Das verminderte das Vergnügen und, natürlich, vor allem die Spannung. Ich erinnere mich noch, daß Ernst Lubitsch, der oft aus Hollywood nach New York kam, klagte: „Da zerbricht man sich den Kopf, wie man einen Film besonders effektvoll beginnen und ihn mit einem guten Gag abschließen könnte – aber wer sieht schon einen Film von Anfang bis zum Ende. Die meisten kommen in der Mitte und gehen auch wieder in der Mitte. Es ist zum Verrücktwerden!"

Ein großes Erlebnis für mich war natürlich die Met, das sagenhafte Opernhaus, wo die bedeutendsten Sänger der Welt auftraten – Caruso war allerdings schon gestorben. Meines Wissens war die Met das erste Haus in der Welt, wo die Opern im Urtext gebracht wurden, selbst russische und tschechische. Da es aber keine amerikanischen oder englischen Opern gab, jedenfalls keine, die der Aufführung als würdig erachtet wurden, sang man ironischerweise in der Met nie englisch. Es gab drei Ensembles, ein italienisches, ein deutsches und ein französisches. Es gab drei Kapellmeister. Undenkbar, daß ein Deutscher eine italienische Oper dirigierte oder umgekehrt. Ich glaube, da hat nur Toscanini eine Ausnahme gemacht, der freilich, als ich das erste Mal nach drüben kam, längst nicht mehr an der Met seines Amtes waltete, wohl aber die Philharmoniker leitete. Er war – das war wohl 1911 – für den todkranken Gustav Mahler eingesprungen und hatte den „Tristan" dirigiert.

Zu meiner Zeit machte man nur noch gelegentlich mit großen Stars eine Ausnahme. So durfte, was sage ich, mußte die Jeritza die „Tosca" singen, so sang Elisabeth Rethberg die „Butterfly". Viele solcher „Gastspiele" in fremden Ensembles, wenngleich im selben Haus, gab es nicht.

Was mich an der Met so störte, daß ich vor jugendlicher Entrüstung fast barst, war die Undiszipliniertheit des Publikums. Nicht nur, daß es ging und kam, wann immer es wollte, es klatschte auch in die schönsten Stellen hinein, wenn es ihm paßte. Kaum war eine Arie zu Ende, kaum begann sich der Vorhang zu senken, etwa am Ende des zweiten Aktes der „Meistersinger" während einer besonders leisen und zarten Stelle, da brach der Beifallssturm los. Ich habe gewisse Nachspiele von Arien und Duetten in der Met nie gehört. Ich sah nur, daß der Dirigent noch die Arme bewegte.

Ich glaube, in Berlin wären solche Störenfriede – es waren wohl hauptsächlich musikbegeisterte Italiener, die ja überhaupt den größten Teil des Met-Publikums ausmachten – gelyncht worden. Fast noch schlimmer, wenn etwas schlimmer sein konnte, waren die Striche. Die Vorstellungen in der Met begannen damals nie vor 20.30 Uhr. Und mußten um Mitternacht zu Ende sein. Da wurde auch bei Wagner oder dem „Rosenkavalier" keine Ausnahme gemacht. Ich hatte bis dahin geglaubt, daß ich meine geliebten Opern nicht ertragen könnte, falls auch nur ein Takt fehlte. Jetzt erlebte ich, zum Beispiel, die „Meistersinger" mit einem ersten Akt, in dem weder David noch die Lehrbuben sehr viel zu singen hatten, und mit einem zweiten Akt, in dem Hans Sachsens Lied an Eva auf eine Strophe gekürzt war, mit einer Schusterstube, in der Stolzing sein Preislied ebenfalls nur einstrophig ausprobieren durfte. Ich dachte, die Welt würde untergehen.

Aber sie ging nicht unter.

Schlimm war auch, daß die Sänger, die zusammen auftraten, sehr oft einander nicht einmal kannten. Sie waren erst wenige Stunden zuvor aus Europa, aus Südamerika, aus Chicago oder Montreal angereist. Von Proben oder auch nur Verständigungsproben konnte da keine Rede sein. So kam es immer wieder vor, daß ein Neuankömmling, der vom Ensemble mit Blick nach rechts erwartet wurde, von links auftrat oder überhaupt nicht oder viel zu spät kam. Auch daß bei Ensemblesätzen plötzlich nicht mehr alles oder alle zusammen waren, daß es also zu dem kam, was man in Berlin, in München oder Dresden einen Schmiß genannt hätte, war offenbar gang und gäbe, so daß niemand aus der Fassung geriet.

Und trotzdem! Und trotzdem! Die Met blieb für mich die Met. Dieses Riesenauditorium in rotem Plüsch und Gold, nicht nur imposant, sondern wirklich schön, wirkte immer festlich. Das hatte mit der Geschichte der Met zu tun. Hier waren die berühmtesten Sänger ihrer Zeit aufgetreten, und viele traten immer noch auf. Hier saßen in ihren Logen – es waren wirklich die ihren, sie kauften sie zu horrenden Preisen für je eine Saison – die Rockefellers, die Vanderbilts, die Morgans, die Astors, kurz, hier war mehr Geld und Macht versammelt als irgendwo sonst auf der Welt, mit der möglichen Ausnahme der Wallstreet, die aber schließlich nichts anderes war als eine Schlucht, von Wolkenkratzern umrandet, mit Tausenden von anonymen Büros, in denen sich die Geschichte von ganzen Völkern, wenn nicht Erdteilen entschied, ohne daß die Betroffenen die blasseste Idee hatten, wo die Wallstreet lag und wer dort wen „regierte". Die Met war eben ein Show-place, und die Millionärinnen trugen weltberühmte Colliers und Ringe und waren oft genug von Leibwächtern flankiert – die Juwelen, nicht die Damen. Dies alles zusammen, die Internationalität, die großen Stars, die Gesellschaft, das also machte die Met zum prominentesten Opernhaus der Welt, wenn auch keineswegs zum besten. Aber man spürte: hier mußte man gewesen sein, hierher mußte man kommen – wie man das von New York überhaupt sagen konnte.

Mein Beruf langweilte mich tödlich. Ich wechselte die Stellungen – das konnte man, indem man am Samstag erklärte, man würde am Montag nicht wiederkommen – und fand die neue Stellung genauso langweilig. Ich zählte die Stunden bis zum Feierabend, schließlich sogar die Minuten. Am Tage vegetierte ich, nur am Abend lebte ich auf: die Met und Kino, seltener Theater, denn das war teuer, Boxen, das mich faszinierte, und Sechstagerennen, die für mich eine erstaunliche Anziehungskraft gewannen. Wie viele Nächte habe ich mir nicht im Madison Square Garden, im alten, im ursprünglichen am Madison Square, um die Ohren geschlagen.

Sonst? Es herrschte die Prohibition, aber das war für mich ohne Bedeutung. Ich konnte gut ohne Wein und Bier auskommen, und Whisky kannte ich fast nur vom Hörensagen. Was mir gelegentlich Bekannte als Gin anboten, den sie in der eigenen Badewanne, ich weiß nicht wie, zusammengebraut hatten, bereitete mir eher Kopfschmerzen.

Schlimmer war das mit den Mädchen und Frauen. Nämlich daß eigentlich gar nichts war. Amerika hatte den außerehelichen oder vorehelichen Beischlaf noch nicht entdeckt. Natürlich gab es reiche Männer, verheiratet oder unverheiratet, die Verhältnisse hatten oder Frauen aushielten. Zu dieser Kategorie gehörte ich – leider – nicht. Ich konnte mich auch nicht den Schauspielern, Sängern oder Kabarettisten zugehörig fühlen, die wohl in puncto Sexualität in den Augen des Bürgertums und in der Öffentlichkeit überhaupt ein skandalöses Leben führten.

Ich hätte, das gebe ich zu, sehr gern da mitgemacht. Zehn Jahre später wäre es auch gar nicht schwierig gewesen, und was meine Wenigkeit betraf, war es dann die einfachste Sache der Welt. Nicht aber zu Beginn der zwanziger Jahre. Da konnte ein junger Mann wie ich allenfalls ein hübsches Mädchen küssen. Und die amerikanischen jungen Mädchen waren verdammt hübsch, sie hatten in der Mehrzahl unvergleichliche Beine, und viele sahen aus, als wären sie gerade aus einem Hollywoodfilm geschnitten worden. Aber mehr als ein bißchen Küssen – nein, das war nicht drin.

Man konnte knutschen – Petting genannt. Man konnte auch eventuell – das war schon gewagt – die Brust eines Mädchens oder einer Frau streicheln, freilich meist nur durch den Kleiderstoff hindurch – aber weiter gehen, will sagen weiter nach unten gehen oder gar ins Bett – undenkbar! Das hätte ja bedeutet, daß das Mädchen nicht mehr als Jungfrau hätte in die Ehe wandern können, also vermutlich überhaupt nicht zu verheiraten gewesen wäre. Hinzu kam die durch nichts zu beruhigende Furcht vor dem Kind, auch bei den wenigen verheirateten Frauen, mit denen ich zusammenkam, so daß man schließlich mehr Angst hatte als Vergnügen.

Manchmal dachte ich mit Wehmut an die Berliner Nächte. Wenn ich meinen amerikanischen Freunden davon erzählte, starrten sie mich teils neidisch, teils entgeistert an und konnten sich dergleichen gar nicht vorstellen. Wie gesagt, sie sollten es bald lernen. Und wie sie es lernen sollten! Männer und Frauen!

Ich lernte vieles in Amerika. Vor allem, daß die Welt nicht nur aus Deutschland bestand. „Über alles in der Welt" – nein, auf diesen Gedanken konnte man in New York nicht kommen, geschweige denn, es aussprechen. Die Leute hätten nur darüber gelacht. Deutschland war ein Land unter vielen anderen und – der Krieg lag ja noch nicht so weit zurück – durchaus nicht besonders beliebt. Ein Beispiel für viele: Der Berliner Ernst Lubitsch firmierte, übrigens ohne sein Zutun, lange Zeit als österreichischer Filmregisseur – eigentlich unlogisch, weil ja auch Österreich im Krieg als „Feind" gegolten hatte.

Die Deutschen wurden mindestens genauso freimütig und kritisch beurteilt wie andere auch. So erinnere ich mich noch des allgemeinen Befremdens nach dem Tode des ersten deutschen Präsidenten Friedrich Ebert, als ein Nachfolger gesucht und ausgerechnet in der Person des Generals Hindenburg gefunden wurde. Er konnte als ehemaliger Generalstabschef im Krieg kaum auf Sympathien im Westen rechnen. Zudem verstand er vielleicht etwas vom Militärischen – ich sage, vielleicht, denn immerhin hatte er den Krieg verloren, und daß er nicht zu gewinnen war, knapp vier Jahre später entdeckt als mein Vater, der nicht General war. Und von Politik verstand er nicht das geringste. Wie und wann hätte er Politik auch erlernen sollen; und besonders gescheit war er nicht, und ein besonders lauterer Charakter war er ja auch nicht, wie wir im Laufe eines Bestechungsskandals Anfang der dreißiger Jahre zu unserem Schmerz erfahren sollten.

Wer dieser Hindenburg war, der noch heute, bald ein halbes Jahrhundert nach seinem Tod, in Deutschland sowohl was seine Intelligenz als auch seinen Charakter angeht, stark überschätzt wird, erfuhr ich damals wie so vieles andere aus der „New York Times", die ich bereits für eine großartige Zeitung hielt und die ich mindestens seit Mitte der dreißiger Jahre für die beste Zeitung der Welt halte. Und da habe ich mich wohl nicht geirrt.

Sonst habe ich mich sehr oft geirrt, man könnte fast sagen, daß mein Leben eine Kette von Irrungen war. Zum Beispiel irrte ich mich in dem Glauben, der überhaupt nur in einer Zeit wie der damaligen entstehen konnte, man müsse Kaufmann werden, um sein Brot verdienen zu können. Das mochte für viele stimmen, für mich jedenfalls nicht. Die Langeweile, die mir meine kaufmännische Tätigkeit in New York bereitete, wurde zu einer Art Alpdruck, und meine Leistungen waren entsprechend.

Manchmal mußte ich gar nicht am Samstag mitteilen, daß ich am Montag nicht wiederkommen würde – es waren meine Chefs oder Abteilungsleiter, die mir das abnahmen. Und ich war darüber keineswegs unglücklich. Ich erinnere mich noch eines besonders grotesken Hinauswurfs. Ich hatte in einem großen Warenhaus den für Kunden reservierten und für Angestellte „verbotenen" Fahrstuhl benutzt – man bedenke!

Und geradezu erleichtert war ich, als ich mich eines Abends so erbärmlich fühlte, daß ich hoffen durfte, zu krank zu werden, um am nächsten Morgen ins Geschäft fahren zu können. Am nächsten Morgen war ich zu krank, um mich über irgend etwas freuen zu können. Am Abend holte meine besorgte Zimmerwirtin einen Arzt aus der Nachbarschaft. Diagnose: Typhus oder zumindest Typhusverdacht... Ich war schon zu schwach, um nur das Nötigste in einen Koffer zu packen. Im Taxi glaubte ich vor lauter Schwäche – Schwäche, nicht Schmerzen – sterben zu müssen. Mir war schon alles egal. Die paar Minuten, die ich auf dem Korridor des Krankenhauses warten mußte, bis meine Personalien festgestellt waren, schienen mir Ewigkeiten.

Nochmalige und endgültige Diagnose: Typhus, der damals übrigens in New York grassierte. Quarantäne, natürlich. Die nächsten Wochen vergingen in einer Art Halbschlaf, und das einzige, woran ich mich später erinnerte, war, daß ich unter unerträglichen Kopfschmerzen litt. Als ich – ich glaube, nach etwa sechs Wochen – aus der Quarantäne entlassen wurde, war ich so elend, daß ich ohne fremde Hilfe keinen Schritt tun konnte. Diese fremde Hilfe war vor allem mein Vater, der, von Bekannten über meine Erkrankung unterrichtet, nach New York geeilt war. Natürlich wollte er mich nicht in einem Land lassen, wo „so was" geschehen konnte.

Und so dampften wir bald – so drei oder vier Wochen später – wieder nach Europa ab. Ich trat diese Rückfahrt nicht ohne Wehmut an. Gewiß, meine Aktivitäten in New York hatten mir keine Freude bereitet. Aber die Stadt New York – das war etwas anderes. Die war einmalig! Ich kam mir vor wie einer, der aus dem Mittelpunkt der Welt in die tiefste Provinz verstoßen wurde. Und so war es auch in gewissem Sinn.

Freilich, auf dem Schiff ging es hoch her. Ich tanzte und flirtete. Ich verbrachte jede Nacht in einem anderen Bett, nur nicht in meinem. Ich teilte die Kabine mit meinem Vater, der sich nicht genug darüber wundern konnte, wo ich denn so lange geblieben sei. Natürlich konnte er es sich nicht vorstellen, daß ich mit diesen Frauen, die doch alle erster Klasse fuhren und zur besseren Gesellschaft gehörten . . . daß die so etwas überhaupt . . .! Ich mußte stets am nächsten Morgen, in meinen Liegestuhl gebettet, meinem Vater eine Art Sexualunterricht, europäische Frauen und das zwanzigste Jahrhundert betreffend, erteilen. Zu seinen Zeiten habe es „das" noch nicht gegeben, behauptete er. Man tat „das" – aber sicher nicht mit Mädchen oder Damen der besseren Gesellschaft. Außerdem war er besorgt. Ich war doch eben erst sehr krank gewesen.

Aber ich fühlte mich gar nicht mehr schwach, und wenn, dann sicher nicht als Folge des Typhus.

Freilich: ich war nicht nur krank gewesen, ich war es noch immer. Ernsthaft krank. Der Lebenshunger, den ich während der Überfahrt kaum befriedigen konnte, auch während der nächsten Jahre nicht, war nur ein Symptom der recht gefährlichen Krankheit.

Das wußte ich damals noch nicht. Ich fühlte mich ungemein wohl. Aber nur noch ein Jahr oder zwei . . .

9
Mein Zauberberg

„Viel zu spät . . . viel zu spät."

Ich war vom leitenden Arzt des Waldsanatoriums in Davos gründlich untersucht worden. Dann sollte ich mich im Nebenraum wieder anziehen. Es war dem Professor nicht aufgefallen, auch nicht der Schwester oder dem Assistenten, daß sich die Tür hinter mir nicht ganz geschlossen hatte. So hörte ich denn, meinen Ohren kaum trauend, die doch besorgniserregenden Worte: „Diese Berliner Ärzte sind ja alle Verbrecher! Da schicken sie uns diesen sterbenden Jungen herauf! Viel zu spät . . . viel zu spät . . ."

Ich höre ihn noch, als hätte er diese Worte erst vor einer Stunde gesprochen. Und ich weiß auch noch, daß ich mich mechanisch fertig anzog und eigentlich gar nichts Besonderes verspürte. Als ich wieder in das Untersuchungszimmer trat, räusperte sich der Arzt ein paarmal – auch das habe ich noch genau im Ohr – und eröffnete mir dann, eher beiläufig, ich müsse vor allem erst einmal ins Bett, ein paar Tage vielleicht, dann werde man weitersehen.

Mir war, als sei mir Stimme und Syntax seiner Rede wohlbekannt, und das war ja wohl auch so. Er glich so sehr dem Arzt in Davos, der von Thomas Mann im „Zauberberg" treffend geschildert, ja, man darf ruhig sagen kopiert worden war.

Das war Anfang 1928.

Die Jahre zuvor, also die nach meiner Rückkehr aus New York, hatte ich in Berlin verbracht – die berühmten Berliner zwanziger Jahre.

Die zwanziger Jahre. Man hat sie sogar die „goldenen" genannt;

und es war in den fünfziger Jahren Mode, viel über sie zu schreiben, und doch weiß man eigentlich wenig über sie.

Es waren tolle Jahre, gewiß, man kann auch sagen, erregende, und in solchem Maße, daß sich niemand den Kopf darüber zerbrach – ich schon gar nicht –, warum sie eigentlich so toll, so erregend, so atemberaubend waren. Hatten die Berliner, die doch im wesentlichen identisch mit den Berlinern früherer Jahre waren, sich so verändert?

Sie hatten sich so verändert. Heute weiß ich, warum. Was damals jeder hätte wissen können, der sich die Zeit dazu genommen hätte, darüber nachzudenken: Die Berliner waren vergnügungssüchtig, genußsüchtig geworden – und das sind noch milde Worte für ihren kollektiven Zustand. Das wiederum war die Folge davon, daß sie einen langen Krieg hinter sich hatten, der in immer steigendem Maße sie jeder Möglichkeit beraubte, das Leben zu genießen. Nicht nur, daß in unzählige Häuser Trauer einzog, weil der Vater oder der Sohn gefallen war, nicht nur, daß die Nicht-Gefallenen täglich und stündlich um ihr Leben zittern mußten, man war stets hungrig, oder zumindest die meisten waren es.

Und dann kam die Inflation. Und sie lehrte die Berliner schneller als die übrigen Deutschen, daß es sinnlos war, zu sparen. Was man heute nicht ausgab, war morgen schon viel weniger wert und übermorgen so gut wie nichts mehr. Das bedeutete geradezu eine Aufforderung, Geld aus dem Fenster zu werfen, das heißt, das Leben zu genießen, auf welche Art auch immer.

Eine veritable Tanzwut ergriff die Stadt. Überall wurde Musik gemacht, und überall tanzte man. Die Musik war neuartig, man nannte sie – übrigens fälschlicherweise – Jazz, und die Tänzer gebärdeten sich, verglichen mit denen, die vor dem Krieg genüßlich, gemütlich Walzer tanzten, wie aus dem Tollhaus entsprungen.

Es gab kaum noch eine Straße, in der sich nicht ein Nachtlokal etablierte, manchmal nur mit sechs oder acht Tischchen. Und es blieb natürlich nicht beim Tanzen. Die sogenannte „freie Liebe" nahm erstaunliche Dimensionen an. Man verstehe recht: Nicht, daß Menschen, die einander liebten, nun miteinander ins Bett gingen, obwohl sie vielleicht gar nicht oder anderweitig verheiratet waren. Das hatte es früher auch gegeben, es wurde freilich nach Möglichkeit totgeschwiegen. Jetzt gehörte es dazu, „miteinander zu schlafen" – gleichgültig, ob man den Partner oder die Partnerin liebte oder auch nur zu lieben glaubte. Es gehörte einfach dazu. Es war schick, Verhältnisse zu haben. Es war schick, Rauschgifte zu nehmen. Gemessen an den sechziger oder siebziger Jahren, handelte es sich freilich um bescheidene „Ausschreitungen", die wir damals als „toll" und „verrückt" empfanden. Kokain war eine Zeitlang Mode. Man bekam es in jedem zweiten Nachtlokal bei der Toilettenfrau.

Perversionen wurden Mode. Auch hier muß gesagt werden, daß es natürlich immer Menschen gegeben hat und wohl auch immer Menschen geben wird, die bestimmten, wenn man so sagen will, abartigen Neigungen frönen. Aber damals war es Mode. Mit seiner Frau zu Bett zu gehen, gar Kinder zu zeugen – wie spießig! So hatten die Großeltern gelebt.

Oder da war die Homosexualität. Natürlich hatte es immer Homosexuelle gegeben. Aber darüber sprach man nicht. Darüber sprachen am allerwenigsten sie selbst, denn es war ja groteskerweise strafbar, sich homosexuell zu betätigen. Aber in den zwanziger Jahren, in denen das immer noch gesetzlich verfolgt wurde, sprach alle Welt davon. Der und der, die und die waren „so"! Damit waren sie viel interessanter als diejenigen, die nicht „so" waren. Viele machten mit – auch das ein Berliner Ausdruck –, die im Grunde stinknormal waren.

Die viele Leute erschreckende Tatsache, daß die Homosexuellen, die sich und ihre Neigungen bis vor kurzem getarnt hatten, jetzt ganz unverhohlen auftraten, ließ mich gleichgültig. Ich interessierte mich nicht und sollte mich ein Leben lang nicht dafür interessieren, wer mit wem. Der Grund war wohl, daß ich zu früh in die andere Richtung verführt worden war. Ich glaube übrigens, daß ich in jenen Jahren meiner Lehrerin vom Kino alle Ehre machte.

A propos Homosexuelle: Ich muß da immer an ein Gespräch im Nachtlokal Schwannecke denken, das erst gegen zehn Uhr abends geöffnet wurde und bis sechs oder sieben offen blieb, Schauspielern, Filmleuten und Journalisten vorbehalten. Die Unterhaltung fand statt zwischen dem als homosexuell bekannten Schauspieler Hans Heinrich von Twardowsky und dem Herausgeber der Boulevardzeitung „Das 12-Uhr-Blatt". Er hieß Walter Steinthal und war für seine amourösen Abenteuer mit schönen Frauen bekannt.

Letzterer sagte gerade, wie mir schien, eher zögernd: „Nun ja, ich könnte es ja auch mal mit einem Jungen versuchen. Aber er müßte sehr jung sein. So vierzehn oder fünfzehn."
„Warum nicht?"
„Er müßte natürlich blond sein."
„Warum nicht?"
„Und er dürfte kein einziges Haar auf dem Körper haben ..."
Darauf verließ Twardowsky angeekelt den Tisch. Seine letzten Worte: „Zum Donnerwetter, schlafen Sie doch mit einer Frau!"
Das war Berlin, damals.

Da waren die frechen kleinen Revuen von Rudolf Nelson, des Texters Marcellus Schiffer oder von Friedrich Holländer, der herrliche und schmissige Musik und Texte machen konnte, und auch Werke des ausgezeichneten Musikers Mischa Spoliansky: Revuen, nicht im althergebrachten Sinn, sondern mit wenig Ausstattung, ohne Chor, ohne Ballett, mit vier, fünf Schauspielern, etwa Marlene Dietrich, damals noch fast unbekannt, Hans Albers und der Chansonette Margo Lion. Da war auch Gustaf Gründgens, da waren die Stummfilmstars, die wenige Jahre später in der Versenkung verschwanden.

Das Kino war übrigens gesellschaftsfähig geworden – neben den großartigen Theateraufführungen durch Max Reinhardt, Leopold Jessner vom Staatstheater, mit der Massary, Elisabeth Bergner, Käthe Dorsch. Berlin war damals ohne Zweifel die Theaterhauptstadt der Welt. Und trotzdem stand neben den unvergeßlichen und doch vergessenen Theateraufführungen fast gleichberechtigt das Kino; nicht durch die bereits erwähnten großen Filme von Lubitsch und auch von Fritz Lang, vor allem durch die Kinopaläste, nach amerikanischem Muster gebaut – aber das wußten nur wenige –, mit Bühnenschau und großem Orchester. Vorbei die Zeiten, da ein Klavierspieler oder ein Mann am Harmonium krampfhaft versuchte, seine Musik mit der Handlung in Einklang zu bringen. Das Kinoorchester spielte eigens für den Film zusammengestellte, oft sogar für diesen komponierte Musik.

Das hatte einer meiner Freunde aus der Zeit, da wir jeden Sonntag früh vor der Oper oder einem Theater um Karten anstanden, eingeführt: Hanns Brodnitz.

Eine seltsame Karriere. Er war Nachhilfelehrer beim Sohn des bekannten Berliner Theaterdirektors Rudolf Bernauer gewesen.

Als der das Operettenhaus „Theater am Nollendorfplatz" kaufte – während der Inflation für einen Spottpreis –, hatte er das im selben Gebäude befindliche Kino „Mozartsaal" miterworben; und, da er vom Film keine Ahnung hatte, es Brodnitz überlassen, der auf dem Gebiet des Films ebenfalls nicht Bescheid wußte, aber ganz neue Ideen und mit ihnen Erfolg hatte. Er brachte in dem von ihm geleiteten Kino vor allem amerikanische Filme. Das war neu für Berlin und auch für Deutschland.

Man bedenke: Noch viele Jahre nach Kriegsende war der Name Chaplin nur ein vager Begriff für die meisten Deutschen; nur die aus der Branche ahnten, wer das war. Brodnitz zeigte als erster Chaplin, Buster Keaton, Douglas Fairbanks, die Pickford, Jackie Coogan, kurz, Filme, mit denen die deutschen Erzeugnisse selten konkurrieren konnten. Er war der erste, der ein großes Kinoorchester einführte und einen Mann herausstellte, dessen Beruf es bis dahin überhaupt nicht gegeben hatte: den Kinodirigenten. Sein Name war Willy Schmidt-Gentner, und er war bald von einer sagenhaften Popularität. Er führte ein recht ungezügeltes Leben, und es kam mehr als einmal vor, daß er zu betrunken war, um das Dirigentenpult zu erklimmen.

Viel Theater, viele Bücher, viele Freundinnen, eine Skatrunde jede Samstagnacht, meist nach einer Bettgeschichte, mit Ewald natürlich und anderen ehemaligen Schulkameraden.

Und da war der Sport. Ich hatte eigentlich nur wenig Sport getrieben, ich dachte auch gar nicht daran, mich jetzt sportlich zu betätigen. Mich interessierten Sportereignisse: Boxkämpfe, Radrennen, und von denen wieder am meisten die Sechstagerennen.

Sportereignissen beizuwohnen interessierte mich bald mehr, als Theater zu besuchen, und das wollte bei mir viel heißen. Warum eigentlich? Ich stellte mir damals die Frage nicht, aber hätte ich sie mir gestellt, würde ich ein Dutzend Antworten dafür gefunden haben, warum ich mich nicht für Sport interessieren sollte. Ich hatte ja wenig Sinn oder Verständnis für die Qualität einer sportlichen Leistung. Mich interessierte kaum, wie etwas vor sich ging, nur daß etwas vor sich ging. Mich interessierte die Spannung an sich. Mir kam ein Sportereignis vor wie eine Theatervorstellung, deren Textbuch erst geschrieben wurde, während sie abrollte. Sechstagerennen... Rein technisch gesehen ein Mannschaftsrennen. Die vierzehn oder zwölf Mannschaften, die da mitwirkten und von denen im Verlauf der sechs Nächte die einen oder anderen aus dem Rennen genommen werden mußten oder aufgaben, bildeten jede für sich eine Einheit. Einer der beiden Partner mußte immer im Rennen sein, der andere ruhte sich in seiner Koje aus – die Kojen waren in der Bahn, den Zuschauern sichtbar, aufgestellt. Der Witz war, daß eine Mannschaft möglichst viele Spurts gewann und so Punkte sammelte, und nach Möglichkeit eine oder mehrere Runden vor den übrigen lag. Das änderte sich natürlich ständig, und während einer „Jagd" ging alles wild durcheinander. Keiner wußte mehr, wo er im Rennen lag, und die Zuschauer wußten es auch nicht.

Sechstagerennen . . . Das war in Berlin, ganz wie in Paris, ein Spektakel für die Minderbemittelten, die für wenige Mark in den Kurven standen oder hoch oben im Rang zu finden waren und einen Höllenlärm veranstalteten; das war aber auch eine Gelegenheit für Prominente, sich zu zeigen: in den Logen, in denen nur Sekt serviert wurde, oder in den vorderen Reihen. Stars, Politiker, berühmte Ärzte und Anwälte. Man mußte einfach dabeigewesen sein.

Sechstagerennen . . . Sie bedeuteten sechs Tage und vor allem sechs Nächte voller Spannung. Im Gegensatz zu, sagen wir, einem Hundertmeterlauf, konnte das Bild sich hundertmal ändern. Unzählige Momente kamen ins Spiel. Erkältungen der Fahrer, bei der zugigen Halle eigentlich eine Selbstverständlichkeit, Stürze mit Bein- oder Armbrüchen, Magenverstimmungen, andere Ermüdungserscheinungen, Verschwörungen einiger Mannschaften für oder gegen eine Mannschaft – in der Fachsprache damals Kombinen genannt. Kurz, was der Engländer die „glorious uncertainty of sport" – die glorreiche Ungewißheit des Sports – nennt.

Es ist sehr schwer, heute den Zauber des Sechstagerennens denen zu erklären, die keine Sechstagerennen gesehen haben oder allenfalls solche, wie sie noch in der deutschen Provinz ablaufen und die gar nicht mehr den Namen eines Rennens verdienen.

Sechstagerennen waren sportliche oder doch semisportliche Veranstaltungen. Mannschaften fuhren gegeneinander, und wer zuletzt vorn war, hatte gewonnen. Er war meistens den anderen eine Runde voraus, die er ihnen in Jagden, die oft Stunden dauerten, abgerungen hatte. Natürlich wechselte die Führung dauernd. Einmal war die holländische Mannschaft vorn, dann wieder die belgische, dann eine Nacht die französische, dann wieder eine deutsche – je nach der augenblicklichen Form der einen oder anderen Mannschaft.

Was eigentlich faszinierte an den Rennen dergestalt, daß selbst wohlgesittete Männer und Frauen ganz aus dem Häuschen gerieten? Genau könnte ich das auch heute, nach so vielen Jahren, nicht erklären. Was die Sechstagerennen an Spannung etwa einem Fußballspiel oder Eishockeymatch voraus hatten, war, daß nichts endgültig war. Wenn ein Fußballspiel vorbei war, nach neunzig Spielminuten, dann war eben die Entscheidung gefallen. Wenn eine Sechstagenacht zu Ende war, dann konnte noch alles geschehen – nämlich in der nächsten Nacht oder in der übernächsten.

Warum die Leute, denen es doch gleichgültig sein konnte, ob nun der eine oder andere, die eine oder andere Mannschaft vorn war und dadurch das Rennen gewann, sich so furchtbar aufregten, ist gar nicht erklärlich. Es war eben die besondere Faszination des Sechstagerennens.

Man kann diese Faszination auch geschichtlich nicht erklären. Denn als die Sechstagerennen – in New York natürlich – aufkamen, in den letzten Jahren des vorigen Jahrhunderts, war das Rad das schnellste Fortbewegungsmittel für einen Menschen. Autos gab es ja noch keine, Motorräder gab es auch keine, oder es gab doch nur ganz wenige. Die Geschwindigkeiten, die Radrennfahrer erzielten, waren also sozusagen eine Klasse für sich. Aber 1920, 1930, als man schon Auto fuhr? Da waren die besten Radrennfahrer der Welt eigentlich schon so etwas wie hochgezüchtete Rennpferde, in der Art wie, wenn man so will, auch Sänger und Sängerinnen es waren.

Das Publikum hatte seine Lieblinge. Es regte sich furchtbar auf, wenn diese Lieblinge vorn waren oder wenn sie – wie ungerecht! – zurückfielen. Es hatte auch seine Anti-Lieblinge, das heißt Fahrer, die es mit großer Leidenschaft auspfiff. Man soll nicht glauben, daß das Publikum etwa das Ausscheiden dieser Fahrer wollte oder, noch besser, daß sie gar nicht erst engagiert würden. Keineswegs! Man wollte sie vor sich haben, um sie verlieren zu sehen, um sie stürzen zu sehen, jawohl: stürzen, um mitzuerleben, wie sie blutend zum Arzt geschafft wurden – das gehörte dazu.

Das alles war völlig irrational und sollte auch so bleiben, bis Hitler, zumindest für Deutschland, die Sechstagerennen verbot, weil sie unsportlich waren. Na ja!

„Warum schreibst du nicht darüber?" fragte mich mein Freund Rolf Nürnberg, der inzwischen Leiter des Sportteils des „12-Uhr-Blattes" geworden war. Ich winkte ab. Schreiben – das hatte ich einmal gewollt, daran hatte ich einmal mein Leben hängen wollen. Gundolf! Was würde er wohl zu Sechstagerennen gesagt haben? Aber das war vorbei. Wie ich glaubte, ein für allemal. Ich zählte immerhin schon siebenundzwanzig Jahre . . .

Außerdem hatte ich ja jetzt einen Beruf. Man erinnert sich, ich hatte schon in Heidelberg beschlossen, Kaufmann zu werden, ich hatte es mit wechselnden Mißerfolgen in New York probiert. Trotzdem hatte sich dort, wo ja alle Welt Geld verdiente, meine eigentlich aus Panik vor der Inflation entstandene Meinung, man müsse Geld verdienen, nicht geändert, eher noch verstärkt, weil ich eben nur unter gewissen Schwierigkeiten welches verdienen konnte. Nun wurde es also ernst. Mein Vater steckte mich zuerst einmal zu einem Stoffgrossisten, einem seiner Lieferanten, in die Lehre. Meine Arbeitsstätte war irgendein Zollamt, wo ich Papiere für die aus dem Ausland, wohl vor allem England, eintreffende Ware auszufüllen hatte. Ich glaube, der Inhaber der Firma, der mich überhaupt nur akzeptierte, weil er meinem Vater einen Gefallen tun wollte, oder mußte, und sehr bald jeden Mangel an Begeisterung meinerseits feststellte, hatte mich gewissermaßen an das Zollamt abgeschoben. Ich blieb dort ungebührlich lange, das heißt, täglich bis zum Ende der Geschäftszeit, weil ich nämlich den Mangel an Kontrolle zu stundenlangem Aufenthalt in einem nahegelegenen Café benutzte, wo ich in verhältnismäßiger Ruhe mitgebrachte Bücher las.

Nächste Station: eine große Firma, die Herrenkonfektion herstellte. Dort verliebte ich mich in die bildhübsche Prokuristin, die wesentlich älter war als ich. Verführte ich sie? Ich glaube eher, es war umgekehrt. Da wir uns beide nicht sehr diskret benahmen, kam es schließlich zu dem, was man einen Eklat nennt. Ich mußte kündigen, und tat es um so lieber, als die Dame mir auch weiterhin außerhalb der Geschäftszeit ihre Gunst gewährte. Ein paar Wochen noch, ein paar Monate? Ich habe es längst vergessen.

Dritte kaufmännische Station: G. Benedict, das Geschäft meines Vaters. Das war, wie schon erwähnt, ein offener Laden, also Geschäftszeit 8 bis 13 Uhr und 15 bis 19 Uhr. Vom ersten Tag an, wie schon in New York, begann ich die Stunden zu zählen, denn ich durfte mich ja erst am Abend frei fühlen. Ich war gar nicht gern bei G. Benedict. Zwar benahm sich das übrige Personal sehr nett zu mir, kein Wunder, ich sollte ja einmal Chef werden. Auf der anderen Seite waren die beiden Mitinhaber mir natürlich feindlich gesinnt. Der eine war ein gescheiter, nicht unamüsanter Mann, der seine Frau, eine intime Freundin meiner Mutter, mit einer sehr eleganten Dame holländischen Geblüts betrog. Grund seiner Abneigung gegen mich war der, daß er sich in seiner Erwartung getäuscht sah, sein Sohn, ebenfalls in der Firma tätig, würde einmal „alles" erben.

Dem anderen Kompagnon war ich nicht vornehm genug. Er war ein kleiner, feingliedriger Herr mit einem Bärtchen, der eigentlich nur adelige Kunden bediente, einer aus der sogenannten guten alten Zeit, ein unerträglich dummer und eingebildeter Fatzke. Der Zufall wollte es, daß er – ausgerechnet! – die elegante Holländerin kennenlernte und heiratete, bevor er wußte, daß sie gewissermaßen schon Firmeneigentum war. Als er das erfuhr, redete er jahrelang nicht mehr mit seinem Vorgänger. Und mit meinem Vater redeten beide nur ungern, ich fürchte, meinetwegen und aus der berechtigten Befürchtung heraus, ich könne der Firma nicht guttun.

Ich war nicht lange bei G. Benedict. Ich fühlte mich nicht wohl – körperlich nicht wohl. Ich war immer müde. Man wird vielleicht sagen, das sei kein Wunder bei dem Nachtleben, das ich führte. Aber früher war ich ja auch nie so müde davon geworden. In der Mittagspause schlief ich so tief, daß man mich kaum wecken konnte. Meine Eltern nahmen zuerst an, ich versuchte mich von den mir auferlegten Geschäften zu drücken, was ich auch herzlich gern getan hätte. Aber selbst dazu brachte ich nicht mehr genug Energie auf. Ich schleppte mich schließlich nur noch so dahin. Und mein Vater begann, mich zu allen möglichen Ärzten zu schicken, und sie waren alle sehr prominent. Und ich begann, Ärzten zu mißtrauen, was ich für den Rest meines Lebens beibehalten habe.

Man bedenke: Der mich in New York behandelnde Arzt hatte bei meiner Entlassung aus der Typhusquarantäne geäußert, er höre etwas in der rechten Lungenspitze. Mein Vater teilte dies allen Ärzten mit, zu denen ich nun geschleppt wurde. Aber trotz der sehr eindeutigen Symptome konnten sie nichts finden. Nachtschweiß? Das würde sich geben! Bleierne Müdigkeit? Ich solle mich zusammennehmen! Ständige Gewichtsabnahme? Die Damen fanden, ich sähe interessant aus, und das tat ich wohl auch – aber um welchen Preis! Auch das würde sich geben. Mehr frische Luft! Die mich untersuchenden Ärzte redeten viel Unsinn. Kapazitäten! Kapazitäten!

Bis ein junger und gar nicht so prominenter Arzt, Sohn eines Freundes meines verstorbenen Vaters, aus Stuttgart, glaube ich, nach einer Untersuchung ein bedenkliches Gesicht machte und eine Unterredung mit meinen Eltern hatte. Darauf fuhren wir alle nach St. Moritz, wo gerade die Olympischen Spiele begannen. Dort sagte mir mein Vater, vielmehr meine Mutter, es sei wohl besser, wenn wir nach Davos weiterfahren würden. Wir? Ich! Und so kam ich ins Waldsanatorium, dem „Zauberberg" von Thomas Mann – das Buch kannte ich natürlich längst –, und es kam zu der bereits erwähnten Untersuchung mit anschließendem Todesurteil – dafür mußte ich ja den Ausspruch des Arztes halten.

Er hatte von ein paar Tagen Bettruhe gesprochen. Es wurden zwei Monate und ein paar Tage. Und während dieser Zeit und übrigens auch später wurde ich geradezu mit Essen vollgestopft. Erstes Frühstück, zweites Frühstück, Mittagessen, Nachmittagskaffee, Abendbrot und dann noch eine Kleinigkeit, bevor ich einschlief. Unmäßige Portionen von allem, Teller bis an den Rand gefüllt mit dicken Suppen, großen Mengen Fleisch, Saucen, Gemüse, Kartoffeln, Kuchen mit Schlagsahne. Und immer wurde ich gefragt, ob ich noch mehr essen wolle.

Jeden zweiten Tag wurde ich gewogen. Aus dem Benehmen der verschwiegenen Schwester wurde mir erst klar, daß ich viel zu wenig wog, nicht nur ein paar Pfund. Sie war ernst, wenn ich trotz der Mastkur nicht zunahm, lächelte, wenn sie auch nur ein paar armselige Gramm Mehrgewicht verzeichnen durfte. Dann kam der Tag, an dem mir der Arzt erlaubte, eine Stunde auf dem Balkon wohlverpackt in einem Liegestuhl zu verbringen. Aus der Stunde wurden schließlich ganze Tage, und dann kam der Tag, an dem ich ausgehen durfte. Zehn Minuten am Vormittag, zehn Minuten am Nachmittag, gemessenen Schritts auf dem vollkommen ebenen Weg hinter dem Sanatorium. Dann je zwanzig Minuten, dann je dreißig. Um diese Zeit durfte ich auch schon in den Speisesaal, saß an einem Tisch zwischen fünf oder sechs anderen Patienten, an einem von etwa fünfzehn Tischen, wo wir alle in der beschriebenen Weise gefüttert wurden.

Es war eine schöne Zeit. Ich schreibe diese Worte ganz bewußt nieder. Angst hatte ich keine, nie in der ganzen Zeit in Davos und auch später in Arosa nicht; ich war nicht einmal besorgt. TB ist eine Krankheit ohne Schmerzen, die sich möglicherweise in der letzten Phase einstellen. Aber wir bekamen die Mitpatienten nicht näher zu sehen oder zu hören, die in die letzte Phase eingetreten waren. Sie verschwanden vom gemeinsamen Tisch, aus den Gesellschaftsräumen. Waren sie abgereist? Lagen sie unpäßlich zu Bett? Es gehörte sich nicht, nach ihnen zu fragen, es gehörte nicht zum guten Ton. Ihren endgültigen Abtransport sah keiner von uns, der fand nachts statt und, wie ich aus dem „Zauberberg", aber keineswegs durch eigene Erfahrung wußte, über irgendwelche Hintertreppen.

Da war zum Beispiel der junge Engländer im Nebenzimmer und auf dem Nebenbalkon. Er besaß ein Koffergrammophon, spielte fast unaufhörlich einen damals beliebten Schlager, der, wenn ich nicht irre, „Blue Moon" hieß. Eines Tages verstummte das Grammophon, die Tür zum Nebenzimmer war geschlossen, der Engländer kam auch nicht mehr auf den Balkon, und einige Wochen später stellte ich fest, daß nun eine sehr junge Französin sein Zimmer bewohnte.

Oder da war der kleine Junge aus Belgien – oder war es Holland? Ich hörte, er sei immer ganz allein, seine Mutter komme allenfalls alle halben Jahre, um ihn für ein paar Tage zu besuchen. Ich öffnete seine Tür, ich ging in sein Zimmer, ich sagte, ich wolle ihm ein wenig Gesellschaft leisten. Er hustete ganz gottserbärmlich, und wie mir nicht entgehen konnte, war sein Taschentuch, das er sich dann vor den Mund preßte, mit Blut befleckt; übrigens waren es kaum ein paar Tropfen. Ich mußte meine Besuche bald einstellen. Die Oberschwester meinte, nicht ohne Strenge, der Junge vertrage keine Aufregung. Schon ein paar Tage später hustete er nicht mehr.

A propos Husten: Zu meinem Erstaunen wurde im Sanatorium fast nie gehustet. Schließlich erfuhr ich, daß auch TB-Kranke nur dann husten, wenn sie erkältet sind – immer abgesehen von der bewußten letzten Phase. Hustete doch einmal einer, sei es auch nur, weil er sich verschluckt hatte, so drehten sich alle eher indigniert nach ihm um. So etwas tat man nicht, zumindest nicht in Davos.

Dafür tat man etwas anderes.

Ich hatte ja, weiß Gott, ein nicht gerade züchtiges Leben geführt, aber was war das alles im Vergleich zu Davos und insbesondere dem Nachtleben im Waldsanatorium! Eigentlich sprach ja vieles dagegen. Wir alle waren krank, und manche von uns litten – zumindest einige Zeit – an offener TB, das heißt, wir waren ansteckend. Außerdem war uns fast jede Bewegung, vor allem aber jede körperliche Anstrengung strengstens untersagt. Aber . . .

Dagegen stand wohl bei allen von uns ein Lebenshunger, der unersättlich war, zumindest bei denjenigen, die Grund hatten zu der Vermutung, sie würden nie wieder von Davos fortkommen. Übrigens gehörte ich nicht zu denen, die dergleichen befürchteten. Trotz der düsteren Prognose des Chefarztes. Und ich befolgte auch alle Anweisungen, zählte die Schritte und die Minuten, die ich außerhalb des Bettes verbringen durfte. Ich war der gehorsamste Patient, den man sich vorstellen kann. Die niemals ausgesprochene, aber wohl für selbstverständlich gehaltene Regel, abends im eigenen Zimmer und im eigenen Bett zu bleiben, befolgte ich freilich nicht.

Es war in Davos nahezu so etwas wie Gewohnheitsrecht, daß jeder mit jeder und oft mit verschiedenen Partnern . . . Da war auch nicht ein Fünkchen Gefühl dabei, kaum ein Minimum an persönlichem Interesse. Wir wußten ja sowieso fast alle fast alles voneinander. Dieses wochen-, monate-, oft jahrelange Miteinander-eingepfercht-Sein ließ jedes Gefühl der Scham verebben. Wir sprachen offen miteinander über unsere Krankheit respektive das augenblickliche Stadium unserer Krankheit, als seien wir alle Ärzte oder zumindest Krankenschwestern. Wir erzählten uns gegenseitig, was wir zu- oder abgenommen hatten oder ob uns der vielbenutzte Trick gelungen war, die Schwester dadurch zu täuschen, daß wir in irgendwelchen Taschen mehrere Fünffrankenstücke mitführten – sie wogen nicht unerheblich. Interessanterweise versuchten wir alle, die anderen glauben zu machen, es wäre schlecht um uns bestellt, schlechter jedenfalls, als es in Wirklichkeit der Fall war. Wer, wie zum Beispiel ich, ganz deutlich auf dem Wege der Gesundung war, wurde bei solchen Gesprächen fast mit Verachtung angesehen.

Neben den sexuellen Freuden gab es für mich nur eines: Lesen, lesen, lesen! Zum ersten Mal seit meinen Universitätsjahren kam ich wieder dazu, systematisch zu lesen, und in weitaus größerem Ausmaß als je zuvor. Acht Stunden pro Tag war der Durchschnitt, den ich auch einzuhalten versuchte. Ich bevorzugte die großen Werke, denn ich hatte instinktiv das Gefühl – und es sollte mich leider nicht trügen –, daß ich später doch nicht mehr „dazukommen" würde. Die Bibel, der Koran, noch einmal die alten Griechen, immer wieder Shakespeare – ach, was las ich nicht! Und stets mit einer nicht ganz unterdrückten Angst, dies sei vielleicht morgen schon nicht mehr möglich, obwohl ich wußte, daß dies nicht der Fall sein würde.

Eine gewisse geheime und eher unterschwellige Nervosität fiel dem Arzt auf. Er mißdeutete sie. Dergleichen sei ihm nicht unbekannt, nach geraumer Zeit, früher oder später, würden viele von diesem Koller – er sprach vom „Davos-Koller" – gepackt. Was tun? „Ins Flachland kann ich Sie nicht entlassen, noch nicht. Aber wie wäre es mit einem kleinen Tapetenwechsel? Sagen wir Arosa?"

Am Tage meiner Abreise – die Fahrt Davos–Arosa, per Luftlinie nur wenige Kilometer weit, war damals noch eine umständliche, ja mühsame Reise – hatte ich eine abschließende Unterhaltung mit dem Arzt, der mir für den in Arosa bestimmten Kollegen die Papiere aushändigte. „Haben Sie sich eigentlich je Gedanken darüber gemacht, wie und warum das mit Ihnen so gekommen ist? Ich meine die Gründe und Ursachen Ihrer Erkrankung? Ich will Ihnen sagen, was mich bei Ihrer Aufnahme bestürzte. Sie waren sozusagen fertig! Sie hatten keine Widerstandskraft mehr. Wie ausgelaugt! Wie soll ich Ihnen das verständlich machen? Sagen wir, Sie wirkten wie einer, der viele Jahre lang, jawohl, Jahre, weit über seine Kräfte gelebt hat. Haben Sie sehr viel getrunken? Oder vielleicht waren es die Frauen! Obwohl Sie ja eigentlich zu jung dafür sind..."

Ich dachte an mein großes Kinoerlebnis. „Ach, wissen Sie, dafür ist man eigentlich nie zu jung, Herr Professor!"

Ich traf Ilse am zweiten oder dritten Tag in Arosa, das heißt, ich suchte sie in einem nahegelegenen Sanatorium auf; ich brachte ihr einen Brief von jenem jungen Arzt, der meine Krankheit sozusagen entdeckt hatte und der, wie sie mir später einmal erzählte, mit ihr befreundet gewesen war.

Arosa war vielleicht noch weniger von Kultur beleckt als Davos. Es gab dort fast ausschließlich Lungensanatorien, wenige Pensionen und noch weniger Hotels, überhaupt sehr wenig anderes als Schnee, der mir in der Erinnerung noch immer als gewissermaßen frisch gewaschen erscheint, nie zermatscht, nie schmutzig. Oder ist das nur in der Erinnerung so? Und hier durfte ich ja auch, ich sollte sogar, spazierengehen. Das Waldsanatorium war etwa so, wie sein Namensvetter in Davos gewesen war, nur ein bißchen moderner und wohl auch etwas größer.

Ich verliebte mich in Ilse. Sie war klein, mit einem schönen, fast klassisch schönen Gesicht, umrahmt von rötlichbraunem Haar, eher braun, aber später ließ sie es rot tönen. Nur war sie viel, viel zu dick. Als wüßte sie, daß mir das sofort auffiel, erklärte sie mir, das sei alles „angefressen" auf Befehl des Arztes. Sie war vor ein paar Monaten hierhergekommen, nicht mit einer Lungen-TB, sondern mit einer, die mit irgendwelchen Drüsen zu tun hatte. Und die fünfzehn Pfund, die sie jetzt zuviel wog, würden, wenn sie erst wieder in Berlin war, sehr schnell von ihr abfallen.

Sie war Tochter eines Industriellen, der dies oder das im Rahmen der Chemie – ich glaube, es hatte mit Gummi zu tun – erfunden und eine auf dieser Erfindung basierende gutgehende Fabrik aufgebaut hatte. Vor kurzem – es war noch nicht einmal ein Jahr her – war er gestorben, die Aufregung hatte sie aufs Krankenlager geworfen, und um sich auszukurieren, war sie hierhergekommen. Der Vater hatte sie sehr geliebt, er hatte ihr in jeder Beziehung nähergestanden als die Mutter. Er war eine Art unbürgerliches Genie gewesen, während die Mutter, betont bürgerlich, zwar zufrieden war mit dem Lebensstandard, den er ihr garantierte, weniger jedoch mit seinem „unmöglichen" Benehmen, das Ilse gar nicht so unmöglich fand. Und ich übrigens auch nicht. Das Schlimmste, was ich erfuhr: daß er ein Wasserklosett auf einem offenen Boot quer durch Berlin bis nach Friedrichshagen geschafft hatte, zum Gaudium seiner Kinder, Ilses, ihres jungen Bruders Karl Werner und der noch jüngeren Margot, zum Mißbehagen seiner Frau, die fand, daß man so etwas eben nicht tue. Ein WC, das über Kanäle oder die Spree seinen ungewöhnlichen Weg nahm!

Ihr Mann mußte sehr viel Geld verdient haben, denn er besaß ein Grundstück am kleinen Wannsee, ein Stadthaus mit parkähnlichem Garten, direkt am Knie, jetzt Ernst-Reuter-Platz, also im

Zentrum des Berliner Westens, das besagte Haus in Friedrichshagen, wo die Familie mehrere Monate im Sommer verbrachte, ein Geschäftshaus in der Leipziger Straße, Ecke Friedrichstraße, wohl der teuersten Gegend der Berliner City, das sehr hohe Mieten abwarf, und die Fabrik in Köpenick.

Daß wir heiraten würden, war Ilse und mir schon nach kurzer, aber leidenschaftlicher Bekanntschaft – wenn man das Bekanntschaft nennen konnte – absolut selbstverständlich. Wir wußten sofort, daß wir zueinander gehörten.

Das kam vielleicht deshalb so schnell, weil wir beide gewissermaßen in Arosa „ausgesetzt" waren, fern von den Einflüssen unserer Familien, unserer Freunde, fern von der Stadt, in der es so viele Ablenkungen gab, fern von unseren Welten überhaupt, die doch sehr verschieden waren.

Das begriff ich sofort, als ich fast ein halbes Jahr später nach Berlin zurückkam. Ilse war etwa nach drei oder vier Wochen bereits geheilt aus Arosa abgefahren. Und als ich sie wiedersah, hatte sie ihr Wort wahrgemacht. Sie war schlank und zierlich geworden.

Die wenigen Monate, die ich allein ohne Ilse in Arosa verbracht hatte, waren anders als die in Davos allein verbrachten, anders als irgendeine Zeit in meinem erwachsenen Leben. Über das, was Treue war, hatte ich bisher nie nachgedacht, jedenfalls hatte ich diese Tugend nie ausgeübt oder doch nur jeweils ein paar Wochen lang. Nun wußte ich, daß ein Mädchen auf mich wartete, und ich wartete darauf, Ilse wiederzusehen.

Wir trafen uns schon am Abend meiner Rückkehr. Ich erinnere mich noch, daß wir einander erst einmal von den Widerständen der diversen Familien erzählten, die ernst zu nehmen wir nicht gewillt waren. Ihre Mutter hatte sogenannte Auskünfte über mich eingeholt – das tat man damals, das war in bürgerlichen Kreisen fast selbstverständlich – und nicht viel Gutes über mich erfahren. Nicht etwa über meine Damenbekanntschaften aus früherer oder gar nicht so früherer Zeit, sondern über meine Qualität als Arbeitskraft hatte sie Bescheid wissen wollen.

Die negativen Auskünfte stammten durchwegs von den Sozien meines Vaters. Das bewies nichts als ihren Neid auf die sogenannte „gute Partie", die ich machen würde, also ihren letztlich schlechten Charakter, oder sollte man sagen, ihren Mangel an Charakter. Ich erzählte meinem Vater, wer so wenig Erfreuliches über mich verraten hätte, und er wollte es zuerst nicht glauben. „Woher weißt du das denn?" Meine Antwort: „Wir haben eben auch eine Auskunftei eingeschaltet, und die hat das sehr schnell herausbekommen!"

Mein Vater hatte keine Auskünfte einziehen müssen, oder jedenfalls keine bezahlten, um herauszubekommen, daß Ilse ein sehr, sehr reiches Mädchen war. Durch ihn erfuhr ich es überhaupt erst. Er stand auf dem Standpunkt, ich könne es mir nicht „leisten", ein so reiches Mädchen zu heiraten. Warum? Ich verdiente doch, wenn auch nicht sehr viel, ich hatte noch Vermögen von meinem verstorbenen Vater, wenn auch nicht mehr sehr viel. Und wenn sie ebenfalls Vermögen hatte, um so besser.

„Nein, im Gegenteil! Sie ist verwöhnt. Sie wird in einem Stil leben wollen, der himmelweit entfernt ist von unserem. Übrigens wird ihre Familie dieser Heirat nie zustimmen."

Ilse kümmerte sich nicht sehr um ihre Familie, in diesem Fall um ihre Mutter und um einige Onkeln und Tanten, die überhaupt nichts gegen die Millionenerbin unternehmen, sie auch nicht beeinflussen, ja nicht einmal beeindrucken konnten. Und mich ließen die Bedenken meines Vaters kalt – die übrigens von meiner Mutter nicht geteilt wurden. Sie meinte, ihr Sohn sei auch noch für das reichste Mädchen gerade gut genug.

Ich habe mich später natürlich oft gefragt, warum wir eigentlich so darauf versessen waren, schnell oder überhaupt zu heiraten. Sicher, wir waren verliebt. Was mich anging, so war das wohl nichts ganz Neues. Aber ich glaube doch, daß Ilse mich mehr fesselte als irgendein Mädchen zuvor. Entscheidender war wohl, daß wir beide, aus völlig verschiedenen Gründen, wenn sie überhaupt Gründe genannt zu werden verdienten, etwas Neues wollten. Ilse verstand sich nicht mit ihrer Mutter, sie wollte fort aus dem Haus, in dem sie ihr bisheriges Leben verbracht hatte. Ich war gelangweilt, vielleicht sogar unglücklich in meinem Beruf, der, das wußte ich jetzt schon, der meine nicht war. Grund genug zum Heiraten? Später sollte ich, sollten wir beide feststellen, daß das nicht Grund genug war. Wir waren eben beide zu jung. Ich hatte, trotz meiner „Erfahrungen", doch wohl keine Erfahrung darin, wie man mit einem Menschen, wirklich nur einem, lebt. Sie hatte überhaupt keine Erfahrungen ...

Alle unsere Freunde waren erstaunt, daß wir heiraten wollten.

Erstaunt, nicht unbedingt dagegen. Die große Ausnahme: Rolf Nürnberg, mit dem ich durch die Sportereignisse, über die er schrieb und die mich mehr und mehr fesselten, sehr engen Kontakt hatte. Er fand Ilse unmöglich. Sie fand ihn unmöglich. Dies war das Verdikt, das beide mir gegenüber lautwerden ließen mit der Bitte, ja der Beschwörung, sie nicht wieder zusammenzubringen. Die Entschiedenheit, mit der – jeder für sich – den anderen ablehnte – „Der kommt nicht zu uns ins Haus!" oder: „Was willst du eigentlich mit dieser Ziege?" –, war erstaunlich und, im Lichte späterer Entwicklung gesehen, eher komisch.

Wir heirateten – in sogenanntem kleinsten Kreis übrigens, sehr zum Schmerz meiner Mutter, die große gesellschaftliche Veranstaltungen über alles schätzte. Wir fuhren nach Davos, wo wir vier oder fünf Wochen blieben – der Arzt hatte uns dazu geraten, sicher ist sicher. Aber wir gingen nicht ins Sanatorium zurück, sondern in ein Hotel. Dann ein bißchen Italien, Rom, und schließlich Paris, das ich ein wenig kannte und Ilse zeigen wollte. Und es war sicher kein Zufall, daß wir dort gerade rechtzeitig zum Beginn eines Sechstagerennens eintrafen, das traditionell letzte der jeweiligen Saison und das wichtigste, zumindest in Europa. Hier bekämpften sich die Elitefahrer aller Nationen – oder bildeten Kombinen, das heißt, inszenierten Schiebungen, was freilich das große Publikum nicht ahnte.

In unserem Hotel fand ich ein Telegramm Rolf Nürnbergs. Sein Pariser Korrespondent sei erkrankt, ob ich nicht die Berichterstattung des Sechstagerennens übernehmen wolle? Dies war, was ich damals noch nicht wußte, ein Schwindel, denn das kleine Berliner Boulevard-Blatt hatte in Paris natürlich keinen Sportkorrespondenten. Aber es war der Versuch Rolf Nürnbergs – der gelingen sollte –, mich für den Journalismus einzufangen.

Ob ich wollte? Natürlich wollte ich. Aber konnte ich? Ich hatte noch nie einen Bericht verfaßt oder gar in Windeseile um ein Uhr morgens telefonisch von Paris nach Berlin durchgegeben, ich hatte keine Ahnung, wie man das alles anpacken sollte. Ich war sicher, ich würde mich und Rolf blamieren. Schon weil ich so unsicher war, schon mit Rücksicht auf meinen Vater und auf G. Benedict, natürlich, stellte ich die Bedingung, unter einem Pseudonym publizieren zu dürfen. C. R. Martin. Martin ist mein zweiter Vorname.

Nun saß ich sechs Nächte lang im Pariser Palais des Sports, nicht gerade zum Entzücken meiner jungen Frau, die schließlich gar nicht mehr mitkam. Paris hatte andere Reize. Natürlich nicht nur für sie. Auch mich begeisterte die Stadt, in der ich später noch einen Teil meines Lebens verbringen sollte und die damals soviel schöner war als später, weil weniger überlaufen, weniger von Autos überfüllt, liebenswürdiger, umgänglicher, intimer, sorgloser. Gewiß, Weltmetropole, aber eine, in der man spazierengehen konnte, wo man beschauliche Stunden vor oder in Cafés verbrachte, als es noch – verhältnismäßig – wenig Hast gab. Aber in dieser Pariser Woche war nur das Sechstagerennen wichtig, für mich wichtiger als der Bois de Boulogne, der Louvre, die Comédie, die großen Revuetheater, die Schönheiten zahlloser Plätze und der breiten Avenuen, der großen repräsentativen Gebäude und Schlösser.

Und hier im Pariser Sportpalast war es, daß ich mit einemmal verstand, was mich am Sport so faszinierte. Ich begriff es eigentlich erst beim Schreiben darüber, besser, als ich mich vor das Problem gestellt sah, diese Faszination anderen deutlichzumachen. Problem ist ein großes Wort für die Abfassung eines Sportberichts, der nicht einmal sehr lang sein durfte. Aber als ich nun schreiben mußte, wußte ich auch, worüber und wie ich schreiben wollte. Was mich erregte, war die Erregung, die der Sport, nicht an sich, sondern als Ereignis, der Sport, in Leben umgesetzt, auslöste. Die Erregung, die den Menschen verwandelte. Die Zuschauer in der Halle bis hinauf zur letzten Reihe der Galerie, wo schon alles im Nebel und Rauch verschwand, die eleganten Damen und Herren, Champagner trinkend in ihren von der Bahn umsäumten Logen, vor allem aber die Fahrer. Ihre Gesichter waren Masken der Erregung, der Verbissenheit, der Erschöpfung, des Schmerzes – denn immer wieder stürzten sie, wurden fortgetragen und rasten doch einige Minuten später mit verbundenen Knien und Armen um die Bahn. Dies war es, was mich nicht losließ: die Gesichter, die vom Rennen gezeichnet waren und sich stets veränderten. Und dies schrieb ich auch, oder versuchte zumindest, es zu beschreiben.

Und als ich etwa zehn Tage später mit meiner Frau und einem in Paris erstandenen bildschönen und saudummen Scotchterrier nach Berlin zurückkehrte, war C. R. Martin ein gelesener Sportjournalist, obwohl mit Ausnahme von Rolf Nürnberg keiner wußte, wer das eigentlich war.

Es begannen wieder die öden Tage bei G. Benedict, und sie erschienen mir langweiliger denn je. Und der Gedanke, daß dies nun immer so weitergehen sollte, bis ans Ende meines Lebens, wurde mir schier unerträglich. Mein Vater war traurig, daß ich so gar nicht verstand, wie interessant das Geschäft war.

Diese Worte sind nicht ironisch gemeint. Der Betrieb war auf seine Weise durchaus interessant, nicht zuletzt deshalb, weil wir im bitteren Konkurrenzkampf standen. Vorbei die Zeiten, in der die Firma als vielfacher Hoflieferant unzählige hochherrschaftliche Haushalte ausstatten und dafür Phantasiepreise machen durfte. Die Höfe existierten nicht mehr, die unzähligen Grafen und Barone, die sich bei uns ausgestattet hatten, mußten genauer rechnen als früher, und wir mußten damit rechnen, daß sie zur Konkurrenz gingen.

Ich glaube, das war die bisher unglücklichste Zeit meines Lebens. Ich hatte eine schöne Frau, eine herrliche, viel zu große Wohnung, wir fuhren – damals ein großer Luxus – ein Buick-Cabriolet, wir gingen viel ins Theater oder in Cabarets oder Kinos –, aber war dies das Leben, das ich erträumt hatte? Um ehrlich zu sein: ich hatte mir vieles und nichts erträumt, ich hatte immer geglaubt – auch das ist schon ein zu positives, ein zu aktives Wort –, alles werde schon irgendwie werden. Und nun war ich in einer Sackgasse und sah keinen Ausweg.

Ich spürte das jeden Tag stärker. Aber ich spürte es nur, und Ilse war es, die es mit Klarheit sah und Entscheidendes tat, indem sie mich stellte. Sie sehe, sagte sie, wie wenig zufrieden ich sei. Warum ich meine Stellung bei Benedict nicht aufgebe, wenn sie mich nicht befriedige? Das sagte sie nicht so geradeheraus, nicht an einem Tag oder Abend, sie fragte nur so leichthin, schließlich direkter, sie begann zu bohren, sie wollte, daß ich mir über mich selbst und meine Situation klarwürde – und so wurde ich es.

Man weiß später nie, was geworden wäre, wenn . . . oder wenn nicht . . . Aber ich glaube doch, daß Ilse durch ihre Entschlossenheit entscheidend bestimmte oder zumindest mitbestimmte, was aus mir wurde.

Mein Vater fiel aus allen Wolken, als er von mir erfuhr, daß ich mich mit dem Gedanken an eine Demission trug.

„Ich will schreiben."

Damit verdiene man doch nichts, war die Antwort, oder zumindest verdiene man nicht genug. Er war auch nicht besänftigt, als ich ihm sagte, ich wolle ja keine Bücher oder Dramen schreiben, ein gewiß sehr unsicheres Unterfangen, sondern ich wolle Journalist werden. Mein Vater wurde geradezu zornig: Journalismus, das müsse ich doch zugeben, sei in neun von zehn Fällen ein bißchen anrüchig. Ihm kam eine Idee. Ob ich wisse, wer der höchstbezahlte Zeitungsmann in Deutschland sei?

Das war wohl der Chefredakteur des „Berliner Tageblatts", Theodor Wolff, übrigens ein guter Bekannter meines Vaters, Mitglied eines Klubs, in dem auch mein Vater öfter ein paar Stunden verbrachte. Ob ich wisse, was Wolff verdiene? Ich wußte es natürlich nicht, vermutete aber – oder hatte ich es gehört? –, Theodor Wolff verdiene so um hunderttausend Mark im Jahr.

„Siehst du", triumphierte mein Vater. „Und als mein Sozius wirst du in Bälde annähernd ebensoviel verdienen. Und wenn ich nicht mehr bin, sogar wesentlich mehr!" Ein Argument, gewiß, wenn auch nicht ohne Komik – oder Tragik – im Lichte dessen, was sich in der nahen Zukunft ereignen sollte.

Trotzdem verfing das Argument bei mir nicht.

Ein paar Tage später nahm mich mein Vater in seinen Klub mit und stellte mich Theodor Wolff vor als seinen Sohn, der gern Journalist werden wolle. Theodor Wolff, der vermutlich bedeutendste deutsche Journalist jener Tage – für mich ist er es auch heute noch –, ein kleiner Mann mit kleinem ergrauenden Schnurrbart, mit durchdringenden Augen hinter einem altmodischen Kneifer, stets am letzten Zentimeter einer Zigarette saugend, schien eher amüsiert. Schließlich meinte er, wohl meinem Vater zuliebe, man könne es ja mal versuchen. Ich solle ruhig bei G. Benedict bleiben, aber als Volontär beim „Berliner Tageblatt" eintreten. Ein paar Wochen lang. Man werde dann sehen ...

Er war doch etwas verwundert, als ich, mich ein paar Tage später bei ihm vorstellend, auf seine Frage, in welches Ressort ich eintreten wolle, mit dem Wort „Sport!" antwortete. Das „Berliner Tageblatt" war eine bedeutende Zeitung, vielleicht die bedeutendste Deutschlands, der Sportteil aber existierte kaum dem Namen nach, er bestand aus wenigen und meist unzulänglichen Berichten über Autorennen oder andere sogenannte elegante Sportarten wie

Tennis und Polo. Nun, ich kam also in die Sportredaktion, die aus einem Zimmer bestand und deren Chef, der nur an Autorennen und Autos interessiert war und dem nichts hätte gleichgültiger sein können als meine Existenz, mich gleich am ersten Sonntag auf die Radrennbahn Plötzensee schickte, wo ein sogenanntes Steherrennen, ein Radrennen hinter Motoren, stattfand.

Ich gab alles. Ich kam mit einem Bericht zurück, der es in sich hatte. Es war mir, da gab's für mich keinen Zweifel, gelungen, die einmalige Stimmung des Renntages einzufangen. Die gemächlich ziehenden Wolken am blauen Himmel; den plötzlich einsetzenden Wind, der dann wieder nachließ; die Sonne, die auf das Auditorium niederbrannte; die erregten Zuschauer, die ihre Lieblingsfahrer schreiend und johlend anspornten; die Fahrer in ihren bunten Trikots, die verbissen an den Motorrädern zu kleben versuchten ... Ich war sehr stolz, als ich mein Manuskript abgab, das irgendein Redakteur, ohne einen Blick hineinzuwerfen, in die Setzerei hinunterschickte.

Eine knappe Stunde später kam der Telefonanruf. Ich möchte doch zu Dr. Wolff kommen. Erstaunte Blicke der anderen. Seit wann kümmerte sich der Chef um Sport? Ich ging – nicht ohne Stolz.

Theodor Wolff sah von irgendeinem Manuskript auf. Ich hätte da ja etwas ganz Vorzügliches geschrieben, begann er. „Vorzüglich!" wiederholte er, am letzten Zentimeter seiner Zigarette saugend. „Und nun sagen Sie mir mal: Wer hat eigentlich gewonnen?"

Das zu melden hatte ich nämlich vergessen.

10
Karriere

„Was bringe ich morgen als ‚Aufmacher'?" fragte ich mich zwei- und oft dreimal pro Woche so um ein Uhr früh. Eigentlich lautete die Frage: „Was bringe ich heute als ‚Aufmacher'?", denn das „12-Uhr-Blatt" kam, im Widerspruch zu seinem Titel, um sieben oder halb acht auf die Straßen, es war also gar nicht mehr so viel Zeit.

Diese Frage, meist rhetorisch, stellte ich mir in der winzigen Setzerei dieses Blattes, ebenso wie die Redaktion in einem Mietshaus der Berliner Straße in Charlottenburg untergebracht. Denn dort begann meine Laufbahn als Journalist.

Ich weiß, für neun von zehn Journalisten sind am Beginn ihrer Laufbahn wichtig die Menschen, die sie damals kennengelernt und interviewt haben. Und in der Tat, als Zeitungsmann, so unbedeutend ich damals war, hatte ich zwangsläufig interessante Begegnungen. Uninteressante Menschen werden zwecks Interviews gar nicht aufgesucht.

Natürlich lernte ich in meiner ersten Zeit als Reporter – nicht für das „Berliner Tageblatt", wo ich nur einige Wochen volontierte, sondern für das kleinere, viel weniger seriöse „12-Uhr-Blatt" – und auch später noch unzählige wirklich wichtige Persönlichkeiten kennen. Das lag nicht an diesen Persönlichkeiten, das lag an meiner Redaktion, die mich zu ihnen schickte.

Ich denke da etwa an mein erstes Interviewopfer. Das war der geniale und in den zwanziger Jahren ungemein populäre Komiker Max Pallenberg, der damals, von einer Weltreise zurückgekehrt, in der Volksbühne Alfred Polgars „Defraudanten" spielte. Ich fuhr also hin und wurde mißgelaunt empfangen.

Mir fiel keine geistvollere Eingangsfrage ein als: „Wie gefällt es Ihnen wieder in Berlin?" Worauf, wie aus der Pistole geschossen, die Antwort kam: „Wie kann es mir in diesem Scheißensemble gefallen?"

Das schrieb ich natürlich nicht, ich konnte überhaupt nicht die Hälfte von dem schreiben, was er so hervorsprudelte – es war fast alles unter der Gürtellinie.

Ich wurde irgendwie von ihm angesteckt, ich redete nun auch sehr viel – ein Fehler der meisten angehenden Reporter –, redete nicht zuletzt über meine Theaterkenntnisse, wollte doch diskret andeuten, daß ich nicht irgendein Feld-, Wald- und Wiesenreporter war. Pallenberg hörte eine Weile zu, den Kopf etwas schief haltend, die Augen böse funkelnd, dann unterbrach er: „Wer interviewt hier eigentlich wen?"

Nachher war er wohl froh, daß er nur wenige seiner Äußerungen gedruckt fand, und schrieb mir drei Zeilen. „Danke dafür, daß Ihr Artikel so kurz war!"

Ich traf ihn bald darauf – ich glaube, es war auf dem Presseball – mit seiner Frau, der einmaligen Revue- und Operettenkünstlerin Fritzi Massary. Er stellte mich vor. „Das ist der junge Mensch, von dem ich dir erzählt habe! Lad ihn doch mal ein!" Am Ausdruck ihrer Augen erkannte ich, daß sie zum erstenmal von mir hörte. Wir unterhielten uns ein bißchen. Später wurden wir Freunde.

Man konnte Pallenberg eigentlich nur bewundern oder ablehnen – wegen seiner unaufhörlich vorgebrachten Frechheiten oder Zynismen, die so lustig waren, so böse, so intelligent, wie die Fritz Kortners dreißig Jahre später, dessen Bonmots hauptsächlich deshalb bekanntwurden, weil es dann keinen Pallenberg mehr gab. Wie gesagt, man konnte Pallenberg wegen seiner Bösartigkeit ablehnen – oder wegen seiner Gescheitheit lieben. Fritzi konnte man nur lieben – und ich reihte mich in die unübersehbare Schar ihrer Verehrer ein. Einmalig, und nicht nur als Künstlerin, sondern auch als Frau, besonders in ihren späteren Jahren. Sie gehört zu den wenigen Menschen, die man nie vergessen kann.

Oder da war meine erste Serie – vier oder fünf Artikel „Aus den Erinnerungen eines Scharfrichters". Der war vor kurzem pensioniert worden und lebte in Magdeburg, wo er wie eh und je eine Schankwirtschaft betrieb. Bereitwilligst zeigte er mir sein aufs schärfste geschliffenes Beil, das in einem Kasten lag, der mit rotem Samt gefüttert war. Was er von seinen Erfahrungen, vor allem vom

Verhalten der Verurteilten in letzter Stunde zu erzählen hatte, war ziemlich grauenerregend. Die Leser bombardierten uns dann mit empörten Zuschriften.

Oder sprechen wir von Edgar Wallace. Ich war so begeistert von seinen Romanen, daß mein Chefredakteur mich nach London schickte, damit ich mich mit ihm unterhielte. Er war ein Begriff in Deutschland, übrigens auf der ganzen Welt.

Seine Romane segelten unter der Flagge: „Es ist unmöglich, von Edgar Wallace nicht gefesselt zu sein."

Als ich ihn aufsuchte, wußte ich schon viel über ihn: daß er seine Romane durch ein Mikrophon auf die damals gerade in Mode gekommenen Platten sprach, daß seine Frau, die ehemals seine Sekretärin gewesen war, und sein Sekretär das Diktierte im Nebenraum mit sagenhafter Schnelligkeit abtippten, jede Seite mit drei Durchschlägen, die der Chauffeur oder der Diener vorbereiteten, damit keine Zeit verlorenging. Denn Wallace hatte nie Zeit, weil er einen Roman erst vier oder fünf Tage, bevor er ihn an die Redaktion irgendeines Blattes zu liefern hatte, begann. Die übrige Zeit verbrachte er auf Rennplätzen, wo er seine enormen, soeben erzielten Honorare aufs schnellste wieder verspielte. Dann mußte er eben wieder einen neuen Krimi schreiben.

Er empfing mich sofort. Er war ziemlich dick, steckte in einem Schlafrock, seine Gesichtsfarbe war ungesund, er war unrasiert. „Sie entschuldigen, aber wir sind mitten im dritten Tag", sagte er. „Nun, da Sie ja über mich schreiben wollen und mein deutscher Verleger Wert darauf legt, hören Sie ruhig zu."

Ohne ein weiteres Wort fuhr er mit seinem Diktat fort. Nicht gerade mitten in einem Satz, aber doch mitten in einem Kapitel. Meine Anwesenheit störte ihn nicht im geringsten. Er hätte wohl auch auf dem Trafalgar Square diktieren können.

Gebannt lauschte ich. Er diktierte nicht sehr schnell, aber unterbrechungslos, es ging weiter und weiter, er diktierte gleichmäßig, sagte auch die Interpunktionen und die Absätze an, und bei neu auftretenden Personen buchstabierte er die Namen. Ich erinnere mich noch, es handelte sich da um einen Mann – oder vielleicht war es auch eine Frau –, der im Nebel verfolgt wurde, irgendwo in London, und daß plötzlich ein Schuß fiel.

Wie auf ein Stichwort trat seine Frau herein. Er lächelte gequält. Sie sagte, es täte ihr leid, ihn zu stören, aber: „Im siebenten Kapitel tritt doch wieder dieser Mortimer auf." Der Betreffende mag auch anders geheißen haben, ich weiß es nicht mehr. „Und den hast du doch im fünften Kapitel durch die Bande umbringen lassen."

„Wie dumm!" Er sann nach. „Könnte er nicht scheintot gewesen sein?"

„Nein. Er ist doch gefesselt vor einen Expreßzug geworfen worden. Und Scotland Yard hat nachher nur noch Reste des zermalmten Körpers . . ."

„Ich erinnere mich jetzt. Zu dumm! Paß mal auf: Du machst aus dem Mortimer im siebenten Kapitel einen Mann, den man für Mortimer hätte halten können, so ähnlich sah er ihm, wenn" – und das kam mit einem leichten Triumph in der Stimme –, „wenn nicht das Muttermal auf der linken Schulter gewesen wäre. Das kannst du doch hineinarbeiten. Nur das mit dem Muttermal. Wenn ich mich recht entsinne – wann diktierte ich es? Ja doch, heute vormittag; also, wenn ich mich recht erinnere, verschwand er doch in der Mühle, die seit Jahren nicht in Betrieb ist. Lassen wir es dabei. Ich komme im neunten Kapitel wieder auf ihn zurück. Ein Mitglied der Bande, von dem aber niemand weiß, daß er eines ist . . ."

„Du meinst Fred Cummings?"

„Ach, du hast es erraten? Wie dumm! Wie dumm! Ist es denn so leicht zu erraten?"

„Es hilft schon, daß ich deine Frau bin."

„Also, Fred Cummings sieht ihn, glaubt natürlich, er sei der Zwillingsbruder . . ."

„Wer ist das?"

„Mortimer natürlich. Und ist auf den Tod erschrocken, daß Mortimer noch lebt, wo man ihn doch schon vor den Expreßzug usw. usw. Nun ist der einzige Ausweg: Alvie muß sterben."

„Und wer ist Alvie?"

„Ach, du kennst sie noch nicht? Die habe ich erst in diesem Kapitel erfunden. Aber laß mich nur machen. Den Zwillingsbruder nehme ich mir noch vor."

So oder so ähnlich war es. In der Tat, es war unmöglich, von Edgar Wallace nicht gefesselt zu sein. Übrigens starb er bald darauf in Hollywood. Und eine erschütterte Welt von Krimi-Fans vernahm, daß er nicht nur kein riesiges Vermögen hinterlassen hatte, sondern enorme Schulden. Rund eine Million Pfund, damals also etwa zwanzig Millionen Mark. Sogleich ließ die Witwe verlauten, das sei nicht weiter schlimm, denn Wallace habe unzählige Manuskripte hinterlassen und deren Erlös würde die Schulden decken.

Das geschah auch in den nächsten fünf oder sechs Jahren, um so leichter, als ein toter Wallace die Einnahmen nicht wieder verwetten konnte. Nur das mit den nachgelassenen Manuskripten stimmte nicht. Wallace hatte immer nur geschrieben, will sagen diktiert, wenn er unter Druck stand.

Das eines Edgar-Wallace-Romans würdige Geheimnis: die Frau und der Sekretär taten sich zusammen. Sie hatten so viel von Wallace getippt, sie konnten es nun auch ohne ihn. Und wurden, wenn meine Informationen stimmen, auch nach der Bezahlung der Schulden noch recht wohlhabend.

Unmöglich, nicht gefesselt zu werden ... Das galt, zumindest was mich anging, keineswegs nur für Edgar Wallace. Das galt, zum Beispiel, auch für die außerordentlich schöne Frau von Franz Werfel. Ich war nach Wien gefahren, auf eigene Rechnung übrigens. Der Chefredakteur: „Wenn's dort was Interessantes gibt, schreiben Sie's, und wir zahlen ein Extrahonorar. Und Ihr Gehalt läuft ja weiter."

Auf dem Weg nach Wien kam mir der Gedanke: Warum sollte ich nicht Franz Werfel interviewen? Extrahonorar! Ich fand unschwer heraus, wo er wohnte. Das Dienstmädchen wies mich an die zauberhafte Frau Werfel weiter, die, wie ich wußte, zuvor die Frau Gustav Mahlers gewesen war. Sie lächelte gnädig, aber sagte, der Meister sei leider beschäftigt. Ich wollte mich schon zum Gehen wenden, als sie fortfuhr: „Warum schaun S' nicht nach dem Nachtmahl herein?"

Ich tat es. Sie war wieder allein im Salon, machte eine ratlose Bewegung, aber schon kam Werfel selbst herein, mit offenem Kragen und zerzaustem Haar. Ich möge entschuldigen, aber es dauere noch ein wenig. Seine Frau würde mir sicher gern Gesellschaft leisten – und war verschwunden. Und ob sie bereit war, mir Gesellschaft zu leisten! Aber warum ausgerechnet im Salon?

Ich würde das alles nicht schreiben, hätte sie nicht selbst später in ihren Memoiren von zahlreichen Affären und Verführungen geplaudert, so als käme es auf eine mehr oder weniger nicht an.

Also? Ich habe keine zwanzig Worte mit ihr gesprochen. Die

letzten, die ich für einige Zeit äußern sollte, waren: „Aber er sitzt doch nebenan ..."

Und sie: „Ach wissen S', wenn der Franzl dichtet ...."

Eine andere Bekanntschaft, die ich durch ein Interview machte und die bald zur Freundschaft wurde, war die mit Fritz Lang, dem allmächtigen Filmregisseur. Das war, als es schon den Tonfilm gab.

Der Tonfilm: Ich erinnere mich, als wäre es gestern gewesen, daß im Gloria-Palast in Berlin der erste amerikanische Tonfilm lief, mit Al Jolson in der Hauptrolle. Er spielte einen Varietékünstler, der als Neger geschminkt auftrat und das Lied vom „Sonny Boy" sang, Tränen in seiner Stimme, wobei alle im Zuschauerraum weinten, denn um die gleiche Zeit, im Film, versteht sich, starb ja eben sein Junge, sein Sonny Boy. Auch ich weinte.

Trotzdem, trotz vielen eindrucksvollen Filmen mit Ton – die ersten deutschsprachigen waren es nicht – glaubte ich nicht so recht an die Zukunft der neuen Kunstgattung, im Gegensatz zu Hans Albers, mit dem ich mich nach der Premiere des „Sonny Boy" traf; auch seine Freundin Hansi Burg war dabei. Er sagte in seiner üblichen Bescheidenheit: „Der Tonfilm wird ganz groß! Für mich nach Maß gemacht! Ich werde noch größer!" Er sollte in beiden Punkten recht behalten.

Ich konnte mir nicht vorstellen, daß der Tonfilm die künstlerischen Höhen des Stummfilms erreichen würde. Ich stand da nicht allein. Daß die meisten Kinobesitzer nicht an den Tonfilm heranwollten, war verständlich. Die Installation der neuen Apparatur kostete ja ein Vermögen. Aber auch gewisse Künstler waren skeptisch, Asta Nielsen zum Beispiel oder Emil Jannings, der verärgert Hollywood verließ, als man ihm dort bedeutete, sein nächster Film werde ein Tonfilm sein. „Und ich soll darin wohl einen Deutschen spielen – was? Mit meinem miesen Akzent könnte ich wohl überhaupt nur noch miese Ausländer spielen, was? Mit mir nicht!"

Auch der große Chaplin wollte noch einige Jahre lang nichts vom Tonfilm wissen und legte, als er ihn machen mußte, den Akzent auf das Spiel, die Bewegungen, das Bild, wie eh und je. Fritz Lang wollte ebenfalls nicht an den Tonfilm heran. Er wartete erst einmal ab, wie auch Chaplin, wie Henny Porten, wie die Garbo. Als Lang sich dann endlich entschloß, mit Ton zu drehen, engagierte er den jungen Schauspieler Peter Lorre, der noch keinen einzigen Film gemacht hatte. Im Unterschied zu früher, wo Fritz Lang nicht nur Publizität duldete, sondern sie wünschte, während er drehte, Interviews gab und täglich Lageberichte aus seinem Filmatelier kamen, als sei es ein Kriegsschauplatz, was, in gewissem Sinne, bei Lang auch stimmte, war diesmal ein eiserner Vorhang gefallen. Niemand wußte, was Lang drehen wollte, ja man wußte nicht einmal genau, wer außer Lorre mitspielte, obgleich unter anderen der um diese Zeit schon recht bekannte Gustaf Gründgens mit von der Partie war.

Ich kannte Lorre ziemlich gut – von Wien her, wo er zu der Clique um Karl Kraus gehörte, und von Berlin her, wo er sich als Schauspieler sehr schnell einen Namen gemacht hatte.

„Krieg was aus ihm raus!" befahl mein Freund Rolf Nürnberg, und ich fuhr ins Theater am Schiffbauerdamm, wo er gerade spielte. In der Pause begann ich meine Detektivarbeit. Erfolglos. „Ich möchte dir gern den Gefallen tun", sagte er. „Aber ich kann nicht. Wir alle haben Lang schwören müssen, nichts zu verraten." Ich versuchte es immer wieder – vergebens. „Der ganze Witz ist doch der, daß die Sache wie eine Explosion wirken soll. Eines kann ich dir verraten – es wird eine ganz neue Art von Film."

Es läutete, die Pause war vorüber, und Fritz Lang kam in die Garderobe spaziert. Er musterte mich durch sein Monokel. „Wieder einer, der was rauskriegen will?" Er fragte es weniger, als daß er es feststellte. Lorre erwiderte hastig, er habe mir nichts verraten. Fritz Lang wollte wissen, warum ich ihn nicht selbst frage, wenn ich über seinen neuen Film Bescheid wissen wolle. Und als ich es tat, grinste er: „Aber von mir werden Sie auch nichts erfahren . . ."

Ich kehrte etwas entmutigt in die Redaktion zurück. „Sie schweigen wie das Grab. Nur wie der Film heißt, weiß ich."

„Woher?"

„Ich habe das Drehbuch auf dem Schminktisch liegen sehen. Der Film heißt ,M'. Ein komischer Titel, was?"

„Unsinn! Das ist natürlich eine Abkürzung oder vermutlich ein Deckname!" entschied Rolf Nürnberg.

Es war aber doch kein Deckname und keine Abkürzung. Der

erste Tonfilm Fritz Langs hieß wirklich „M" und wurde eine Weltsensation, von der die Leute heute noch sprechen – und, was wichtiger ist: man kann sich den Film heute noch ansehen, ohne sich nachträglich darüber zu ärgern.

Das „12-Uhr-Blatt" oder, wie Theodor Wolff es spöttisch nannte: „Das angebliche ‚12-Uhr-Blatt'!"
Es war, wie gesagt, ein sehr kleines Etablissement, und es wurde von den großen Zeitungsverlagen nicht für voll genommen. Aber es wurde gelesen, wenn auch freilich nur in Berlin.
Das verdankte es in erster Linie dem Sportteil und den Theaterkritiken. Wir waren die ersten, die über eine Premiere oder ein Sportereignis berichten konnten. Aber das war nicht der einzige Grund unserer Popularität. Wir waren sehr frech und kritisch. Wir hatten vor nichts Respekt. Unsere Artikel gingen nicht auf Stelzen, wie schrieben, wie uns zumute war, nicht, wie „man" schrieb, das heißt, wie die arrivierten Zeitungen es taten. Das war es wohl, weswegen uns so viele lasen.
Wir schrieben . . . Ach, wie viele waren wir denn in der Redaktion? Acht oder zehn, wenn wir überhaupt so viele waren, die Sekretärinnen mit eingerechnet. Korrespondenten hatten wir keine, weder im Inland noch im Ausland. Wir konnten niemanden an den „Tatort" schicken, es sei denn zu Kino- oder Theaterpremieren und zu Sportereignissen in Berlin selbst. Unsere Gegner – und deren hatten wir viele – behaupteten, unsere Zeitung werde mit Schere und Leim hergestellt, will sagen, daß wir aus anderen Zeitungen Meldungen ausschnitten, auf ein weißes Papier aufklebten und mit dem Vermerk „Von unserem nach X entsandten Korrespondenten", den es in Wirklichkeit gar nicht gab, in die Setzerei schickten.
Der letzte Umbruch, den ich später zwei- bis dreimal pro Woche machen mußte oder machen durfte, sah wie folgt aus: Die erste Seite, die nur aus Bildern bestand, war schon am Nachmittag fertiggestellt worden, desgleichen das Innere des Blattes; die letzten Beiträge, also Theater- und Sportmeldungen, gingen um Mitternacht – so wenig Zeit blieb uns, sie zu schreiben – in die Setzerei, desgleichen verfügte sich der Umbruchredakteur dorthin. Um ein Uhr, spätestens ein Uhr dreißig war alles umbrochen.

Für diejenigen, die nicht wissen, was ein Umbruch ist: Der Satz der einzelnen Artikel stand bereit, und der Umbruchredakteur setzte aus ihnen die einzelnen Seiten zusammen, das heißt, er bestimmte, was oben stand und was unten, was zweispaltig aufgemacht wurde oder einspaltig, je nachdem. Und nun warteten wir – das heißt der Umbruchredakteur und die Setzer – auf den Radler, der gegen ein Uhr morgens die neuesten Nachrichten der Telegraphen-Union brachte, das war die DPA von damals. Die AP existierte übrigens bereits in Deutschland, wäre aber für uns viel zu teuer gewesen.

In fieberhafter Eile mußte ich – oder der andere Umbruchredakteur – das eingelaufene Material überfliegen, zerschneiden, den Setzern geben und für die Handsetzer die notwendigen Überschriften komponieren. Die größte Überschrift wurde für die erste Seite des Blattes entworfen, erschien dann also über den Bildern, mit denen sie nichts zu tun hatte, mit dem Hinweis: „Bericht siehe letzte Seite." Das war das, was man bei Zeitungen den Aufmacher nannte, der, unter anderem, das Blatt verkaufen sollte – und ich mußte mich blitzschnell entscheiden, was der Aufmacher nun sein sollte, „Überfall am Wedding", „Zugunglück bei Kottbus" oder „Prostituierte beraubt".

Die Leser, die dann auf der letzten Seite „alles" darüber zu erfahren hofften, waren oft bitter enttäuscht. Wir hatten selten mehr als fünf oder sechs Zeilen über die Prostituierte oder das Zugunglück, das zu unserem Leidwesen meist nicht einmal so aufregend war, wie die Leser des Aufmachers hätten vermuten dürfen. Ja es kam sogar vor, daß wir in der Eile, mit der die letzte Seite zusammengestellt wurde, die mit dem Aufmacher korrespondierende Nachricht nicht mitnahmen, so daß neugierige Leser nie erfuhren, wer am Wedding überfallen worden war oder was sich auf dem Schienenstrang bei Kottbus ereignet hatte. Jedenfalls erfuhren sie es nicht durch das „12-Uhr-Blatt".

Damals wurde in „unserer" Setzerei während einiger Wochen auch ein anderes Blatt gesetzt und umbrochen: der „Angriff" des „Doktors", wie man Goebbels schon damals auch außerhalb seiner Partei nannte. Ich sah ihn, wenn er gelegentlich erschien. Er sagte einmal „Guten Abend", und ich erwiderte seinen Gruß, bevor mir klarwurde, daß ich es nicht hätte tun sollen. Irgend jemand aus seiner Umgebung flüsterte ihm etwas zu, vermutlich mich betreffend, und nun sah er mich noch einmal an, besser, er sah durch mich hindurch. Und ich sah durch ihn hindurch.

Das war unsere einzige Begegnung.

Der kleine, schlanke, leicht hinkende Mann, damals erst Berliner Gauleiter, machte zwar eine sehr temperamentvolle, geradezu wütende Zeitung, aber schon deshalb keine gute. Ich war davon überzeugt, daß sie nie Einfluß haben würde, und sollte recht behalten. Ich glaubte auch nicht an die Zukunft des „Doktors". Und da sollte ich mich irren. Ich ahnte nicht – wie konnte ich auch? –, daß ich rund fünfzehn Jahre später ein Buch über ihn schreiben würde, das in zwölf Übersetzungen um die Welt ging.

Aber das später. Vorläufig war ich, nachdem mich Rolf Nürnberg an das „12-Uhr-Blatt" geholt hatte, dort ein bißchen Mädchen für alles. Wenn ich gerade einmal eine oder auch eine halbe Stunde Zeit hatte, das heißt, wenn keine dringende Arbeit für mich vorlag, stieg ich in die Setzerei hinauf und schaute den Setzern zu. Und setzte selbst ein bißchen. Nicht daß ich je ein perfekter Setzer geworden wäre. Aber ich lernte täglich mehr, mich auszukennen. Das kam mir zugute, als ich später, wie schon berichtet, zum Umbruch herangezogen wurde; da konnte man mir nichts mehr vormachen. Übrigens wollten das die Setzer auch nicht. Sie waren alle gescheite Leute, durch und durch Profis, die ihre Arbeit gern verrichteten. Darf ich an dieser Stelle sagen, daß ich, wo immer ich später auf Setzer stieß – in Paris, in Den Haag, in New York –, erstaunt und erfreut war über ihren hellen Verstand und ihre Aufgeschlossenheit.

Damals, in Berlin, als ich noch viele Zweifel an mir selbst hegte, halfen mir die Setzer, diese Zweifel zu überwinden. Als sie mich akzeptiert hatten, wußte ich: auch ich war ein Profi geworden. Ich mußte es täglich zeigen, und ich tat es gern. Ich schrieb, natürlich, vor allem Sportberichte, gelegentlich Filmkritiken und – anfangs selten, später öfter – Theaterkritiken. Und ich wurde oft als Reporter eingesetzt, vor allem auf dem Gebiet, von dem ich – neben Sport – vielleicht am meisten wußte oder zu wissen glaubte: dem Theater.

Ich lernte viel. Zum Beispiel: zu sehen. Viele Jahre später sagte mir einmal Ernest Hemingway in New York – übrigens in einem sogenannten Gym, wo er Boxen trainierte, seine Art, sich fit zu halten: „Man sollte alle, die Schriftsteller werden wollen, zuerst einmal Sportberichte schreiben lassen. Da können sie nicht schummeln, da können sie nur schreiben, was und wie es wirklich gewesen ist. Da müssen sie aufpassen, da müssen sie zu sehen verstehen."

Er selbst kam ja aus der Sportberichterstattung, und so war es mit den meisten aus der jungen amerikanischen Schriftstellergeneration.

Ich lernte auch, daß alles, was man schrieb, halb so wichtig war. Ich hatte eines Tages die Idee einer Sportkolumne, oder vielleicht hatte ich sie auch aus Amerika gestohlen. Wie dem auch sei, Rolf Nürnberg ermutigte mich, jede Woche einmal so ein paar Glossen zusammenzustellen. Das Ganze nannte ich sehr hochgestochen und snobistisch: „Conference zwischen den Sports". Ich war sehr stolz auf die erste Kolumne und eilte am Tage des Erscheinens schon um sieben Uhr morgens auf die Straße, um mein Meisterwerk gedruckt zu sehen. Ich erbleichte.

Was war geschehen?

Wie man vielleicht weiß, arbeiten Setzmaschinen so, daß jede gesetzte Zeile eine Einheit bildet, auf die die nächste Zeile folgt und so weiter. Man kann jede Zeile aus dem Text herausnehmen; das ist sehr praktisch, weil, wenn Druckfehler zu korrigieren sind, man eben nur die betreffende Zeile neu setzen muß und nicht etwa den ganzen Absatz oder gar einen Artikel. Weniger praktisch ist, daß gelegentlich ein ganzer Artikel, aufgeschichtete Zeilen also, die auf rollenden Tischen stehen, herunterfällt. Dann muß man, meist der Setzer, die Zeilen wieder aufheben und in größter Eile zusammensetzen. Beim Umbruch ist ja immer höchste Eile geboten. Und dann geschieht es manchmal, daß . . .

Kurz und gut: der 2., 3. und 4. Absatz meiner Kolumne waren total verstümmelt. Auf Zeile 1 folgte Zeile 7, dann kamen die Zeilen 3 und 4, dann 9 und 11. Meine kostbar gefeilten Pointen waren völlig unverständlich geworden, mein Werk ein Trümmerhaufen. Ich dachte, die Welt würde untergehen oder zumindest würden von nun an die Leute mit dem Finger auf mich zeigen. Als ich am Abend ins „Romanische" kam, wagte ich gar nicht, von meiner Kolumne zu sprechen. Aber ich wurde auf sie angesprochen. Man klopfte mir wohlwollend auf die Schulter. Das hätte ich gut gemacht, das sei besonders reizend geworden, nur weiter so, junger Freund . . .

Ich fragte beklommen: „Ja, haben Sie denn nicht . . .?" – „Ist dir denn nicht aufgefallen . . .?"
Nichts war ihnen aufgefallen. Nichts hatten sie gemerkt.
Das war mir eine Lehre. Und dieses frühe Erlebnis war der Grund dafür, daß ich später nie wieder einen Artikel gelesen oder gar ein Buch aufgeschlagen habe, das von mir stammte. Ich wollte auch zu denen zählen, die nichts gemerkt hatten – ich will es immer noch.

Die „Conference" war doch vielen aufgefallen, vor allem Journalisten, Redakteuren und Zeitungsbesitzern. Und so wurde ich eines Tages zu Ullstein geholt. Ullstein, das war in jenen Jahren das Verlagshaus Berlins. Die fünf Brüder Ullstein gaben mehr als ein halbes Dutzend Zeitungen heraus, darunter die überaus populäre „Morgenpost", die geistig hochstehende „Vossische Zeitung", die schmissige „B. Z. am Mittag", Deutschlands erstes und bedeutendstes Boulevardblatt, auch die „Berliner Illustrirte", die „Dame", die „Praktische Berlinerin", den „Querschnitt", die Ullstein-Bücher, die Ullstein-Schnitte, um nur die wichtigsten Ullstein-Produkte zu nennen.

Ich kam zur „B. Z. am Mittag", will sagen an den Sportteil, der sehr umfangreich war, mindestens acht, oft mehr Seiten umfaßte und ungemein langweilig war. Das lag an den Sportredakteuren, die sich eher wie Beamte fühlten.

Ich sollte da „auflockern", wie der sehr aufgeschlossene, aber selten zu Eingriffen entschlossene Sportchef Gustav Grüttefien es nannte. Ich bekam einen geradezu fürstlichen Vertrag für die damalige Zeit. Dreitausend Mark im Monat. Dafür mußte ich eigentlich nur zur Verfügung stehen. Ich hatte kein bestimmtes Ressort zu verwalten, es gab für mich keine festen Bürozeiten, wohl aber ein eigenes Zimmer und, wenn ich wollte, eine Sekretärin. Es war freilich ausgemacht, daß ich über alle wichtigen Sechstagerennen berichten sollte, also über die in Berlin, Breslau, Brüssel, Dortmund und Paris – denn Sechstagerennen waren ja damals große Mode –, dann noch über die „Tour de France" und über andere internationale Sportereignisse wie etwa Wimbledon oder Oxford – Cambridge.

Das tat ich auch – und, wie sich herausstellte, nicht ganz ohne Erfolg.

Ich sah immer wieder, zum Beispiel in der Untergrundbahn

oder im Omnibus, daß „B. Z."-Käufer, bevor sie überhaupt mit der Lektüre begannen, aus der Zeitung den gesonderten Sportteil schüttelten und zu Boden gleiten ließen. Ich verstand sie nur zu gut. Der Sportteil der „B. Z." brachte alles, er war gewissermaßen komplett, aber nicht immer lesbar. Meine Beamten-Kollegen schrieben einen Stil, wenn man ihn so nennen durfte, der so fachlich war, Sätze, in denen es von technischen Ausdrücken nur so wimmelte, daß allenfalls sie selbst, aber nicht einmal unbedingt die Redakteure im Nebenzimmer verstehen konnten, was da gemeint war. Von den Lesern versuchten die Fans, vor allem die Fußball-Fans, sich durch diese veritable Geheimsprache durchzukämpfen.

Ich sagte damals zu meinem Chef: „Es gibt Leute, die um drei Uhr morgens barfuß einen verschneiten Wald durchqueren, um zu erfahren, wer irgendwas „gewonnen" hat. Für die muß man nicht schreiben. Die reißen den Verkäufern die Zeitung sowieso aus der Hand. Ich will für diejenigen schreiben, die von sich sagen – und sicher zu Recht –, daß sie sich nicht für Sport interessieren. Ich will die zusätzliche Leserschaft . . ."

Und so schrieb ich denn für sie. Und meine Berichte hatten deshalb immer etwas Feuilletonistisches an sich und wurden in steigendem Maße von jenen gelesen, die Sport „eigentlich" nicht lasen. Und die nun fanden – davon berichteten gelegentlich ihre Leserbriefe –, das Zeug sei doch ganz interessant. Meine Kollegen teilten solche Ansichten nicht. Für sie, von denen früher viele Sport getrieben hatten, war ich ein Außenseiter, der vom Sport nichts verstand. Und in der Tat: ich hätte nicht wie sie jeden Weltrekord oder jeden olympischen Rekord innerhalb irgendeiner Sparte aus dem Stegreif hersagen können.

Der Chefredakteur der „B. Z. am Mittag" war glücklicherweise meiner Ansicht. Ja wenn es irgendwie ging – zum Beispiel beim Berliner Sechstagerennen –, nahm er den Beginn meines Artikels auf die erste Seite des Blattes, so daß die Leser, die ja nicht die erste Seite wegwarfen, dann doch den Sportteil der Zeitung weiterlasen oder wenigstens zum Teil weiterlasen.

Wie meine Position war – relativ gesehen, natürlich –, geht aus folgendem hervor: Meine Frau erwartete ihr – unser – erstes Kind. Der Arzt – sie lag schon in einer Klinik – meinte, es würde ohne Kaiserschnitt nicht abgehen. Das bedeutete in diesem speziellen Fall die Möglichkeit von Komplikationen, ja sogar Lebensgefahr.

Und gerade jetzt sollte ein Sechstagerennen im Berliner Sportpalast beginnen.

Ich hielt es für selbstverständlich, daß die „B. Z." mich unter solchen Umständen von der Berichterstattung dispensieren würde. Das wurde abgelehnt. Man bot mir an, mich mit einem Auto des Verlags in den Sportpalast fahren zu lassen, von dort, so oft ich wollte, auch mitten in der Nacht, in die Klinik, man stellte eine Sekretärin bereit, der ich diktieren konnte: aber berichten müsse ich.

Ich tat es denn auch – und war sechs Tage und sechs Nächte lang ein Gehetzter, der zwischen Sportpalast und Klinik und unserer Wohnung ständig hin und her pendelte und kaum ein paar Stunden Zeit zum Schlafen fand. Und mein Sohn Michael wurde während der vierten Nacht geboren, gerade als eine tolle Jagd im Gange war. Mir wurde das auf die Pressetribüne gemeldet, und eine Stunde später wußte es der halbe Sportpalast, die dahinrasenden Fahrer eingeschlossen. Der Arzt sagte am nächsten Tag, es sei alles ganz einfach gegangen, und verstand meine Nervosität überhaupt nicht.

Zu denen, die meine Sport-Feuilletons für die Presse verfolgten, gehörte auch Rudolf, einer der fünf Brüder Ullstein, dem der Sport in sämtlichen Ullstein-Publikationen unterstand. Er hatte die vage Idee eines neuen Postens, dessen Inhaber eben in allen Ullstein-Publikationen über Sport schreiben sollte, und dachte dabei an mich. Er bestellte mich zu einem Gespräch.

Was er überhaupt wollte, erfuhr ich im „Romanischen" durch meinen Freund Rolf Nürnberg, dem er es ein paar Tage zuvor auf irgendeiner Party angedeutet hatte. Rolf meinte, das sei meine große Chance, ich solle, um Gottes willen, liebenswürdig und bescheiden sein und nicht alles besser wissen, selbst wenn ich glaubte, es besser zu wissen. Ich versprach es.

Am nächsten Tag sagte ich zu Rolf, alles sei bestens gelaufen, nur fürchte ich, etwas zu devot gewesen zu sein. Man könne das auch zu weit treiben. Rolf, wieder ein paar Tage später: „Du hast es in der Tat zu weit getrieben. Rudolf Ullstein meint, du seist ja recht talentiert, aber unmöglich; und er habe die ganze Zeit erwartet, du würdest ihn auffordern, aufzustehen und dir seinen

Platz hinter dem Schreibtisch zu überlassen, der dir gebühre und nicht ihm."

Ich wurde stutzig. Ich begann zum ersten Mal zu ahnen, daß ich nicht auf alle Menschen so hinreißend wirkte, wie ich es bis dahin für selbstverständlich gehalten hatte. Wie kam das? Warum war das so? Ich sollte mir diese Frage noch oft stellen, allerdings erst, als bösere Umstände mich dazu zwangen. Ich glaube heute, ich glaube es nun schon seit mehr als vierzig Jahren, daß meine Würzburger Zeit damit zu tun hatte, in der meine Tanten und Onkel mich so reizend fanden und jede Lümmelei als eine besondere Gescheitheit bewunderten. Weniger verwöhnte Kinder haben es später leichter.

Rudolf Ullsteins herbe Enttäuschung hatte zwar im Augenblick keine Konsequenzen, es sei denn, daß ich die Traumstellung nicht erhielt – sie wurde dann überhaupt nie geschaffen.

Aber das eine oder andere sprach sich doch im Haus herum. Und meine Beamten-Kollegen in der Sport-„B. Z." hielten daher den Augenblick für einen Gegenschlag gekommen. Sie setzten eine absurde Geschichte in Umlauf, ich hätte das Sechstagerennen von Köln (!) beeinflußt, ja gekauft, um einem mir befreundeten Fahrer namens Paul Buschenhagen zum Sieg zu verhelfen. Die Sache war zu dumm, um ernst genommen zu werden; aber ein Direktor Richard A. Müller, der über allen Ullstein-Zeitungen thronte, nahm sie ernst, was bewies, daß er anmaßend, bösartig und dumm war. Mit seiner Bösartigkeit sollten die Brüder Ullstein in den ersten Nazitagen noch ihre Erfahrungen machen.

Dabei lag es auf der Hand, daß nichts an der Sache mit mir stimmen konnte. Und daß nicht nur bestimmte Kollegen hinter dem großen Schwindel steckten, sondern auch Veranstalter von Radrennen, die meine scharfen Kritiken der Schiebungen, die sie selbst veranstalteten, als geschäftsschädigend empfanden. Wie dem auch sei: Müller verhörte mich, als sei ich ein Schwerverbrecher. Ich sagte aus und meinte schließlich: „Es scheint, daß Sie mich los sein wollen!"

Er sagte: „Ich muß mir solche Unterstellungen verbitten!"

Und ich: „Sie können mich . . .!" Und ging zur Tür hinaus. Zu Hause erwartete mich bereits eine schriftliche Mitteilung Müllers, ich sei fristlos entlassen und dürfe das Ullstein-Haus nicht mehr betreten . . .

Ich betrat es doch wieder. Etwa ein halbes Jahr später erreichte mich die Botschaft des sagenhaften Chefredakteurs Kurt Korff der nicht minder sagenhaften „Berliner Illustrirten", der um meinen Besuch bat. Seine Sekretärin teilte mir mit, er wolle gelegentlich Artikel von mir, und war bereit, fürstlich dafür zu bezahlen. Was er denn auch tat.
Ich machte ihn auf das Hausverbot aufmerksam.
Er kam nun selbst an den Apparat: „Aber, mein Lieber, Herr Müller kann . . ." Er war höflich genug, das Zitat nicht in seiner Gänze zu bringen. Sondern: „Herr Müller kann schließlich nur über die Zeitungen entscheiden. Das ist der zweite Stock. Wir, die Zeitschriften, befinden uns im dritten Stock."
So war das damals bei Ullstein.

Ich war zum „12-Uhr-Blatt" zurückgegangen, schon am Tage nach dem Krach bei Ullstein. Man nahm mich mit offenen Armen auf, freilich bekam ich nicht einmal die Hälfte des Ullstein-Gehalts.
Meine erste Aufgabe: eine große Reportage über das, was im Theater am Schiffbauerdamm gerade vor sich ging.
Dort probten Brecht und Weill. Das Stück hieß „Die Dreigroschenoper". „Das soll ein Durchfall werden!" sagte man mir in der Redaktion. „Fahren Sie mal hin und machen Sie für uns einen Bericht."
Ich fuhr um so lieber, als ich ganz gut mit Brecht bekannt war. Er gab zwar kein Interview, meinte aber, ich könne ruhig zusehen, wie die Schauspieler probierten, und dann darüber schreiben. „Wir können Propaganda, weiß Gott, brauchen!"
Propaganda? Was ich zu sehen bekam, war heilloses Durcheinander. Das Stück, das heißt der Text, wurde noch ständig geändert. Und es war knapp vier Tage vor der Premiere. Brecht hatte immer neue Einfälle. Der Regisseur Erich Engel strich dauernd. Im Foyer hämmerte Kurt Weill auf einem alten Piano herum, er komponierte stets was Neues. Brecht blieb in dem Tohuwabohu ganz ruhig. Er gewöhnte sich daran, mich „einzusetzen". „Tun Sie mir doch den Gefallen und laufen Sie hinter die Bühne und sagen Sie dem . . ."
Zwei Tage vor der Premiere glaubte kaum einer mehr, daß das

Stück je herauskommen würde. Und wenn, dann würde es ein Durchfall mit Pauken und Trompeten werden. Just an diesem Tag bat mich Brecht, Erich Ponto, der den Bettlerkönig Peachum spielen sollte, auf ein Wort ins Foyer zu rufen. Seine Garderobe war leer. Ein vorbeilaufender Mann – Bühnenarbeiter? Garderobier? – teilte mir mit, Herr Ponto habe sich umgezogen und sei fort. „Fort? Wohin?" Er habe gesagt, er fahre nach Dresden zurück – wo er ja lebte und meist auch spielte. Denn: „Das hier kommt ja nie heraus!"

Atemlos berichtete ich Brecht. „Holen Sie ihn zurück!" antwortete er seelenruhig.

„Zurück? Aus Dresden?"

Ich stürzte mich zusammen mit dem Regieassistenten aufs nächste Taxi. „Anhalter Bahnhof!" Von dort fuhr man ja nach Dresden. Wir hatten Glück. In zehn Minuten fuhr der nächste Zug nach Dresden, er stand schon in der Halle. Wir hatten noch mehr Glück. In einem Abteil dieses Zuges saß ein verärgerter Ponto. Es kostete viel Mühe, ihn während der verbleibenden fünf Minuten zum Aussteigen zu überreden. Ich führte schließlich ins Treffen: „Ich weiß gar nicht, was Sie wollen. Ich finde die ‚Dreigroschenoper' ganz nett!"

„Ach, finden Sie?" sagte er aussteigend, aber keineswegs überzeugt. „Das sagen Sie nur so." Ich stutzte. Ich hatte das wirklich nur so hingesagt. Aber, wenn ich es mir überlegte, mir gefiel die „Dreigroschenoper" wirklich.

Zwei Tage später wurde sie zum Sensationserfolg von Berlin. In den nächsten Wochen und Monaten eroberte sie Deutschland, Österreich, die Schweiz. Brecht war durchgesetzt.

Und ich konnte sagen, ich war dabeigewesen. Nicht nur das, ich konnte sogar sagen, daß ich „Die Dreigroschenoper" eigentlich „sehr nett" gefunden hatte.

Manchmal lag ich nicht so „richtig". Ich erinnere mich noch einer Nacht auf dem Sechstagerennen, es war schon spät, als mich ein junger Mann ansprach, der nur gelegentlich auf der Pressetribüne erschien. Er war blond, sah gut aus, zog sich recht elegant an und trug, was wir alle ein bißchen albern fanden, ein Monokel. Er hatte ein Büchlein über Cocktails geschrieben und wie man sie zubereitete und war jetzt Redakteur beim „Sport im Bild", einer weniger sportlichen als snobistischen Zeitschrift: Er sagte: „Vielleicht können Sie mir einen Rat geben. Ich habe da einen Roman geschrieben, aber kein Verlag will ihn. Das Manuskript kommt immer wieder zurück."

„Und wovon handelt der Roman?"

„Vom Weltkrieg."

„Das ist doch schon so lange her!"

„Das sagen die Verlage auch."

„Und Sie wollen von mir einen Rat, was Sie mit dem Manuskript machen sollen?"

„Ja."

„Zerreißen! Sofort zerreißen und nie wieder daran denken . . ."

Der Roman, der dann doch erschien, hieß „Im Westen nichts Neues". Der Autor, der also meinen Rat nicht befolgt hatte, war Erich Maria Remarque, der später einer meiner intimsten Freunde werden sollte. Einer der gescheitesten, der amüsantesten, der liebenswertesten Menschen, die ich in meinem Leben traf. Es gab viele, die ihn nicht mochten. Jeder, der ihn wirklich kannte – gewiß, das waren wenige –, konnte nicht anders, als ihn lieben.

11
Flucht

Ich wußte sofort, wer am Telefon war, ich erkannte die Stimme, seltsamerweise, denn ich hatte den Mann nie gesehen. Es handelte sich um einen Polizeibeamten, nicht einen der ganz hohen, aber er hatte immerhin einiges zu sagen, und, was für mich wichtiger war, er wußte einiges. Ein alter Sozialdemokrat und durchaus nicht in Sympathie mit dem neuen Regime der Nationalsozialisten.

Es war nach ein Uhr morgens, als er anrief.

Es wurden in jenen Tagen – März, April 1933 – viele Verhaftungen vorgenommen; manche der Festgenommenen kamen schon nach wenigen Tagen wieder frei, manche nach Wochen oder Monaten, manche überhaupt nicht mehr. Sie waren ohne Verurteilung in Haft genommen worden, es konnte also niemand wissen, was mit ihnen geschehen würde.

So ähnlich war es auch mit mir. Ich hatte keine Ahnung, warum ich festgenommen werden sollte. Es interessierte mich auch nicht. Mich interessierte nur, nicht verhaftet zu werden.

Um meine bevorstehende Verhaftung handelte es sich nämlich offenbar. Ich weiß nicht mehr genau, was der Mann am Telefon sagte, es waren nur ein paar Worte, aber es handelte sich um eine der vielen Warnungsformeln, die wir vorher vereinbart hatten. Ich sollte mich, falls das noch möglich sei, schleunigst aus dem Staub machen.

Ich war gerade vom Umbruch gekommen, als das Telefon klingelte. Die letzten Worte des Mannes vom Alexanderplatz waren: „Ich hoffe, daß das Wetter günstig ist!"

Ich bejahte, obwohl ich dessen nicht hundertprozentig sicher sein konnte. Ich sagte meiner Sekretärin, so daß die wenigen anderen, die noch in der Redaktion waren, es hören konnten, ich würde noch eine halbe Stunde zu Schwannecke fahren. Ich nahm die seit langem vorbereitete Aktentasche, in der sich nur das Nötigste befand – Rasierapparat, Seife, Waschlappen, Zahnbürste, Pyjama etc. –, und ließ mir ein Taxi rufen. Ich fuhr aber nicht zu Schwannecke und nicht nach Hause, sondern zum Anhalter Bahnhof.

Längst kannte ich die Züge, die in solchem Fall in Frage kamen. In diesem Fall war es der Drei-Uhr-Zwanzig-Zug, den ich bestieg, ein sogenannter Milchzug, der nach Dresden fuhr. Das war einer, der an jeder, auch an der kleinsten Station hielt, um unter anderem Milch aus- und einzuladen, und in dem nur wenige Menschen, vor allem Bauern oder kleine Angestellte eben aus diesen kleinen Orten, saßen. Solche Züge wurden – wenigstens vorläufig – nicht kontrolliert.

Gegen acht oder neun Uhr morgens war ich in Dresden, fuhr mit einem anderen Zug zu einer kleinen Station so ungefähr anderthalb bis zwei Stunden, nahm dann ein Taxi zu einem Kurhotel, ziemlich hoch oben auf einem Berg oder gar einer Art Gebirge. Das entscheidende: es befand sich unweit der Grenze zur Tschechoslowakei. Ich mietete ein Zimmer. Mein Gepäck, sagte ich, würde nachkommen. Noch am selben Tag unternahm ich einen Spaziergang zur Grenze, um mich bei den Grenzern als Hotelgast gewissermaßen zu etablieren. Am Abend noch einen. Am nächsten Morgen einen dritten, wobei ich, gleichsam unabsichtlich, die Grenze überschritt. „Nur um mich umzusehen...", sagte ich so nebenbei.

Und ein Grenzer: „Kommen Sie nur bald wieder zurück, das Mittagessen im Hotel..." oder so etwas Ähnliches, Gleichgültiges. Und ich kam wieder zurück.

Am Nachmittag spielte sich das gleiche noch einmal ab. Diesmal ging ich einfach weiter und weiter und weiter.

„He!" rief einer der Grenzer – aber ich war schon um die Wegbiegung verschwunden. Bald hatte ich ein Dorf erreicht, und am Abend war ich in Prag, wo ich innerhalb einer Stunde in einem Café am Wenzelplatz eine ganze Anzahl anderer Emigranten traf.

Obwohl ich nicht zu den Gesuchtesten gehörte, mußte ich doch mit einer möglichen Fahndung rechnen. Ich hatte recht. Gleich am Morgen nach meinem sogenannten Verschwinden war die Polizei in unsere Wohnung gekommen – Gestapo gab es damals noch keine. Ilse, die ich nicht eingeweiht hatte – es war für sie besser, vorläufig von nichts zu wissen –, beteuerte in aller Unschuld, sie habe keine Ahnung, warum ich nicht nach Hause gekommen sei, aber das würde sich sicher bald herausstellen. Die enttäuschten Beamten durchsuchten die Wohnung ziemlich flüchtig und beschlagnahmten schließlich „SOS – Eisberg", ein Buch von Leni Riefenstahl. Weil es einen knallroten Umschlag hatte.

Prag. Ich fühlte mich noch nicht als Emigrant, als Flüchtling, geschweige denn als Ausgestoßener, eher als einer, der sich erst einmal die Lage in aller Ruhe ansehen will. Sie war, was mich betraf, denkbar ungünstig. Alle, die Deutschland hatten verlassen müssen und an die deutsche Sprache gebunden waren, also Schriftsteller, Journalisten, Schauspieler, waren nach Prag gegangen – oder nach Wien. In die Schweiz reisten nur wenige; wir – schon war ich einer der „wir", ohne es recht zu begreifen – wußten sehr wohl, daß es fast unmöglich sein würde, in der Schweiz Aufenthaltserlaubnis zu erhalten.

In Prag und Wien war zumindest das kein unlösbares Problem. Entscheidender, Arbeit zu finden. Das war in den Jahren vor Hitler schon schwierig für Tschechen und Österreicher. Und für Ausländer? Nahezu unmöglich. Man traf einander in Cafés; man, das waren die Bekannten, auch Freunde aus Berlin. Man war nicht eigentlich deprimiert, eher mißmutig. Man wollte sich nicht einmal selbst zugeben, wie aussichtslos die Lage war. Es gab nur wenige Emigranten, die sich für Emigranten hielten. Wie lange würde es denn dauern? Ein paar Wochen? Ein paar Monate? Man würde bald wieder zurückkehren.

Prag war ja nun wirklich zu eng, um mehr als einigen von uns Existenzmöglichkeiten zu geben. Wien war nicht einmal dazu bereit. Ich spürte deutlich bei den – übrigens nur wenigen – Versuchen, irgendwo, irgendwie unterzukommen, den latenten Antisemitismus, der in den meisten der goldenen Wiener Herzen dominierte. Viele, mit denen ich in Kontakt kam, hatten wohl mehr Sympathien für Hitler – der ja schließlich auch Österreicher war – als für diejenigen, die vor ihm und um ihr Leben geflüchtet waren.

Der Brief Ilses, der mich noch in Prag erreichte, war nur kurz. Sicher mit Absicht. Geradezu unpersönlich. Es war aus dem Schreiben nicht zu ersehen, daß ich mich außerhalb Deutschlands befand. Ja es war daraus zu ersehen, daß wir in wenigen Tagen dort und dort eingeladen seien – sie wollte wohl den Anschein erwekken, als ob sie mich bald zurückerwarte.

Und doch die Frage: „Wann sieht man sich wieder?"

Ach, Ilse . . .

Meine Frau, die mir doch geholfen hatte, G. Benedict zu entweichen, war nicht gerade begeistert darüber, daß ich Journalist geworden war. Ullstein, das wäre gerade noch gegangen, aber das „12-Uhr-Blatt" mit seinen miserablen Gehältern. Sie hatte etwa Lust, übers Wochenende an die Ostsee zu fahren. Zwei Stunden mit dem Auto, das war keine große Sache. Warum nicht? Ich teilte ihr mit, ich müsse am Samstag einen Boxkampf wahrnehmen und am Sonntag ein Radrennen. Sie wollte wissen, was das denn einbringen würde; und als ich ihr die lächerliche Summe nannte, schlug sie mir vor, mir das Doppelte zu zahlen, wenn ich mit ihr käme.

Das war nicht ermutigend.

So begann es.

Zuerst dachte ich, das sei nur ein Witz, allmählich aber und nach vielen Wiederholungen begann mir zu dämmern, daß sie meinen Beruf nicht ernst nahm. Sie war viel zu reich, als daß sie dem Verdienst, den ich hatte, überhaupt Beachtung schenken konnte. Und viel zu unerfahren, um zu begreifen, daß man an einen Beruf nur glauben und in seinem Rahmen Erfolg haben konnte, wenn man sich nicht damit zufriedengab, sich von seiner reichen Frau ernähren zu lassen. Und mir schwante, daß mein Vater mit seiner Besorgnis vor einer zu guten Partie vielleicht so unrecht nicht gehabt hatte.

Es kam zu den ersten Streitigkeiten. Es handelte sich wohl nie um wirklich Entscheidendes, denn ich könnte heute nicht mehr sagen, worum es ging; ich glaube, ich hätte es schon am Tag nach einem Streit nicht mehr zu sagen gewußt. Ich vermutete damals, daß ihre Mutter da nicht ohne Verantwortung war. Sie mochte mich wohl nie besonders leiden, ich paßte einfach nicht in ihr Weltbild und war sicher nicht der Mann, den sie sich für ihre Tochter gewünscht hätte. Ich mochte sie anfangs recht gern. Sie war eine schöne Frau, aber ich wußte nicht, worüber ich mit ihr hätte reden sollen. Ilse fühlte sich von mir „vernachlässigt" – dieses Wort fiel immer öfter; und da hatte sie nicht ganz unrecht. Ich war zwar mit ihr verheiratet, aber eigentlich war ich in erster Linie mit meinem Beruf verheiratet. Sind das nicht fast alle Männer?

Und dann war da mein Buch. Eigentlich war Bert Brecht daran schuld. Oft erschien er, schon gegen Morgen, oder man kann auch sagen, erst gegen Morgen, auf der Pressetribüne im Sportpalast, wo er eigentlich nichts verloren hatte. Hier im Sportpalast begann unsere Freundschaft, die lange dauerte, obwohl wir bald darauf meist in verschiedenen Ländern oder sogar Erdteilen leben sollten; diese Freundschaft dauerte sogar länger als die darauffolgende Gegnerschaft.

Brecht war sehr am Sport interessiert. Nicht daß er Sport trieb; ich habe selten einen unsportlicheren Menschen kennengelernt, mich eingeschlossen. Aber er ging gern zu Boxkämpfen und Sechstagerennen und sprach manchmal mit mir über den „Unsinn, den Sie da wieder mal geschrieben haben".

Wir hatten noch eine andere gemeinsame Leidenschaft. Das waren Kriminalromane. Die verschlang er, allerdings hatte ich ihm voraus, daß ich die englischen und amerikanischen Originale lesen konnte, er nur die Übersetzungen. Immerhin gab es auch dort Worte wie Jack und Johnny und Soho und Good bye, und die kamen dann in der „Dreigroschenoper" oder in „Happy End" oder in „Mahagonny" vor.

Er hatte die skurrilsten Einfälle. „Was würde geschehen, wenn plötzlich ein Fahrer umkehrte und in der entgegengesetzten Richtung fahren würde?" Oder: „Was würde geschehen, wenn sämtliche Fahrer absteigen und für eine höhere Gage streiken würden?"

Ich riet ihm, die Fahrer dazu zu überreden. „Da hätte ich wenigstens etwas, worüber ich schreiben könnte."

Er wußte noch etwas Besseres: „Was würde geschehen, wenn ich mit dieser hübschen Frau", er deutete auf eine bekannte Schauspielerin, die in der Loge uns vis-à-vis saß und Champagner trank, „wenn ich mit der mitten auf der Bahn . . ."

„Da würde ich Ihnen tausend Mark zahlen."

„Nur tausend?"

„Für jedes Mal tausend!"

Er tat es dann aber doch nicht.

Stattdessen fragte er mich: „Warum schreiben Sie kein Theaterstück?"

„Worüber?"

„Natürlich über einen Sechstagefahrer oder, sagen wir, über einen Boxer."

„Meinen Sie denn, daß ich das könnte?"

„Probieren Sie's. Oder nein, warten Sie, hat keinen Sinn. So etwas kann keiner spielen."

„Warum nicht?"

„Ein Schauspieler kann einen König spielen oder einen Minister oder einen Mörder oder einen Feldherrn, was ja auf dasselbe hinausläuft. Aber einen Sechstagefahrer oder einen Boxer zu spielen, dazu müßte er erst einmal ein paar Jahre trainieren. Dazu müßte er die Muskeln und den Gang und dieses, ja, was immer es ist, im Gesicht haben. Dann schreiben Sie eben kein Stück, sondern einen Roman. Aber etwas sollten Sie doch schreiben."

Ich schrieb auch keinen Roman; aber ich begann – und sicher hatte das mit dem erwähnten Gespräch zu tun – ein Buch zu schreiben, mein erstes. Es wurde ein Buch von neun Sportnovellen und hieß „Der Kampf meines Lebens". Es bekam sogar gute Kritiken, obwohl fast alle meine Kritiker meine Kollegen waren. Und es hatte auch einen gewissen kleinen Erfolg.

Da war auch immer und immer wieder das Theater. Ich ging nicht nur hin, wenn ich darüber schreiben mußte, ich ging fast immer, wenn mich etwas interessierte. Und mich interessierte viel. Ich war mit einigen Schauspielern bekannt, nicht zuletzt, weil wir ja alle in dem berühmten Schwannecke-Lokal verkehrten. Emil Jannings erzählte mir dort, er wolle eine meiner Sportnovellen verfilmen.

Es sollte nicht sein. Hitler kam dazwischen.

Ich sah auch Werner Krauss wieder öfter. Das war fast stets interessant, manchmal lustig, manchmal weniger. Er trank viel zuviel. Dann schimpfte er auch über die Juden. Ich fragte ihn: „Bist du schon in die Partei eingetreten?"

Das war er nicht, und das würde er auch nie tun, obwohl er später, viele Jahre später, im Film „Jud Süß" eine unrühmliche Rolle oder vielmehr deren fünf spielen sollte. Sein Antisemitismus hatte nichts Prinzipielles. Er hatte mit Max Reinhardt zu tun, den er liebte und haßte. Er war der Meinung, daß Reinhardt ihn nicht mochte, weil er ein „blonder Goy" war. Das stimmte natürlich keineswegs. Aber es stimmte schon, daß Reinhardt Krauss lange unterschätzte, daß Krauss bei ihm viele Rollen nicht bekam, die, wie er glaubte und wohl zu Recht glaubte, ihm zustanden. Aber schon Anfang der zwanziger Jahre wurde das anders. Und später war Krauss Reinhardts erster Schauspieler. Trotzdem: die Enttäuschung der ersten Jahre konnte er nie ganz vergessen.

Eines Abends sah ich Krauss in einem ungarischen Lokal unweit der Gedächtniskirche. Er winkte mich an seinen Tisch. Er sah gut aus, wie mir schien, zu gut. Er hatte ein kleines Bäuchlein und verzehrte mit großem Genuß ein sehr fettes Gulasch. Ich war entsetzt. „Übermorgen ist die Uraufführung vom ‚Hauptmann von Köpenick' ", sagte ich vorwurfsvoll.

„Wem sagst du das?"

Im „Hauptmann von Köpenick" spielte Krauss die Titelrolle, den fast verhungerten, eben entlassenen Sträfling. Ich antwortete: „Die Leute werden lachen."

„Woll'n mal sehen." Er aß ruhig weiter, ich hatte ihm den Appetit nicht verdorben.

Am Premierenabend saß ich im Parkett. Wenige Minuten nach Beginn des Stückes mußte Krauss auftreten, sehr schäbig angezogen und sehr schlecht aussehend, geradezu ausgemergelt. Er kam zaghaft herein und bettelte demütig um Arbeit, weil er nichts zu beißen hatte – übrigens in einem Herrenkleidergeschäft, nicht unähnlich der Firma G. Benedict, und wurde unsanft abgewiesen, ja hinausgeworfen.

Er machte ein paar Schritte nach vorn, und ich fühlte, wie meine Hände feucht wurden, denn ich fürchtete, daß er es nicht schaffen, sondern auf der Bühne zusammenbrechen würde. Und wußte doch, daß er eigentlich zu dick war und infolge von gutem Essen und Trinken durchaus nicht kraftlos.

Dies war große Schauspielkunst und die besondere und, wie mir schien und noch heute scheint, die einmalige Kunst von Werner Krauss. Er konnte dick sein oder dünn, groß oder klein, ganz wie er wollte, ganz wie die Rolle es verlangte. Wie machte er das? Ich habe ihn oft danach gefragt. Er hat dann immer die Achseln gezuckt. Vielleicht wußte nicht einmal er selbst es ganz genau. Es war eine Art Selbsthypnose. Und sicher wurden die Zuschauer von ihm hypnotisiert.

Da saß ich nun in irgendeinem Café in Prag, an meinem Tisch saßen andere Emigranten, die erst vor Tagen oder Wochen gekommen waren. Sie sprachen über Politik oder eigentlich über Hitler. Wie lange würde er es machen? Noch zwei Wochen? Noch vier? Pessimisten meinten, es könne ein Jahr dauern.

Und ich dachte eigentlich vor allem an die Vergangenheit. An die Abende in der Zeitung, die Premieren, die Nächte bei Schwannecke, die Stunden mit Ilse, die Sechstagerennen. Hatte ich denn nie begriffen, was da vor der Tür stand? Offenbar nicht.

Für mich gab es nicht einmal die Ausrede, die später alle für sich in Anspruch genommen haben. Ich hatte nämlich „Mein Kampf" gelesen, den ersten Band, schon bald nachdem er herausgekommen war. Er hatte einen gewissen Eindruck auf mich nicht verfehlt. Freilich, daß der Autor jemals an die Macht kommen würde, schien mir undenkbar.

Wir alle lebten so, als könne das nie geschehen. Weil nicht sein kann, was nicht sein darf. Dabei gab es Zeichen an der Wand. Die ständig wachsende Arbeitslosigkeit und Unzufriedenheit. Die alarmierenden, aufputschenden Reden Hitlers und seiner Getreuen. Die Saalschlachten zwischen den Nazis und den Kommunisten. Die ersten Straßenschlachten. Nein, es waren keine Schlachten. Da gingen ein Dutzend oder auch zwei oder drei Dutzend Nazis auf einen oder zwei Juden los. Das war ihr Stil. Damals hätte man schon spüren müssen, wie feige dieses Pack war. Und die Partei, die Partei der Feigen, wuchs.

Es war nicht so, daß man diesen Dingen und dem Wissen um sie nicht aus dem Wege gehen konnte. Und genau das hatte ich getan. Politik interessierte mich damals eben nicht, was schon aus dem Grunde falsch war, weil sich ja die Politik – die Nationalsozialistische Partei zum Beispiel – für mich zum Beispiel – interessierte.

Und eigentlich machte ich mir auch keine großen Gedanken, als Hitler nun an die Macht kam. Ich hatte den Umbruch der Zeitung an dem Abend des schicksalhaften 30. Januar 1933 und mußte den Artikel über den Fackelzug, den die SA oder SS oder beide ihm gebracht hatten, korrigieren, in Satz geben und dann umbrechen. Ich las diesen Bericht ohne das geringste Gefühl, ohne Besorgnis, das könne mich angehen, geschweige denn Angst, ganz professionell. Ich veränderte ein paar schwache Stellen und machte sie, wie ich glaube, stärker. Ich war mir der schrecklichen Bedeutung der

Stunde überhaupt nicht bewußt. Und dann fuhr ich noch gegen zwei Uhr zu Schwannecke.

Dort war man allerdings alles andere als ruhig. Unter den Berliner Journalisten gab es damals viele Juden. Und viele standen ziemlich weit links; einige, aber wirklich nur einige wenige, waren sogar Kommunisten. Sie sprachen, wie mir schien, alle auf einmal, doch, im Unterschied zu sonst, sehr, sehr gedämpft. Die Frage, die immer wieder auftauchte: „Was wird werden?"

Manche fuhren schon am nächsten oder übernächsten Tag ins Ausland, manche erst in den nächsten Wochen. Zu letzteren gehörte auch der Besitzer unserer Zeitung, Professor Walther Steinthal. Rolf Nürnberg legte lediglich seine Stellung nieder, er sagte, er habe einen diesbezüglichen Tip bekommen. Er blieb aber in Berlin, wo ihm in den nächsten Jahren seltsamerweise nichts geschah. Der Chefredakteur quittierte seine Stellung und verschwand – ich traf ihn später in Amerika wieder.

Wir bekamen einen neuen Chefredakteur, einen Nazi, der sich seines Verständnisses für Juden rühmte. Schließlich hatte er auch eine jüdische Frau. Von seinem Kind sprach er immer nur als „der arme Bastard"! Oder waren es zwei Bastarde? Jedenfalls schob dieses Schwein sie bald ab mitsamt der Mutter, die ja an allem schuld war. Er hieß Walter Kiehl und war fast immer besoffen. So mußte ich die Zeitung machen. Mußte ich? Nun, eine Zeitung, die ein paar Tage nicht erscheint oder gar eine Woche, ist tot.

Und obwohl es nicht leicht war, sie unter den gegebenen Umständen zu redigieren, machte mir die Sache seltsamerweise Spaß. Es war eine Art Sport, zu sehen, wie lange das gutgehen würde. Auch fühlte ich mich nicht bedroht; noch nicht. Rolf, den ich fast jeden Abend im „Romanischen" traf, mahnte: „Sei vorsichtig!" Ich oder vielmehr wir bauten eine Sicherung ein. Den Mann im Polizeipräsidium.

Im übrigen war ich erstaunlich unvorsichtig. Ich ging zum Beispiel, glaube ich, als einziger jüdischer Kritiker zur Premiere von „Schlageter", einem sehr schlechten Stück des begeisterten Nazis Hanns Johst. Als einziges ist mir davon in Erinnerung geblieben der Satz: „Wenn ich das Wort Kultur höre, entsichere ich meinen Revolver!" So war das ganze Stück. Ich verriß es. Die weibliche Hauptrolle spielte eine sowohl in Berlin als auch mir völlig unbekannte Schauspielerin namens Emmy Sonnemann; ich schrieb, sie sei eine elende Schauspielerin. Rolf ließ sich die Kritik, als ich sie gerade zu Ende diktiert hatte, am Telefon vorlesen. Dann sagte er zu mir: „Das mit der Sonnemann geht nicht. Weißt du denn nicht, daß sie die Freundin von Göring ist?"

Ich hatte es nicht gewußt, und es interessierte mich auch nicht sonderlich. Ich änderte die Kritik etwas, aber die Sonnemann kam noch schlecht genug dabei weg. Wegen so etwas kamen Menschen später ins KZ. Damals noch nicht.

Ich nahm mir ein zweites Mal „Mein Kampf" vor. Ich las das ganze Buch, diesmal die beiden Bände, in zwei Nächten. Und nun wußte ich Bescheid. Ich war natürlich nicht der einzige „Kluge" – aber wir, die manches, keineswegs alles vorhersahen, bildeten doch eine sehr kleine Minderheit. Zu ihr gehörte mein Onkel Max Straus, Generaldirektor der Plattenfirma Lindström – jetzt Electrola – und Mitbegründer der UFA im Jahre 1917. Unter jenen, die er protegiert hatte, war auch ein gescheiter Bankier, einige Zeit Mitglied der liberalen Deutsch-Demokratischen Partei, Hjalmar Schacht. Mein Onkel hatte auch mitgeholfen, ihn zum Präsidenten der Reichsbank zu machen, aber von diesem Posten trat er zurück, weil er sehr national geworden war, um nicht zu sagen nationalsozialistisch. Es war kein Geheimnis, daß er sich für Hitler einsetzte, als der noch nicht Reichskanzler war, und sich gelegentlich mit ihm photographieren ließ.

Diesen Schacht traf nun Onkel Max, als er mit mir die Potsdamer Straße entlangging. Es war ganz zufällig. Mein Onkel hielt Schacht an und fragte: „Nun, Herr Schacht, was sagen Sie jetzt?"

Der hagere Mann mit dem hohen Stehkragen verzog keine Miene: „Ja, für die Juden wird es wohl nicht ganz einfach werden?"

„Und was würden Sie mir raten?" fragte mein Onkel, der schon wußte, was er tun würde, und sich innerhalb der nächsten Wochen nach London absetzte.

„Wenn ich Sie wäre, würde ich mir einfach vorstellen, im Krieg gefallen zu sein." Sprach's und ging weiter. Ich vergaß diese Worte nie. Und ich sollte noch einmal Gelegenheit haben, sie zu wiederholen – Schacht gegenüber.

Nur ein paar Tage später berief meine Familie eine Art Sitzung ein, an der übrigens Onkel Max nicht mehr teilnahm. Sie fand in der Dahlemer Villa des Mannes einer meiner Kusinen statt. Wir waren unser zwanzig, nur Männer. Alle meine Verwandten waren Kaufleute, ich bildete die Ausnahme. Sie waren alle sehr ernst und nicht ohne Besorgnis, aber sie waren nicht besorgt genug. Niemand glaubte so recht, daß über das hinaus, was bereits geschehen war – es handelte sich im wesentlichen um die Verhaftungen von Kommunisten und Sozialisten – noch viel passieren würde. Und ihnen selbst würde überhaupt nichts geschehen. Das mit dem Antisemitismus, das war doch Wahlpropaganda! Das würde jetzt abgestellt werden, dafür würde auch Hindenburg sorgen. Manche der Anwesenden hatten im Weltkrieg für Deutschland gekämpft, hatten Auszeichnungen erhalten. Das mußten die Nazis respektieren! Und überhaupt – wie lange würde der Spuk dauern?

Ich meldete mich zu Wort. Ich sei ganz anderer Ansicht.

„Ich habe ‚Mein Kampf' gelesen!" Es stellte sich heraus, daß ich der einzige der hier Versammelten war, der das getan hatte. „Glaubt mir, dieser Bursche meint es ernst. Mit seinem Antisemitismus und mit allem anderen."

Gequältes Lächeln. Was ich denn vorschlüge?

„Verkauft eure Geschäfte. Nehmt euer Geld und geht ins Ausland."

„Aber wir sind doch Deutsche!" protestierten sie. Und ihre Geschäfte verkaufen! Die gingen doch sehr gut. Und wenn sie auswanderten, müßten sie Reichsfluchtsteuern bezahlen. Man bedenke: Fünfundzwanzig Prozent!

„Das ist noch billig", bemerkte ich sehr richtig.

Ein Sturm brach los. „Journalisten übertreiben immer!" Das war des Pudels Kern. Sie mochten mich zwar, einige hielten mich sogar für ganz intelligent, aber ich war schließlich doch nur ein Journalist, nicht wie sie, nicht mit praktischen Lebens-, sprich Geschäftserfahrungen. Ich konnte einfach nicht ganz ernst genommen werden.

Manche von ihnen sah ich an diesem Abend zum letzten Mal. Einige retteten dann doch noch sich selbst und die Ihren, freilich unter Zurücklassung von viel mehr als fünfundzwanzig Prozent ihrer Habe. Einige standen eines Tages mit zehn Mark an irgendeiner Grenze, mehr hatten sie nicht mitnehmen dürfen. Zwei erschossen sich, einer davon, nachdem er Frau und Kind getötet hatte. Viele wurden in dem einen oder anderen KZ umgebracht.

Zweiundvierzig Mitglieder meiner Familie wurden ermordet, darunter einige, die man während des Krieges in Holland, Belgien und Frankreich, oder wohin sie sonst geflüchtet waren, aufgriff.

Es gab schon jetzt Leute, die mich gut kannten und nun nicht mehr kennen wollten, die auf der Straße ostentativ in eine andere Richtung blickten oder durch mich hindurchsahen. Einer von ihnen war der Kritiker Herbert Ihering, mit dem ich gut stand, oder es wenigstens glaubte. Er hatte sich immer sehr links gegeben, und das sollte er wieder tun, als der Krieg zu Ende war. Inzwischen hatte er versucht, sich mit den Nazis anzubiedern, was freilich mißlang – nicht sein Verdienst, sondern das ihre.

Nach dem Krieg kannten mich überhaupt viele wieder. Und viele wunderten sich darüber, daß ich ihnen keine Care-Pakete geschickt hatte. „Wo du doch weißt, wie schlecht es uns geht!" Überflüssig zu sagen, daß keiner von ihnen je daran gedacht hatte, mir ein Paket oder auch nur eine Postkarte zu senden, als ich ins Ausland fliehen mußte.

Ein paar Tage nach dem Familientreffen kam Ewald zu mir. Wir hatten uns in der letzten Zeit wenig gesehen. Er war als Assistenzarzt in Dresden an einer Staatlichen Psychiatrischen Klinik und hatte geheiratet. Schon nach ein paar Wochen Hitler-Regime hatte ihn der Chefarzt kommen lassen. „Wir waren ja sehr zufrieden mit Ihnen, Herr Kollege, aber . . ." Kurz, fristlose Kündigung, Rausschmiß.

Ewald beschloß, mit seiner Frau nach Palästina zu gehen. Ich brachte ihn zum Bahnhof. Wir waren ernst. Die Frau und auch seine Mutter weinten. „Nun", meinte ich, „wir werden uns bald wiedersehen."

„Du glaubst doch nicht, daß dies hier so schnell zu Ende geht?"

„Nein, aber ich glaube, daß meine Tage hier gezählt sind."

Damit hatte ich recht. Nicht recht hatte ich, was das Wiedersehen mit ihm anging. Das sollte erst dreißig Jahre später stattfinden.

Einige Tage später fuhr ich – allerdings nur für zwei Tage – nach Seefeld in Tirol. Dorthin hatte mich der Besitzer des „12-Uhr-Blattes", Steinthal, gebeten, der immer noch glaubte, daß er etwas besäße, und der mit mir die „Lage" besprechen wollte. Als ich dem Schlafwagen entstieg und sein Hotel betrat, sagte man mir, er würde in wenigen Minuten herunterkommen, ich solle im Frühstückszimmer auf ihn warten.

Das tat ich und schlug das aus Berlin mitgebrachte „Berliner Tageblatt" auf.

„Sie kommen aus Berlin?" fragte mich eine mir bekannte Stimme. Und: „Sie haben das ‚Berliner Tageblatt' mitgebracht?"

„Ja, die letzte Ausgabe. Ich kaufte sie mir auf dem Bahnhof, bin aber noch nicht dazu gekommen, sie zu lesen."

Es war Theodor Wolff, mit dem ich sprach. Ich stand auf und reichte ihm das Blatt. Er warf nur einen Blick auf die Zeitung und verfärbte sich. „Ach, nun haben sie auch meinen Namen fortgelassen."

Es war in der Tat die erste Ausgabe des „Berliner Tageblatts", auf deren Titelseite der Name des „lebenslänglichen" Chefredakteurs fehlte. Ich schwieg. Der bedeutendste Zeitungsmann Deutschlands wurde nun totgeschwiegen. Ich hatte das Gefühl, einen in gewisser Beziehung historischen Moment zu erleben.

Und nun, ein paar Wochen später nur, war ich, wie Theodor Wolff, selbst emigriert. Ich wandelte durch die Straßen von Prag. Ich setzte mich in ein Kino und sah mir die Wochenschau an. Hitler und immer wieder Hitler! Ich versuchte zu ergründen – das hatte ich schon vorher getan und würde es immer wieder versuchen –, worin die Faszination dieses Mannes bestand. Er sah keineswegs gut oder gar bedeutend aus. Er hatte eine unerträglich rauhe Stimme, und sein Deutsch war das eines kleinen, ungebildeten Österreichers.

Nach vier oder fünf Tagen brachte mir ein Bekannter, ein nichtjüdischer Kaufmann, der immer mal in Prag zu tun hatte, meinen Paß und andere Papiere, Wäsche und Anzüge, die Ilse schnell gepackt hatte. Das Allernotwendigste und vielleicht ein bißchen mehr. Ich wollte die Koffer erst gar nicht auspacken. Sollte ich bleiben? Sollte ich weiterfahren? Und wohin?

Später habe ich oft darüber nachgedacht, welche Gefühle mich damals bewegten. Heimweh, wie es jetzt schon viele Emigranten fühlten – nein, Heimweh hatte ich nicht. Angst? Noch nicht. Eher fühlte ich eine gewisse Unsicherheit. Und Neugier. Mein Leben, unser aller Leben, war nun so voller Geheimnisse.

Ich war frei – und allein. Die Zukunft war wie eine unendliche, mir unbekannte Landschaft.

Teil III
EMIGRATION

12
Paris

Ich hatte Thomas Mann seit meiner Studentenzeit in München nicht mehr gesehen, es sei denn gelegentlich eines seiner Vorträge oder bei einem Empfang, aber auch da nur von weitem. Und nun besuchte ich ihn, ein gutes Jahr nach meiner Flucht aus Berlin, in Zürich. Eigentlich war es Küßnacht am Zürichsee, wo er eine geräumige Villa gemietet hatte. Es war auch genaugenommen kein Besuch im landläufigen Sinn, eher die Beantwortung eines Hilferufs. Klaus Mann hatte ihn – übrigens in Paris – ausgestoßen: „Du mußt mit meinem Vater reden! Vielleicht hört er auf dich. Auf mich und Eri (das war Erika) will er nicht hören!"

Die Sache war die: Klaus und Erika hatten Deutschland bald nach Hitlers Machtergreifung verlassen. Klaus gründete eine Anti-Hitler-Zeitschrift in Amsterdam, die nur ein kurzes Leben fristete, Erika rief ein Kabarett „Die Pfeffermühle" mit gleichen Tendenzen ins Leben und spielte allabendlich mit Therese Giehse und anderen, erstaunlicherweise sogar noch eine Zeitlang in München, dann in Prag, in Zürich, in holländischen Städten – überall, wo es überhaupt möglich war. Ungefährlich war es nirgends, denn es gab in jeder Stadt Sympathisanten der neuen deutschen Machthaber: in Zürich zum Beispiel kam es zu wahren Straßenschlachten vor dem Kabarett.

Thomas Mann hatte sich, als Hitler kam, auf einer Winterreise im Engadin befunden. Er war also nicht eigentlich emigriert, sondern nur nicht nach Hause zurückgekehrt. „Er schwankt immer noch!" verriet mir seine Frau, die schöne und ungemein gescheite Katja. „Sie müssen ihm zureden. Er darf doch nicht mehr zurück!"

Thomas Mann schwankte in der Tat. Die Entscheidung fiel ihm nicht leicht. Man sah es ihm an – er war grau im Gesicht, als er mich empfing. Gewiß, da waren Erika und Klaus, die sich bereits festgelegt hatten und schon ausgebürgert waren. Aber er? Seine jüdische Frau hätte man einem Mann seiner Position doch wohl „verziehen". Ich war dessen nicht so sicher und sagte es ihm auch. Und schließlich hatte man bereits sein Münchner Haus verwüstet, ausgeraubt und beschlagnahmt. Und die Nazizeitungen hatten ihn in den letzten Jahren, auch schon vor der Machtergreifung, recht brutal angegriffen.

Zwar ließ ihn Goebbels mehrmals wissen, ihm werde, wenn er erst zurückgekehrt sei, kein Haar gekrümmt werden. Freilich, meiner Ansicht nach begab er sich in Gefahr, sobald er über die deutsche Grenze ging.

„Und meine Gemeinde? Meine Leser? Kann ich sie im Stich lassen?" Er war ratlos. „Ich gehöre ja nicht nur mir selbst."

„Sie gehören uns! Uns, die wir draußen sind!"

Ich hatte diese Worte ausgerufen, ohne sie mir zu überlegen. Ich hatte das Wort „uns" gebraucht und mich so zu einer Gemeinschaft geschlagen, zu der ich eigentlich gar nicht gehörte: der Gemeinschaft der Emigranten.

In Prag hatte ich mich nicht als Emigrant gefühlt, geschweige denn als Ausgestoßener. In die Schweiz war ich vorerst gar nicht gefahren, weil man von allen Seiten hörte, daß es dort fast unmöglich sei, eine Aufenthaltserlaubnis zu erhalten.

In Prag gab es keine Arbeitserlaubnis, geschweige denn Arbeit. In Wien, wohin ich dann fuhr, war die Situation ähnlich, nur noch deprimierender. Denn unter den Österreichern gab es viele geheime Nazis oder zumindest Sympathisanten, schon allein deshalb, weil viele Österreicher Antisemiten waren.

Als ich von Wien aus nach Paris fuhr, glaubte ich noch immer, mich auf einer Reise, auf einer Entdeckungsfahrt zu befinden. Ich war keineswegs ängstlich, eher neugierig. Erst als ich in Paris landete und mir ein Zimmer nahm in einem Hotel in der Nähe der Gare de l'Est, das ich bei früheren Besuchen nicht einmal eines Blickes gewürdigt hätte; und als ich dann in dem winzigen Zimmer saß und durch die schlecht geputzten Fensterscheiben auf Häuserwände und Dächer sah, überkam mich sehr plötzlich und ohne Vorwarnung die nackte Verzweiflung.

Zum ersten Mal begriff ich meine Lage ganz. Zum ersten Mal wurde die Frage dringend: Was nun? Zum ersten Mal wurde mir klar: dies war keine Reise, dies würde lange dauern. Es würde vielleicht mein ganzes Leben lang dauern.

Ich stand vor dem Nichts.

Übrigens: diese Verzweiflung hielt nicht lange an. Einen, zwei Tage vielleicht, in denen ich mich kaum aus dem ärmlichen Hotel hinauswagte. Selbst die Mahlzeiten nahm ich dort ein. Dann – Nun, es wäre falsch zu sagen, ich hätte mich zusammengerissen. Alles geschah ohne mein Zutun. Ich entschloß mich, etwas zu unternehmen. Irgend etwas. Als erstes suchte ich mir eine andere, weniger deprimierende Bleibe. Und fand sie auch in einer Art Apartmenthaus – es war, wie ich später herausfand, auch ein Stundenhotel – unweit der Place des Ternes und den Champs Elysées. Das Zimmer mit Bad war eigentlich viel zu teuer für mich, aber ich würde eben anderswo sparen müssen, bis ich wieder Geld verdiente.

Aber wie? Und wo? Ich hatte vorerst keine Ahnung. Und die Menschen, die ich traf, hätten mir auch kaum raten, geschweige denn eine Stellung besorgen können. Es waren durchwegs Emigranten. Ich fand sie – sie fanden einander – in den ungezählten Cafés an und in der Gegend der Champs Elysées. Eine Tasse Kaffee oder auch ein Cognac, das war für jeden noch erschwinglich.

Wir redeten. Wir redeten unaufhörlich. Und natürlich fast immer nur über Deutschland. Was hatte heute wieder in den Zeitungen gestanden? Hitler hatte dieses gesagt, Göring jenes angeordnet, Goebbels eine wichtige Rede gehalten. Wir hielten für unsinnig, was die neuen Machthaber von sich gaben. Wir hielten auch, was immer sie sagten, für ein Zeichen ihrer Unsicherheit – wobei wir gelegentlich recht hatten, meist aber unrecht. Was wir nicht begriffen, war, daß das deutsche Volk diese Männer ernst nahm und, schlimmer noch, daß man sie im Ausland hinnahm.

Trotzdem war die Mehrzahl der Emigranten, wie schon in Prag und Wien, überzeugt, der Spuk – diesen Begriff führten wir dauernd im Munde – würde sehr schnell vorübergehen. Manche bedauerten schon, überhaupt abgereist zu sein. „Das Reisegeld hätten wir uns sparen können!" Und das, obwohl wir täglich von Verhaftungen lasen und in der nichtdeutschen Presse von politischen Morden und bald auch von Konzentrationslagern, unter denen wir uns vorerst nichts Rechtes vorstellen konnten.

Manche Emigranten packten ihre Koffer erst gar nicht aus. Sie waren fast sicher, daß der Umschwung in Deutschland, wie immer er aussehen mochte, schon morgen eine vollendete Tatsache sein würde. Dann mußte man so schnell wie möglich zurück! In die Heimat – so nannten die meisten Deutschland noch immer. Sie hatten auch Heimweh. Später, viel später, während des Krieges wurde Erich Maria Remarque in Hollywood einmal gefragt, ob er kein Heimweh nach Deutschland habe. Er antwortete: „Warum? Ich bin doch kein Jude!"

Zynisch? Es war mehr als ein Körnchen Wahrheit in seinen Worten.

Es gab Emigranten – und viele davon waren ehemals bekannte Persönlichkeiten –, die aus lauter Ratlosigkeit Angst hatten, irgend etwas irgendwo zu versäumen, die dauernd Pläne schmiedeten – und gleich viele auf einmal, die das Gefühl hatten, irgend etwas unternehmen zu müssen, und zwar besser heute als morgen, aber nicht recht wußten, was. Sie waren völlig verwirrt und schon daher zu irgendwelchen Entschlüssen unfähig. Da sie keinen Fehler machen wollten, blieben sie in ihren zahllosen Plänen stecken.

Ich denke da etwa an den früheren Besitzer des „12-Uhr-Blattes", also an meinen bisherigen Chef. Er war entzückt, mich auf den Champs Elysées zu treffen. Seine ersten Worte: „Wir müssen eine Zeitung machen!" Das ehrte mich natürlich. Schließlich war ich ja nur einer seiner Redakteure gewesen und keineswegs einer, der je eine Zeitung „gemacht" hatte. Ich dachte, er hätte schon Verhandlungen geführt, Druckereien zur Hand, Redakteure und Mitarbeiter engagiert. Nichts von alledem. Er konnte nicht einmal passabel französisch sprechen.

Um diese Zeit erreichte mich noch eine weitere recht erstaunliche Nachricht aus Berlin – von einem der Brüder Ullstein. Ob ich nicht Lust hätte, mit ihm in Zürich die „B. Z. am Mittag" herauszubringen? Wiederum fühlte ich mich sehr geehrt. Ich fuhr nach Zürich. Um die Frage der Bewilligung einer solchen Zeitung kümmerte ich mich erst gar nicht, ich hatte naiverweise vermutet, die hätte der alte Hase der Zeitungsbranche längst in der Tasche.

Er hatte aber nicht. Es kostete mich genau einen Tag, um festzustellen, daß und warum ein Boulevardblatt, das um die Mittagszeit herauskommt, in Zürich und überhaupt in der Schweiz unmöglich sei. Dort war eben zwischen zwölf und zwei Uhr mittags kein Mensch auf der Straße, um eine Zeitung zu kaufen oder gar zu lesen. Alle befanden sich zu Hause, um in Ruhe ihr Mittagessen einzunehmen.

Übrigens war es ein ungeschriebenes Gesetz in der Schweiz, daß ein Ausländer weder eine Zeitung besitzen noch auch sie nur leiten dürfe. Auch das hätte man in Berlin eigentlich wissen müssen. Ich erfuhr es erst viel später, lange nach dem Krieg und eher zufällig, denn ich hatte nie die Absicht, in der Schweiz eine Zeitung zu „machen".

Walther Steinthal ließ die Idee einer Pariser Zeitung schon nach ein paar Tagen wieder fallen. Er kam mit immer neuen Ideen, besser: er hatte immer von neuen Ideen gehört. Da war einer, der wollte eine Wäscherei aufmachen. Eine Schnellbügelanstalt! Ein Restaurant mit – ausgerechnet – Berliner Spezialitäten. Steinthal rief mich drei- oder vier- oder auch fünfmal am Tag an, er mußte mich immer ganz dringend sprechen, es handelte sich jeweils um einen neuen Plan – und aus keinem wurde etwas.

Ich verlor ihn schließlich aus den Augen. Viele Jahre später sah ich ihn noch einmal in Zürich, er verhandelte dort mit irgend jemandem, es war wieder so ein ganz unrealistisches Projekt. Und dann, schon zu Beginn des Krieges, sah ich ihn in Ellis Island wieder, wo er bei dem Versuch, in die Vereinigten Staaten einzuwandern, zwecks Überprüfung seiner Papiere festgehalten wurde. Er hatte mich als Referenz angegeben. Es gelang mir, ihn loszueisen. Er zog dann weiter, nach San Francisco, wo er an einer Universität einen Lehrstuhl bekam und über Moses und die Geschichte der Juden las. Ich war erstaunt. Ich hatte niemals gewußt, daß er sich mit Geschichte abgab, vermutlich hatte er es auch früher nie getan. Ein Projekt, das glückte.

Wieder einige Jahre später, schon nach Beendigung des Krieges, erreichte mich ein Brief von ihm in Berlin. Er habe Amerika gründlich satt, er wolle nach Deutschland zurück, ob ich ihm wohl eine Stellung besorgen könne. Es ging damals weniger um die Stellung als darum, die alliierten Behörden zu veranlassen, seiner Rückkehr zuzustimmen. Meine ermutigende Antwort kreuzte sich mit der Nachricht von seinem plötzlichen Tod.

Eigentlich gab es damals in Paris nur wenige Emigranten, die sich darauf einrichteten, daß sie vielleicht nie wieder nach Deutschland zurückkehren könnten. Zu diesen gehörten vor allem die jungen Leute vom Film, die seltsamerweise – oder vielleicht war es gar nicht so seltsam – in einem zweitklassigen Hotel, „Ansonia", unweit vom Arc de Triomphe, lebten. Das waren Billy Wilder, der Komponist Franz Waxmann, Peter Lorre, Hans Lustig, bisher Journalist bei Ullstein, der Musiker Allan Grey, trotz seines englischen Namens ein Deutscher und ein Spezialist für Filmmusik, und andere mehr. Billy Wilder, der bisher nur Drehbücher geschrieben hatte, gelang es, einen französischen Film auf die Beine zu stellen, sich selbst zum ersten Mal als Regisseur zu betätigen und ein völlig unbekanntes und vom französischen Film bisher nicht beachtetes blutjunges Mädchen namens Danielle Darieux in der Hauptrolle herauszubringen. Es wurde übrigens ein gewisser Erfolg.

Die Leute aus dem „Ansonia" hatten keineswegs den Wunsch, nach Deutschland zurückzukehren. Sie wollten Hollywood erreichen. Das schien anfangs eine ganz aussichtslose Sache zu sein; man hielt in Hollywood nicht viel vom deutschen Film – trotz Lubitsch. Aber der Sprung gelang ihnen allen.

Fritz Lang war übrigens auch in Paris, aber, da arriviert, wohnte er in einem der ersten Hotels und drehte auch bald mit dem schon bekannten Schauspieler Charles Boyer, den er aber für den Film entdeckte. Lang, der Anfang der zwanziger Jahre die „Nibelungen" inszeniert hatte, war von Goebbels dazu ausersehen gewesen, eine Art Filmzar des Dritten Reichs zu werden. Aber er wartete nicht ab, bis der Propagandaminister herausbekam, daß er so arisch nicht war, sondern nahm nach seiner ersten und letzten Konferenz mit Goebbels den nächsten Zug nach Paris. Er war nicht einmal in seine Wohnung zurückgekehrt, um auch nur das Notwendigste zu packen.

Auch unter den Journalisten gab es einige, die nicht recht an eine Rückkehr glaubten; vor allem die politischen Emigranten, also die Kommunisten. Da war Willi Münzenberg, Herausgeber verschiedener kommunistischer Zeitungen in Berlin. Er saß in einem kleinen Büro auf dem linken Ufer der Seine und machte zusammen mit Otto Katz, dem ehemaligen Verwaltungsdirektor der kommunistischen Piscator-Bühne, das sogenannte Braunbuch, dem einige weitere folgten: Sammlungen von Missetaten der Nazis. Das Gute, ja Beispielhafte an dem Unternehmen war, daß hier zum ersten Mal versucht wurde, die Naziverbrechen – natürlich die der ersten Zeit – systematisch gesammelt zu publizieren. Das schlimme war, daß die Braunbücher keineswegs verläßlich waren. Man konnte das den Herausgebern nicht allzusehr anlasten. Sie hatten ja keine Möglichkeit, die Meldungen, die sie auf mehr oder weniger illegale Weise erhielten, auf ihre Richtigkeit hin zu prüfen, etwa durch Rückfrage bei den Nazibehörden.

Wie dem auch sei: die nach Deutschland eingeschleusten Exemplare der Braunbücher ließen die Leute erschauern, teils durch ihren Inhalt, teils aber auch, weil es nahezu lebensgefährlich war, dergleichen im Dritten Reich zu lesen.

Das galt in gewissem Sinne auch für die Produktionen des Züricher Buchhändlers und Verlegers Emil Oprecht, der bald nach Hitlers Machtergreifung begonnen hatte, im Reich verbrannte oder verbotene Bücher wieder herauszubringen und auch die neuen der in Deutschland verfemten Autoren. Sein Europa-Verlag sollte in den nächsten Jahren der wichtigste Emigrationsverlag werden – übrigens nicht zuletzt dank der Mitwirkung seiner mutigen und zu allem entschlossenen Frau Emmie –, denn auch in der Schweiz wühlten die Nazis und protestierten in Bern gegen die Aktivitäten Oprechts.

Von den emigrierten Journalisten waren die wichtigsten: Georg Bernhard, bis vor kurzem Chefredakteur der „Vossischen Zeitung" in Berlin; er gründete zusammen mit Kurt Caro, ehemals Chef der „Berliner Volkszeitung", das „Pariser Tageblatt", das täglich vierseitig erschien. Leopold Schwarzschild, bisher Herausgeber und Leitartikler der bemerkenswert klugen, politisch liberalen Wochenzeitschrift „Das Tagebuch", publizierte nun in Paris „Das Neue Tagebuch". Obwohl mehr als beschränkt in ihren Mitteln, brachten diese Blätter verläßlichere Informationen über das Dritte Reich als die großen Pariser Zeitungen.

Aber wer las sie schon? Ich behauptete zynisch, und hatte nicht so unrecht: „Die Redakteure des ‚Pariser Tageblatts' lesen das ‚Neue Tagebuch', und dessen Redakteure lesen das ‚Pariser Tageblatt'." Vielleicht wurden diese beiden Publikationen auch am Quai d'Orsay überflogen oder in der Downing Street, aber Einfluß auf die öffentliche Meinung hatten sie – leider – nie und nirgends.

Das war wohl einer der Gründe, warum ich gar nicht erst versuchte, dort unterzukommen, was mir wohl auch kaum gelungen wäre. Und obwohl ich nicht wußte, nicht wissen konnte, was aus mir werden würde – unglücklich war ich eigentlich in dieser Zeit nicht.

Das hatte viele Gründe. Der entscheidende war wohl mein völliger Mangel an Heimweh. O ja, ich sehnte mich wohl oft nach dem Berlin der zwanziger Jahre zurück – aber ich machte mir nicht vor, daß es noch existiere. Ich war unsentimental genug, mich nicht in eine Stadt, in ein Land zurückzuwünschen, das es zumindest bis auf weiteres nicht mehr gab. Nach der Gesellschaft von SS- und SA-Männern gelüstete es mich nicht.

Ein anderer Grund für meine eigentlich unbegründbar gute Laune war wohl meine Jugend. Ich fühlte, ich könne noch alles schaffen. Da gab es für mich keinerlei Zweifel, obwohl ich eigentlich viele hätte hegen sollen. Und dann: Paris! Ich kannte es ja von vielen Reisen, aber erst jetzt lernte ich das Paris des Alltags kennen und das der kleinen Leute. Ich frühstückte wie sie an der Bar einer kleinen Kneipe – Kaffee und Brioches. Ich wanderte durch die Straßen und bemerkte vielleicht zum ersten Mal, wie herrlich Paris war. Nicht das Paris der Museen, nicht das Paris der berühmten historischen Plätze, nicht das repräsentative Paris der weltbekannten Bauten, sondern das Paris der engen Gäßchen und der winzigen Geschäfte und der Bistros und der kleinen Dirnen ... Die Hallen, wo man spät nachts oder sehr früh am Morgen Zwiebelsuppe aß ... Die Cafés am linken Ufer ... Die ganz unansehnlichen Feinschmeckerlokale, wo man nur Einheimische traf, ja, eigentlich nur Bewohner des betreffenden Quartiers ... Die Studiokinos, wo man besondere Filme zu sehen bekam – sehr alte und ultramoderne –, die nie an die großen Boulevards gelangten.

Paris war eine gute Stadt – warm und herzlich, wenn man die kleinen Pariser kannte. Ich konnte mir kaum vorstellen, noch anderswo zu leben als hier. Von Hitler verbannt? Ins Paradies verbannt! Es dauerte lange, bis ich wieder die Panik, die Angst, ja ich darf wohl sagen die Lebensangst, der ersten Pariser Hotelnacht nachfühlen konnte. Paris war herrlich und – nach wenigen Wochen schon – mir eine Art Zuhause geworden.

Das war nicht zuletzt Edgar zuzuschreiben. Edgar, mit dem Nachnamen Katz, stammte aus Essen, war wie ich Sportjournalist gewesen, und da er für eine staatliche Agentur – ich glaube, es war die Telegraphen-Union – arbeitete, war er sehr bald nach der Machtergreifung entlassen worden, fristlos natürlich, und hatte sich nach Paris abgesetzt. Er hatte wohl nie über anderes als Sport geschrieben, aber im Unterschied zu mir verstand er sehr viel davon. Und er konnte sehr leicht und mit einem gewissen Charme schreiben. Ich hatte ihn irgendwo kennengelernt. Während eines Sechstagerennens oder einer Tennisveranstaltung; aber er gehörte eben ins Rheinland und ich nach Berlin.

Nun waren wir beide in Paris. Wir wurden bald Freunde. Wir hatten das Bedürfnis, mit jemandem zu sprechen. Das war wichtiger als das, worüber wir sprachen. Vor allem über Sport. Wenn wir das taten, konnte man glauben, das Schicksal der Welt hinge von dem Ausgang eines Matches oder der augenblicklichen Form eines Tennisstars ab. Es ist mir noch erinnerlich, aber kaum nachfühlbar, daß wir stundenlang das, was wir gesehen hatten, analysierten: Wenn der Tennisspieler X in diesem Augenblick ans Netz gegangen wäre ... Wenn der Fußballspieler Y, anstatt mitzustürmen ...

Sonst hatten Edgar und ich wenig Gemeinsames – so schien es mir jedenfalls. Es dauerte Jahre, bis ich entdeckte, daß der kleine, etwas dickliche junge Mann mit der schweren Brille und dem schwarzen krausen Haar hochgebildet war, Shakespeare und Balzac immer wieder las und sich intensiv mit Schopenhauer beschäftigte. Mein Interesse am Theater teilte er nur mit Maßen, meine Begeisterung für Musik noch weniger. Kein Wunder bei dem damals deplorablen Standard der Pariser Opernhäuser. Gemeinsam hatten wir allerdings die Vorliebe, gut zu essen. Edgar besaß die Fähigkeit, ungeheure Mengen zu vertilgen, was damals in Paris nicht allzu kostspielig war, da man etwa auch in den bescheidensten Restaurants Hors d'oeuvres à discretion vorgesetzt bekam. Er kompensierte seine Freßsucht durch eine ebenso maßlose chronische Hypochondrie. Immer tat ihm etwas weh, immer war er eigentlich krank und hätte überhaupt nichts essen dürfen, bedurfte aber auch während dieser Krisen keinerlei Zuspruchs, es doch zu tun.

Wie oft saßen wir auf der Terrasse irgendeines Cafés, betrachteten die Passanten, diskutierten über dies und das; selten über Mädchen, seltener noch – dies war eigentlich merkwürdig – über Politik. Wir waren Hitler entkommen – so dachten wir jedenfalls. Sollten die in Deutschland doch sehen, wie sie mit ihm auskamen, oder ihn gefälligst abschaffen ...

Einmal marschierten einige hundert französische Soldaten den Boulevard hinunter und an uns vorbei. Marschierten? Sie schlenderten.

„Wie schön, daß sie nicht so stramm marschieren!" meinte ich. Wie ich mich entsinne, rauchte sogar der eine oder andere Soldat, wenn auch diskret, das heißt, er hielt die Zigarette durch die Hand fast verdeckt.

„Wir sind eben in einem zivilisierten Land", kommentierte Edgar. Er hatte zweifellos recht. Freilich, dieses Land sollte bitter dafür bezahlen, daß seine Soldaten so wenig Begeisterung beim Marschieren zeigten. Wir übrigens auch, Edgar und ich.

Edgar war indirekt schuld an meiner nun beginnenden, sehr bescheiden beginnenden Karriere. Da er früher als ich in Paris eingetroffen war, hatte er sich die Stellung eines Pariser Sportkorrespondenten für fast alle in Frage kommenden Zeitungen, die zwar nicht in Deutschland, aber in deutscher Sprache erschienen, gesichert. Das war vor allem der in Zürich dreimal pro Woche erscheinende „Sport", dessen Redakteure, besonders der ungemein emsige Walther Jacob, gern den Emigranten etwas abnahmen. Mir blieb dort nur der Radsport. Das war – trotz Tour de France – zu wenig, um davon zu leben. Ich durfte auch noch ein bißchen für österreichische und holländische Blätter über Sport schreiben – aber was konnten die denn zahlen?

So nahm ich all meinen Mut zusammen und ging zum „Paris-soir". Das war ein Boulevardblatt, das seinem Namen zum Trotz schon im Laufe des Vormittags erschien, und zwar mit einer Troisième Edition – eine erste und zweite gab es wohl nie – und dann immer wieder den ganzen Tag hindurch, um schließlich mit einer Sixième und dann mit einer Dernière Edition zu schließen, die erst in den frühen Abendstunden herauskam.

„Paris-soir" war wie „Paris-midi" noch vor wenigen Jahren ein Blatt ohne Bedeutung gewesen und dann von einem Industriellen namens Jean Prouvost gekauft worden. Der hatte einem kleinen, schmalbrüstigen Jüngling – zweiundzwanzig oder dreiundzwanzig Jahre alt, bis dahin Presseagent des Revuestars Mistinguett – den „Paris-midi" übergeben. Sein Name: Pierre Lazareff. Und im Handumdrehen war „Paris-midi" ein lesbares und bald auch sehr viel gelesenes Blatt geworden.

Was Pierre Lazareff dann mit dem „Paris-soir" anstellte, war schiere Zauberei und wurde Zeitungsgeschichte. In wenigen Jahren avancierte er nicht nur zum gelesensten Blatt Frankreichs, sondern des europäischen Kontinents.

Der Sport spielte schon damals für die Auflage des „Paris-midi" eine gewisse Rolle. „Paris-soir" sahnte in dieser Beziehung ab. Bisher waren – um nur ein Beispiel zu nennen – Ergebnisse einer Etappe der die ganze Nation erschütternden Tour de France erst in den Morgenblättern des folgenden Tages erschienen. „Paris-soir" konnte sie mitsamt dem Rennbericht noch am Abend desselben Tages bringen. Die anderen Pariser Blätter ließen sich die Berichte – etwa einen Boxkampf in Marseille – mit Eilbriefen zusenden. „Paris-soir" erhielt sie telephonisch noch in der Nacht, und am Morgen waren sie auf der Straße, und am folgenden Nachmittag die Fußballberichte aus ganz Frankreich.

Während meiner Berliner Sportjournalistenzeit war ich oft im Ausland gewesen, um über Sportereignisse zu schreiben, vor allem in London und öfter noch in Paris. Dort lernte ich die prominentesten ausländischen Sportjournalisten kennen. Sie waren zum Teil recht seltsame Käuze. Während der Tour de France zum Beispiel überlegten gewisse französische Kollegen sich schon nach jedem Start, wo sie am Mittag die Fahrt, das heißt die Autofahrt hinter den Radfahrern her, unterbrechen sollten. Sportliche Gründe – etwa eine lange Fahrt durch ebenes Gelände, wo vermutlich nichts von Belang sich ereignen würde und man mit gutem Gewissen Halt machen und etwas essen konnte? Nein, dergleichen spielte nicht mit. Wichtig war nur: Wo aß man am besten? Alle Routiniers der Tour waren verfressen, wie mir schien, und alle hatten ihre Geheimtips, kleine Lokale in Seitenstraßen von Städten, wo man die beste Gänseleberpastete bekam oder ein Ragout aus Hummern oder irgend etwas, was es sonst nirgends gab, zumindest nirgends so gut; gegen Mittag fand ein veritables Wettrennen der Presseautos statt, um vor den anderen an Ort und Stelle zu sein – die Geschlagenen brachen dann fast zusammen, wenn sie feststellen mußten, daß die drei oder vier Tische des betreffenden Geheim-Gourmet-Lokals schon besetzt waren. Sie mußten nun – o herbes Geschick! – „irgendwo" „irgendwas" zu Mittag essen.

Oder da war der italienische Sportjournalist, der – das war in Brüssel – einen veritablen Weinkrampf bekam, als ein italienischer Boxer in der ersten Runde durch k. o. verlor. Der Boxer heulte übrigens auch und, wie mir schien, mit mehr Grund. „Il Duce wird mich aufhängen lassen", schluchzte er, was aber dann doch nicht geschah. Oder da waren die beiden Italiener, die bei einem mörderischen Straßenrennen Paris – Roubaix – Paris, das nur von wenigen Radfahrern, wie ich mich erinnere, ohne Unterbrechung in etwa sechsunddreißig Stunden bewältigt werden konnte, mich bestechen wollten, einen österreichischen Fahrer zu überreden, sich zurückfallen zu lassen und einen weit hinten liegenden italienischen Matador wieder ans Feld, das heißt an die Mehrheit der anderen Fahrer heranzubringen. Oder da war, unvergeßlich, Gaston Bénac, ein großer, etwas zu dicker, gutaussehender und gutmütiger Mann mit einem mächtigen Schnurrbart, den er wie sein Haar noch lange schwarz färben sollte, Sportchef des aufkommenden „Paris-soir", der immer mit dabei war und der eigentlich gar nicht viel sehen konnte, weil er immer, aber auch immer schrieb; denn er bediente neben seiner eigenen Zeitung noch etwa zehn Provinzzeitungen. Damit verdiente man nicht wenig.

Mehr um Bénac einen Gefallen zu tun, als des Geldes wegen – erheblich waren die Summen nicht, die er damals zahlen konnte –, telephonierte ich ihm von Berlin aus Sportberichte nach Paris durch. Und als Bénac einmal mit seiner Frau nach Berlin kam, lud ich ihn zum Abendessen ein. Ilse ließ Rebhühner servieren mit Sauerkraut, das mit Champagner zubereitet war und – damals großer Luxus – in dem Ananasstückchen schwammen. „So etwas bekommen Sie ja doch nicht in Paris!" meinte Ilse.

Als das Essen serviert wurde, lachte Madame Bénac: „Ich habe dir ja gesagt: die Deutschen essen nur Sauerkraut!"

Bénac, der sich mehr als Europäer denn als Franzose verstand, der stets bei allen Sportereignissen mit einem Zeiss-Feldstecher erschien und prinzipiell nur deutsche Photoapparate kaufte, geriet ganz außer sich. „Deutsche essen nicht nur Sauerkraut!" donnerte er und entschuldigte seine Frau: „Sie kommt nie aus Paris heraus. Sie weiß gar nicht, wie es in der Welt zugeht!"

Der von Bénac geleitete Sportteil des „Paris-soir" wurde immer umfangreicher, immer wichtiger, und damit avancierte er selbst auch. Als ich 1933 nach Paris kam, war er wohl der prominenteste Sportjournalist Frankreichs geworden.

Ich hatte also – im Gegensatz zu den meisten Emigranten – eine richtige „Beziehung" in Paris. Bénac zeigte sich ehrlich erfreut, als ich ihn nun in seiner Redaktion aufsuchte. Ich schlug ihm vor, für ihn zu arbeiten. Ich konnte natürlich die deutschen Sportresultate oder überhaupt Neuigkeiten aus den deutschen Sportbezirken schneller besorgen als seine Redakteure, indem ich eben in Berlin, Köln oder Hamburg bei ehemaligen Kollegen anrief. Das sah er ein. Er engagierte mich also vom Fleck weg. Ich mußte sehr früh in der Redaktion erscheinen, denn ich sollte und wollte auch für den „Paris-midi" tätig sein. Ich telephonierte also ein paarmal und schrieb dann meine Meldungen. Übrigens mit der Hand, denn Schreibmaschinen gab es damals, immerhin 1933/34, in einer so modernen Redaktion wie der des „Paris-soir" nicht oder allenfalls nur für Sekretärinnen.

Natürlich machte ich auch Interviews mit deutschen, österreichischen oder schweizerischen Tennisspielern, Leichtathleten, Boxern, wenn sie nach oder durch Paris kamen. Ich schrieb mir die Finger wund, aber es kam nicht viel dabei heraus – ich meine, was das Finanzielle anging. Auch davon konnte ich auf die Dauer nicht leben.

In den Augen der anderen Emigranten, soweit ich sie kannte oder sie mich kannten, war ich freilich eine Art Weltwunder geworden. Gestern noch einer von vielen, von viel zu vielen, war ich plötzlich eine sehr wichtige Persönlichkeit geworden. Man bedenke: mein Name war fast täglich in einer großen französischen Zeitung zu finden! Ich war Angestellter in einem französischen Betrieb. Mir war gelungen, was fast keinem sonst gelingen konnte. Ich war also wer.

In Berlin: Redakteur eines relativ kleinen Blattes. In Paris: Redaktionsmitglied des mächtigen „Paris-soir". So sahen es die Emigranten jedenfalls. Ich war plötzlich viel prominenter als die Prominenten von gestern. Leopold Schwarzschild, mit dem ich befreundet war, fragte mich etwa: „Was hält man im ‚Paris-soir' von der letzten Hitler-Rede?" Oder Georg Bernhard sondierte: „Glauben die im ‚Paris-soir', daß die Vereinigten Staaten ..."

Ach, du lieber Gott! Als ob man mit mir darüber gesprochen oder mir auch nur eine Andeutung gemacht hätte! Gewiß, ich gehörte zum „Paris-soir". Aber ich war dort doch nur ein kleines Würstchen.

Nicht, wie gesagt, in den Augen meiner Mitemigranten. In diesen Jahren fand überhaupt eine Art Umwertung aller Werte statt.

Wir alle mußten vom Nullpunkt starten. Und den meisten fiel dieser Start sehr schwer. Ich muß nur an den erwähnten Walther Steinthal denken. Oder etwa an den bedeutenden Schriftsteller Joseph Roth, der in einem drittklassigen Pariser Hotel saß und Meisterwerke schrieb und viel zuviel trank, aber, wenn er nicht rechts und links gepumpt hätte, wohl bald verhungert wäre. Vor ein, zwei Jahren noch hatte er mit seinen gut gehenden Büchern viel Geld verdient. Und jetzt? Und würde es je anders werden?

So ging es vielen. Es sollte in der Tat Jahre und Jahre dauern, bis diejenigen, die Anspruch darauf hatten, wieder langsam an die Oberfläche kamen, und diejenigen, die jetzt Zufallserfolge einheimsten, wieder auf den ihnen gebührenden Platz zurückfielen. Nun, sagen wir, es kam schließlich wieder eine Art Ordnung in die Dinge.

Manche haben das freilich nicht erlebt. Joseph Roth etwa. Oder Walter Hasenclever, der sich – später – auf der Flucht aus Frankreich nach Spanien das Leben nahm. Oder Kurt Tucholsky, der sich aus Verzweiflung umbrachte, in Schweden, glaube ich; Verzweiflung nicht über sein eigenes Schicksal, sondern über den Zustand der Welt. Oder der große Anwalt Max Alsberg, der es nicht verwinden konnte, daß man ihn vor deutschen Gerichten nicht mehr plädieren ließ – und das, obwohl er von der Sorbonne ein Lehrstuhlangebot erhalten hatte. Er erschoß sich im Schweizer Engadin.

Von diesem Selbstmord und vielen anderen erfuhren wir sehr schnell, obwohl sich diese Ereignisse anderswo abspielten. Wenn die Emigration auch keine Gemeinschaft war, wie Goebbels immer wieder behauptete – das konnte sie auch gar nicht sein, dazu waren wir politisch, geistig, ökonomisch und geographisch viel zu weit voneinander entfernt –, so ging es uns doch an, wie es den anderen erging.

Was zu Hause, dem ehemaligen Zuhause, sich abspielte, besser: wie es den dort Gebliebenen erging, interessierte uns kaum noch und sicher nicht mehr, als diese sich für uns interessierten. Mit meinen Eltern, vor allem mit meinem Vater, hielt ich Kontakt. Er war immer noch überzeugt davon, das „alles" werde bald anders werden. Mit meiner Frau? Sie war natürlich interessiert, wie es mir erging. Und Rolf Nürnberg wollte auch möglichst alles über mich erfahren. So kam es, daß die beiden, die sich nicht hatten leiden können, immer öfter zusammenkamen, um einander die Briefe zu zeigen, die ich schrieb.

Und eines Tages schlug Ilse mir die Scheidung vor. Wir trafen uns in Zürich, um alles zu besprechen. Sie meinte, die Tatsache, daß ich in Paris lebe, bedeute für sie und natürlich auch für unseren nun bald dreijährigen Sohn Michael eine gewisse Gefahr. Das war sicher übertrieben, aber sie glaubte es eben.

Also Scheidung. Ich war, da von Berlin abwesend und nicht Einspruch erhebend, der Schuldige. Wir blieben trotzdem oder vielleicht gerade darum Freunde. Rolfs Name wurde nicht einmal erwähnt.

Aus Tel Aviv hörte ich von Ewald. Er war todunglücklich dort. Er hatte zwar in Rekordschnelligkeit Hebräisch gelernt, aber er konnte sich nicht eingewöhnen. Durch Zufall kam ich in Paris in Verbindung mit einem Russen, der für die Sowjetunion junge Ärzte suchte. Auch Emigranten – warum nicht? Ich stellte die Verbindung zwischen ihm und Ewald her. Es klappte. Ein paar Monate später war Ewald in Moskau. Er dankte mir. Später habe ich mich oft gefragt, ob ich ihm mit dieser Empfehlung – um mehr handelte es sich ja nicht – einen Dienst erwiesen hatte. Ob er nicht besser in Palästina geblieben wäre? Darüber wird noch zu sprechen sein.

Und ich selbst? Ich lebte gern in Paris. Aber – wie würde es weitergehen? Ich hatte eine kleine Anstellung – doch wie konnte ich sie ausbauen? Wie ich mich auch bewegte, wenn ich nur den geringsten Schritt vorwärts tat, wenn ich mehr versuchte, als kleine Nachrichten zu vermitteln, mußte ich meinen französischen Kollegen ins Gehege kommen.

Sie waren zwar sehr nett zu mir. Aber wenn ich mich zum Konkurrenten auswuchs? Übrigens, so gut französisch schreiben wie sie konnte ich natürlich nicht.

Eine paradoxe Situation. Die Emigranten beneideten mich, weil ich eine Stellung hatte. Und gerade weil ich sie hatte, wußte ich viel besser als sie, die eine ersehnten, daß Paris auf Zeit gesehen keine Aussichten bot. Eine Station am Weg, ja. Aber nicht mehr.

Es mußte etwas geschehen.

13
Unbegrenzte Möglichkeiten?

Ich fuhr im November 1934 hinüber nach Amerika – damals fast eine Weltreise. Der treue Edgar begleitete mich bis Le Havre, auch meine ehemalige Frau, die aus Berlin herübergekommen war. Ich war niedergeschlagen, als ich von ihnen Abschied nahm, denn ich glaubte, daß ich nie wieder nach Europa zurückkommen und sie daher auch nie mehr wiedersehen würde. Amerika – das bedeutete damals noch eine Schiffsreise von mindestens einer Woche. Das Schiff, das ich benutzte, war nicht gerade ein besonders teures – es benötigte neun Tage. Das Reisegeld hätte ich gerade noch bezahlen können. Eine Rückreise würde ich mir in absehbarer Zeit nicht leisten können. Wozu auch? In Europa war nirgends Platz für mich – es sei denn, daß Hitler abtrat oder beseitigt wurde. Aber ich gehörte ja nicht zu denen, die das für wahrscheinlich hielten. Um diese Zeit glaubte ich, das Naziregime werde ungefähr vierzig Jahre dauern.

„Warum vierzig?" wollte Edgar wissen.

„Hitler, Göring und Goebbels und wie sie alle heißen – das sind Kämpfer. Sie werden sich nicht abservieren lassen. Die Opposition, wenn sich eine solche heranbildet, hat erst eine Chance bei der nächsten Generation der Nazis. Bei denen, die schon in gemachte Betten kommen und daher keine Kämpfer, sondern eher verweichlicht sind."

Es hätte durchaus so kommen können. Denn wer konnte vermuten, daß Hitler, der anfangs sein Spiel so gerissen gespielt hatte, später das tun würde, was er in seinem Buch als den entscheidenden Fehler des Kaisers angeprangert hatte: einen Krieg zu führen, ja einen Zweifrontenkrieg!

Wir sagten einander adieu. Sie warteten, bis das Schiff ablegte. Ich winkte noch lange. Sie auch.

Wie war es eigentlich zu dieser Reise gekommen? Im Grunde genommen war Edgar an allem schuld. Er teilte meinen Pessimismus hinsichtlich einer Karriere in Paris. „Du mußt fort. Du mußt es anderswo versuchen. Warum nicht in Amerika? Du sprichst und schreibst Englisch. Drüben ist doch im Sport viel mehr los als hier."

Es war eine Idee. Er dachte freilich an eine amerikanische Karriere. Ich dachte und sagte: „Wenn mich der ‚Paris-soir' hinüberschicken würde! Sie haben ja keinen Sportkorrespondenten drüben!"

Sie hatten in der Tat keinen. Aber sie hatten Paul Kruyt. Das war ein ältlicher, schrulliger Holländer – sicher etwa fünfundfünfzig Jahre alt, der in einem Vorort mit noch viel älteren Schwestern lebte. Der lange, hagere Mann mit den sandfarbenen Haaren stand täglich um vier oder fünf Uhr auf, kam nach Paris herein und kaufte sich an einem Kiosk, oder auch an mehreren, die letzten Ausgaben englischer, italienischer und holländischer Blätter. Dann suchte er sich alle Sportberichte heraus, die meisten waren wohl nur ein paar Zeilen lang – und übersetzte sie ins Französische. Das war eine Art Monopol, denn von den Kollegen bei der Zeitung sprach oder las kaum einer Englisch oder gar eine andere Sprache.

Kruyt wurde à la piège, das heißt nach Zeilen, bezahlt, aber da er pro Tag mindestens fünf bis zehn Meldungen anbrachte, jeweils gekennzeichnet „von unserem Spezialkorrespondenten", verdiente er nicht schlecht. Bis eines Tages ein neuer Kassierer seine Forderungen zurückwies, denn die Meldungen trugen ja nicht seinen Namen. Er bekam sein Geld dann doch, dafür sorgte natürlich Gaston Bénac, aber er zog die Lehre aus dem Vorkommnis. Von nun an zeichnete er jede noch so belanglose Meldung mit seinem vollen Namen. Und so konnte man auf einer Seite des „Paris-soir" oder des „Paris-midi" eine Boxmeldung aus San Francisco lesen „von unserem Spezialkorrespondenten Paul Kruyt", und eine Leichtathletikmeldung aus Zürich „von unserem Spezialkorrespondenten Paul Kruyt", und eine Tennismeldung aus London „von unserem Spezialkorrespondenten Paul Kruyt". Es gab Tage, an denen dieser Tausendsassa aus zwei oder drei Erdteilen, aus fünf oder sechs Städten „berichtete". Und das Beste: es fiel niemandem auf, zumindest niemandem in der Redaktion.

Trotzdem nahm ich mir ein Herz und fragte Gaston Bénac:

„Wie wäre es, wenn Sie mich in die USA schickten? Wir haben doch niemanden dort."

Bénac hörte das gar nicht ungern, denn er begriff, vielleicht besser noch als ich selbst, daß ich keine Zukunft in Paris hatte. Aber wer sollte die Reise bezahlen? Das konnte ich nicht, wollte ich nicht meine letzten Reserven angreifen. Die Unterhaltung endete ohne Entscheidung. Und ich hatte nicht das Gefühl, daß aus meinem Amerikaplan viel werden würde.

Am späten Nachmittag ging ich wie so oft in das Bistro Chope du Nègre, wo sich die Journalisten, vor allem die Sportjournalisten, zu treffen pflegten; es war ein kleines, verrauchtes, an der Rue Montmartre gelegenes Lokal, vis-à-vis vom Gebäude der Sportzeitung „L'Auto". Dort traf ich den netten, noch sehr jungen Félix Lévithan vom „Intransigeant", einer Konkurrenzzeitung des „Paris-soir", ihm noch vor ein paar Jahren weit überlegen, aber längst von ihm überholt, der dort den Radsport betreute. Ich weiß nicht, warum, aber ich sagte so nebenbei: „Ich fahre übrigens nach New York!", und hatte mit diesen Worten über meine Zukunft entschieden.

Lévithan wurde hellwach: „Ah, du fährst zum Sechstagerennen?" Ich wußte gar nicht, daß in der nächsten Zeit ein solches Ereignis in New York stattfinden würde. Aber ich nickte. Ja, ich würde für den „Paris-soir" über das Rennen berichten. Sonst hüllte ich mich in geheimnisvolles Schweigen. Was hätte ich auch sagen sollen?

Am nächsten Tag erklärte mir Lévithan triumphierend, er habe mit seinem Chef gesprochen. Und: „Ich fahre auch nach New York, um über das Rennen zu berichten!"

Drei Stunden später war ich bei Gaston Bénac. „Der ‚Intransigeant' schickt Lévithan nach Amerika, um über das New Yorker Sechstagerennen zu berichten."

Und Bénac: „Wann fahren Sie?"

Und ich: „Wir waren uns doch noch gar nicht einig!"

Und er: „Selbstverständlich fahren Sie. Die Zeitung wird die Fahrtspesen tragen." Diesmal einigten wir uns sehr schnell. Außer den Spesen für die Überfahrt war der „Paris-soir" großzügig genug, mir pro Monat ein Fixum von – sage und schreibe – fünfundzwanzig Dollar zu garantieren. Damit konnte man drüben allenfalls eine Woche lang leben. Daß New York doppelt so teuer war wie Paris, wurde nicht in Rechnung gestellt. Bénac tröstete: „Natürlich werden Sie weiter à la piège bezahlt." Zeilenhonorar also. Aber wieviel würde dabei schon herauskommen?

Ich entwickelte nun in den letzten mir verbleibenden Wochen eine fieberhafte Tätigkeit. Ich schrieb an alle deutschsprachigen Zeitungen, die außerhalb des Nazi-Machtbereichs erschienen. War man interessiert, Artikel von mir zu erhalten? Das Echo war erfreulich. Fast alle Zeitungen – die „Neue Zürcher Zeitung", die eben erst gegründete „Weltwoche" in derselben Stadt, das „Prager Tagblatt", das „Neue Wiener Tagblatt", sogar die „Haagsche Post" und eine polnische Zeitung und viele, viele andere antworteten: „Schicken Sie ruhig Ihre Arbeiten. Wir können natürlich keine Garantie zahlen, aber . . ."

Ich ging zum amerikanischen Konsulat, um ein Visum zu beantragen. Nicht ohne Skepsis. Inzwischen schrieben wir das Jahr 1934, und es war schon Herbst. Ich fürchtete, das Konsulat würde überschwemmt sein mit Anträgen. Vor dem betreffenden Schalter wartete – überhaupt niemand. Ich trug zögernd meinen Wunsch vor. Ich dachte an ein Besuchervisum oder – gab es das überhaupt? – an ein Pressevisum. Die Dame am Schalter fragte: „Warum beantragen Sie kein Einwanderungsvisum? Das ist doch viel einfacher für Sie. Dann können Sie kommen und gehen, wie Sie wollen, und schließlich auch Amerikaner werden."

Ich starrte sie an. Wir schrieben, ich wiederhole es, 1934. Hitler war mehr als anderthalb Jahre an der Macht. Und man konnte immer noch, so ohne viel Formalitäten – in meinem Fall genügte die Garantie des „Paris-soir" – ins „Gelobte Land" einwandern? Ein, zwei Jahre später drängten sich Tausende danach, ein US-Visum zu erhalten; 1938, 1939 Zehntausende – und ohne Erfolg. Mir fiel das wichtige Papier in den Schoß. Ein Beweis dafür, wie wenig die bedrohten Europäer, vor allem natürlich auch die Juden, begriffen, was da heraufzog.

Ich besaß noch etwa fünfhundert Dollar. Damit wäre ich neben dem, was ich beim „Paris-soir" und beim „Sport" verdiente, in Paris noch ein Jahr ausgekommen. Aber in New York?

Erschwerend war meine Überzeugung, ich müsse drüben „auftreten". Vor allem, so hatten mir Kenner geraten, sollte ich um eine gute Adresse besorgt sein. Ich hatte eine Empfehlung an den Manager des „Algonquin", West Fourty-fourth Street, unweit des Broadway. Das war wirklich ein sehr gutes Hotel, vor allem für Schauspieler, Schriftsteller und – allerdings nur sehr arrivierte – Zeitungsleute. Hätte ich das gewußt, wäre ich niemals in dieses Hotel gegangen.

Der Manager war ein geborener Deutscher, Hans Naegel. Der dicke, gutmütige Mann begriff sehr schnell meine Situation. Er gab mir ein Zimmer im ersten Stock, das weitaus billigste des Hotels. Es war so klein, daß man sich kaum darin umdrehen konnte. Im Badezimmer konnte man nicht einmal das. Auch in der Mittagszeit mußte man das elektrische Licht brennen lassen, um etwas zu sehen. Um festzustellen, ob die Sonne schien oder ob es regnete oder gar schneite, mußte man sich sehr weit aus dem Fenster lehnen. Aber das Zimmer kostete nur zwei Dollar pro Tag, und dafür hatte ich eine „Adresse". Überflüssig zu sagen, daß sich kein Mensch in New York – weder damals noch später – dafür interessierte, wo ich wohnte.

A propos Fenster. Im „Algonquin" wohnten, wie gesagt, sehr berühmte Leute, unter anderem auch der englische Schauspieler Leslie Howard, der mit viel Erfolg am Broadway tätig war. Während der sehr heißen Sommertage und -nächte ließen fast alle Bewohner des Hotels ihre Fenster offen, besonders wenn diese nach dem stillen Hof hinausgingen – Klimaanlagen gab es damals noch in keinem Hotel. Und so konnte ich denn sehr oft berühmte Stimmen hören, was mich im Theater zuviel Geld gekostet hätte.

Eines Nachts hörte ich auch die Stimme des bekannten Schauspielers Leslie Howard. Er sprach mit London, wo er ja zu Hause war, was ihn wohl dazu veranlaßte, seine Stimme zu erheben; transatlantische Verbindungen waren damals noch nicht das, was sie heute sind. Das Gespräch dauerte schätzungsweise fünfundvierzig Minuten. Howard versuchte mit der ganzen Überzeugungskraft seiner herrlichen Stimme einer Dame in London, vielleicht seiner Frau, wenn er eine hatte, klarzumachen, ja ihr zu schwören, daß er sie in New York nicht betrogen habe und ihm nichts ferner läge, als es künftig zu tun. Die Dame ließ sich schließlich überzeugen, man hörte noch, wie er sich in glühenden Liebesschwüren ergoß, und dann war es zu Ende.

Nein, nicht ganz. Dann hörte man aus sicher vierzig oder fünfzig Fenstern des „Algonquin" das begeisterte Händeklatschen der Zuhörer, die wie ich dieser Gratisvorstellung beigewohnt hatten.

Übrigens blieb ich nur etwa ein Jahr im „Algonquin". Dann nahm Naegel eine Stelle als Manager in dem viel kleineren und weniger prominenten Hotel „Bedford" an der East Thirty-eight Street an, und ich zog mit ihm mit. Und da ich – zumindest in meinem Beruf – einer der ersten Emigranten in den USA gewesen war, ergab es sich, daß viele, die später erschienen, bei mir auftauchten, um Rat fragten und ganz automatisch im „Bedford" hängenblieben. Schauspieler, Journalisten, Schriftsteller – das „Bedford" wurde bald das Emigrantenhotel par excellence.

Einer der ersten Emigranten . . . Das hatte keine besonderen Vorteile, aber gewisse Nachteile. Die wenigen Bekannten, die ich noch von früher hatte, diejenigen, an die ich mich mit Empfehlungsschreiben wandte, empfingen mich fast alle mit einem gewissen unverhohlenen Mißtrauen. Gewiß, sie hatten in den Zeitungen gelesen, was sich im Hitler-Deutschland abspielte, aber sie konnten es sich doch nicht so recht vorstellen. Ob es nicht voreilig von mir gewesen sei, so plötzlich abzureisen? Manche versuchten, die eigentlichen, „wahren" Gründe herauszufinden. Ich mußte wohl etwas angestellt haben, daß ich mich so eilig aus dem Staube gemacht hatte. Es war lange Zeit fast unmöglich, gegen dieses Mißtrauen anzukämpfen. Hitler lebte damals, wie ja auch später, nicht zuletzt von der Unfähigkeit der Menschen, zu begreifen, daß einer ein Verbrecher sein und doch ein großes Land regieren kann. Immerhin, noch wurde nicht vergast – aber es gab eben doch schon Konzentrationslager.

Damals beschloß ich: Ich mußte alles tun, um die Welt über Hitler aufzuklären. Ein großes Wort! Wer war ich denn? Sportkorrespondent des „Paris-soir". Und ein Journalist, der es schwarz auf weiß hatte, daß diese oder jene europäische Zeitung seine Einsendungen wohlwollend prüfen würde.

Ich hatte natürlich keine Ahnung, was diese Zusicherungen wert waren. Da ich von Natur aus Optimist bin – vielleicht sollte ich sagen: damals noch war –, blieb ich davon überzeugt, daß man mich schon drucken würde. Schließlich befanden sich ja alle Zeitungen, an die ich herangetreten war, in der Situation des „Paris-soir" – sie hatten keine Vertreter in Amerika. Sie waren also, wenn man es so sagen durfte, auf mich angewiesen. Daß sie viele, viele Jahre lang ohne meine Dienste ausgekommen waren, übersah ich großzügig, ja großmütig. Das würde sich nun ändern.

Wie gesagt, ich war einer der ersten Hitler-Emigranten in New York – wenn man von einigen sehr berühmten Politikern absieht und von denen, die wie Billy Wilder sehr schnell in Hollywood untergekommen waren. Das hatte, wie bereits erwähnt, Nachteile: ich wurde etwas über die Schulter angesehen. Es hatte aber schließlich den Vorteil, daß ich in New York keine Konkurrenz hatte. Und dann: daß ich niemals in Gefahr geriet, mich in Gesprächen mit anderen Emigranten zu verzetteln.

Genau das war ja die Gefahr in Prag, in Wien und ganz besonders in Paris gewesen. Und ich wollte auf gar keinen Fall mehr einer von vielen Emigranten sein. Ich wollte Amerikaner sein oder doch zumindest werden. Ich bin es ja dann auch geworden – nicht, wie die meisten Emigranten, die nach mir kamen, erst nach Beendigung des Zweiten Weltkriegs, sondern schon bevor Amerika in den Krieg eintrat, also nach den vorgeschriebenen fünf Jahren Aufenthalt.

Ich spreche hier nicht davon, daß ich einen neuen Paß wollte, den ich übrigens auch brauchte, denn mein deutscher Paß wurde nicht mehr erneuert, ich war bereits ausgebürgert. Warum? Das hat mir der Beamte des Deutschen Generalkonsulats in New York nie gesagt, der mich eines Tages aufs Amt bestellte, um mir diese Mitteilung zu machen. Ich gab ihm zwar trotz seiner Aufforderung meinen Paß nicht zurück, aber in den nächsten Jahren machte ich meine Reisen mit einem Papier, das das State Department, das Auswärtige Amt in Washington, den Staatenlosen zur Verfügung stellt, die durch den Akt der Einwanderung und die Eintragung in eine Liste – auch das hatte ich besorgt – zu erkennen gegeben hatten, daß sie Bürger des Landes werden wollten.

Aber wie gesagt, es ging mir nicht um den Paß, es ging mir nicht um ein Papier, es ging mir um ein Prinzip. Die Deutschen – oder diejenigen, die in ihrem Namen sprachen, was für mich auf dasselbe herauskam – wollten mich nicht, und ich wollte kein Deutscher mehr sein. Dorthin gehörte ich nicht mehr, hierher wollte ich gehören. In Paris hatte ich gespürt, daß ich nicht würde bleiben können. In New York war ich zu bleiben entschlossen.

Selbst wenn man mir damals, zu Beginn meines Aufenthalts in Amerika, mitgeteilt hätte, Hitler sei gestürzt worden, wäre ich nicht nach Deutschland zurückgekehrt. Außerdem glaubte ich ja nicht an einen baldigen Sturz Hitlers. Ich glaubte ja an vierzig Jahre Dauer des Regimes – viel zu lange für mich.

Aber dies war nicht Resignation. Ich war überhaupt nicht resigniert. New York hatte mich bei meinem ersten Besuch vor zehn Jahren fasziniert, und nun faszinierte es mich von neuem. Ich liebte New York, ich liebte seine Straßen, seine Avenuen, seine kleinen, sehr europäischen Lokale, seine vorzüglichen Theater, die ich mir leider nur zu selten leisten konnte, ich liebte die Met, in der ein Stehplatz immer erschwinglich war, ich liebte vor allem auch die amerikanischen Zeitungen, die ich für die besten der Welt hielt und die es wohl auch waren, und ich spürte ganz instinktiv, und das habe ich später immer wieder gespürt und gewußt, daß ein demokratisch regiertes Land sehr stark ist und auf die Dauer eigentlich unbesiegbar. Und daß früher oder später eine totale Diktatur wie die Hitlers mit dieser reinen Demokratie würde zusammenstoßen müssen. Wie gesagt, vielleicht erst in vierzig Jahren.

Aber auch bis dahin konnte man etwas tun. Die vorzügliche Ausgangsposition Hitlers, die unbegreifliche Dummheit der Welt ihm gegenüber war kein Grund, ihn und die Nazigangster nicht zu bekämpfen. Auch nicht der Umstand, daß ich ja fast hilflos war. Ein kleiner Journalist, sonst nichts. Und doch: ich mußte es eben versuchen, wo und wie immer ich dazu imstande war. Kein Feuilleton, das nicht irgendeinen Nadelstich gegen diese Nazi-Gangster enthielt. Sogar meine Sportberichte bildeten da keine Ausnahme. Jeder jüdische Boxer – und es gab deren viele in den USA – wurde von mir besonders herausgestrichen, und kein Neger konnte einen Rekord aufstellen, ohne daß ich darauf hinwies, daß er nicht der „Herrenrasse" angehörte...

Ich erinnere mich noch eines besorgten Briefes des Chefredakteurs vom Zürcher „Sport". Der Sport – nicht die Zeitung, sondern die Institution – sei doch schließlich unpolitisch. Ich antwortete eher keck, das solle er doch lieber Hitler schreiben.

Sicher wurde vieles gestrichen, was ich in dieser Beziehung schrieb, aber manches blieb doch stehen.

Im Zürcher „Sport" war ich ein Erfolg, die Kollegen in Zürich konnten mich wirklich gut brauchen. Auch meine Arbeit für den „Paris-soir" lief von Anfang an gut, ich darf fast sagen ausgezeichnet. Es war nicht schwer für mich, Sportneuigkeiten zu entdecken, die drüben interessieren würden. Radrennen, Boxen, Tennis, Eishockey, Leichtathletik – nicht nur in New York, sondern auch in anderen amerikanischen Städten. Interviews mit Sportgrößen.

Ich telegraphierte jede Nacht – das war in Paris schon frühmorgens – und war recht zufrieden mit mir selbst, bis mich die ersten Exemplare des „Paris-soir" und des „Paris-midi" erreichten. Keines meiner kostbaren Worte war abgedruckt. Ich verstand die Welt nicht mehr. Auch nicht einen Brief Edgars, meine Sachen kämen in Paris gut an. Es dauerte Wochen, Ewigkeiten für mich, bis sich herausstellte, daß ich stets die falschen Ausgaben erhielt – nämlich die sogenannten Troisièmes, in denen meine Ergüsse eben noch nicht erschienen. Die kamen dann in den Sixièmes heraus – übrigens groß aufgemacht. Bis die „richtigen" Ausgaben mich erreichten, dauerte es etwas, aber dann konnte ich aufatmen.

Konnte ich?

Schließlich war es kaum ein erstrebenswertes Leben, am Abend die Morgenzeitungen, am Vormittag die Nachmittagsblätter durchzusehen, zu allen möglichen Sportereignissen zu eilen, um dann ein paar Zeilen oder auch ein paar Absätze zu telegraphieren. Schließlich war ich ja schon in Berlin aus meinen Sport-Schuhen herausgewachsen.

Aber da waren ja die anderen Zeitungen, in denen ich über andere Themen schreiben durfte, über interessante Ereignisse, über Theater und Film. Ich schrieb also. Ich schrieb von früh bis spät. Ich schrieb mindestens zwei bis drei Sachen pro Tag und mit vielen, vielen Durchschlägen. Damals gab es natürlich noch keine Flugpost nach Europa. Aber schnelle Dampfer, die nach Le Havre oder Cherbourg oder Southampton nur sechs Tage brauchten. Ein Vermerk auf dem Kuvert sicherte den Versand des Briefes durch den betreffenden Schnelldampfer. Die stachen gewöhnlich am Donnerstag in See. Am Tage vorher erschien ich dann auf dem Postamt mit zehn oder zwölf unsagbar dicken Briefen.

Daran erinnere ich mich noch genau. Denn an diesen Tagen – fastete ich. Ja, das Porto, das ich ausgeben mußte, verschlang das, was ich für Essen ausgeben durfte.

A propos Essen: Als dem Verband ausländischer Presse zugehöriger Korrespondent wurde ich oft zu Cocktailpartys geladen, die irgendein Konsul gab oder sonst ein wichtiger Mann, und ich erschien natürlich immer, um mich an den Sandwiches gütlich zu tun. In Glücksfällen wurde ich sogar zu offiziellen Abendessen eingeladen, etwa zum Geburtstag des tschechoslowakischen Staatspräsidenten Benesch, oder vielleicht war es auch ein Jubiläum seiner Regierung oder des Landes überhaupt. Ich saß am sogenannten Pressetisch und haute tüchtig ein. Das bedeutete immerhin, daß ich am nächsten Tag nicht viel essen mußte, wenn überhaupt. Bei solchen offiziellen Dinners war es immer so, daß erst nach Tisch oder frühestens zwischen Dessert und Kaffee und Likören die Reden gehalten wurden, deretwegen ich ja eingeladen war.

Ich und andere – denn ich saß, wie gesagt, immer am Pressetisch. Ich weiß es noch wie heute, daß ich mir die ganze Zeit überlegte, wie ich diesen Reden, über die ich ja doch nichts schreiben würde, entgehen konnte. Etwa fünf Minuten bevor sie begannen, entschuldigte ich mich für ein paar Augenblicke: ich hätte ein wichtiges Telephongespräch zu führen. Ich ging hinaus und führte auch irgendein Telephongespräch, und als ich zurückkam, war der Pressetisch leer.

Ich begriff: meine Kollegen waren auch nicht begieriger auf diese Reden als ich. Später merkte ich, daß es keiner besonderen List bedurfte, sondern daß es allgemein Brauch bei den Presseleuten war, zu verschwinden, bevor die Reden gehalten wurden, deren Texte sie übrigens hektographiert schon vorher bekommen hatten.

Aber zurück zu den Tagen, an denen ich meine Meisterwerke nach Europa verfrachtete und infolge der Portospesen nichts zu essen hatte. Trotzdem war ich frohgemut. Ich rechnete mir aus, was ich für diese rund zwanzig oder dreißig Artikel, Durchschläge natürlich eingerechnet, wohl bekommen würde, und war sogar sicher, daß der eine oder andere Redakteur mich beloben würde. Wenn ich richtig kalkulierte – eine Woche, bis meine Arbeiten an Ort und Stelle waren, eine Woche, bis man sie, begeistert natürlich, gelesen und gedruckt hatte, eine Woche für die Rückantwort – dann mußte ich in drei Wochen sehr viel besser dastehen als jetzt.

Drei Wochen vergingen. Vier Wochen vergingen. Und dann kamen die Briefe der Redaktionen. Die waren genau so dick wie die von mir gesandten. Aus gutem Grunde, denn alle meine Arbeiten kamen zurück – alle, ohne Ausnahme. Mit einem – meist vorgedruckten – Bescheid, leider wäre der Artikel nicht geeignet ... Übermaß an eingereichten Arbeiten ... Notwendigkeit, auf ältere Mitarbeiter Rücksicht zu nehmen ...

Inzwischen hatte ich ja weitere Artikel abgesandt und immer wieder welche, und sie kehrten alle zu mir zurück. Wie war das möglich? Wie erklärlich? Hatte ich mein Talent verloren? Hatte ich vielleicht nie sehr viel Talent besessen?

Ich erinnere mich noch einer sehr stürmischen Winternacht, als – wieder einmal – eine große Anzahl dieser Briefe an mich zurückkam. Naegel hatte mir diese veritablen Pakete lächelnd überreicht: „Nein, wieviel Post Sie doch bekommen!" Er dachte, mich würde das erfreuen. Ich mußte die Briefe gar nicht öffnen, um zu wissen, was sie enthielten. Und ich ließ sie liegen und ging aus dem Hotel.

Ich war in jedem Sinne fertig.

14
Lebt Redfern noch?

Ich sehe mich noch durch die in wahrstem Sinne vom Sturm leergepeitschten Straßen New Yorks wandern. Man kann in einer großen Stadt sehr einsam sein. Man kann in New York furchtbar einsam sein. Sicher, so glaubte ich damals, war kein Mensch so einsam wie ich. Ich ging auf den Hudson zu. Es mochte so gegen neun Uhr abends sein. Der Sturm wurde immer heftiger. Jetzt stand ich in der westlichsten Avenue, und vor mir, zum Greifen nah, floß der Hudson.
Aber dazwischen lagen noch die Piers des Hafens. Ich ging weiter nordwärts und kam schließlich zur Fünfundsiebzigsten Straße. Jetzt konnte ich ganz nah ans Ufer heran. Ich betrachtete die dahintreibenden Eisschollen und dachte, ein Sprung – und alles ist vorbei. Ich kann nicht behaupten, daß ich verzweifelt war, nicht einmal besonders unglücklich. Ich machte nur Bilanz.
Und die sah so aus: Mit dem, was ich in Paris und Zürich verdiente und dem, was ich noch besaß, würde ich bestenfalls noch etwa drei Monate auskommen. Ich erinnere mich sogar, daß ich ein Datum ausrechnete. Bis zu dem betreffenden Tag würde ich weiterarbeiten, als ob man drüben mit Ungeduld meine Beiträge erwartete. Und dann eben – Schluß.
Genau eine Woche später kam ein Brief der „Haagschen Post". Man fände diesen oder jenen meiner Artikel sehr hübsch, werde ihn bringen und ich solle solche Sachen weiterhin senden. Anbei ein Scheck.
Und nun war der Bann gebrochen. Innerhalb der nächsten Wochen kamen viele Briefe ähnlichen Inhalts und auch einige Schecks. Diese waren wichtig, viel wichtiger aber waren die Ermutigungen.
Auch meine Arbeit für den „Paris-soir" weitete sich mehr und mehr aus. Zugegeben, da war auch Glück im Spiel. Um ein Bei-

spiel zu nennen: Der große Tennisspieler William T. Tilden wohnte, wann immer in New York, im ‚Algonquin". Ich konnte ihn da fast täglich sehen und erfuhr alles mögliche aus der Tenniswelt. Oder: Ein amerikanischer Journalist Damon Runnyon, der übrigens auch bezaubernde und oft verfilmte Kurzgeschichten schrieb, sagte eines Abends zu mir – wir saßen nebeneinander an einem Boxring: „Ich fahre morgen nach Detroit. Dort boxt ein Neger, Amateur noch, der, wie ich glaube, eine große Zukunft hat. Kommen Sie doch mit!" Ich kam mit und entdeckte, zumindest für Europa, den blutjungen Joe Louis, der in den kommenden Jahren die Boxsensation par excellence werden sollte.

Zu jener Stelle am Hudson aber bin ich nie wieder zurückgegangen. Auch Jahre oder Jahrzehnte später nicht. Schon aus Aberglauben.

Ich wurde nun laufend in Europa gedruckt, in dem noch freien Europa, natürlich; also überall, mit Ausnahme von Deutschland. Ich wurde in Ländern gedruckt, deren Sprachen ich gar nicht beherrschte, wie zum Beispiel in der Tschechoslowakei und in Polen, und natürlich auch in Wien. Aber vor allem eben in Paris. Und Edgar ließ mich wissen, daß man dort von meinen Sportberichten sprach.

Trotzdem war mir der Sinn eines Telegramms nicht ganz klar, das mich im Sommer 1935 erreichte. Es lautete: „Erwarten Sie baldmöglichst in Paris." Gezeichnet war die Aufforderung von dem wichtigsten Mann meiner Zeitung, Pierre Lazareff, den ich noch nie gesehen, geschweige denn gesprochen hatte.

Ungefähr drei Wochen später war ich in Paris und stand in einem winzigen Büro Pierre Lazareff gegenüber.

Ich hatte begreiflicherweise das nächste Schiff nach Europa genommen; das nächste nach dem großen Boxkampf im Yankee-Stadion in New York, in dem Max Baer vor fünfzigtausend bis sechzigtausend Zuschauern den Italiener Primo Carnera zusammengeschlagen hatte. Vom Pariser Bahnhof war ich nur ins Hotel gefahren, um mein Gepäck zu deponieren, und dann sogleich zum „Paris-soir". Bénac war erfreut, mich zu sehen, und auch zugleich besorgt: „Wer wird von New York aus kabeln?" Und vor allem: er hatte keine Ahnung, warum ich nach Paris gekommen war.

„Pierre Lazareff hat mir ein Telegramm geschickt."

„Wenn Lazareff telegraphiert, ist es sicher wichtig und vermutlich etwas Erfreuliches!"

Fünf Minuten lang war ich der glücklichste Mensch der Welt. Der wichtigste Mann an der wichtigsten französischen Zeitung hatte mich nach Paris geholt! Zehn Minuten später war ich der unglücklichste Mensch der Welt.

Da saß also nun Pierre Lazareff, ein sehr kleiner, sehr dünner, fast jungenhafter Mann, in seinem winzigen Büro zusammen mit seinem wichtigsten Mitarbeiter, dem sehr gut aussehenden, schlanken, soignierten Hervé Mille. Lazareff sprang auf, als habe er seit langem nur auf meine Ankunft gewartet und sei unendlich glücklich, daß ich nun endlich, endlich angekommen sei. Und Ähnliches sagte er auch, besser: er sprudelte es nur so aus sich heraus. Ich hatte Mühe, die Hälfte zu verstehen.

Was ich verstand, war: „Warum nennst du dich Riess-Steinam?" Und ohne meine Antwort abzuwarten, dies sei mein Name, fuhr er in schnellstem Tempo fort: „Willst du Wagner-Sängerin werden?"

Da ich das nicht wollte, habe ich mich ab sofort Riess genannt. Er aber sprach in den folgenden Jahren von mir immer als Curtriess, gab mir also trotz allem eine Art Doppelnamen.

Ich begriff schnell: Er hatte „alle" meine Berichte gelesen, was wahrscheinlich nur zur Hälfte stimmte, aber daraus, daß er auf die eine oder andere Arbeit anspielte, ersah ich doch, daß er nicht nur schwindelte. Und er sagte ungefähr: „Ich bin der Ansicht, daß du auch anderes schreiben kannst!" Mit Du redete er prinzipiell alle an und erwartete von ihnen das gleiche.

Ich setzte ihm – bedeutend langsamer – auseinander, daß ich in der Tat in Berlin auch anderes geschrieben hatte. Ich fand es übrigens erstaunlich, daß er das aus den Sportberichten, die ich schließlich nicht in meiner eigenen Sprache schrieb, so schnell erfaßt hatte. Und nun traute ich meinen Ohren nicht.

„Du wirst das New Yorker Büro für uns übernehmen. Du mußt dann natürlich auch nach Washington und nach Hollywood. Und überhaupt... Aber das alles mußt du machen, wie du es für richtig hältst!"

Immerhin: ein deutscher Emigrant amerikanischer Korrespondent der inzwischen größten französischen Zeitung! Ich wurde doch ein wenig stolz und, wie ich heute glaube, nicht ganz zu unrecht. Er nannte dann eine Summe, die er sich als mein Fixum vorstellte. Es war eine sehr anständige Summe ...

„Davon kann man leben", gab ich zu.

„Du mußt anständig leben und repräsentieren. Ich sollte es hier auch, tue es aber fast nie. Mein Fehler! Ein großer Fehler! Aber du wirst repräsentieren. Natürlich auf Spesen!" Er lächelte spitzbübisch.

„Und der Sport?"

„Den machst du nebenbei, sonst würde mir ja Bénac die Leviten lesen!"

Dann wollte er wissen, wann ich wieder nach New York zurückkehren würde. Am liebsten wäre es ihm wohl gewesen, wenn ich gesagt hätte, morgen. Ich sagte ihm aber, ich wolle ganz gern noch zehn Tage Ferien machen und meinen kleinen Sohn und meine geschiedene Frau wiedersehen. „In einem kleinen holländischen Seebad."

Bei dem Wort „holländisch" fuhr er wie elektrisiert auf und übergoß mich mit einem Wortschwall, von dem ich nichts verstand außer „Haag" und „Redfern", und daß ich möglichst bald telegraphieren oder telephonieren sollte. Und dann schrieb er noch auf einen Zettel das Wort „Redfern", schlug mir leicht auf die Schulter, und ich war draußen.

Das war zehn Minuten nach meinem Eintritt ins Büro Lazareffs. So weit, so gut. Oder eigentlich sehr gut. Aber was nun? Ich fühlte mich plötzlich ganz elend, denn ich begriff instinktiv, daß sehr viel, wenn nicht alles für mich davon abhing, herauszubekommen, was es mit dem verdammten „Redfern" – vielleicht war es auch eine Frau oder eine Stadt? – auf sich hatte und was Pierre Lazareff von mir verlangte. Ich zog durch die Redaktionsräume und begrüßte alle, die ich kannte, mit den Worten: „Sagt Ihnen das Wort ‚Redfern' etwas?"

Niemand wußte das geringste mit dem Wort anzufangen.

Deprimiert kehrte ich in mein Hotel zurück, das „Scribe" bei der Oper, in dem ich nun in den nächsten Jahren oft wohnen sollte, holte meine Koffer wieder und fuhr zur Gare du Nord. Ich war überzeugt, daß Pierre Lazareff, von mir in Sachen Redfern enttäuscht, den amerikanischen Posten mit einem anderen besetzen würde. Wenn ich nicht einmal verstand, was er mir auftrug! Ich verstand eben doch noch nicht genug Französisch oder doch nicht gut oder schnell genug. Was ich nicht wußte, war, daß auch gebürtige Franzosen nur Bruchteile von dem mitbekamen, was sich kaskadenartig von Pierres Lippen ergoß. Aber als Emigrant, als Ausländer, wagte ich es nicht, Fragen zu stellen.

Ich erreichte die Gare du Nord, verstaute mein Gepäck, promenierte noch ein wenig auf dem Bahnsteig. Was würde werden? Noch fünf Minuten bis zur Abfahrt des Zuges nach Amsterdam. Noch vier Minuten. Noch drei. Da stürmte ein Zeitungsverkäufer den Bahnsteig entlang. Er rief: „Paris-soir! Dernière Edition!" Ich kaufte mechanisch ein Blatt, ging ins Abteil und las auf der ersten Seite, dreispaltig aufgemacht: „Redfern – Est-il encore vivant?" – Lebt Redfern noch?

Und da stand nun alles, was ich wissen wollte oder sollte oder mußte. Redfern war ein Forscher. Vor Jahren war er in den Urwäldern von Holländisch-Guinea verschwunden und längst aufgegeben worden. Aber vor wenigen Tagen hatte ein nicht weiter identifizierter Mann, der aus dem Innern des Landes kam, eine Telegraphenstation an der Küste erreicht und gefunkt, daß Redfern noch lebe, und zwar bei einem Eingeborenenstamm. Entweder als Gast oder als Gefangener, ganz klar war das nicht. Und der „Paris-soir" verkündete: „Wir werden ihn finden und zurückbringen!"

Nun war mir vieles klar. Ich sollte, natürlich, in Holland Erkundigungen einziehen. Am Abend war ich im Haag, am nächsten Vormittag saß ich einem Beamten des Außenministeriums gegenüber.

Dieses befand sich in einem stattlichen Gebäude, und wie sich bald herausstellte, war es dort keineswegs Alleinmieter. Es verfügte nur über ein paar Räumlichkeiten.

Der Beamte, zu dem ich gekommen war, lächelte. Ja, er habe von dieser Meldung erfahren, aus den Zeitungen, verstehe sich, aber eigentlich hätte er im Ministerium doch etwas direkt hören müssen. Kurz, er glaubte nicht so recht an die Geschichte. Immerhin, ich könne ja mal im Postministerium anfragen. Der Telegraph von Holländisch-Guinea sei staatlich, im Postministerium müsse man von einem solchen Bericht wissen.

Das Postministerium?

Ja, das befinde sich im selben Gebäude, nur zwei Stockwerke höher oder tiefer; er nannte auch die Nummern der Zimmer – es war ein halbes Dutzend. Auch dort traf ich gleich auf einen höheren Beamten. Man hielt im Haag offenbar nicht viel von Vorzimmern, Vorzimmerdamen, schriftlichen Anmeldungen.

Der Mann im Postministerium lächelte auch, er hatte ebenfalls von der Geschichte gehört, aber eben auch nur aus Zeitungen, und eigentlich müßte doch sein Amt schon offiziell etwas erfahren haben oder zumindest eine Kopie des betreffenden Kabels besitzen, wenn an der ganzen Sache etwas dran sei. Aber ich könne ja mal im Kolonialministerium anfragen, das sei nur wenige Schritte entfernt, im selben Stockwerk oder eines höher oder tiefer.

Dort lächelte man auch nur und wußte von nichts, obwohl man eigentlich etwas hätte wissen müssen, und man hielt die ganze Sache für puren Schwindel.

Ich war tief beeindruckt von den holländischen Behörden. Dieser völlige Verzicht auf Wichtigtuerei, diese bescheidene Sachlichkeit! Wenn ich da an deutsche Ämter dächte! Ich war auch ein bißchen beeindruckt von der Schnelligkeit, mit der ich das Rätsel Redfern gelöst hatte, und ging zum nächsten Postamt, telephonierte aber wohlweislich nicht, weil ich Lazareffs unverständliche Wortkaskaden fürchtete. Ich verfaßte stattdessen ein längeres Telegramm an Pierre Lazareff, in dem ich nachwies, daß die ganze Redfern-Geschichte ein Schwindel sei, und dann fuhr ich für zehn Tage auf Ferien.

Als ich mich nach der Rückkehr wieder im „Paris-soir" meldete, rief mir jeder zu, den ich in den Redaktionsräumen oder auf den Korridoren traf, Pierre Lazareff erkundige sich immerfort, wo ich denn stecke.

Als ich dann in sein Büro trat, sagte er: „Wann fährst du denn endlich nach New York zurück?"

„Ich dachte, so in einer Woche."

„Zu spät! Morgen. Am besten heute. Wir müssen doch die Sache mit Redfern organisieren!"

„Ich habe doch telegraphiert, daß es ihn wahrscheinlich gar nicht mehr gibt."

„Ich weiß. Aber sicher ist das nicht. Und jedenfalls gibt es keinen Grund, ihn nicht zu suchen."

„Aber im Haag glauben alle, daß er längst tot ist!"

„Den Haag ist nicht Paris. Und das ist eine gute Story." Und er setzte mir auseinander, wie er sich alles vorstellte.

Mir schwindelte. „Das kostet doch ein Vermögen!"
„Gewiß, aber es ist gute Propaganda!"
Und so fuhr ich zwei Tage später nach Amerika, um Redfern in Holländisch-Guinea zu suchen. Ich wußte nicht einmal genau, wo das lag.

In New York übernahm ich zuerst einmal das Büro des „Paris-soir". Genaugenommen gab es das gar nicht. Es gab einen politischen Korrespondenten namens Raoul de Roussy de Sales, den ich schon vorher flüchtig kennengelernt hatte. Er war ein mittelgroßer, überaus magerer Mann von vollendeten Manieren, mit dem man sich ausgezeichnet unterhalten konnte. Er war von einer Klarheit, einer Präzision, einer Logik, wie man sie fast nur bei kultivierten Franzosen findet. Er war liebenswürdig und immer ein wenig ironisch. Er und seine schöne, viel jüngere amerikanische Frau Reine wurden in den nächsten Jahren meine besten Freunde. Übrigens war er erfreut, daß ich ihn entlasten würde. Er arbeitete nicht besonders gern und war zufrieden, sich auf seine politischen Kommentare beschränken zu können.

Das Büro also: Es bestand aus einem Desk, sprich Schreibtisch, in dem riesigen Redaktionsraum der „Herald Tribune". Das bedeutete, daß man die neuesten Meldungen, die diese Zeitung ständig erhielt, automatisch auch bekam. Und daß man das Archiv benutzen konnte. Später siedelten wir übrigens zur „Daily News" über. Ich mietete ein weiteres Hotelzimmer im „Bedford"; die French Cable Company installierte dort einen Telex-Apparat, der mich Tag und Nacht mit der Zentrale dieser Gesellschaft verband, die meine Nachrichten direkt an den „Paris-soir" weitergab, respektive seine an mich. Ich engagierte eine französische Sekretärin. Ich fuhr nach Washington und Los Angeles und verpflichtete dort installierte Journalisten, die sich für nicht allzuviel Geld bereitfanden, mir alle wissenswerten Nachrichten zukommen zu lassen.

Und dann kehrte ich nach New York zurück und widmete mich der Aufgabe, Redfern zu finden. Ich hatte keine Ahnung, wie man die Pläne Pierre Lazareffs in die Tat umsetzen konnte. Und Roussy de Sales grinste nur ironisch, als ich ihm davon sprach.

„Dabei wußte ich bis vor wenigen Tagen überhaupt nicht, wo sich dieses Holländisch-Guinea befindet! Das ist schließlich schon Asien! Warum werde ich, der hier in New York sitzt, damit betraut?"

„Das kann ich Ihnen ganz genau sagen. Weil im ‚Paris-soir' auch niemand weiß, wo Holländisch-Guinea ist!"

„Sollte man das Pierre Lazareff nicht mitteilen?"

„Warum, um Gottes willen? Vielleicht will man die Sache von New York aus starten wegen der Publicity! Was weiß ich. Jedenfalls ist das doch eine Chance für Sie!"

Also verfaßte ich schließlich eine sehr ausführliche und kostspielige Annonce und rückte sie in die „New York Times" ein.

Und schon am nächsten Tag begann es. Und es wurde innerhalb von achtundvierzig Stunden zur Lawine. Es meldeten sich aufgrund der Annonce bei mir, will sagen im „Paris-soir"-Büro nicht weniger als zwei Dutzend Kapitäne. Sie alle hatten ein Schiff, sie alle hatten eine Mannschaft oder konnten zumindest sehr schnell eine zusammenstellen. Sie alle hatten im Augenblick keine Arbeit, und sie alle waren bereit, morgen oder jedenfalls sehr bald nach Holländisch-Guinea aufzubrechen, um Redfern tot oder lebendig zurückzubringen. Und das wollten sie sehr billig machen, fast geschenkt.

Man erinnere sich: es war die Zeit der Weltwirtschaftskrise, und zahlreiche Schiffe und ihre Besatzungen waren in des Wortes wahrster Bedeutung gestrandet.

Glücklicherweise meldeten sich auch Leute, die Ratschläge erteilen konnten und wollten und die etwas von Schiffen und auch von fernen Ländern, die ich allenfalls vom Atlas her kannte, verstanden oder jedenfalls zu verstehen vorgaben. Ich engagierte einen – nur um herauszufinden, daß er wenn möglich von der Materie noch weniger verstand als ich. Mit seinem Nachfolger hatte ich mehr Glück. Er half mir bei den Entscheidungen, das heißt, ich tat mehr oder weniger das, was er vorschlug.

Redfern war ein Unternehmen geworden, sozusagen über Nacht. Ich mußte einige Büroräume mieten und einige Sekretärinnen engagieren. Ich forderte und erhielt vom „Paris-soir" erhebliche Summen, um das alles zu finanzieren. Und die Zeitung brachte täglich lange Berichte über das, was zu den Vorbereitungen der Redfern-Expedition geschah. New Yorker Kollegen, von ihren Büros in Paris alarmiert, erkundigten sich ironisch, ob wir beabsichtigten, den Nordpol zu erforschen. Mir persönlich wäre das lieber gewesen. Vom Nordpol wußte ich zumindest, daß es ihn gab. Was Redfern anging – da hatte ich meine Zweifel.

Bei diesem Unternehmen lernte ich bald, was alles man – oder doch zumindest ich – nicht wußte. Ein Schiff chartern, das war noch gegangen. Aber wie war das mit der Mannschaft? Wieviel Mann brauchte man? Und wie viele mußten mitgenommen werden, um Redfern an Ort und Stelle, wo immer das sein mochte, zu befreien? Proviant? Waffen? Sprachkenntnisse? Welche Strapazen waren zu bestehen? Wer mußte gegen was geimpft werden? Welchen Arzt sollte ich verpflichten? Sicher war Redfern, falls man ihn je fand, pflegebedürftig, von der vermutlich überanstrengten Mannschaft ganz zu schweigen.

Das Unternehmen wuchs und wuchs. Schon hatten wir fünf Büros und am Hafen noch einige weitere Räume. Typisch, daß ich die an einer Stelle gemietet hatte, wo das Schiff dann gar nicht vor Anker ging, so daß wir jeweils eine lange Strecke fahren mußten. In den Räumen stapelten wir Proviant und Medikamente. Gewerkschaften schalteten sich ein. Eine amerikanische Behörde. Unzählige Formulare waren auszufüllen, unzählige Genehmigungen einzuholen. Der holländische Generalkonsul, von mir darauf angegangen, ob wir auf Unterstützung rechnen konnten, gab sich sarkastisch. Nein, die Holländer wollten mit der Sache nichts zu tun haben. Sie glauben an diesen Redfern nicht, das heißt, an einen noch lebendigen Redfern, und auch nicht, daß ich an ihn glaubte – womit sie völlig recht hatten.

Es war die reinste Operette, die sich da abspielte und in der ich mitspielte. Natürlich hatte ich nur dem Namen nach die Oberleitung. Ich mußte Unterschriften leisten, Geld auftreiben und überweisen und mir die Ausführungen von inzwischen drei oder vier von mir verpflichteten Sachverständigen anhören – und so tun, als ob ich etwas von irgend etwas verstünde.

Schließlich war das Schiff bereit und auch die Mannschaft. In letzter Minute waren noch zwei Reporter des „Paris-soir" eingetroffen. Ich hatte es nämlich abgelehnt, mitzufahren und die Berichterstattung zu übernehmen. Ich erklärte das mit meiner Unabkömmlichkeit und mit Sprachschwierigkeiten. Die beiden Pariser Kollegen sprachen zwar perfekt Französisch – sonst aber nichts. Außer ihnen sprach keiner an Bord Französisch. Aber das gehörte nun wirklich nicht in den Bereich meiner Sorgen.

Ich hatte nur noch eine Sorge: daß der Dampfer endlich, endlich abfuhr. Wunderbarerweise tat er das schließlich auch. Zur Abfahrt erschienen zahlreiche Reporter und Pressephotographen. Auch ich erschien. Und wer viel Zeit hat, kann in alten Bänden der New Yorker Zeitungen und natürlich des „Paris-soir" mein Bild finden, wie ich dem abfahrenden Schiff nachwinke, das übrigens erst fünf oder sechs Stunden nach der Aufnahme die Anker lichtete. Mit der Flut oder der Ebbe, das weiß ich nicht mehr genau. Ich sagte noch einige unpassende Worte: „Wenn Redfern lebt, werden wir ihn finden!"

Um es kurz zu machen: Wir fanden ihn nicht. Das Schiff kam zwar fahrplanmäßig an, diejenigen, die an der eigentlichen Expedition teilnehmen sollten, reisten landeinwärts und stiegen dann in von Eingeborenen gelenkte Kanus, um in den Urwald vorzudringen. Bereits am ersten Tag kenterte das erste Kanu, in dem der Kapitän saß. Er und ein zweiter Mann ertranken im Strudel, die übrigen, darunter auch die französischen Reporter, konnten gerettet werden. Mit in die Fluten versanken alle Pläne. Von den Überlebenden wußte also niemand so recht, wie es weitergehen sollte. Und niemand hatte Lust auf Fortsetzung der Reise.

Unzählige Kabel zwischen ihnen und mir und dem „Paris-soir". Schließlich wurde alles abgeblasen. Ich durfte hoffen, den Namen Redfern nie wieder zu hören. Irrtum. In Abständen von Monaten kam Pierre Lazareff immer wieder auf ihn zurück, namentlich während meiner jetzt häufigeren Besuche in Paris. „Man sollte doch . . ." Oder: „Man könnte doch . . ."

Aber was konnte man?

Das erfuhr ich, als ich eines Abends in meiner Lieblingsbar in New York saß, in Gesellschaft des französischen Dichters und Fliegers Antoine de Saint-Exupéry. Er sprach wie fast immer von Frauen, an denen er einen nicht unerheblichen Konsum hatte. Ich erwähnte, daß ich – vor ein paar Tagen? vor ein paar Wochen? – wieder einmal von Paris daran erinnert worden war, daß vielleicht in der Sache Redfern doch noch etwas geschehen sollte. Es war mindestens zwei Jahre nach der mißglückten Expedition.

„Aber das ist doch ganz einfach, mein Lieber!" meinte Saint-Exupéry. „Du schickst mich hin."

„Ich schicke dich – wohin?"

„Nach Holländisch-Guinea, natürlich." Er würde dort hinfliegen und aus geringer Höhe Umschau nach Redfern halten. „Sollte ich ihn entdecken . . ."

Der „Paris-soir" war begeistert von dem Projekt. Saint-Exupéry flog also von Paris nach Holländisch-Guinea. Später sagte er einmal: „Ich hatte keine Illusionen. Immerhin, ich kreiste ein bißchen über den Urwäldern. Die haben eine ganz hübsche Ausdehnung. Ich entdeckte auch gelegentlich Eingeborene, die mir freundlich zuwinkten. Und hielt Ausschau nach Redfern."
Nun, auch er entdeckte ihn nicht.
Und damit war dieses Kapitel endgültig abgeschlossen.

Natürlich mußte ich schon aus Berufsgründen jetzt mit viel mehr Menschen verkehren als früher. Insbesondere auch mit Vertretern meines Metiers. Zu ihnen gehörte – und sollte viele Jahre gehören – die Publizistin Dorothy Thompson, eine ganz ungewöhnliche Persönlichkeit. Ich kannte sie schon von Berlin her. Eine große, später leider etwas zu dicke Frau, damals noch schön, blond, mit strahlend blauen Augen. Die ganze Dorothy strahlte. Sie war noch mit dem Schriftsteller Sinclair Lewis verheiratet, aber die beiden lebten schon, als Freunde übrigens, getrennt.
Dorothy war eine Art Berühmtheit. Schon als junges Mädchen hatte sie für die „Saturday Evening Post" Europa bereist, hatte Berühmtheiten interviewt, unter anderen Sigmund Freud und den ersten polnischen Präsidenten, Marschall Pilsudski. Ich hatte sie – und auch Sinclair Lewis – im Romanischen Café kennengelernt, der Stätte übrigens, wo sie vor gar nicht allzu langer Zeit einander vorgestellt worden waren.
Weltberühmtheit erlangte Dorothy, als sie als erste ausländische Journalistin Hitler kurz nach seiner Machtergreifung interviewte. Was sie über ihn schrieb, war so kompromißlos vernichtend, so entlarvend, daß Hitler, der sich damals noch mit Ausländern eher vorsah, sie wutentbrannt des Landes verweisen ließ. Eine große Ehre und eine gewaltige Propaganda. Und sofort engagierte sie die „Herald Tribune" als Kolumnistin, und ihre vorzüglichen Artikel wurden in mehr als hundert amerikanischen Zeitungen gedruckt; dreimal pro Woche. Sie besaß also einen gewissen Einfluß.
Ich hatte sie in New York irgendwo getroffen, aber damals schrieb ich ja nur über Sport für den „Paris-soir" und war nicht wichtig genug, als daß sie sich besonders für mich interessiert hätte. Eines Abends wanderte ich in die Bar des Hotels Plaza am

Central Park, und da saß sie mit einem englischen Kritiker. Sie winkte mir, und ich kam näher. Sie sagte: „Wir waren gerade bei einer Premiere." Das Stück habe ich natürlich längst vergessen. „Es war schrecklich! Wir gingen nach dem zweiten Akt."

Und ich, ganz spontan und etwas dümmlich: „In Berlin wäre das für einen Journalisten unmöglich gewesen!"

Und sie: „Glücklicherweise sind wir nicht in Berlin. Glücklicherweise für Sie, für uns!"

Damit begann unsere Freundschaft.

Ein paar Jahre später kam der österreichische Schauspieler Fritz Kortner nach New York und befreundete sich mit Dorothy Thompson, die er sogar dazu überredete, ein Stück zu bearbeiten, das er geschrieben hatte. Das Stück wurde dank ihrer Beziehungen aufgeführt und war ein totaler Durchfall. In den sechziger Jahren, als Dorothy schon längst tot war, schrieb Kortner dann in seinen Erinnerungen, er habe sie überzeugen müssen – damals, in den dreißiger Jahren also –, wer Hitler eigentlich sei, und habe es fertiggebracht, sie für den politischen Journalismus zu gewinnen. Dies nur nebenbei. Es ist zwar richtig, daß man über Tote, in diesem Fall also über Kortner, nur das Beste sagen sollte, aber ist die Wahrheit nicht das Beste?

Durch Dorothy, die ich etwa drei- oder viermal pro Woche in ihrem Apartment am Central Park West besuchte – eine Unmenge Leute kam dahin, um sich mit ihr zu unterhalten, und zwar fast immer über Politik und, wenigstens was mich anging, meist über Deutschland, sie gehörte zu den Leuten, die andere ausquetschten –, kam ich in Kontakt mit Winston Churchill.

Da sie wußte, daß ich oft nach Paris fuhr und gelegentlich auch ein paar Tage in London verbrachte, gab sie mir „für alle Fälle" ein Empfehlungsschreiben an den großen Mann mit, der – und das macht das Folgende verständlich – damals gar nicht als groß, sondern eher als endgültig erledigt galt. Seine Partei, die Konservativen, stellte zwar die Regierung, aber die Balfours und die Chamberlains hatten ihn ausgebootet. Er war in einer unmöglichen Situation. Solange seine Partei regierte, hatte er keine Chance, und natürlich schon gar keine, wenn die anderen ans Ruder kamen. Er saß meistens mißvergnügt in seinem Haus auf dem Lande.

Aber nicht nur das. Er war besorgt. Nachdem er – vorübergehend nur – an die Möglichkeit einer Zusammenarbeit zwischen Großbritannien und Hitler geglaubt hatte, war er sich ständig der Gefahr bewußt, die jenseits des Kanals mit rasender Schnelligkeit wuchs. Eine Gefahr, die um so bedrohlicher war, als die britische Regierung – „Meine Leute!", wie Churchill sarkastisch bemerkte – sie nicht sah oder nicht sehen wollte. In 10, Downing Street, war man dumpf entschlossen, sich mit Hitler zu verständigen.

Was konnte Churchill dagegen tun? Was tat er? Er sammelte Material – nicht nur für seine Reden, man denke etwa an diejenige, in der er zum erstenmal im Unterhaus von der deutschen Luftaufrüstung sprach –, und die Regierung war konsterniert. Churchill hatte viele Quellen. Unter anderen Anthony Eden, der noch im Auswärtigen Amt saß, aber zurücktrat, als Großbritannien nach dem „Anschluß" Österreichs nichts unternahm. Und Eden wußte natürlich viel.

Eine andere Quelle von – meiner Ansicht nach – größter Bedeutung war Lord Vansittart, damals noch Sir Robert, Leiter einer sehr wichtigen Abteilung der Intelligence. Seine Tragödie – wenn man ein so pathetisches Wort im Zusammenhang mit diesem überaus kühlen, schlanken Mann überhaupt gebrauchen darf – war, daß die Intelligence zwar vermutlich alles über Hitlers Absichten und Kriegsvorbereitungen herausbrachte, daß aber die bereits erwähnten Premiers die unbequeme Wahrheit einfach nicht zur Kenntnis nehmen wollten; und so fand manche wichtige geheime Nachricht ihren Weg zu Churchill, mit dem Vansittart nicht nur die richtige Einschätzung der nahen Zukunft verband, sondern auch persönliche Freundschaft.

Churchill also: Er bestellte mich, besser, ließ mich in sein Landhaus bestellen. Er saß im Garten oder auf einer Terrasse. Auf dem Kopf trug er einen riesigen Strohhut, und im Mund steckte eine gewaltige Zigarre, nicht angezündet, übrigens. „Ich gewöhne mir das Rauchen ab!" sagte er. „Mit welchem Erfolg, bleibt abzuwarten." Und: „Kein Interview!"

Statt dessen interviewte er mich. Er wollte einfach alles über mich und mein Leben wissen. Wann und warum ich Deutschland verlassen habe? Und wie es um meine Kontakte mit Deutschen stehe? Ich mußte gestehen, daß ich kaum noch welche hatte.

„Ein Fehler", kommentierte er trocken. Er schenkte uns beiden

Whisky ein. Sehr viel, zumindest für meine Verhältnisse. „Sie sollten versuchen, wieder Kontakte aufzunehmen."

„Die Leute, die ich kenne, wissen ja doch nichts."

„Jeder weiß etwas."

„Ich meine, nichts, was Sie interessieren könnte."

In diesem Augenblick mischte sich Vansittart in unser Gespräch. Die oben zitierten Worte unserer Unterhaltung habe ich noch genau im Ohr. Warum Vansittart eingriff? Er erteilte mir eine wertvolle und zugleich die erste Lektion in Spionage: Niemand verlange von mir die Weitergabe von Geheimnissen. „Darüber möglichst viel herauszufinden ist die Aufgabe von Spezialisten. Was Sie uns erzählen könnten, wäre, um ein Beispiel zu nennen, wie die Menschen in Deutschland sich fühlen. Was sie über Hitler denken. Was sie von der Aufrüstung halten. Ob es noch alles zu essen gibt . . ."

„Wissen die denn etwas von der Aufrüstung?"

„Auch das zu erfahren würde für uns interessant sein. Übrigens . . . es muß viele in Deutschland geben, die davon wissen. Arbeiter, Soldaten, Bauarbeiter, Bäcker, Metzger, Schneider . . ."

„Aber wieso Bauarbeiter, Bäcker, Metzger?"

„Glauben Sie, die Rekruten schlafen im Freien? Glauben Sie, die essen kein Fleisch und kein Brot? Glauben Sie, die laufen nackt herum? Oder in ihren Zivilanzügen?"

„Sie müssen mich öfter besuchen", meinte Churchill, als ich schließlich Abschied nahm, etwas verwirrt und nervös. Und es dauerte einige Zeit, bis ich begriff, daß ein geschulter Reporter, und der war ich ja, auch durchaus imstande sein konnte oder eigentlich sein sollte, herauszubekommen, was Churchill und Vansittart da von mir wollten. Nun kam ich öfter zu Churchill, die nächsten Male allerdings meist in sein Londoner Domizil. Ich war natürlich nicht der einzige, den er und Sir Robert mit solchen „Aufgaben" betrauten . . . Immerhin schien Churchill stets von neuem interessiert an dem, was ich, meist brieflich, aus Deutschland, oft auch von anderen Emigranten in Paris und New York erfahren hatte.

Und Vansittart war dankbar. „Wir werden uns revanchieren", sagte er mehr als einmal. Er hielt Wort. Und so geschah manches . . . Ich übertreibe nicht, wenn ich sage, daß mein Leben sich sonst doch wohl ganz anders gestaltet hätte.

15
Roosevelt, das FBI und Josephine Baker

Eines Tages stand ich vor Franklin D. Roosevelt. Er musterte mich – wie es schien, interessiert – und sagte: „Ah, sieh da, Sie kommen aus Paris!"

Am frühen Morgen war ich von New York nach Washington gefahren. Man konnte schon fliegen, aber ich fuhr meistens. Ich hatte etwas im State Department zu tun, irgendeine Anfrage aus Paris, die zu beantworten war; ich habe keine Ahnung mehr, worum es sich handelte. Das State Department war noch das alte, viel kleinere, das wohl heute noch steht, in dem aber irgendwelche Archive untergebracht sind, wenn ich nicht irre. Meine Angelegenheit dauerte vielleicht zwei Stunden, und ich wollte mich gerade verabschieden, um den nächsten Zug nach New York zurück zu nehmen, als der betreffende Beamte, ein Pressereferent, mich aufhielt: „In zehn Minuten beginnt die Pressekonferenz!"

Des Außenministers, natürlich. Ich hatte Mr. Cordell Hull nichts zu fragen, aber der Beamte insistierte. Ich blieb also und wurde von ihm in das angrenzende Zimmer geführt. Und begriff sofort, warum er so dringend gewesen war. Die Pressekonferenz – das war ich. Will sagen, ich war der einzige, der dem eintretenden Mr. Hull, einem sehr distinguierten, weißhaarigen Gentleman aus dem Süden, gegenüberstand. Er tat so, als habe er es mit einem ganzen Pressekorps zu tun, hielt eine kurze Ansprache über die augenblickliche außenpolitische Lage und fragte dann: „Any question, gentlemen?" Er sagte „gentlemen", also „meine Herren". Ich habe es heute noch im Ohr.

Ich erfand das eine oder andere. Wir kamen ins Gespräch. Nicht lange, drei oder vier Minuten. Dann verabschiedete er sich. Der Pressereferent drückte mir die Hand. „Sie haben mir einen großen Gefallen getan." Es wäre in der Tat peinlich für ihn gewesen, wenn überhaupt niemand dem Außenminister der Vereinigten Staaten gegenübergestanden hätte. Das kam wohl gelegentlich vor, noch war Washington fast ein Dorf.

„Und nun werde ich Ihnen einen Gefallen tun", sagte der Pressereferent und nahm mich zu einer anderen Pressekonferenz mit, die eine Viertelstunde später im benachbarten Weißen Haus stattfand. Auch sie war nicht gerade überwältigend besucht. Aber Präsident Roosevelt, der schon hinter seinem Schreibtisch saß, als wir, etwa fünfzehn oder zwanzig Journalisten, hereingelassen wurden, hatte nichts anderes erwartet. Übrigens kannte er jeden seiner Besucher mit Namen, und sein Blick blieb auf mir, dem Neuling, fragend haften. Der Pressereferent des Außenministeriums stellte mich vor.

„Ah, sieh da, Sie kommen aus Paris!" sagte er also.

„Eigentlich aus Berlin!"

Das interessierte ihn. Und dann kam er zur Sache. Er gab einige Erklärungen ab und bat um Fragen. Es fiel überhaupt nicht weiter auf, daß er die Anwesenden mit ihren Vornamen anredete, aber als er das auch bei mir tat, war ich perplex.

„Keine Fragen, Curt?"

„Nicht im Augenblick, Mr. President!"

„Man wird Sie also öfter hier sehen?"

Als auch ich gehen wollte, winkte er mich zurück: „Kommen Sie wirklich mal wieder, junger Mann."

Ich glaubte keinen Augenblick, daß er es ernst meinte, und es vergingen viele Monate, bis ich wieder im Weißen Haus auftauchte. F. D. R. erinnerte sich sofort. „Wo haben Sie denn so lange gesteckt?" Ich war begreiflicherweise nicht nur erstaunt, sondern geradezu erschüttert. Daß ein so bedeutender Mann mit so viel Arbeit ein so gutes Gedächtnis hatte – ich war doch schließlich nur einer unter vielen Korrespondenten und wohl nicht halb so wichtig wie die von der „New York Times", der „Herald Tribune" oder der anderen großen amerikanischen, kanadischen und englischen Blätter oder Nachrichtendienste.

Aber – und das kann ich nicht oft genug betonen – damals war alles viel kleiner in Washington, ich darf wohl sagen intimer als später, auch das Weiße Haus selbst. Als die Konferenz zu Ende war – es ging auf Mittag –, sagte oder befahl F. D. R.: „Sie bleiben zum Luncheon, Curt!"

Daß ich verblüfft war, ist eine Untertreibung. Später – ich wurde von nun an öfter dabehalten, begriff ich, daß diese Aufforderungen nichts Außergewöhnliches waren. Übrigens waren auch bei jenem ersten Luncheon zwei weitere Korrespondenten anwesend. Das für mich Interessante war die Art, wie F. D. R. sich gab. Er war ja auch während der Pressekonferenz nie „Mr. President", immer recht informell, fast kameradschaftlich. Während des Essens, dem ein von ihm selbst gemixter Martini-Cocktail voranging – auf seine diesbezügliche Fähigkeit bildete er sich etwas ein und durfte es auch –, benahm er sich, als befände er sich innerhalb seines engsten Familienkreises. Man durfte über alles mit ihm reden – nur nicht über Politik.

„Das verdirbt den Appetit!" sagte er zu mir, der ich wohl im Unterschied zu den anderen noch eingeweiht werden mußte. Bei diesem ersten Luncheon, dem im Laufe der nächsten Jahre etwa ein halbes Dutzend folgen sollten, war auch Mrs. Eleanor Roosevelt anwesend. „Zufälligerweise", kommentierte Mr. President mit einem Unterton von Ironie.

Ich kannte sie natürlich von zahlreichen Zeitungsphotos her, und sie war mir immer als eine eher häßliche Frau erschienen. Das war sie wohl auch, aber wenn sie zu sprechen begann oder auch nur zuhörte, kurz, wenn man sie lebendig vor sich sah, war das alles wie weggewischt. Hier war eine sehr freundliche ältere Dame, eine mit viel Verständnis für diejenigen, mit denen sie gerade sprach, besser: für Menschen überhaupt. Ich sollte das später oft, sehr oft bestätigt finden, wenn in den letzten Jahren vor dem Krieg und in den ersten Kriegsjahren immer öfter, immer dringlicher jemand vonnöten war, der helfen konnte und wollte, ein Visum für die USA zu beschaffen für einen Flüchtling, oder dafür zu sorgen, daß eines verlängert wurde; Flüchtlingskomitees dabei behilflich zu sein, durchaus nicht immer geringe Summen aufzutreiben, Prominente und reiche Amerikaner dazu zu überreden, für diesen oder jenen Refugee gutzusagen, das heißt, dafür zu bürgen, daß er nicht den USA zur Last fallen würde.

Mrs. Roosevelt war immer da, sie war immer bereit.

Bei diesem Mittagessen erzählte sie von ihren letzten Reisen. Sie war eigentlich immer auf Reisen, in New York, in Chicago, irgendwo im Mittelwesten oder Süden. Sie schrieb darüber einige Male pro Woche in zahlreichen Zeitungen jeweils kurze Artikel, die sich durch scharfe Beobachtungsgabe und menschliche Wärme auszeichneten. Sie war fast nie im Weißen Haus, um zu repräsentieren – sie verstand sich nicht so sehr als die Frau des Präsidenten, sondern mehr als Frau eines Mannes, der zu beschäftigt war, um für die vielen, die ein Anliegen hatten, Zeit zu haben.

Ich glaube, sie mochte mich ganz gern, und ich verehrte sie. Wir wurden Freunde. Später, nach dem Tod des Präsidenten, als sie in New York eine kleine Wohnung am Washington Square bezog, besuchte ich sie gelegentlich. Sie war immer sehr beschäftigt – unter anderem, aber wirklich nur unter anderem, als Vorsitzende des Komitees für Menschenrechte der UNO. Und wie alle sehr beschäftigten Menschen hatte sie immer Zeit. Als sie Anfang der sechziger Jahre starb, stellte man in der Zeitung fast mit Erstaunen fest, daß sie die Frau des Präsidenten gewesen war – des bedeutendsten Präsidenten unserer Zeit. Sie war in den achtzehn Jahren nach seinem Tod wieder Mrs. Roosevelt geworden, nicht mehr, aber auch nicht weniger.

In diesen dreißiger Jahren hatte ich eine Unmenge zu tun. Nicht nur, daß ich im Verlauf der nächsten Jahre regelmäßig bis zu vierzehn Zeitungen mit Artikeln belieferte – meist Durchschläge meiner Artikel für die „Haagsche Post" und für das „Wiener Tagblatt". Vierzehn Zeitungen, das machte mich bekannt, das darf ich ohne Übertreibung sagen. Mein Name wurde fast ein Begriff. Was Paris angeht, so kann ich das Wort „fast" streichen, ich war ein Begriff geworden.

Einmal, während meiner vielen Fahrten nach Paris, sagte ich zu Pierre Lazareff: „Du bringst meinen Namen immer so groß heraus, als ob ich ein Star wäre!"

„Du bist auch ein Star."

„Warum?"

„Eben weil ich deinen Namen mit so großen Buchstaben drucke."

So einfach war das.

Auch in Holland wurde ich sehr bekannt, in Österreich, in Belgien, sogar in Polen und in der Tschechoslowakei. Nur in New York, fast überflüssig, es zu unterstreichen, war ich fast unbekannt. Auch hier ist eigentlich das Wort „fast" überflüssig.

Ich konnte nicht gut aus amerikanischen Zeitungen abschreiben – die in den USA gedruckten Meldungen wurden ja schon von den Nachrichtendiensten AP, UP und so weiter nach Europa übermittelt. Ich mußte mir meine eigenen Stories suchen. In die „Redfern"-Geschichte war ich weiß Gott ohne mein Zutun hineingeraten und, ebenfalls ohne etwas dazu zu tun, für die Leser europäischer Zeitungen eine Art Held geworden.

Oder da war – schon etwas früher – die Geschichte der Dionne-Fünflinge. Man erinnert sich vielleicht noch: Eine arme kanadische Farmersfrau, groß und kräftig – ihr Mann war fast zwergenhaft klein und dürr –, hatte Fünflinge geboren. Eine Weltsensation, schon deshalb, da sie dank der aufopfernden Fürsorge und Pflege des herbeigeeilten Dorfarztes am Leben blieben – zum erstenmal in der Geschichte der Neuzeit, wie die Zeitungen, und unter ihnen auch der „Paris-soir", versicherten. Es war keineswegs leicht, über verschneite Landstraßen zu der abgelegenen Farm vorzudringen, um Näheres zu erfahren, was ich bezeugen kann, denn ich war einer der vielleicht fünfzig Reporter, die sich auf den Weg machten.

Zugegeben, ich war der einzige Europäer. Aber ich war, wie gesagt, nicht der einzige, der sich zur Dionne-Farm durchkämpfte, ich kam nicht einmal als erster dort an. Doch wenn man die Berichte im „Paris-soir" las – die, man muß schon sagen, Umdichtungen meiner Berichte –, konnte man sich wohl fragen, ob ich die Fünflinge, wenn schon nicht selbst geboren, so doch zumindest vielleicht gezeugt hatte.

Oder da war die Sache mit dem FBI. Das kennt man heute überall auf der Welt. Damals wußte man wenig oder nichts von dieser außerordentlichen Bundespolizeibehörde, jedenfalls nicht in Europa. Da diese Truppe von G-Men, wie sie im Volksmund genannt wurden, außerordentliche Leistungen vollbrachte, unter anderem berüchtigte Gangster wie Dillinger oder Al Capone zur Strecke gebracht hatte, bat ich den damals ebenfalls noch nicht sehr bekannten Leiter des FBI, Edgar Hoover, um ein Interview. Er war ein bißchen eitel und stand mir gern zur Verfügung. Ich blieb mehrere Tage in Washington und lernte durch ihn die damals völlig neuen Methoden dieser Polizei kennen, deren Agenten – auch das war damals nicht üblich – keineswegs nur phänomenale Schützen waren, sondern auch vorzügliche Boxer und Experten in Jiu-Jitsu.

Ich schrieb über das alles eine Reportage in, wenn ich mich recht erinnere, zehn Fortsetzungen. Sie erschien unter dem sensationellen Titel „J'étais un G-Man" – Ich war ein G-Mann. Was den Inhalt anging, so hatte man im wesentlichen alles so gelassen, wie es von mir geschrieben worden war, nur eben die in der Tat verblüffende Mitteilung zu Beginn der Serie hinzugefügt: ich, der Autor, sei der amerikanischen Bundespolizei beigetreten und habe alles, was nun von mir geschildert wurde, selbst erlebt. Hoover hatte Ärger, und es dauerte einige Zeit, bis ich ihn davon überzeugen konnte, daß ich an dieser „Bearbeitung" schuldlos war.

Aber dann geschah etwas nicht mehr Gutzumachendes. Hoover hatte mir einiges Material über die amerikanischen Rackets zukommen lassen. Diese Rackets, die heute jedes Kind kennt, waren selbst in den Staaten relativ unbekannt, und in Europa wußte man nicht einmal, was das Wort bedeutete. Für diejenigen, die sich ihre Unschuld bewahrt haben: Ein Racket ist ein illegitimes Geschäft. Ein Racket war es zum Beispiel, einen Geschäftsinhaber zu verständigen, seine Schaufenster würden nicht eingeschlagen werden, oder eine Prostituierte darüber aufzuklären, sie würde nicht zusammengeschlagen werden, wenn jede Woche ein bestimmtes Lösegeld gezahlt würde. Ein entsprechender Schutz war auch für Güter, die im Hafen von New York eingeladen oder ausgeladen wurden, möglich oder notwendig.

Was ich darüber schrieb – auch dies war eine Serie in mehreren Fortsetzungen –, erschien unter dem Titel „J'étais un Racketeer" – Ich war ein Racketeer. Man bedenke: Da diese Racketeers natürlich größtenteils im Untergrund zu leben gezwungen waren, mußte auch ich mich in diesen düsteren Kreisen bewegen oder eigentlich noch intensiver in den Untergrund gehen als sie, denn ich mußte ja auch ihre „Rache" fürchten, wenn sie daraufkamen, was ich da alles verriet! Ja, meine Bearbeiter in Paris äußerten sogar Zweifel daran – und das jeweils am Ende einer Fortsetzung –, ob ich mich rechtzeitig aus diesen Verstrickungen lösen und die morgige Folge liefern könnte.

Ich konnte.

Was mir aber ewig schleierhaft bleiben wird: daß irgend jemand diese Stories glaubte. Denn während ich auf der ersten und zweiten Seite des „Paris-soir" in höchster Lebensgefahr schwebte und mich weiß Gott wo befand, konnten die Leser auf der Sportseite meinen Bericht über einen Boxkampf lesen, der im Madison Square Garden stattgefunden hatte, oder vielleicht auch einen Bericht aus Hollywood oder eine Meldung aus Washington.

Ich versuchte vergebens, Hoover davon zu überzeugen, daß ich an diesem Unfug in jedem Sinne unschuldig war. Er glaubte mir nicht. Die von mir mitgebrachten Zeitungen in den Papierkorb werfend, meinte er: „Ich weiß nicht, ob Ihre Tätigkeit als Racketeer Ihnen Zeit läßt, noch nach Washington zu kommen, aber kommen Sie bitte nicht mehr hierher."

Oder da war Josy, in der Welt der Shows und in der ganzen Welt bekannt als Josephine Baker, die mich fragte: „Sie wollen also meine Lebensgeschichte schreiben?"

Ich war mit dem Zollboot zur Quarantäne hinausgefahren. Das ist ein Punkt, an dem alle eintreffenden Schiffe warten müssen, um den Lotsen an Bord zu nehmen und die Zoll- und Einwanderungsbeamten, die die Pässe und Visa kontrollieren. Journalisten und Photographen können mitkommen.

Ich sah Josephine Baker sofort, nicht zuletzt, weil sie sogleich von Photographen umringt war. Aber ich drang leicht zu ihr vor, denn ich vertrat ja schließlich den „Paris-soir", und da sie in Paris lebte und vor allem dort auftrat, war ich einmal – das kam selten genug vor – wichtiger als die amerikanische Presse. Sie sah herrlich aus. Sie war – man kennt sie ja von unzähligen Bildern – nicht eigentlich schön oder auch nur hübsch, aber – wie soll man es ausdrücken? – sie war einmalig. Die stets lächelnden Augen, der immer lachende Mund, die graziösen Bewegungen einer Katze, der Körper eines Knaben. Ich verliebte mich sofort in sie – aber in dieser Beziehung war ich wohl kaum ein Einzelfall.

Natürlich fuhr ich nicht immer in die Quarantäne hinaus, wenn ein bekannter Schauspieler oder eine berühmte Sängerin nach New York kam. Das war für den „Paris-soir" auch gar nicht so furchtbar interessant. Dies aber war ein Sonderfall. Gelegentlich meines letzten Aufenthalts in Paris, ich glaube, es war kurz nach der „Redfern"-Episode, hatte mir der elegante Hervé Mille, der zweitwichtigste Mann der Zeitung, einen Auftrag erteilt: „Wir wollen die Geschichte von Harlem bringen, etwa zehn Folgen. Aber du mußt jemanden finden, der als Autor zeichnet. Du verstehst, die Sache soll wie ein Dokument wirken. Sagen wir, den Bürgermeister von Harlem, wenn du den dazu kriegen könntest!"

Den konnte ich nicht dazu bringen, denn es gab ihn gar nicht, weil ja Harlem ein Stadtteil und keine Stadt ist. Aber ich wußte schon, was Mille wollte: irgend jemand mit einem Namen in Verbindung mit dem schwarzen Stadtteil.

Ein paar Wochen später las ich in der „New York Times", Josephine Baker, der berühmte Star, amerikanische Bürgerin, die seit ihrer ersten Reise nach Europa – ich glaube, so um 1926 herum – nie mehr zurückgekehrt war, werde mit der „Ile de France" ankommen, um die Hauptrolle in den „Ziegfeld-Follies" zu übernehmen. Ziegfeld war zwar schon lange tot, aber die nach ihm benannte Revue existierte immer noch, jedes Jahr in neuer Fassung.

Josephine stellte mich ihrem Mann vor, einem italienischen Conte, klein, mit Schlitzaugen, mit einem winzigen schwarzen Schnurrbart. Sie stellte mich Antoine vor, dem damals berühmtesten Haarkünstler der Seinestadt – der heutige Antoine nennt sich nach ihm –, der in die USA fuhr, um für seine Kosmetikpräparate Propaganda zu machen. Er war nicht mehr ganz jung. Und er führte ein Gepäckstück mit sich, das wohl nur sehr selten mit seinem Besitzer auf Reisen geht: einen Sarg. Er bestand darauf, daß ich ihn mir ansähe – „Das ist natürlich kein Publicity-Gag!" versicherte er mir –, und ich bewunderte in seiner Kabine einen gläsernen Sarg, aufs komfortabelste mit Kissen und Decken möbliert. Natürlich doch ein Publicity-Gag! Und er ließ sich auch in diesem Sarg, den er eben „für alle Fälle" immer bei sich führte, photographieren. Das Bild dürfte den Damen, die von ihm behandelt werden sollten oder wollten, einigen Eindruck gemacht haben, und auch den Jünglingen, für die er ganz offensichtlich mehr Interesse zeigte.

Ich hatte zu Josephine gesagt: „ ,Paris-soir' will eine Geschichte von Harlem! Ich dachte an Sie als Autor . . ."

Weiter kam ich gar nicht. Sie war begeistert und klatschte wie ein erfreutes Kind in die Hände: „Wundervoll! Sie wollen also meine Lebensgeschichte schreiben!"

Ich wiederholte, worum es der Zeitung ging. Sie, völlig unbeeindruckt, wiederholte, worum es ihr ging. Und schon ahnte ich, wie schwach die große Zeitung war im Vergleich mit dieser so gar nicht schwachen Frau.

„Wir wohnen im ‚St. Moritz'!" erklärte der Italiener, und wir fuhren alle in dieses damals noch recht feudale Hotel am Central Park South. Dort war tatsächlich eine Zimmerflucht reserviert worden für den Conte und die Contessa samt Bedienung; Josephine hatte ihre übrigens ebenfalls schwarze Zofe mitgebracht. Als man aber im Hotel sah, daß die Contessa eine Farbige war, vereisten die Mienen der Empfangschefs, und man erklärte dem Conte, er sei willkommen, aber seine Frau . . . Und dieser Kerl, der natürlich seit Jahren von seiner Frau lebte, zog ein. Josephine, ihre Zofe und ich standen auf der Straße.

Natürlich hätte sie in ein Hotel im Negerviertel Harlem fahren können – aber wie kam sie eigentlich dazu? In Paris, in ganz Europa war sie ein Star – und hier sollte sie eine Frau zweiter Klasse sein? Doch in jedem Hotel, wo ich in den nächsten zwei Stunden für sie vorsprach, war die Reaktion die gleiche. „Leider . . . leider . . . Wir würden ja gern, aber unsere Gäste . . .!"

Man bedenke: Diese Frau sollte in wenigen Wochen zu einer Stargage in einem der größten Revuetheater, im Winter Garden, auftreten – aber die New Yorker Hotels blieben ihr verschlossen. Ich brachte sie schließlich im „Bedford" unter, aber dort konnte sie nur kurz bleiben, denn sie hatte es sich in den Kopf gesetzt, Windhunde zu erwerben, und zwar gleich vier oder fünf, und die konnten sich in einem Hotel nicht austoben, das heißt, sie konnten, aber das ging den anderen Gästen denn doch ein wenig zu weit.

Wir fanden ein sündhaft teures Duplex-Apartment für sie, ein Penthouse im 17. oder 20. Stock mit Dachgarten, und alle, auch die Hunde, waren zufrieden, mit Ausnahme des Conte, der, als seine Frau sich weigerte, seine Hotelrechnung zu bezahlen, tief verschnupft abreiste. Wenig später ließ sie sich von ihm scheiden.

Josy – wie ich sie bald nennen durfte – war eine ungewöhnlich reizvolle Person. Am liebsten spielte sie wie ein kleines Kind. Sie gab ein Vermögen für Spielsachen aus – Puppen, elektrische Eisenbahnen, Puppenhäuser und dergleichen – und konnte stundenlang auf dem Boden kauern. Und da mußte man mithalten, ob man wollte oder nicht. Dann das Essen! Ich habe nie vorher oder nachher eine Frau so viel essen sehen wie Josy. Jede Mahlzeit begann mit einem Riesentopf Spaghetti. Dann erst fing das stets reichliche Menü an: Suppe, Fleisch in rauhen Mengen, Gemüse, Salate, Dessert. Und sie nahm nie ein Gramm zu.

Wenn man mit ihr ausging – in Nightclubs war man glücklich, wenn sie kam –, trug sie nicht nur ein teures Pariser Modellkleid, nicht nur sagenhaft teuren Schmuck, sondern auch allerhand billigen Modeschmuck, den sie am Morgen für ein paar Cents bei Woolworth gekauft hatte. Ich machte es mir zur Regel, immer eine halbe Stunde zu früh bei ihr zu erscheinen, um ihr die lächerlichen Schmuckstücke auszureden respektive abzunehmen. Vielleicht behing sie sich auch nur so, damit ich in Aktion treten konnte.

Sie war wohl die verspielteste Frau, die ich je gekannt habe. Als ich später – sie war nach einer höchst erfolgreichen Saison wieder nach Europa zurückgekehrt – wieder nach Paris kam, wohnte ich manchmal bei ihr, das heißt, in ihrer Villa im Vorort Le Vesinet. Dort war alles nur Spiel. Das Personal mußte stets irgendwen spielen. Sie selbst war die Mutter, die Zofe die Tochter, der Chauffeur der Vater, die Köchin die Großmutter, der Gärtner der Großvater. Ich bekam auch sogleich eine Rolle zugeteilt, ich weiß nicht mehr, welche. Josy paßte genau auf, daß alle ihre Rollen spielten, und zwar immerfort. Niemand durfte auch nur für eine Minute aus der Rolle fallen und sie etwa als Madame anreden oder siezen.

Einmal brachte ich meinen kleinen Sohn Michael mit, der damals – er war fünf Jahre alt – mit seiner Mutter nach Paris gekommen war. Sie vergötterte ihn sofort und spielte immerzu mit ihm. Wenn sie zu einer Probe ins Casino de Paris mußte, nahm sie ihn mit, und dann saß der Knirps in dem immensen verdunkelten Zuschauerraum und war baß erstaunt, „daß die Damen alle so nackt waren".

Als er sie verlassen mußte, grübelte sie tagelang über die Frage, was sie ihm zum Abschied schenken sollte. Ein Andenken natürlich. Schließlich schickte sie ihm ein mit handschriftlicher Widmung versehenes, fast lebensgroßes Photo von sich – ganz nackt. Wie gesagt, er war fünf Jahre alt und konnte das Geschenk wohl noch nicht gebührend würdigen. Seine Mutter meinte dann auch, es sei besser, das Photo erst gar nicht mitzunehmen. Die Großmütter würden das doch etwas merkwürdig gefunden haben.

Um die Geschichte für den „Paris-soir" schreiben zu können, überredete ich Josy, nach Harlem zu fahren, wo die Neger-Society im feinsten Hotel ein Fest für sie veranstaltete. Schon damals gab es „bessere" und „feine" Leute in Harlem, die sich etwa so anzogen wie die „feinen" Weißen im übrigen New York, die große und teure Autos fuhren; das Hotel, in dem Josy hätte wohnen können, aber eben nicht wohnen wollte, war den Hotels im weißen Manhattan durchaus ebenbürtig – oder doch fast.

Sie sollte allein zu der Einladung fahren, ich dachte, das sei hübscher für sie und auch für die Gastgeber. Sie könne mir ja dann erzählen, wie alles gewesen sei. Aber sie verlangte, daß ich mitkäme. Es wurde dann kein sehr gelungenes Fest, und das war allein ihre Schuld. Denn um zu unterstreichen, daß sie schließlich doch anders war als die Damen und Herren aus Harlem, bestand sie darauf, während des ganzen Abends französisch zu sprechen, was außer mir nur sehr wenige der Anwesenden verstanden oder gar sprechen konnten.

Josy war maßlos eifersüchtig – nicht auf die eine oder andere Frau etwa, sondern auf Zeit. Sie wollte, daß man immerfort bei ihr war. Sie nahm prinzipiell nicht zur Kenntnis, daß ich einen Beruf hatte. Ich mußte sie zu jeder Probe bringen und wieder von dort abholen. Ich mußte mit ihr – und den Hunden – frühstücken und zu Abend essen.

Die Story, die ich schrieb und die Josephine Baker als Autorin zeichnete, hieß „Dix ans après" – Zehn Jahre später, ein von Alexandre Dumas übernommener Titel, der sich auf den Umstand bezog, daß Josephine vor zehn Jahren aus den Vereinigten Staaten abgereist war und nun ihr Comeback machte. Natürlich schrieb ich auch über Harlem, aber sozusagen nur am Rande. Im wesentlichen handelte es sich ja um Josys wirklich interessante Lebensgeschichte – und für die Pariser würde besonders der Teil, der vor Paris spielte, also in den Negervierteln von Philadelphia und New York, fesselnd sein – so hoffte ich.

Die Proben zu den „Ziegfeld-Follies" fanden in New York statt, dann sollte die Revue etwa eine Woche lang in Boston „ausprobiert" werden – dieses Ausprobieren war in Amerika üblich. Ich hatte mit dem „Paris-soir" vereinbart, daß die erste Folge an dem Tag erscheinen sollte, an dem sich in Boston zum erstenmal der Vorhang heben würde. Die Reportage begann auch mit den Worten – ich zitiere aus dem Gedächtnis: „Musik. Dunkel. Der Vorhang hebt sich. Im Scheinwerferlicht – Josephine Baker."

Ich fuhr nicht mit nach Boston, ich hatte wirklich eine Menge in

New York zu tun, und – was ich natürlich nicht verriet: ich war ganz froh über diese Verschnaufpause. Daher kam ich auch nicht nach zwei oder drei Tagen nach, wie ich es Josy hoch und heilig versprochen hatte, sondern wollte erst zur Premiere nach Boston fahren.

Seltsamerweise kam kein Anruf von ihr, der mich nach Boston beorderte. Um so besser, dachte ich aufatmend. Aber da kam ein Telex aus Paris. „Sind ratlos stop Josephine verbietet Abdruck der Serie."

Ich antwortete: „Bringt Serie auf meine Verantwortung." Und dann nahm ich den nächsten Zug nach Boston.

Josy wollte sich ausschütten vor Lachen, als ich ihr Hotelzimmer betrat. „Na also! Das hättest du doch viel einfacher haben können!"

16
Erfolg

Als Korrespondent oder Reporter – was oft auf dasselbe hinausläuft – muß man Glück haben. Glück haben heißt, daß etwas passiert, wenn man in nächster Nähe ist und daher darüber berichten kann. Glück für einen Korrespondenten kann auch ein großes Unglück sein.

Da war die furchtbare Zeppelin-Katastrophe in Lakehurst, New Jersey, damals noch eine knappe Autostunde von New York entfernt. Ich war hinausgefahren, um den Kapitän Lehmann zu interviewen. Es schien mir nämlich, als würden – das war die zweite oder dritte Zeppelinfahrt – von nun an viele Zeppeline zwischen Deutschland und den USA verkehren.

Und so war ich in Lakehurst als einziger Zeitungsmann anwesend, als der Zeppelin nur wenige Meter vom Erdboden entfernt – ich glaube, es waren ungefähr zwanzig bis dreißig Meter – zu brennen begann und abstürzte und viele Passagiere absprangen, um sich aus dem brennenden Koloß zu retten.

Ein unbeschreibliches Durcheinander. Feuer, Krach, als der Zeppelin auf dem Boden aufschlug, Hilferufe, Schreie und Wimmern von Verletzten.

Das alles sah ich als einziger, der darüber schreiben konnte. Und mein Interview mit Kapitän Lehmann – ja, das hatte ich auch, mitten in dem Chaos, denn sonst wäre ich nie zu ihm vorgestoßen. Ich sprach mit ihm, als er im Sterben lag mit grausamen Verbrennungen dritten Grades, aber er ahnte nichts, er wußte nichts, man hatte ihn mit Morphium vollgepumpt. Ich wußte übrigens auch nicht, wie schlimm es um ihn stand.

Das war eine Weltsensation – und alle europäischen Zeitungen druckten den „Paris-soir" nach, sogar einige in den Vereinigten Staaten. Freilich, die deutschen Nachdrucke wurden weder honoriert noch wurde mein Name erwähnt. Oder soll man sagen, er wurde unterschlagen?

Übrigens stammte nur der Bericht von mir. Die Schlußfolgerungen, die gezogen wurden, so unter anderem, daß es sich um einen Sabotageakt handle, entstanden in den verschiedenen Redaktionen.

Viele meiner Berichte waren das, was man in der englischen Fachsprache – im Deutschen gibt es kein Wort dafür – einen „scoop" nennt. Ein Scoop ist eine Nachricht, die man als erster bringt. Nun, ich konnte mich vieler Scoops rühmen. Ich entwickelte eine Art sechsten Sinn für solche Scoops, wie etwa im Fall Lakehurst. Oder bei der Entwicklung der Lindbergh–Hauptmann-Affäre.

Man erinnert sich: Das Lindbergh-Baby war gekidnapt und später tot aufgefunden worden. Ein gewisser Bruno Hauptmann, geborener Deutscher, war auf Grund zahlreicher Indizien verhaftet worden und stand schließlich vor Gericht.

Und ich war, zumindest in den ersten Wochen dieses Prozesses, der sich über Jahre hinziehen sollte, neben zwei englischen Kollegen der einzige europäische Berichterstatter, der diesem Prozeß persönlich beiwohnte – und ganz Paris sprach plötzlich von der Affäre Lindbergh.

Ein anderer Scoop, der durch unzählige Zeitungen Europas ging, war mein Interview mit der Frau Al Capones. Der war damals noch ein Begriff: der prominenteste Gangster einer Zeit, in der es von Gangstern wimmelte, wenn nicht gar, wie viele behaupteten, ganz Amerika überhaupt von Gangstern regiert wurde. Al Capone war dann schließlich zu einer hohen Zuchthausstrafe verurteilt worden – nicht auf Grund der Morde, die auf sein Konto gingen, sondern wegen Verletzung der Steuergesetze. Er kam in das gefürchtete Zuchthaus auf der Insel Alcatraz, dessen Insassen recht brutal behandelt wurden.

Aus den Prozeßberichten, zum Teil noch in Europa, hatte ich erfahren, daß er im Gegensatz zu den meisten Gangstern ein Mann mit Familie war, zumindest eine Frau besaß. Die meisten Gangster erfreuten sich der Gesellschaft sogenannter „Molls", das waren die Gangsterbräute, hübsche, oft schöne Mädchen, sehr elegant, mit denen man sich sehen lassen konnte, ja sehen lassen mußte. Die

Frau Al Capones, auch das erfuhr ich aus den Zeitungsberichten, war früher Lehrerin gewesen.

Und nun, da ich in Amerika war, hatte ich die Idee, sie aufzusuchen. Wo wohnte sie denn? Das zu erfahren war schon schwieriger. Schließlich brachte ich heraus, daß sie nicht mehr in Chicago lebte, das einst ihr Mann beherrscht hatte, nicht in Cicero, einem Vorort Chicagos, das die eigentliche Festung Al Capones gewesen war, sondern – in San Francisco. Und ich bekam auch ihre Adresse.

Ein Jahr später, vielleicht war es auch etwas kürzer oder etwas länger, war ich wieder einmal in Hollywood und fuhr nach San Francisco hinauf – das dauerte damals sechs oder sieben Stunden. Die Adresse von Frau Capone war ein Haus, das an der letzten Straße vor der Küste zur Bay oder zum Ozean stand. Jedenfalls mit Blick auf das Wasser.

Ich läutete, und die Haustür öffnete sich sofort. Und dann stand ich einer Frau gegenüber, die so ganz anders aussah, als ich mir die Frau Al Capones vorgestellt hatte. Sie war nicht besonders hübsch, mittelgroß, eher etwas dicklich und, was damals noch eine Seltenheit war und durchaus nicht als schick galt: sie hatte eine Brille auf der Nase.

Sie sagte, gewissermaßen zur Einleitung: „Sie sind Journalist? Sie wollen mich interviewen?"

Ich gebe zu, daß ich die Absicht hatte, dies nicht einzugestehen. Ich hatte mir sogar eine Story zurechtgelegt, die ich vorbringen wollte, aber diese Frau wirkte so natürlich, so ehrlich, daß ich einfach nicht den Mut fand, sie zu belügen.

Ich sagte: „Ja, ich bin gekommen, um ein Interview von Ihnen zu bekommen."

Sie nickte und führte mich ins Zimmer. Ich sah wie gebannt durch das Fenster, das sich in Richtung Meer öffnete. Und ich wußte nun alles. Zum Greifen nah lag in der Bucht die Insel Alcatraz.

Sie lächelte: „Sie sind der erste Zeitungsmann, dem ich gegenüberstehe. Das mag komisch klingen, aber mein Mann legte den größten Wert darauf, daß ich sozusagen im Hintergrund blieb. Ich war ja auch nie dabei, wenn er seine großen Feste gab. Dann, nach seiner Verurteilung, war ich ja völlig uninteressant."

Ich fragte sie, warum sie nach San Francisco gezogen sei.

Sie machte eine Bewegung in der Richtung des Fensters. „Deshalb." Sie lächelte wieder. „So bin ich wenigstens in seiner Nähe."

Ich fragte, ob sie ihn besuche.

„Manchmal, aber sehr selten. Es ist nur zweimal im Jahr erlaubt. Ich versuche es trotzdem öfter. Manchmal gelingt es mir."

Ob sie wisse, wie es ihm auf der Insel ergehe?

„Schlimm. Er sagt zwar nichts darüber, er ist zu stolz. Aber ich glaube, die meisten der anderen Gefangenen sind nicht gerade seine Freunde. Und wenn sie auf ihn einschlagen, dann schauen die Wächter in eine andere Richtung."

Ich wußte nicht recht, was ich sagen sollte, und sie fuhr fort: „Sie wundern sich vielleicht, daß ich hier bin. Ich kenne keinen Menschen in der Stadt. Ich bin ganz allein. Aber ich bin eben seine Frau. Und jetzt, wo er niemanden mehr hat, der zu ihm hält . . ."

Und dann erzählte sie mir von früher. Er hatte ihr alles geboten, was man einer Frau bieten kann. Aber sie wollte keine schönen Kleider, keinen Schmuck, nichts. Ob sie gehofft habe, ihn zu ändern, vielleicht gar zu reformieren?"

Sie schüttelte den Kopf. „Sie kennen Alphonse nicht . . ."

Sie nannte ihn immer Alphonse. Das war ja wohl auch sein richtiger Name.

Das Interview währte nicht allzu lange. Eine knappe halbe Stunde, würde ich sagen. Der „Paris-soir" brachte es auf der ersten Seite ganz groß. Und auch einige englische Zeitungen brachten es und einige belgische. Auch amerikanische Zeitungen übernahmen den Inhalt, der ihnen durch die großen Agenturen wie AP und UP übermittelt wurde . . . Die Sache war ein Riesenerfolg.

Es ist ja bekannt, daß Al Capone noch vor Ablauf seiner Strafzeit entlassen wurde. Er war schon ein sehr kranker Mann. Beginnende Gehirnerweichung, wohl die Folge einer verschleppten Syphilis. Er zog dann mit seiner Frau in eines seiner Häuser in Florida und starb bald darauf. Was aus ihr geworden ist? Ich weiß es nicht. Ich habe nie wieder von ihr gehört, allerdings auch gar keinen Versuch gemacht, mit ihr in Verbindung zu treten.

Gaston Bénac sagte einmal während eines meiner jetzt zahlreichen, wenn auch nur kurzen Aufenthalte in Paris: „Eigentlich solltest du Hitler dankbar sein!" Und da ich nicht gleich verstand: „Ohne ihn säßest du immer noch in Berlin – und in Paris würde dich niemand kennen!"

In Europa, Hitler-Deutschland natürlich ausgenommen, war meine Beliebtheit, die ich meinen großen Reportagen und Sportberichten verdankte, weiterhin gewachsen. Es ist vielleicht von den siebziger Jahren aus gesehen kaum verständlich, wie einfach es damals noch war, mit Reportagen aus den USA Europa zu erobern. Nach dem Zweiten Weltkrieg gingen immer mehr Korrespondenten nach drüben, und bald war es nicht mehr oder doch nur mit großem Glück möglich, etwas zu schreiben, was nicht andere gleichzeitig oder auch schon vorher geschrieben hatten. In den dreißiger Jahren gab es wenige europäische Korrespondenten drüben, und bei diesen handelte es sich im wesentlichen um politische Korrespondenten. Die drahteten oder schrieben ihre Beurteilung der jeweiligen politischen Situation. Das interessierte eigentlich nur die Leser der seriösen Zeitungen, und auch die nur mit Maßen. Amerika war ja so weit weg! Für Paris, für London, für Zürich war wichtiger, was Hitler sagte oder tat, als was etwa in Washington geschah. Das von mir erwähnte Desinteressement der ausländischen Presse an dem, was etwa Cordell Hull äußerte, war ja nicht Zufall, sondern symptomatisch.

Oder da war die Affäre der Mrs. Simpson, die der junge englische König liebte und die er schließlich nach Thronverzicht heiratete. Diese Story – sie dehnte sich über Wochen und Monate aus – war die Traumstory aller Journalisten der westlichen Welt. Durch Zufall kannte ich einen Vetter der Mrs. Simpson recht gut – sie war ja gebürtige Amerikanerin. Und der schrieb einen Bericht von unzähligen Folgen, während die Affäre sich entwickelte und ihrer Klimax zusteuerte. Diese Berichte erschienen – nicht in England, das wäre undenkbar gewesen, nicht in Deutschland oder Österreich oder Skandinavien, sondern nur in den Vereinigten Staaten – und im „Paris-soir". Damals pendelte ich einige Male zwischen London und New York hin und her, um die nötigen Arrangements zu treffen.

Das war nicht so einfach, wie es heute klingen mag. Die britische Regierung hätte überall interveniert, wo ein solcher Abdruck, der ja – o Protokoll! – wörtliche Zitate des Königs enthielt, geplant wurde. Es gab zwar weder in Frankreich noch in den Vereinigten Staaten eine Zensur, wohl aber Außenministerien, die einem nahegelegt hätten, die Finger von dieser Geschichte zu lassen. Nun, ich schaffte es, und eine große Nachrichtenagentur in New York schaffte es auch – die Reihenfolge war eigentlich umgekehrt. Der Sicherheit halber schrieb der Vetter von Mrs. Simpson seine Geschichte dann nicht in London, sondern in New York. Und ich mußte jeden Tag einige tausend Worte – etwa die Länge von zwanzig Druckseiten – an den „Paris-soir" kabeln, Tag für Tag, besser Nacht für Nacht. Zuerst bemühte ich mich, Geld zu sparen, indem ich die Kommata, die Artikel und die „und" strich. In Paris wurde ja doch alles übersetzt. Später wurde mir das zu langweilig. Ich las die einzelnen Kapitel nicht einmal mehr durch, ich schickte sie, wie sie waren, zu der French Cable Company, und die kabelte alles nach drüben. Und dort wurde diese übrigens keineswegs furchtbar aufregende Geschichte – aber sie war eben „authentisch" – den Zeitungsverkäufern buchstäblich aus den Händen gerissen.

Da ich über alles schreiben durfte, nein sollte, was sich in Amerika begab, flog ich auch in den mittleren Westen, wenn dort, es war wohl 1936/37, tage- und manchmal wochenlang die Sturmfluten und Orkane oder, wie man sie nannte, die Hurrikane, tobten. Wir von der Presse – es waren weit über hundert Journalisten aus allen Teilen Amerikas zusammengekommen – wurden von den militärischen Stellen – in Notzeiten wurde in Amerika immer alles, zumindest vorübergehend, dem Militär unterstellt – in Flugzeuge geladen, die über dem Sturmflutgebiet kreisten – in einer gewissen Höhe, ein Risiko war ausgeschlossen.

Ich unterstreiche dies absichtlich, denn obwohl ich wußte, daß ich nicht ein Opfer eines solchen Hurrikans werden würde, war ich doch, als ich sah, wie er tobte, oder sollte man sagen wie sie tobten, denn es handelte sich um mehrere, aufs tiefste erschrocken und verängstigt.

Als Zeitungsleser erfährt man, daß irgendwo ein Hurrikan gewütet hat oder wütet, daß es soundso viele Tote und Obdachlose gegeben hat, daß Städte verwüstet worden sind. Man liest es und bleibt einigermaßen gelassen.

Aber wenn man das mit ansieht!

Ich weiß nicht, wie viele Menschen sich bei der Lektüre bloßer Zahlen, zum Beispiel, daß ein Hurrikan die Schnelligkeit von einhundertfünfzig Stundenkilometer erreichen kann oder auch mehr, besonders erschrecken. Aber wenn man es mit ansehen muß, traut man seinen Augen nicht. Man bedenke: hundert Kilometer, hundertfünfzig Kilometer! Also so schnell wie ein schnelles Auto. Das kommt herangebraust in der Höhe eines vierstöckigen, fünfstöckigen, zehnstöckigen Hauses. Ich hatte mich vorher, bevor ich einen zu sehen bekam, immer gefragt, warum die Leute auf Sturmzeichen nicht sofort das Nötigste zusammenrafften und flohen. Als ich die Sturmfluten sah, war die Antwort klar: Sie hatten keine Zeit mehr dazu. Ein Hurrikan nähert sich so schnell, daß man nicht mehr davonlaufen kann.

Es war schrecklich zu sehen, wie ganze Ortschaften sozusagen innerhalb von Sekunden k. o. geschlagen wurden oder in den Fluten versanken. Es war schrecklich zu sehen, wie die Menschen sich auf die Dächer ihrer Häuser zu retten versuchten – aber da war keine Rettung, auch wenn die Wellen nicht höher waren als die Dächer, so waren sie doch stark genug, die Häuser unter den Dächern zusammenzuschlagen. Und dann versanken die Dächer natürlich mit den Häusern.

Das Ganze hatte etwas Unwirkliches an sich, das es nur noch unheimlicher machte. Der Hurrikan kam von einer Stunde, was sage ich, von einer Minute auf die andere. Er war da, tobte, und ganz plötzlich war alles wieder ruhig.

Als ich seinerzeit in New York landete, war ich ja einer der ersten Hitler-Emigranten, die amerikanischen Boden betraten. Inzwischen trafen immer mehr Emigranten ein, und viele, die wenigstens etwas Geld hatten, kamen ins „Bedford". Unter ihnen Klaus Mann, Erika und kurz darauf auch Thomas Mann mit seiner Frau Katja, allerdings immer nur für ein paar Monate, um im Sommer nach Europa zurückzukehren.

Mit Erika Mann verband mich bald eine tiefe Freundschaft. Sie war eine bemerkenswerte Person. Nach New York kam sie zuerst, um dort mit ihrem Kabarett „Die Pfeffermühle" zu gastieren. Man bedenke: Ein politisches Kabarett in deutscher Sprache in New York! Dort war – und ist heute noch – der Begriff des politischen Kabaretts so gut wie unbekannt; und dann noch eines, das Bezug nahm auf unzählige Gegebenheiten, die den New Yorkern nicht geläufig waren. Und das alles in einer Sprache, die kaum einer von dreihundert Besuchern verstand. Es mußte schiefgehen, und es ging entsetzlich schief. Und wenn ich von dreihundert Besuchern spreche, so muß hinzugefügt werden, daß „Die Pfeffermühle" an den zwei oder drei Abenden, die sie in New York überhaupt spielte, in allen Vorstellungen zusammen sicher nicht mehr als dreihundert Zuschauer anlockte.

Erika und ich sprachen sehr ausführlich über diesen Fall, der für mich eigentlich ein „Fall Eri" wurde. Sie war nicht nur eine attraktive, sondern auch eine außerordentlich begabte junge Dame geworden. Ihr Problem bestand darin, daß sie so viele Begabungen hatte, nur nicht die, es irgendwo in einer Stadt oder gar auf dem Land lange auszuhalten.

Blutjung hatte sie als Schauspielerin begonnen, aber, obwohl durchaus nicht ohne Erfolg, diesen Beruf nur sporadisch ausgeübt. Mitten in einer Saison erfaßte sie plötzlich der Wunsch, Ski zu fahren, und sie fuhr eben los. Ihr Vater würde das schon mit dem jeweiligen Theaterdirektor in Ordnung bringen, was er auch tat. Oder es interessierte sie, mit ihrem Bruder Klaus eine Weltreise zu unternehmen. Sie fuhr und schrieb dann mit ihm zusammen ein recht amüsantes, obschon hoffnungslos dilettantisches Buch. Dann spielte sie wieder Theater. Dann machte sie Kabarett. Dann veröffentlichte sie ein Buch gegen Hitler und dann – das war nach der „Pfeffermühle"-Pleite – hielt sie Vorträge in allen großen amerikanischen Städten gegen das Dritte Reich. Dann Vorträge über das Leben im Hause von Thomas Mann. Später wurde sie eine Art rechte Hand ihres Vaters. Und noch später schrieb sie über ihn ein Buch – oder waren es mehrere?

Ich sagte ihr schon damals in New York, sie müsse doch wohl eine Entscheidung treffen. Schauspielerin oder Schriftstellerin? Sie könne sehr viel, vermutlich alles, was sie sich vornehme, aber sie müßte dann eben am Ball bleiben. Gerade das war aber das einzige, wozu sie nicht imstande war.

Oft sprachen wir über ihren Bruder Klaus, nur ein knappes Jahr jünger als sie, unser aller Sorgenkind. Ein reizender Mensch, gescheit, amüsant, maßlos leichtsinnig. Ich verrate kein Geheimnis, wenn ich mitteile, daß er homosexuell war. Er gab das nicht nur zu – er hielt es geradezu für eine Ehre, andersartig zu sein, und unterstrich es bei jeder Gelegenheit. Es ging vielen von uns auf die Nerven, daß er immer, immer wieder darauf zu sprechen kam.

Einmal saßen wir in der „Bedford"-Bar, als er wieder davon anfing. Es handelte sich wohl um einen jungen Mann, den er kennengelernt hatte und den er für „so" hielt. Ich sagte ungefähr:

„Mein lieber Klaus, du hältst alle für ‚so'. Wenn wir jetzt beide als Japaner in Tokio säßen und hätten den ‚Tod in Venedig' gelesen, würdest du doch erklären, der Autor sei sicher homosexuell."

Und er nach kurzem Schweigen: „Nun ja, ganz normal ist mein Vater wohl auch nicht."

Und ich: „Du bist hoffnungslos. Dein Vater ist schließlich vierzig Jahre mit derselben Frau verheiratet und hat mit ihr sechs Kinder gezeugt."

Wir sprachen über anderes. Schließlich von Hollywood – ich war erst vor einigen Tagen aus Kalifornien zurückgekehrt. Klaus wollte wissen: „Mit welcher Frau lebt die Garbo jetzt eigentlich?"

„Mit keiner, soviel ich weiß. Ich weiß nur von einem Mann."

Protest: „Aber die Garbo ist doch lesbisch!" Auf meinen negativen Bescheid wurde er geradezu wütend. Jeder wisse doch, daß die Garbo nicht normal sei.

„Ich, zum Beispiel, weiß das nicht. Ich weiß allerdings, wie übrigens ganz Hollywood, von einigen Männern . . ."

„Du willst mich reinlegen!"

„Warum sollte ich?"

„Also gib endlich zu, daß die Garbo . . ."

„Klaus, ich kann beim besten Willen die Garbo nicht ändern, nicht einmal dir zuliebe!"

Darauf er: „Also gut. Wenn du zugibst daß die Garbo lesbisch ist, will ich zugeben, daß Thomas Mann normal ist."

Er hatte später gewisse Schwierigkeiten, als er sich nach Eintritt Amerikas in den Krieg freiwillig zur Armee meldete. Man wies ihn ab. Die amerikanische Armee akzeptierte prinzipiell keine Homosexuellen. Er schwor Stein und Bein, er sei es nicht. Und wir alle, die er als Referenzen angab, taten das gleiche. Die Armee war schließlich bereit, ihre Entscheidung von dem Gutachten eines Psychiaters abhängig zu machen. Alle seine Freunde drillten Klaus, wie er sich zu verhalten habe.

Das Examen verlief dann so: Der Psychiater unterhielt sich eine Weile mit Klaus, der ihm von zahlreichen Verhältnissen mit Frauen erzählte, von denen er keines gehabt hatte. Dann ging der Psychiater zum Fenster, winkte Klaus heran, deutete auf ein gegenüberliegendes Fenster und sagte: „Sehen Sie die Frau dort drüben? Die hat sicher tolle Brüste, was?"

„Tolle Brüste!" bestätigte Klaus und war damit in der Armee.

Wie schon erwähnt, traf Thomas Mann jeden Herbst im „Bedford" ein, begleitet von seiner Frau Katja. Er bewohnte ein geräumiges Apartment im obersten Stock. Man sah einander oft, entweder dort oder beim Lunch, beim Abendessen in diesem oder jenem Restaurant. Manchmal las Thomas Mann auch vor uns aus einem Werk, das er gerade schrieb, zum Beispiel aus „Lotte in Weimar", im engsten Kreis natürlich, zu dem – und ich vermerke das nicht ohne Stolz – auch ich gehörte.

Um diese Zeit hatte er endgültig mit Deutschland, will sagen mit dem Dritten Reich, gebrochen. Er war ausgebürgert worden, und irgendein idiotischer Dekan hatte ihm mitgeteilt, daß er dadurch des Ehrendoktorats der Universität Bonn verlustig gegangen sei. Eine für Bonn weitaus größere Blamage als für Thomas Mann. Er hatte diese kurze Mitteilung veröffentlicht mit einer sehr ausführlichen Antwort, einer Art Abrechnung mit dem Hitler-Regime. Das war ein ganzes Pamphlet geworden. Es wurde gedruckt, zuerst von Emil Oprecht in Zürich und dann fast überall in der Welt.

Thomas Mann kam gar nicht auf die Idee, Geld dafür zu verlangen, obwohl die verschiedenen Verlage die Broschüre für Geld verkauften. Frau Katja unterhielt sich mit mir, und ich sagte: „Natürlich muß er seine Tantiemen bekommen."

„Er will das nicht", sagte sie. „Dabei könnten wir das Geld brauchen. Wir haben ja schließlich in Deutschland alles verloren!"

Und er hatte ja nicht nur seine Kinder zu ernähren oder mitzuernähren, sondern unterstützte auch seinen Bruder Heinrich und eine Reihe von Freunden. Er hatte überhaupt kein Verhältnis zu Geld. Man kann auch sagen, er war eben sehr großzügig.

Später, so um 1938 oder 1939 herum, zog Thomas Mann, der auf die Dauer dem New Yorker Betrieb entgehen wollte, nach Princeton, wo er ein schönes, geräumiges, aber doch wohl viel zu teures Haus mietete. Ich kam oft über das Wochenende hinaus, es waren nicht einmal zwei Stunden mit der Bahn. Und auch dort gab es einigen Betrieb, oder sagen wir lieber, es war immer Besuch da oder doch fast immer.

Zum Beispiel der englische Dichter W. H. Auden, der Erika pro forma geheiratet hatte, um ihr einen englischen Paß zu verschaffen, nachdem Hitler sie ausgebürgert hatte.

Auch Therese Giehse, Erikas Freundin und scharfe Gegnerin des Hitler-Regimes, mußte um einen neuen Paß besorgt sein, und

Auden versprach, einen passenden Mann für sie zu suchen. Als die beiden Damen verabredungsgemäß an einer kleinen ländlichen Bahnstation aus dem Zug stiegen, erwarteten sie nicht zwei, sondern drei Männer. Auden stellte der Giehse ihren Zukünftigen vor. Und der wies mit einer entschuldigenden Geste auf den Dritten:
„Ich mußte ihn mitbringen. Ich kann ihn nicht allein lassen."
Der Dritte war nämlich ein Patient. Er selbst – Irrenwärter.

Ein anderer, den ich oft traf, war Albert Einstein, der auch in Princeton lebte und dort lehrte. Ich hatte ihn einmal ganz flüchtig kennengelernt, bei einem Bankett, und zu meinem Erstaunen erinnerte er sich daran. Wie alle hatte ich ein wenig Angst vor ihm; schließlich wußte ich ja nicht das geringste über die Relativitätstheorie. Was, wenn er voraussetzte, daß ich etwas davon verstünde und mich in fachliche Gespräche verwickelte? Er tat es nicht und – wie ich durch seine Frau erfuhr – auch nicht mit anderen. Nicht etwa, weil er uns für unfähig hielt, diese so komplizierte Sache zu begreifen, sondern im Gegenteil: er hielt seine Theorie für so einfach, für so allgemeinverständlich, daß er sich gewissermaßen genierte, sie auch nur zu erwähnen.

Er interessierte sich eigentlich für alles, vor allem aber für Musik. Er strahlte, wenn Bruno Walter kam – auch ein Freund von Thomas Mann – und ein bißchen Musik machte. Einstein selbst spielte leidenschaftlich gern Violine, aber ich kann nicht behaupten, daß wir ihm leidenschaftlich gern zuhörten. Er war wohl der gutmütigste Mensch, den ich je kennengelernt habe. Er konnte nie nein sagen. Das ging bis ins Absurde. „Stellen Sie sich vor", erzählte uns Frau Einstein eines Tages, „da hat er sich doch jetzt einen Lift für unser neues Haus aufschwätzen lassen. Es handelte sich um einen Emigranten, der eine Empfehlung von einem anderen Emigranten mitbrachte. Und mein Mann hat ganz vergessen, daß das Haus, das wir bauen, ein Bungalow ist. Was macht man mit einem Lift in einem Bungalow?"

So war Einstein.

Thomas Mann hielt einen genauen Stundenplan ein. Um halb neun wurde gefrühstückt, und da hatte er es eigentlich ganz gern, wenn die Familie oder auch ein Hausgast, zum Beispiel ich, anwesend war. Punkt neun verschwand er in seinem Arbeitszimmer. Und tauchte erst gegen ein Uhr wieder auf. Eigentlich meist Schlag ein Uhr. Dann ging er in dem Wäldchen spazieren, das hinter dem Haus begann. Thomas Mann liebte es, spazierenzugehen, haßte es aber, Wege zu beschreiten, die gepflastert waren. Er brauchte Wald- oder zumindest Wiesenboden. Den Spaziergang unternahm er meist allein in Begleitung seines jeweiligen Hundes.

Es war eine große Auszeichnung für mich, daß er mich gelegentlich bat, mitzukommen. Und er verlangte keineswegs, daß man schweigend neben ihm hertrottete. Im Gegenteil, er wollte unterhalten werden.

Manchmal ging es um Politik. Immer wieder tauchte die Frage auf, ob und wie Hitler zu vermeiden gewesen wäre. Ich bemerkte einmal: „Wenn Deutschland den Krieg 1914/1918 gewonnen hätte . . ."

„Aber das sage ich ja immer!" Er hatte während des Krieges ein Büchlein geschrieben, „Friedrich und die große Koalition", das erschreckend nationalistisch war, und gegen Ende des Krieges „Die Betrachtungen eines Unpolitischen", in denen er auch einen, gelinde gesagt, „rechten" Standpunkt bezog. Erst Mitte der zwanziger Jahre bekehrte er sich, wenn man so will, zur Republik, zum demokratischen Denken.

„Vielleicht habe ich damals doch nicht so unrecht gehabt!" sagte er mit leiser Ironie, und er wiederholte es oft, obwohl er es doch besser wissen mußte.

Eines Morgens beim Frühstück las er uns einen Brief vor. Ein großes Magazin hatte ihm das Angebot gemacht, eine Weihnachtsgeschichte zu schreiben. Vier bis fünf Tippseiten lang. Dafür wollte man fünftausend Dollar zahlen. Wir alle, auch Frau Katja, ermunterten ihn. Er war skeptisch: „Das kann ich doch gar nicht!" Klaus erinnerte sich einer kleinen Geschichte, die sein Vater irgendwann einmal geschrieben hatte, in der es sich um die Gedanken des Knaben Thomas handelte, der sich den Kopf darüber zerbrach, was er wohl am nächsten Morgen zu seinem Geburtstag als Geschenk erhalten würde. „Das kannst du doch leicht umschreiben!" Thomas Mann bezweifelte es.

„Ich mache es gern für dich. Noch heute morgen."

Thomas Mann winkte ab. „Ich müßte es wohl selbst versuchen." Er verschwand in seinem Arbeitszimmer.

Um ein Uhr mittags kam er zögernd wieder zum Vorschein. Er sah gelb im Gesicht aus, als habe er einen Gallenanfall überstanden. „Ich kann nicht . . .", sagte er. „Ich kann nicht. Ich kann an der Geschichte nicht ein Wort ändern. Nicht einen Satz hinzufügen."

Ich war, ich gestehe es, erschüttert. So schwer hatte es ein großer Dichter . . .

1940 feierte er seinen 65. Geburtstag – irgendwo in einem kleinen Haus auf dem Lande; er war im Begriff, nach Kalifornien zu ziehen. Und keines seiner Kinder konnte bei ihm sein. Ich weiß nicht mehr, welche Gründe da vorlagen, sondern nur noch, daß Erika und Klaus, die sich weiß Gott wo befanden, mich baten, ihre Eltern an diesem Tag zu besuchen. Ich tat es natürlich. Für Thomas Mann war es ein Tag wie jeder andere. Er frühstückte, er arbeitete und ging dann mit mir spazieren. Diesmal sprach er, was übrigens selten vorkam, über die Arbeit, an der er gerade war. Er hatte irgendwo abgebrochen. Ich fragte ganz naiv: „Und wie geht es weiter?"

„Wenn ich das wüßte!"

„Sie wollen sagen, daß Sie nicht wissen, wie die Geschichte weitergeht?"

„Nein, ich weiß es nicht. Das wird sich zeigen."

„Dann wissen Sie also auch nicht, wie die Geschichte ausgeht?"

„Natürlich nicht."

Ich war aufs tiefste betroffen. Ich hatte vermutet, daß bei Thomas Mann, dem so Systematischen, alles festgelegt sei, auf Wochen, auf Monate hinaus, und was den Inhalt der Geschichte anging, an der er schrieb, vielleicht auf Jahre hinaus.

Ich sagte: „Ich könnte nicht so arbeiten, so ins Blaue hinein. Ich würde mir vorkommen wie auf einer Schiffsschaukel."

Und er mit leichter Ironie: „Nun, man muß eben immer mal wieder einen Einfall haben."

Das erinnert mich an unser letztes Gespräch, viele, viele Jahre später im Foyer des Züricher Schauspielhauses. Ein paar Monate vorher war sein „Felix Krull" herausgekommen. Am Schluß des Buches fand sich die Bemerkung, dies sei das Ende des ersten Teils. Ich fragte, wie es weitergehen sollte. Er antwortete: „Keine Ahnung . . . keine Ahnung . . ."

Das Buch sollte ja dann auch keinen zweiten Teil bekommen.

In den letzten Jahren vor Kriegsausbruch, also in den späten dreißiger Jahren, wurde viel gereist – nach Amerika. Nicht nur Emigranten kamen, es war Mode geworden, die USA zu besuchen. Und es gab neue und sehr elegante Schiffe, die mit viel Pomp eingeweiht wurden. Das heißt, gelegentlich der sogenannten Jungfernfahrten befand sich dort immer ein besonders illustres Publikum.

Ich erinnere mich noch an die erste Fahrt der „Normandie" von Le Havre nach New York. Der „Paris-soir" hatte eine Anzahl von Prominenten mitgeschickt, das heißt ihre Passagen bezahlt, um von ihnen Reportagen zu bekommen. Und ich mußte natürlich wieder einmal in die Quarantäne hinausfahren, um diese Gäste des „Paris-soir" zu begrüßen.

Die für mich wichtigste Persönlichkeit war die berühmte Colette, die den amerikanischen Reportern und Photographen vor allem dadurch auffiel, daß sie unbestrumpft und unbeschuht einherging, eine Angewohnheit, die für sie zu einer Art Weltanschauung geworden war. Sie sagte, sie sei erlöst, als ich in der Quarantäne erschien, denn ihrer Obhut war ein kleiner Junge von zehn oder zwölf Jahren anvertraut, Sieger in einem Wettbewerb, den der „Paris-soir" in den Schulen von Paris – oder in ganz Frankreich? – veranstaltet hatte, um zu ermitteln, wer die erste Fahrt der „Normandie" gratis mitmachen dürfe.

Dreimal hatte gewählt werden müssen. Zweimal war die Wahl – den Leistungen entsprechend – auf sehr begabte Jungen mit prononciert jüdischen Namen gefallen. Sie wurden zwar fürstlich entschädigt, aber sie nach Amerika zu schicken, gewissermaßen als offizielle Botschafter der französischen Jugend, nein, das wollte der „Paris-soir" doch nicht.

Der schließlich entsandte Knabe mit gebührend neutralem französischen Namen war ein rechter Tunichtgut. Colette und auch die anderen Passagiere der „Normandie" befanden sich seinetwegen in ständiger Nervosität. Er war immer im Begriff, auf eine Reling zu klettern, er wollte immer in den Swimming-pool springen, obwohl er gar nicht schwimmen konnte. Colette übergab ihn mir. Und ich sollte ihn den New Yorker Boy Scouts übergeben.

Mindestens rund hundert von ihnen warteten bereits ungeduldig am Pier – die „Normandie" hatte Verspätung. Geplant war eine Fahrt zum Lafayette Square, wo Pierre, so hieß der Schlingel, einen Kranz vor der Statue des großen Franzosen niederlegen sollte, der im amerikanischen Befreiungskrieg eine so bedeutende Rolle gespielt hatte.

Endlich waren wir an Ort und Stelle. Der weite Rasenplatz war geräumt und umsäumt von, ich schätze, zweitausend bis dreitausend Boy Scouts. Jubelschreie empfingen uns respektive Pierre. Jemand drückte mir den besagten Kranz in die Hand. Jemand hielt eine Rede, von der unser kleiner Pariser kein Wort verstand, denn der Redner sprach natürlich englisch. Plötzlich flüsterte mir der Knabe zu: „Il faut que je fasse pipi!"

Wir standen zu exponiert, als daß dies an Ort und Stelle möglich gewesen wäre. Überdies waren aller Augen auf uns gerichtet. Es hätte ja diplomatische Zwischenfälle geben können. Der Redner unterbrach sich: „Was sagte unser junger Kamerad?" wollte er wissen.

Und ich: „Er sagt, er ist glücklich, daß Lafayette . . ." Weiter kam ich nicht. Ich sah die Zeichen an der Wand – aber ich sah leider keine Wand. Ich packte den Knaben und rannte los. Wo ich den Kranz dann schließlich los wurde? Ich kann nur hoffen, daß ihn dort niemand gefunden hat.

Viele Prominente kamen nach New York oder wurden mir vom „Paris-soir" gemeldet, und ich mußte mich um sie kümmern – vielleicht waren sie eine Story wert.

Tristan Bernard kam, der vorzügliche französische Komödienschreiber. Ich eilte ins Waldorf-Astoria, um ihn und seine Frau zu begrüßen. Er war amüsant und schlagfertig und wußte hundert Geschichten aus Paris zu erzählen. Aber er war auch traurig, da sich seine Verhandlungen mit einem Impresario zerschlagen hatten. „Ich hätte es wissen müssen! Meine Sachen sind für Paris und nicht für New York, eher noch für Berlin oder Wien. Diese Stadt hier ist viel zu groß. Man kommt sich ganz verloren vor." In der Tat, schon in diesem geräumigen Salon seines Hotel-Apartments wirkte er, der doch dicke und imposante bärtige Mann, wie ein Häufchen Elend.

Ich habe ihn nie wiedergesehen, aber noch oft von ihm gehört. Während des Krieges setzte er sich – er war Jude – in das sogenannte unbesetzte Südfrankreich ab, das nicht zu okkupieren

Hitler versprochen hatte. Aber eines Tages kam dann doch die deutsche Armee und mit ihr oder vielleicht auch vor ihr die Gestapo, und Tristan Bernard wurde verhaftet. Seiner untröstlichen Frau rief er noch von dem ihn entführenden Lastwagen herunter zu: „Mut, meine Liebe! Bisher haben wir in Angst gelebt. Jetzt werden wir in Hoffnung leben!"
Er überlebte.

Es kam die einst so gefeierte Mistinguett. Sie empfing mich am späten Nachmittag, es dämmerte schon, in ihrem Hotel-Apartment. Ich wußte gleich, was sie wollte. „Sie haben so hübsch über die Baker geschrieben!" Josy, wenn man will, ihre Nachfolgerin im Pariser Revueleben, war ihr, um es gelinde auszudrücken, nicht gerade sympathisch.

Ich kannte die Mistinguett aus Paris, ich kannte sie auch aus früheren, viel früheren Jahren von der Bühne her. Ich gehörte – wie übrigens halb Paris – zu ihren Verehrern. Und ich erklärte jetzt, ich sei mit Vergnügen bereit, über sie zu schreiben. Sie hätte ja sicher einiges zu erzählen.

„Ich habe mir ein paar Notizen gemacht." Sie knipste die Lampe an, neben der sie saß, um ein paar Papiere durchzusehen.

Ich starrte ungläubig. Wie, diese Dame vor mir, mit den knallroten Haaren und einem Gesicht, das keines mehr war, weil man so oft an ihm herumoperiert hatte, war die gefeierte Mistinguett? Es war ein schauerlicher Anblick. Ich war fasziniert – als hätte ich das Haupt der Medusa erblickt. Ich weiß nicht mehr, was sie mir an diesem Spätnachmittag vorlas. Ich weiß nur, daß ich keine Zeile über sie schrieb und sie auch nie wiedergesehen habe.

Oder da war – da wir gerade beim Showbusiness sind – die in Paris recht bekanntgewordene Marianne O., die Chansons sang. Pierre Lazareff hatte mir gekabelt, sie habe in Paris eine unglückliche Liebesaffäre gehabt und gehe daher nach New York, um zu vergessen. Sicher sei es mir ein Leichtes, sie in einem der zahlreichen New Yorker Kabaretts oder Nightclubs unterzubringen.

Das war aber nicht so einfach, denn auf diesem Gebiet hatte ich wenig Beziehungen, und so viele Kabaretts, in denen man französische Chansons vortragen konnte, gab es auch wieder nicht. Aber sie schaffte es selbst. Sie, die Verzweifelte, die am Leben Verzagende, besaß eine erstaunliche Energie und die Gabe, sich überall vorzudrängen.

Wir wurden vorübergehend gute Freunde. Einmal, als sie noch kein Engagement in Aussicht hatte, fragte sie, ob sie nicht ihr Album mit Zeitungsausschnitten vorlegen sollte. Ich blätterte es durch. Ich sehe noch den ersten aufgeklebten Ausschnitt vor mir. Er lautete: „Marianne O. hat sich das Leben genommen!" Es folgten ähnlich makabre Berichte, die von ihrem hoffnungslosen Zustand, von leichter Besserung, von Rückfall, von Verzweiflungsausbrüchen, von Drohungen, den Selbstmordversuch zu wiederholen, handelten.

Ich starrte sie verblüfft an. Woher kamen diese Berichte? Hatte irgendein Freund, eine Freundin sie vorsorglich gesammelt, während Marianne zwischen Leben und Tod schwebte? Sicher schien mir, daß die Auferstandene sie später selbst eingeklebt hatte. Sie gab es auch zu, war sogar erstaunt, daß ich das nicht recht verstand. „Das ist doch gute Publicity!" meinte sie.

Es gibt eben mehr Dinge zwischen Himmel und Erde . . .

Natürlich gab es auch weniger prominente Leute, die zu mir kamen, meist mit Empfehlungen von gemeinsamen Bekannten in Berlin, London oder Paris. Da waren vor allem die Emigranten, die den in ihren Augen Alteingesessenen um Rat baten, und manchmal auch um mehr. Später, kurz vor dem Krieg und während der folgenden Jahre, mußte ich einige Familienmitglieder unterstützen, die zum Teil nur sehr weitläufig mit mir verwandt waren. Es war nicht viel, was ich dem einzelnen geben konnte, aber immerhin: es gab Jahre, in denen ich insgesamt vierzehn Menschen ernährte oder miternährte. Das war nicht immer einfach. Gewiß, ich verdiente gut, sehr gut sogar, aber ich lebte auch gut, sehr gut sogar.

In fast regelmäßigen Abständen kam mein alter Freund Rolf Nürnberg aus Berlin. Er reiste stets erster Klasse und stieg im „Ritz Carlton" ab, einem der exklusivsten Hotels New Yorks. Ich verstand nicht recht, wie er das finanziell schaffen konnte. Gewiß, in Deutschland war er reich oder noch reich, oder zumindest galt sein Vater als reich, der ja am „12-Uhr-Blatt" beteiligt war. Aber die Ausfuhr von Geld war schwierig oder bereits verboten.

Hatte er Geld in New York? Er sagte, er sei eingewandert und könne – das war zumindest technisch mittels eines sogenannten Re-enter-permits möglich – immer wieder für kürzere oder längere Zeit nach Berlin zurückkehren. Warum er das sagte, weiß ich nicht. Später sollte ich erfahren, daß dies alles ein Gewebe von Lügen war.

Damals ahnte ich es nicht. Wir verbrachten viele Abende miteinander. Er konnte manches aus Deutschland berichten, und nicht wenig davon fand seinen Weg zu Churchill und Vansittart – was übrigens auch für die Erzählungen der anderen Emigranten galt.

Schließlich erschienen auch Ilse und Michael, der damals noch nicht ganz sechs Jahre alt war. Sie lebte mit Rolf in seinem Hotel – getrennte Zimmer, versteht sich – und Michael bei mir. Meine Idee war, daß er ein wenig Englisch lernen sollte, bevor er in die Schule kam.

Nach zwei bis drei Monaten begann das gesamte Personal des „Bedford" ein wenig deutsch zu sprechen, Michael aber sprach kein Wort englisch.

Ursprünglich wollte ich im „Bedford" bleiben, und es wäre wohl auch so geschehen, wenn ich mich nicht eines Tages in eine Dame verliebt hätte, die nicht abgeneigt war, mir aber klarmachte, in einem Hotel könne sie mich nicht besuchen. Und das, obwohl ich drei Zimmer bewohnte, das Büro eingeschlossen.

Ich suchte sofort nach einer passenden Wohnung in der Umgebung und fand auch eine. Und stellte die Möbel hinein, die meine Eltern mir vor langer Zeit nachgesandt hatten und die bisher auf einem Speicher abgestellt gewesen waren. Bis alles bereit war, vergingen immerhin so an die fünf Monate. Und dann existierte der eigentliche Grund nicht mehr. Das heißt, die Dame existierte natürlich noch, aber nicht mehr für mich – oder ich für sie.

Übrigens: Sie hatte sich schon vorher geneigt gezeigt, mich zu besuchen, sogar im Hotel „Bedford".

Auf den Rat von Freunden hin fuhr ich mit Michael in die Umgegend nach Rye im Staate Connecticut, etwa eine Autostunde von New York entfernt. Dort gab es eine am Meer gelegene Schule mit einem angeschlossenen Kindergarten.

Die Leiterin meinte: „Er wird es am Anfang nicht ganz leicht haben, der Kleine. Wenn Sie auf mich hören wollen, kommen Sie in den nächsten zwei Wochen nicht, warten Sie lieber drei Wochen. Er muß sich eingewöhnen."

Am dritten Sonntag fuhr ich hinaus. Viele Autos der Eltern, die ihre Kinder besuchten. Ich sah sie auch im Garten mit ihren Sprößlingen auf und ab gehen oder zusammensitzen. Und dann sah ich Michael in seinem kleinen Kamelhaarmantel – ganz allein.

Begrüßung. Er schien sehr glücklich, daß ich gekommen war.

„Nimmst du mich mit?"

„Aber nein. Du mußt doch englisch lernen! Gefällt es dir denn nicht hier?"

„Doch . . . nur . . . ich bin ein bißchen allein."

„Aber da sind doch so viele Kinder! Hast du denn keine Freunde?"

„Doch! Alle vier Jungens, mit denen ich zusammen schlafe, sind meine Freunde. Aber sie wissen es nicht. Ich kann es ihnen doch nicht sagen!"

17
Lebewohl, Sport!

Ich war noch kein Jahr in New York, als mir der Mann am Empfang des Hotels „Algonquin" meldete, ein Herr aus Berlin möchte mich sprechen. Ich dachte natürlich, es handle sich um einen Emigranten, und war erstaunt, als ein junger, blonder, gutaussehender Herr von etwa dreißig Jahren mein Zimmer mit den Worten betrat: „Ich komme vom Ullstein-Verlag in Berlin."

„Aber den gibt es doch gar nicht mehr. Den hat man doch den Ullsteins weggenommen."

„Nun ja, der Verlag gehört jetzt . . . ich weiß wirklich nicht so genau, wem er gehört. Ich bin ja auch nur Reisereporter und vor allem Bildreporter. Und ich soll im Hinblick auf die Olympischen Spiele, die ja nächstes Jahr in Berlin stattfinden, ein Buch über den amerikanischen Sport schreiben. Das heißt, Sie sollen das Buch schreiben!"

„Ich?"

Er erklärte. Er war mit dem Auftrag, ein Buch über den amerikanischen Sport zu schreiben, nach Amerika geschickt worden. Aber er wußte wenig vom Sport und nicht das geringste vom amerikanischen Sport. Er war also zu Kurt Szafranski gegangen. Der war vor Hitler Herausgeber sämtlicher Ullstein-Zeitschriften gewesen. Und jetzt bereitete er zusammen mit dem ehemaligen Chefredakteur der „Berliner Illustrirten" für den Inhaber und Herausgeber von „Time", Henry R. Luce, eine Zeitschrift vor, die irgendwann einmal erscheinen sollte. Sie erschien dann auch, hieß „Life" und war ein außerordentlicher Erfolg. Szafranski hatte dem jungen Mann zugehört und dann erklärt: „Ein Buch über den amerikanischen Sport? Das kann überhaupt nur Curt Riess schreiben! Am besten, Sie wenden sich an ihn." Und er gab ihm meine Adresse.

Nun, sicher konnte nicht nur ich so ein Buch schreiben, aber vor allem konnte ich es sehr schnell schreiben – und das war eine Bedingung. Das Buch mußte bald herauskommen, auf alle Fälle vor den Olympischen Spielen, und die begannen ja schon in ungefähr fünfzehn Monaten.

Der junge Mann sagte: „Wenn Sie mir vielleicht dabei behilflich sein könnten . . .?"

Und ich antwortete: „Nein!" Und fügte hinzu: „Das wäre viel zu mühsam und zu zeitraubend. Ich mache Ihnen einen anderen Vorschlag. Ich schreibe dieses Buch. Ich schätze, das wird mich vier, allerhöchstens fünf Wochen in Anspruch nehmen. Sie können es dann mit Ihrem Namen zeichnen."

Ich war nicht unbescheiden, aber ich wollte für die Arbeit fünfhundert Dollar.

Das war eine lächerliche Summe, aber für mich war es eine Menge Geld. Er willigte sofort ein, auch in meine Bedingung, mir nicht hineinreden zu dürfen. Er war ein guter Journalist, und gute Journalisten wissen natürlich, wovon sie etwas verstehen und wovon nicht.

Die Sache hatte drei Nachspiele. Erstens: Das Manuskript veranlaßte den Verlag, daß er vor der Buchausgabe einen Vorabdruck in der „Berliner Illustrirten" herausbrachte. Ich war baff! Hatte denn niemand gemerkt, gefühlt, gerochen, geschmeckt, daß es sich um das Werk eines Nichtariers handelte? Offenbar nicht. Ich fand, ich sollte nun doch auch zu ein bißchen mehr Geld kommen. Aber da der Verlag Ullstein inzwischen nicht mehr von geldgierigen Juden, sondern nur mehr von geldgierigen Nazis geleitet wurde, kam ich damit nicht durch.

Zweitens: Die Reportage war ein solcher Erfolg, daß der „Autor" später Chefredakteur der „Berliner Illustrirten" wurde – was ihm gar nicht so lieb war. Er fühlte sich nicht besonders glücklich unter den Nazis, und schon gar nicht in einer so exponierten Stellung.

Drittens: Das spielt etwa zehn Jahre später, schon nach dem Krieg. Ich lernte in Berlin eine reizende Dame kennen und wollte sie noch ein bißchen besser kennenlernen. Im Verlauf der vorbereitenden Gespräche kam die Rede auf den „Autor" meines Buches. Er sei, das lag ein paar Jahre zurück, außerordentlich interessiert an ihr gewesen. Sie habe geschwankt. Dann sandte er ihr sein

Buch über den amerikanischen Sport, und das habe sie so beeindruckt, daß sie nicht umhin konnte ...

Ich überlegte, ob ich ihr nicht meine Autorenschaft verraten sollte, tat es aber dann doch nicht. Ich hatte ja schließlich fünfhundert Dollar bekommen. Übrigens: Auch ohne daß ich Verrat übte, konnte sie dann auch bei mir nicht umhin ...

Kurz nach der Geschichte mit dem Sportbuch, das übrigens „Mann gegen Mann" hieß, kam das bereits erwähnte Telegramm aus Paris, das mich in den „Paris-soir" rief, wo ich wohlbestallter amerikanischer Korrespondent der Zeitung wurde. Aber obwohl ich nun über alles mögliche schrieb, will sagen kabelte – die Basis meiner Popularität bei den Lesern des „Paris-soir" blieb weiterhin und immer wieder der Sport. Das spürte ich, wann immer ich in Paris auftauchte. Und kein Geringerer als Jeff Dickson sagte es mir auch.

Jeff Dickson, der bald mein Freund wurde, war ein Amerikaner, der nach dem Ersten Weltkrieg in Paris hängengeblieben war mit nichts als einem Boxring, den er im Poker gewonnen hatte. Mit diesem Boxring bewaffnet, zog Jeff den Boxsport in Paris auf, der dort noch recht unbekannt war, und wurde schließlich Direktor des Sportpalasts. Das war wohl um die Mitte der zwanziger Jahre.

Er sah sehr gut aus, groß, schlank, dunkelhaarig, war immer amüsant und amüsiert. Er holte nicht nur die großen Boxer nach Paris, sondern auch Sonja Henie, Paavo Nurmi, auch die bekanntesten italienischen Radfahrer und kanadischen Eishockey-Mannschaften, amerikanische Leichtathleten, und anschließend an Paris auch in andere europäische Großstädte. Er war im Gegensatz zu Direktoren bekannter Sportstätten – auch olympischer – kein Wichtigtuer, er nahm sich selbst nicht besonders ernst und schon gar nicht seinen Beruf. Ein Souper mit einer hübschen Frau bei Maxim's bedeutete ihm mehr als ein Sechstagerennen.

Er verdiente viel Geld und stand auf dem Standpunkt, andere sollten auch verdienen. Nicht nur die Berufssportler, auch die Amateure – sie bekamen oft mehr als die Profis –, vor allem aber die Sportjournalisten. Er schmierte sie. Wenn ich sage „schmierte", so meine ich nicht gelegentlich, sondern jahrein, jahraus, Monat für Monat; wenn ich sage „sie", so meine ich alle. Ich werde niemals meinen Schock vergessen, als ich, ihn einmal von seinem

Büro abholend, eine nicht unbeträchtliche Zahl von Sportjournalisten antraf. Sie alle standen vor der Kasse an. Und jeder erhielt ein für ihn bestimmtes Kuvert, und jeder öffnete es ungeniert, um die Scheine nachzuzählen, die sich darin befanden. Jeder – auch die Arriviertesten, auch mein guter Freund Gaston Bénac, der es nun wahrhaftig nicht nötig gehabt hätte.

Überhaupt: Die französische Presse war käuflich, nicht nur die Sportpresse. Da war zum Beispiel der Theaterteil, der mich aus begreiflichen Gründen besonders interessierte. Die bekannten Kritiker waren nicht etwa von den Zeitungen angestellt, für die sie schrieben, eher das Gegenteil. Sie wurden nicht bezahlt – sie zahlten. Sie pachteten die Theater- respektive die Kinoseiten. Das Geld, das sie ausgeben mußten, bekamen sie durch Theater- und Kinoinserate herein. Auch kleine Journalisten mußten zahlen, um in „ihrem" Theaterteil schreiben zu dürfen; sie hielten sich dann an den Theatern schadlos, die für gute Kritiken zahlen mußten, ja für jede Notiz. Etwa, daß Mademoiselle X in dem Stück von Y als Partnerin von Monsieur Z auftreten würde. Es kam nicht selten vor, daß in solchem Fall Mademoiselle X und Monsieur Z beide zahlten.

Das ganz große Geld aber steckten die Pächter der Zeitungsspalten ein, die sich ihre Kritiken nicht nur bezahlen, sondern regelrecht abkaufen ließen. Da die Theaterdirektoren mit Recht annehmen durften, daß sie, falls sie sich taub stellten, schlechte Kritiken erhalten würden oder vielleicht – schlimmer noch – gar keine, wurden diese Pächter reiche Leute.

Die französische Presse war korrupt, kein Zweifel, und das schlimmste war wohl, daß niemand daran etwas auszusetzen fand. Der herrschende Zynismus konnte nicht überboten werden. Und die Kollegen lachten, daß ich das überhaupt beanstandenswert fand.

Da gab es zum Beispiel einen Journalisten namens Jules Sauerwein, den man ohne Übertreibung als den Papst der europäischen Außenpolitik bezeichnen durfte. Er hatte sich in einem Maße bestechen lassen, daß er längst ein schwerreicher Mann geworden war. Er schrieb übrigens im „Matin", einer der ganz großen Morgenzeitungen. Mitte der dreißiger Jahre geschah es dann, daß während einer Budgetdebatte im rumänischen Parlament ein Minister eine lange Liste der Ausgaben vorlas. Man erfuhr, was für öffentliche Bauten, für das Militär, für die Universitäten und Schulen ausgegeben worden war. Und ganz am Schluß auch, was Jules Sauerwein bekommen hatte. Gewiß, es war im Vergleich zur Armee oder den Botschaften und Gesandtschaften eine recht geringfügige Summe. Aber daß ein ausländischer Journalist überhaupt in diesem Zusammenhang erwähnt wurde, ging selbst dem „Matin" über die Hutschnur. Sauerwein verschwand in der Versenkung.

Um zwei Jahre später bei „Paris-soir" wieder aufzutauchen, als nomineller Chefredakteur. Er war auch ein sehr guter Leitartikler. Schließlich gab es wohl kein Außenministerium in Europa, wo nicht der eine oder andere seiner Kumpane saß, die ihm alles Interessante zutrugen, was er dann unter der Marke „aus gut unterrichteten Kreisen" veröffentlichte.

Mich mochte er übrigens gern. Oder vielleicht sollte man sagen, daß ihn der amerikanische Sport interessierte. Das war ja die Zeit der Millionenbörsen, die Jahre, als fünfzigtausend oder siebzigtausend Zuschauer keine Seltenheit waren. „Das viele Geld!" meinte Sauerwein fast sehnsüchtig. „Sie müssen ja ein reicher Mann sein!"

Ich versuchte erst gar nicht, ihn davon zu überzeugen, daß es drüben nicht „so" war.

Der amerikanische Sport faszinierte – freilich aus anderen Gründen – auch die Schriftstellerin Colette, damals keine junge Frau mehr, aber eine interessante. Vielleicht war der Hauptgrund ihres Interesses ein Mann, mit dem sie entweder verheiratet oder liiert war. Es handelte sich, daran ließen seine Blumenkohlohren keinen Zweifel, um einen ehemaligen Boxer. Man durfte ihm die gleiche Anekdote von Dempsey oder Joe Louis dreimal erzählen, er konnte gar nicht genug bekommen. Und auch Colette, die sich ja wohl nicht für so viele Details interessierte, hörte stets aufmerksam zu – und dabei sah sie immer den Mann neben sich an. Er oder die Wirkung, die eine Geschichte auf ihn hatte, war für sie viel wichtiger als alle Kinnhaken von Dempsey oder Joe Louis.

Einmal bekam ich am selben Tag zwei Telexe. Das eine stammte von Gaston Bénac, das andere von Jeff Dickson. Beide baten mich, einen bestimmten französischen Schwergewichtsboxer in New York zu erwarten, er käme mit dem und dem Schiff.

Es war gar nicht so leicht herauszufinden, wann und wo dieses Schiff landen würde. Es war ein winziger Dampfer mit sicher nicht mehr als drei oder vier Passagieren, dafür aber mit viel Fracht.

Die Sache war die: Dieser junge Boxer, von dem viele, darunter eben Jeff und Gaston Bénac, glaubten, er könne eine große Karriere machen, befand sich in den Händen eines Managers, der überzeugt davon war, daß der Boxer diese Karriere zwar machen könne, aber nicht in Paris. Das dumme war nur, daß er mit Jeff Dickson einen Kontrakt hatte.

Also flüchteten sie bei Nacht und Nebel auf besagtem Kahn nach Amerika. Und ich war zum Erstaunen und Erschrecken der beiden Flüchtlinge am Pier, als sie nun endlich vom Schiff kamen. „Paris-soir" konnte melden, daß besagter Boxer nun in den Staaten boxen werde, und Jeff hatte das Nachsehen.

Sensationell waren übrigens die Leistungen dieses Boxers – der nur in New Yorker Kleinringen arbeitete – nicht. Aber etwas anderes geschah. Der Manager wurde von einem Auto überfahren. Als ich ihn im Krankenhaus besuchte, wußte ich, daß ich einen Sterbenden vor mir hatte. Einige Tage danach erwies ich ihm zusammen mit dem Boxer die letzte Ehre.

Der junge Boxer, der gerade anfing, ein paar Worte Englisch zu sprechen, war betrübt. „Es wird schwer für mich sein – ohne ihn!" meinte er. Ich bat ihn, mit mir in Kontakt zu bleiben, denn in Frankreich wollte man ja wissen, was aus ihm würde. Aber ich hörte lange nichts von ihm.

Und es mochte wohl erst ein paar Jahre später sein, daß ich in einer Zeitung in San Francisco seinen Namen las. Er kämpfte in einem kleinen Saal in einem Vorort. Ich fuhr hinaus. Es war alles ziemlich düster. Die Hoffnung des französischen Boxsports war zu einer Art lebendem Punchingball herabgesunken. Nach seinem k. o. besuchte ich ihn in der Garderobe. Er lamentierte, alles wäre anders gekommen, wenn man nur den Manager nicht überfahren hätte. Er deutete auf ein Gefäß in der Ecke des Raumes. „Das ist er. Ich meine, seine Asche. Ich hatte noch keine Gelegenheit . . . Ich meine, wenn ich nach Paris zurückkomme, lasse ich ihn begraben."

Ich erinnere mich, daß ich ein paar Monate später die Geschichte meinem Freund Billy Wilder erzählte, als wir zusammen ein Autorennen in Minneapolis sahen. Wilder hatte gleich die Idee, daraus einen Film zu machen. Ich muß sagen, er ließ es sehr an Respekt für den toten Manager fehlen. Er baute da eine Handlung zusammen, daß unser Boxer gegen einen anderen kämpfen sollte,

dessen Manager, kein feiner Herr, die Beinarbeit des Franzosen dadurch zunichte machte, daß er Öl über den Boden des Rings ausgoß, so daß der Franzose immerfort hinfiel. Bis er auf die Idee kam, die Urne, die natürlich in seiner Ecke stand, zu entleeren. Die Asche des toten Managers rettete ihn vor den Stürzen und brachte ihm Sieg und Ehren.
    Nein, die Geschichte ist nicht gerade lustig, eher gespenstisch. Aber Billy Wilder lebte eben um diese Zeit schon lange in Hollywood, und in Hollywood nahm man nichts mehr sehr ernst.
    Ob übrigens der Manager je begraben wurde?

Eigentlich müßte ich an dieser Stelle von unzähligen Boxkämpfen berichten, vor allem von Joe Louis, der ja über Jahre die amerikanische Boxszene beherrschte, und von seinem sensationellen Kampf mit dem damals für das Boxen doch schon alten Max Schmeling. Schmeling, den ich von Berlin her gut kannte, hieß mich mit Freuden in seinem Trainingscamp, ungefähr zwanzig Kilometer von New York entfernt, willkommen, obwohl das dem ihn begleitenden Berichterstatter des „Völkischen Beobachters" gar nicht paßte. Er erklärte, er habe Filme von früheren Joe-Louis-Kämpfen gesehen und wisse, wie er Joe Louis fertigmachen könne.
    Ehrlich gesagt, ich glaubte nicht so recht daran. Niemand weiß besser als Boxberichterstatter, daß vor jedem Kampf jeder der Kontrahenten behauptet, er werde den anderen k. o. schlagen.
    Schmeling war vielleicht nicht gerade der ganz große Boxer, für den man ihn in Deutschland schon aus Gründen des Patriotismus hielt, wohl aber ein ausgesprochen kluger Mann. So kabelte ich also an den „Paris-soir", daß der Kampf offen sei und ein Sieg Schmelings durchaus im Bereich des möglichen läge. Sofort, das heißt innerhalb einer halben Stunde – das war in New York mitten in der Nacht, in Paris schon am Morgen –, erhielt ich eine Antwort: „Sind Sie verrückt geworden! Wenn wir das drucken, blamieren wir Sie und uns!"
    Zwei Wochen später schlug Schmeling Joe Louis in der zwölften Runde k. o.
    Es gibt zwei Gründe für die Überschätzung Schmelings in Deutschland: Einer davon ist, daß Schmeling Weltmeister im

Schwergewicht wurde. Aber das wurde er keineswegs durch sein Können, sondern durch das Geschick seines amerikanischen Managers Joe Jacobs. In dem Titelkampf erhielt Schmeling einen Tiefschlag. Er hatte weiter keine verheerenden Folgen, Schmeling hätte aufstehen und weiterboxen können, er war auch im Begriff, es zu tun. Aber Joe Jacobs sah die Chance. Er brüllte Schmeling aus seiner Ecke zu, am Boden zu bleiben und sich auszählen zu lassen. Damit hatte er den Kampf gewonnen, denn der Gegner war disqualifiziert. Weltmeister durch Foul. Diesen Titel wurde er in Amerika nie los.

Der zweite Grund: Deutschland hatte nie einen Boxer von Weltruf – außer eben Schmeling. Er war sicher der beste Boxer, den das Land je hervorgebracht hat.

Was ich an Schmeling schätzte, war vor allem seine Klugheit. Was die anging, war er wirklich ein Weltmeister und allen großen Boxern, vielleicht mit Ausnahme von Gene Tunney, um Klassen überlegen. Er konnte denken, und er machte von diesem Können Gebrauch. Neun von zehn Boxern, auch den großen Boxern, verlassen sich völlig auf ihre Manager und Trainer, was das Denken angeht. Schmeling verließ sich auf sich selbst. Und seinem Verstand hatte er es ja auch zu verdanken, daß er die Schwäche des damals für unschlagbar gehaltenen Joe Louis erkannte und ihn nun wirklich schlug. Er wurde dafür zwar nicht Weltmeister – im Gegenteil, er wurde gewissermaßen verschaukelt. Der Weltmeister von damals, ein gewisser Jim Braddock, dachte gar nicht daran, Schmeling als Gegner anzunehmen, weil er wußte, daß der Kampf nicht genügend Interesse finden, also die Börse klein sein würde. Er zog es vor, gegen den vorher durch Schmeling geschlagenen Joe Louis zu kämpfen, das brachte eine größere Börse und für Jim Braddock die letzte. Denn Joe Louis schlug Braddock haushoch, und der Weltmeister war damit ein für allemal erledigt.

Als Schmeling zum zweiten Mal gegen Joe Louis antrat, war er viel zu alt, und Joe Louis viel zu gewitzigt, um ein zweites Mal Schmeling zu unterschätzen.

Schmeling war auch zu klug – und wohl auch zu anständig, um sich von Hitler und dem nationalsozialistischen Sportführer, einem gewissen von Tschammer-Osten, einer Null, als Zugpferd benützen zu lassen. Für Hitler wäre ein deutscher Weltmeister natürlich glänzendes Propagandamaterial gewesen. Aber mit Schmeling konnte er nicht allzuviel Staat machen. Der weigerte sich ja sogar, seinen amerikanischen Manager, der Jude war, zu entlassen. Und als er schließlich zu den Fallschirmjägern eingezogen wurde, war er alles andere als begeistert. Bei seinem ersten Absprung – auf Kreta – brach er sich ein Bein. Und war damit für den Krieg ausgeschieden.

Niemand wird mir einreden können, daß ein so gelenkiger Mann, wie ein erstklassiger Boxer es zweifellos ist, beim Fallschirmspringen ein Bein brechen muß. Ich werde immer glauben, daß ihm dieser Beinbruch sehr gelegen kam. Er war ja – eben weil klug – international eingestellt. Und er hatte viel zuviel von der Welt gesehen, um nicht zu wissen, daß das kleine Deutschland einen Weltkrieg, früher oder später – das war vorauszusehen – auch gegen die Vereinigten Staaten, nie würde gewinnen können.

Ich müßte von meinen Unterhaltungen mit Avery Brundage erzählen, den ich in seinem Büro in Chicago aufsuchte. Brundage war damals noch nicht Chef des Internationalen Olympischen Komitees, sondern nur des Amerikanischen Olympischen Komitees. Ich beschwor ihn, die Olympischen Spiele in Berlin zu boykottieren. „Schließlich ist es doch grotesk, daß Olympische Spiele in einem Land abgehalten werden, dessen Regierung den Rassenhaß predigt. Die Olympischen Spiele, in denen doch Rasse oder Religion keine Rolle spielen sollten."

Brundage erwiderte eisig: „Ich bin nicht Ihrer Ansicht. Aber selbst wenn ich es wäre: Kann ich unseren Athleten die Chance nehmen, olympische Lorbeeren zu ernten?"

Ich müßte von den Triumphen von Jesse Owens erzählen, des Negersprinters, der nach drei Siegen, eben während jener Olympischen Spiele in Berlin, Profi wurde und mehr oder weniger elend versackte.

Von dem großen Tennisspieler Tilden, der Profi wurde und schließlich ins Gefängnis kam, sagen wir aus privaten Gründen, die mit dem Sport nichts zu tun hatten und deretwegen man heute, wo jeder nach seiner Facon selig werden darf, wohl auch nicht mehr ins Gefängnis kommen würde.

Es verging kaum ein Tag, will sagen eine Nacht, ohne daß ich eine Tippseite voller Sportnachrichten nach Paris durchgab. Bis zu jenem Tag Anfang September 1939. Ich war nach Philadelphia gefahren, um die Herausforderungsrunde im Davis-Cup zwischen den Vereinigten Staaten und Australien zu sehen und darüber zu berichten.

Während des wohl letzten Spiels – die Australier siegten, falls das irgend jemanden heute noch interessiert – verkündete der Lautsprecher: „Deutschland ist in Polen eingedrungen." Nein, der Lautsprecher sagte: „Hitler ist in Polen eingedrungen!"

Also Krieg! Weltkrieg!

Aber so weit dachte ich noch nicht. Ich empfand den Krieg zunächst einmal als eine Art Turnier, zu dem nur Hitler und seine größeren und kleineren Kumpane antraten.

Ich sandte meinen Bericht aus Philadelphia über den Davis-Cup. Er endete mit den Worten: „Dies ist mein letzter Sportbericht. Es gibt jetzt Wichtigeres."

Es war in der Tat der letzte Sportbericht meines Lebens.

18
Die Kommunisten und Hollywood

Meine einzige politische „Tat" während meiner Emigrationszeit – wohlverstanden: vor Ausbruch des Krieges – war eine Ohrfeige. Sie hat vermutlich zwei Menschen das Leben gerettet: meinen Eltern.

Ich war immer mal wieder in Paris. Oft drei- oder viermal in einem Jahr. Einmal meldete sich in meinem Hotel, dem „Scribe", unerwarteter Besuch. Der Herr, der in mein Zimmer trat, sagte, er sei Attaché an der Deutschen Botschaft in Paris.

„Ich komme, um Sie zu warnen."

Es sei kein Geheimnis, daß ich in meinen Berichten aus Amerika immer wieder etwas gegen den Nationalsozialismus einfließen lasse. So ginge das nicht weiter. „Immerhin, Ihre Eltern leben noch in Berlin. Da müßten Sie wohl damit rechnen, daß . . ."

Weiter kam er nicht. Ich schlug ihm links und rechts in seine Fresse und sagte: „Passen Sie mal auf, Sie Lümmel! Wenn meinen Eltern nur das Geringste geschieht, stehe ich vor der Deutschen Botschaft hier in Paris. Und wenn Sie herauskommen, schieße ich Sie nieder wie einen tollen Hund. Und das sind Sie ja wohl auch. Und jetzt – raus!"

Er ging sehr schnell, und meinen Eltern geschah nichts. Allerdings rief ich sie noch am gleichen Tag an und sagte ihnen, wenn sie nicht in den nächsten Wochen Deutschland verließen, könnte ich nicht mehr für ihren Unterhalt sorgen. Aus den Wochen wurden Monate. Aber sie kamen doch noch aus Deutschland heraus, so Anfang 1939.

Warum schrieb ich eigentlich nicht viel mehr Politisches oder nur der Politik gewidmete Artikel oder Berichte?

Der Grund: Ich war niemals ein politischer Mensch gewesen, auch damals nicht, als ich wohl einer hätte sein sollen. Und wenn ich auch immer wieder in meine Arbeiten antinazistische Bemerkungen einfließen ließ oder doch Hinweise darauf, für wie verwerflich ich das Regime hielt, so war das doch viel zu wenig, als daß ich mich hätte einen politisch aktiven Emigranten nennen können.

Es wäre falsch, zu verschweigen, daß die meisten Emigranten in erster Linie politische Emigranten waren. Es waren vor allem die „Linken" lange Zeit die einzigen, die etwas gegen den Hitlerismus zu unternehmen versuchten.

Ich kam, das lag in der Natur der Sache, mit vielen von ihnen zusammen. Zuerst in Paris und dann in Amerika. Dort geriet ich in eine veritable kommunistische Clique. Ich glaube, der erste, den ich gut kennenlernte, war Otto Katz, der bereits erwähnte Mitverfasser der Braunbücher, der mit seiner bildhübschen Frau eines Tages in New York auftauchte.

Otto Katz war ein gutaussehender Mann, der überzeugen konnte. Er wurde von irgendeiner Organisation – ich interessierte mich vorerst nicht dafür, von welcher – im Lande herumgeschickt, um Reden zu halten.

Nebenbei schrieb er – das war schon 1940 – ein Buch über den Zusammenbruch Frankreichs. Das Buch war so verfaßt, daß man glauben mußte, er habe diesen Zusammenbruch persönlich mitgemacht und sich erst in letzter Minute aus Frankreich gerettet. In Wirklichkeit schrieb er das Manuskript in New York. Ich fand diese Täuschung der Öffentlichkeit zu gutem Zweck – zur Aufrüttlung des amerikanischen Publikums – durchaus entschuldbar; heute bin ich anderer Ansicht.

Gelegentlich lieh er sich auch meinen Smoking aus, wenn er einmal „fein" auftreten mußte. Angeblicher Zweck der Vorträge: Geld zu sammeln für den Bau und die Erhaltung eines Freiheitssenders – gegen Hitler natürlich. Der kam nie zustande, und erst relativ spät erfuhr ich, warum. Was mir damals an Katz besonders imponierte, war, daß er, obwohl er Tausende sammelte, mit seiner Frau recht spartanisch lebte. Das hätte mir keinen so großen Eindruck gemacht, wäre mir bekannt gewesen, daß Katz, der sich übrigens meist André Simone nannte, seine Vorschriften, auch die Ausgaben betreffend, von der Kommunistischen Partei erhielt.

Um es gleich zu sagen: er war ein Agent, aber das ahnte ich damals natürlich nicht.
Der nächste war Egon Erwin Kisch. Dieser außerordentlich begabte Mann, Tschechoslowake übrigens, hatte sich mit dem Buch oder besser der Sammlung von Reportagen „Der rasende Reporter" einen Namen gemacht. Er war als „rasender Reporter" zumindest in die zeitgenössische Publizistik eingegangen. Nicht zu unrecht. Er war in seinem Fach wohl der Beste. Und ich war stolz, als er mir sein Buch „Klassischer Journalismus", in dem immerhin Cäsar, Luther, Swift, Franklin, Kleist, Marx, Bismarck, Lessing und andere mit ihren „Journalistischen Arbeiten" zu Wort kamen, mit dem Satz widmete: „Kisch gibt den klassischen Journalismus dem Curt Riess, der sicherlich in eine neue Ausgabe aufgenommen wird."
Er war ein seltsamer Mann. Ich unterhielt mich oft mit ihm – und hatte bald das Gefühl, nein, die Gewißheit: Einer, der politisch so engagiert war wie Kisch – und daran, daß er Kommunist war, ließ er nie einen Zweifel –, kann eigentlich kein echter Reporter sein. Er muß ja alles durch seine Brille sehen, und wenn nötig, undeutlich. Das gab er übrigens auch zu. „Warum nicht? Die Partei ist wichtiger!"
Später, schon im Krieg, saß ich mit Freunden zusammen – dem Komponisten Eisler und seiner Frau –, bei denen er wohnte und die ihn schätzten. Aber sie konnten sich und mir nicht verhehlen, daß er immer seltsamer wurde. Und das war noch gelinde ausgedrückt. Eine oder zwei Stunden später kam er recht angeregt von einer Party zurück. Er erzählte, dort sei ein Graphologe gewesen und habe sich bereit erklärt, nach den Schriftproben des jeweiligen Schreibers, der ihm natürlich unbekannt war, etwas über dessen Charakter zu äußern. „Stellt euch vor, was er sagte, als er meine Schrift sah! Er sagte, der Schreiber ist entweder verrückt oder wird es bald werden!" Kisch wollte sich totlachen. Uns war nicht nach Lachen zumute.
Hanns Eisler war ein ungewöhnlich liebenswerter Mensch. Dick, behäbig, sehr gescheit. Von seiner atonalen Musik verstand ich nicht allzu viel. Sie war das, was ich und andere damals als hochmodern und höchst überflüssig empfanden. Das Nette an ihm war sein völliger Mangel an Erfolgsbedürfnis. Er lebte kümmerlich von Klavier- und Kompositionsstunden und in der Hoff-

nung, früher oder später vorzustoßen. Das gelang ihm auf dem Umweg über eine sehr linksgerichtete New Yorker Theatergruppe, der übrigens auch Eliah Kazan, damals noch ein junger Schauspieler, angehörte.

Durch Eisler kam ich wieder in Kontakt mit Bert Brecht. Eisler erzählte mir eines Tages, ich glaube es war Mitte 1936, Brecht käme von Dänemark nach New York. Man hatte übrigens berechtigte Besorgnis, daß er bei der Landung in Schwierigkeiten geraten würde. Ich fuhr also – wieder einmal – in die Quarantäne hinaus, redete mit dem Einwanderungsbeamten, und Bert Brecht hatte keine unangenehmen Verhöre zu bestehen. Vielleicht wäre aber auch ohne meine Hilfestellung alles in Ordnung gegangen.

Denn er war ja eingeladen worden. Das Union's Theater, ein gewerkschaftliches Unternehmen, wollte seine „Mutter", frei nach Gorki, aufführen.

Ich sah ihn oft. Er unterhielt sich mit mir über die Arbeiten, die er in der Emigration geschrieben hatte, und schenkte mir einige hektographierte Exemplare mit persönlicher Widmung. Er hatte den Plan, ein Stück über Hitlers Aufstieg zu drehen, und wollte ihn und die Seinen in Vergleich bringen mit den amerikanischen Gangstern. Er war entzückt, daß ich durch meine Arbeit soviel über die Gangster wußte, und ich lieferte ihm dann auch Material zu dem, was später „Der aufhaltsame Aufstieg des Arturo Ui" werden sollte.

Wir gingen oft zu Boxkämpfen, die ihn faszinierten, und zu Sechstagerennen, die er liebte – wie schon in Berlin. Er wollte partout den Sechstagefahrer Reggio McNamara kennenlernen, der in den zwanziger Jahren in Berlin alles in Grund und Boden fuhr und über den ein Bekannter Brechts sogar ein Gedicht geschrieben hatte. Wir fuhren eigens, um ihn zu treffen, nach New Jersey hinaus, aber das Zusammentreffen wurde eher eine Anti-Klimax. Denn McNamara war eben ein Sechstagefahrer und sonst gar nichts und wußte nicht, wer Brecht war, noch was der von ihm wollte.

Die Proben im Union's Theater wurden immer schwieriger. Ein Grund: Die Leute dort hatten keine Ahnung von dem Brecht-Stil. Der andere Grund: Weder Brecht noch Eisler vermochten den Schauspielern und dem Regisseur zu erklären, was nach ihrer Ansicht falsch war und warum. Sie konnten einfach nicht genug Englisch. Brecht bebte vor Wut und Entsetzen, während die Amerikaner glaubten, ihr Bestes zu tun, und es wohl auch taten. Sie bemerkten zwar, daß Brecht mißgelaunt war, ahnten aber nicht einmal annähernd, wie sehr ihre Arbeit ihm gegen den Strich ging. Bis Brecht plötzlich aufschnellte und das Wort „Scheiße!" in den Raum brüllte. Das verstanden nun alle. Leise Beratung auf der Bühne. Und das unter den gegebenen Umständen immer noch höfliche Ersuchen des Regisseurs an Brecht, das Theater zu verlassen. Ich hatte die Aufgabe, ihm zu übersetzen, was beschlossen worden war. Brecht stürzte hinaus, Eisler schloß sich ihm an.

Die Premiere wurde dann von keinem der beiden besucht. Sie saßen vielmehr in einer Cafeteria auf der anderen Seite der Straße. Als Spione anwesend waren Lou Eisler und ich, die in jeder der zwei Pausen hinüberflitzten und Bericht erstatteten. Ich weiß nicht mehr, was ich erzählte. Ich weiß nur noch, wie Brecht fluchte. Ein paar Tage später schiffte er sich wieder nach Europa ein. Ich sollte ihn erst viele Jahre später – ausgerechnet in Hollywood – wiedersehen.

Hollywood. Ich mußte oft dorthin fahren oder fliegen. Und ich tat es gern. Jedesmal, wenn ich dem Zug oder dem Flugzeug entstieg, fragte ich mich oft: Warum lebst du eigentlich nicht hier? Der Duft der Blüten, wohl vor allem der Orangenblüten, war betäubend. Freilich, die Faszination dauerte nie allzu lange. Aber das begriff ich erst später. Denn in den ersten Jahren, so zwischen 1935 und 1939, war ich meist nur kurz an der Pazifischen Küste. Und fand es eigentlich immer schön. Der Himmel stets blau, die Häuser – fast – immer neu, alles wie frisch gewaschen, und alle schienen dort glücklich oder fast glücklich zu sein.

Übrigens schrieb ich nach meinem ersten oder zweiten Besuch in Hollywood eine Reihe von Artikeln für den „Paris-soir", die unter dem Titel „Hollywood inconnu" erschienen und begierig gelesen wurden. Sie kamen dann auch gesammelt als Buch heraus. Dies war, sehe ich von dem amerikanischen Sportbuch ab, mein zweites Buch, und wenn ich das erste auf deutsch geschrieben hatte, so schrieb ich das zweite auf französisch. Es erschien auch in Finnland, in Polen, in der Tschechoslowakei – nicht auf deutsch, sondern auf finnisch, polnisch und tschechisch – und in verschiedenen südamerikanischen Staaten, die übrigens auch in der Folgezeit viele meiner Bücher herausbrachten, freilich ohne je korrekt abzurechnen.

Dies war so eine südamerikanische Besonderheit.

"Hollywood inconnu" war ziemlich kritisch. Ich sage ziemlich, denn verglichen mit dem, was seit jener Zeit über Hollywood geschrieben worden ist, war es eigentlich noch mild. Aber es erzürnte den allmächtigen Pressechef der MGM. Er saß in New York und bat mich dort um meinen Besuch. Als ich kam, überhäufte er mich mit Schimpfworten. Wenn man ihm glauben durfte, war ich eigentlich nur durch MGM etwas geworden. Aber das würde jetzt anders werden. Ich hätte Atelierverbot, und er werde dafür sorgen, daß auch keine andere Firma mich je wieder auf ihr Gelände lassen würde. Ich war bestürzt, aber ich beschloß, mich nicht einschüchtern zu lassen. Ich schrieb einen wirklich aufsehenerregenden Artikel im "Paris-soir", der von dieser Vorzensur einer mächtigen Filmfirma berichtete.

Metro-Goldwyn-Mayer

Einer der ganz Großen von Hollywood, nämlich Louis B. Mayer selbst sah den Artikel während eines Europabesuchs oder hörte davon und pfiff den indignierten Pressechef zurück. Zweite Konferenz in dessen New Yorker Büro. Er sagte, ich hätte ihn wohl mißverstanden. Und jedenfalls könnte ich jederzeit wieder auf seine Unterstützung rechnen, und das gleiche gelte für die anderen Filmgesellschaften. Er machte auch die Bemerkung, daß man ihm von "oben" nahegelegt hätte, mich "nett" zu behandeln. "Ich weiß freilich nicht, warum. Immerhin kann ich Ihnen mitteilen: Wir machen mehr als neunzig Prozent unseres Umsatzes im Land selbst. Europa, Afrika, Asien, Australien zusammen bringen nicht einmal zehn Prozent unseres Verdienstes."

Das seltsame, ich möchte sagen das einzigartige an Hollywood war, daß diese Filmstadt keine Stadt war, nicht einmal ein Dorf. Es handelte sich um Siedlungen, die Hollywood, Beverly Hills, Santa Monica, Brentwood oder Bel Air hießen. Von den wenigen Boulevards abgesehen, lagen die Häuser der im Film Beschäftigten meilenweit auseinander. Und es gab keine öffentlichen Verkehrsmittel. Ohne Auto war man verloren.

Das war für Amerika ganz selbstverständlich. Für einen, der aus Europa kam, war das Auto damals noch ein Luxus. Die Folge der Tatsache, daß Häuser und Filmateliers meilenweit verstreut standen: es gab wenig persönliche Kontakte.

Ich habe nie begriffen, warum die Familie Mann nach Kalifornien zog, denn eigentlich paßte der Osten mit seinem Europa ähn-

245

lichen Klima viel besser zu Thomas Mann, nicht zu reden von der Nähe der New Yorker Theater und Konzerte. In Kalifornien lebte man, zumindest damals, ja auf dem Land. Ich verstand auch nicht, warum Arnold Schönberg sich dort niederließ oder Strawinsky oder Lion Feuchtwanger oder später Franz Werfel. Ich sah sie alle gelegentlich meiner vielen Reisen nach Hollywood. Ich kann nicht behaupten, daß gerade sie eine Gemeinschaft bildeten, sagen wir eine, die den verbannten deutschen Geist repräsentiert hätte. Weit gefehlt. Sie verkehrten kaum miteinander. Und sie sagten nicht immer Gutes voneinander. Übrigens bildete Thomas Mann hier eine Ausnahme. Wenn er jemanden nicht mochte, sagte er gar nichts über ihn.

Die im Film beschäftigten Emigranten hingen mehr aneinander. Das Zentrum dieser Gemeinschaft bildete ohne Zweifel Marlene Dietrich, die ja vor Hitler herübergekommen war und schon deshalb nicht als Emigrantin gelten konnte, weil sie Deutschland nicht hatte verlassen müssen – ganz zu schweigen davon, daß Goebbels viel darum gegeben hätte, sie zurückzubekommen. Sie erhielt laufend Anträge von ihm, die sie nicht einmal beantwortete. Schließlich waren die Männer, die sie „gemacht" hatten, Josef von Sternberg und Erich Pommer, als „rassisch indiskutabel" in Deutschland nicht mehr erlaubt, geschweige denn erwünscht. Und sie fand, sie müsse diesen beiden die Treue halten und auch dem amerikanischen Publikum, das für sie viel mehr getan hatte als das deutsche.

Marlene war eine erfolgreiche Filmschauspielerin, vielleicht um diese Zeit die erfolgreichste der Welt. Und sie nahm diesen Status als Filmstar, den sie gar nicht gewählt hatte – sie wäre 1929 viel lieber in Berlin geblieben und hätte dort bescheidene Rollen am Theater gespielt –, sehr ernst. Ich erinnere mich eines Besuches bei ihr im „Waldorf Astoria" in New York. Sie war im Begriff, nach Hollywood abzureisen – noch per Zug. Es war damals üblich, daß bekannte Persönlichkeiten nicht bis Los Angeles fuhren, sondern in Pasadena, der letzten Station vor Los Angeles, ausstiegen. Dort wartete die Presse, und dort warteten die Photographen. Marlene telephonierte empört mit ihrem Schneider oder Schuster: sie würde in zwei Stunden abfahren und müßte dieses Kleid oder jene Schuhe haben, zum – ich zitiere wörtlich – „Aussteigen in Pasadena"! Sie kannte die Spielregeln und hielt sie ein.

Marlene war immer bereit zu helfen. Niemand vermag zu sagen, wieviel Geld sie an bedürftige Emigranten verlieh, will sagen verschenkte. Die Tatsache, daß sie heute, in den siebziger Jahren, keine schwerreiche Frau ist, hat wohl mit ihrer unbegrenzten Großzügigkeit in jenen Tagen zu tun. Ich lernte sie durch Fritz Lang kennen, der einige Zeit mit ihr liiert war. Was mir an ihr fast noch mehr imponierte als ihre stete Bereitwilligkeit, ihr Scheckbuch zu zücken: Sie stand immer persönlich zur Verfügung.

Da gibt es eine sehr lustige Geschichte. Es war kein Geheimnis, daß sie mit ihrem Regisseur Josef von Sternberg, der den „Blauen Engel" und dann ihre ersten amerikanischen Filme machte, mehr als gut befreundet war. Das war 1930, als sie nach Hollywood kam. Frau von Sternberg drohte, Alarm zu schlagen, und dies hätte möglicherweise die amerikanischen Frauenvereine auf den Plan gerufen, die sowieso etwas an den schönen Beinen Marlenes und ihrer Gewohnheit, viel davon zu zeigen, auszusetzen hatten. Ein Skandal hätte der Paramount, die auf Marlene setzte, schlecht in den Kram gepaßt. Man holte also eilends Marlenes Mann aus Berlin und schärfte ihm ein, bei den unumgänglichen und in diesem Fall sogar erwünschten Pressekonferenzen auf die häuslichen Tugenden seiner Frau hinzuweisen.

Noch an Bord wurde er gefragt: „Was schätzen Sie an Ihrer Frau am meisten?" Wohlgemerkt, damals war Marlene das Sexidol schlechthin. Und er antwortete: „Sie bäckt so vorzügliche Pfannkuchen!"

Nun, ich bin dafür Zeuge: das tat sie wirklich. Und sie war sich nicht zu schade, es für die Emigranten zu tun, und auch sonst deutsche, vor allem Berliner Spezialitäten höchstpersönlich zu bereiten – in ihrer Prunkvilla mit Swimming-pool, privatem Tennisplatz und vielen Bediensteten.

Sie war eben eine großartige Frau. Sie ist es noch immer. Es ist in den siebziger Jahren Mode geworden, darüber zu spotten, daß sie als alternde Frau noch immer auftritt. Alle ärgern sich darüber, daß sie, wie man so schön sagt, „nicht vernünftig genug ist, abzutreten".

Sie ist es, aber sie kann es sich nicht leisten. Sie, die Millionen verdient hat, ist eine arme Frau. Sie mußte zu viele Menschen ernähren. Ihren Mann, von dem sie sich nie scheiden ließ, und seine Freundin. Ihre Tochter, ihren Schwiegersohn und ihr Enkelkind.

Und viele Freunde. Und viele, die einfach zu ihr kamen, weil sie wußten, sie würden nicht abschlägig beschieden werden.
Noch einmal: eine großartige Frau.

Auch die andere Mittelpunktsfigur der Hollywooder Emigrantengemeinschaft war kein echter Emigrant: Ernst Lubitsch, immerhin schon 1923 nach Hollywood gekommen, hatte allerdings seine deutsche Staatsbürgerschaft beibehalten. Erst an dem Tag, als die Zeitungen meldeten, Hitler sei Reichskanzler geworden, also 1933, suchte er um die amerikanische Staatsbürgerschaft nach. Er galt, als ich Hollywood regelmäßig zu besuchen begann, wohl schon als der bedeutendste Filmregisseur der Welt. Aber er machte, als einziger vermutlich, keinen Gebrauch von seinem Status. Er verkehrte, mit wem er Lust hatte, und kümmerte sich nicht um dessen Gage. Über ihn, über seine Bedeutung, über seine Spezialität, den Lubitsch-Touch, die Kunst der leisen Andeutung gebührend zu berichten, bedürfte es wohl eines ganzen Buches.
Ich beschränke mich daher auf eine einzige Anekdote. Es war kurz vor Weihnachten oder vor Ostern. Wir aßen zusammen im „Brown Derby" am Wilshire Boulevard, und er zeigte sich verärgert.
„Da hat mich der ‚Hollywood Reporter' gefragt, ob ich nicht ein Inserat im Umfang einer Seite nehmen wolle. Um meinen Freunden ‚Fröhliche Feiertage' zu wünschen!"
„Sie brauchen doch nicht zu inserieren."
„Vergessen Sie nicht, in acht Wochen kommt mein neuer Film heraus. Die würden ihn verreißen."
„Und wenn schon!"
Er gab keine Antwort.
Etwa zehn Wochen später: die Premiere war längst vorbei. Ich sah Lubitsch im „Trocadero", einem Nachtlokal am Sunset Boulevard. Er winkte mich heran: „Wie hat Ihnen mein letzter Film gefallen?"
Ich mußte nicht einmal lügen, als ich mich begeistert zeigte. Lubitsch strahlte. „Haben Sie den ‚Hollywood Reporter' gelesen? Eine Hymne!"
Ich: „Das war doch zu erwarten, nachdem Sie das Inserat aufgegeben und also viel Geld gezahlt haben."

Er überlegte einen Augenblick. „Aber es freut einen eben doch!"

Das war Lubitsch. Und das hätte in einem Lubitsch-Film vorkommen können.

Billy Wilder holte mich bei meinem ersten Hollywood-Besuch vom Flugplatz ab. Er hatte anfangs eine nicht eben große Stellung bei der Paramount ergattert, als Verfasser von Drehbüchern. Er wußte mit tausend Ideen aufzuwarten. Eine, die er mir – und vermutlich auch anderen – immer wieder erzählte: „Ein junger Mann kommt in ein Kaufhaus. Er will einen Pyjama, aber nur den Oberteil. Darauf besteht er. Es trifft sich gut, daß eine junge Dame nur die Hosen eines Pyjamas kaufen will. So lernen sie sich kennen. Wie findest Du das?"

Ich fand es nicht so toll. Lubitsch aber war anderer Meinung. Sein Film „Blaubarts achte Frau" begann mit dieser Anekdote. Ich glaube, das war das erste Mal, daß Billy Wilder als Autor eines Films Aufsehen erregte.

Ich traf den hochbegabten Musiker Franz Waxmann, den ich aus Paris flüchtig kannte und der sich in Hollywood bereits einen Namen machte. Und durch ihn, in seinem Haus, Friedrich Holländer, der in Berlin bezauberndes und, wie man heute sagen würde, gesellschaftskritisches Kabarett gemacht hatte. Er hatte auch die Musik zum „Blauen Engel" und zu anderen Filmen geschrieben. Er besaß damals auch einen kleinen Kontrakt mit irgendeiner Filmfirma, aber er sollte in Hollywood große Karriere machen. Bald gab es kaum noch einen Film, zu dem er nicht die musikalische Illustration geliefert hätte.

Ich traf – natürlich – immer wieder Peter Lorre, der über einen Hitchcock-Film in London nach Hollywood gekommen war, wo er in unzähligen Kriminalfilmen den Bösewicht spielte, sozusagen am laufenden Band, und später auch einen sehr geschickten und sympathischen japanischen Detektiv. Dem wurde freilich, als der Krieg ausbrach, sehr schnell der Garaus gemacht, will sagen er wurde abgesetzt. Denn wenn auch bis zum japanischen Überfall auf Pearl Harbour kein Grund vorlag, warum ein japanischer Detektiv nicht tüchtig und sympathisch sein sollte – danach war eben alles anders.

Aber ich eile den Tatsachen voraus. Noch lebten wir ja im sogenannten Frieden.

Da ich als Pressemann, wenn auch „nur" aus Paris, mich unter den Fittichen der Publicity-Abteilungen oder der Pressechefs der großen Firmen befand, konnte ich eigentlich alle kennenlernen, die mich interessierten. Alle – im Atelier oder beim Cocktail, vielleicht mit Ausnahme von Greta Garbo, die dergleichen nicht mitmachte. Man könnte nun sagen, Metro-Goldwyn-Mayer respektierte ihre Wünsche. Aber es war anders. Hollywood respektierte prinzipiell nie Wünsche eines Stars, etwa am Morgen später mit dem Drehen anzufangen oder sich zu bestimmten Zeiten nicht photographieren zu lassen. Louis B. Mayer, der Produktionschef der MGM, wiederholte es stets: „Bei der Arbeit" – und damit meinte er das Leben in Hollywood schlechthin – „gibt's keine Stars. Stars gibt es nur an der Kasse."

Und das galt natürlich auch für die Wünsche der Garbo, die übrigens in Hollywood keineswegs so wichtig genommen wurde, wie man sich das in Europa vorstellte. Man nahm ihre Wünsche zwar nicht ernst, aber man machte aus ihnen einen Publicity-Gag. Sie war eben nicht zu interviewen, sie war nicht privat zu photographieren. Das war etwas, worüber die Reporter schreiben konnten und auch schrieben.

Übrigens lernte ich die Garbo schon in Berlin kennen, und dann wieder in Hollywood, aber nicht durch die Publicity-Abteilung der MGM, sondern durch die Schriftstellerin und jetzt in Hollywood Verfasserin von Drehbüchern, Vicki Baum, in deren Film „Menschen im Hotel" die Garbo die Hauptrolle gespielt hatte.

Ich kannte Vicki Baum auch von Berlin her. Wir hatten uns besser in New York kennengelernt, aber in Hollywood wurden wir Freunde. Auch sie war, wenn man so sagen darf, eine Voremigrantin. Sie hatte 1931 die USA besucht, kam auch nach Hollywood, wo gerade ihr Roman verfilmt wurde, und man machte ihr das Angebot, dort zu bleiben und für den Film zu schreiben. Sie erbat sich Bedenkzeit und kehrte nach Berlin zurück, zu Ullstein, wo sie als Redakteurin der „Dame" arbeitete.

„Ich war nur ein paar Monate fortgewesen. Aber in dieser Zeit hatte ich fleißig amerikanische Zeitungen gelesen. Und sie waren ganz offen, was die Nazi-Gefahr in Deutschland anging. Sie meldeten Dinge, die von der deutschen Presse heruntergespielt wurden. Noch in den Vereinigten Staaten begriff ich, daß Hitler sehr bald an die Macht kommen würde. Und nach Deutschland zurückgekehrt, sah ich die dortige Wirklichkeit nun mit anderen Augen. Nämlich mit offenen. Warum ich Hitlers Marsch in Richtung Macht nicht früher hatte kommen sehen? Vermutlich, weil ich zu sehr ‚drin' war. Nun sagte ich der MGM telephonisch zu, packte meine Koffer und meine Familie zusammen, und ein paar Monate später waren wir schon hier."

Vicki Baum, klein, blond, ungemein anziehend, war eine der Frauen, die man nie vergessen kann. Sie gehörte zu den besten Freunden, die ich je hatte. Sie war, obwohl nie ganz gesund, immer guter Laune, immer an dem Schicksal oder auch nur an den kleinen oder großen Sorgen der anderen interessiert und auch immer bereit zu helfen, wo es nottat. Sie war zumindest eine Zeitlang eine der berühmtesten Schriftstellerinnen ihrer Zeit, sicher eine der erfolgreichsten. Aber das machte sie einen vergessen, wenn man mit ihr zusammenkam. Sie war das, was man einen „Kumpel" nennt. Und stets voller Ideen und Einfälle. Wo kamen sie alle her?

„Ich weiß auch nicht. Ich sitze in der Untergrundbahn oder in einem Omnibus und betrachte die Menschen. Und ich stelle mir die Frage: Wie mag es wohl bei denen zu Hause aussehen? Hat er eine Frau? Hat sie einen Freund? Was reden sie miteinander? Betrügt sie ihn? Oder er sie? Was denkt sie? Was denkt er? Aber hier in Hollywood gibt es ja keine Untergrundbahn und keinen Omnibus. Man fährt immer im eigenen Wagen. Man trifft keine fremden Menschen. Man trifft immer nur dieselben, immer nur auf Parties, wo immer das gleiche geredet wird. Natürlich bin ich auch mal spazierengegangen, abends, vielleicht zehn Minuten lang. Dann hielt auch schon ein Polizeiauto. Die Polizisten wollten wissen, was ich auf der Straße zu suchen hätte. Spazierengehen? Sie glaubten mir nicht. Sie hielten das für verdächtig. Ich mußte mit ihnen nach Hause fahren und ihnen meine Papiere vorzeigen. Ja, sehen Sie, Curt, das ist vielleicht der Grund dafür, daß mir hier so wenig einfällt. In New York fällt mir sofort etwas ein. Ich meine eben, daß ich mit meinen paar Bekannten hier doch recht isoliert bin. Das ist vielleicht der Grund dafür, daß die meisten von uns Schriftstellern so nach zwei oder drei Jahren Hollywood wieder verlassen. Sie langweilen sich, und es fällt ihnen nichts mehr ein."

Was Kontakte angeht oder vielmehr den Mangel an Kontakten – Vicki Baum formulierte es so: „Wenn man tausend Dollar pro Woche verdient, ist es kaum möglich, mit jemandem zusammenzukommen, der dreitausend kassiert. Und der wiederum wird niemals in den Zirkel derjenigen gelangen, die fünftausend oder gar zehntausend verdienen."

Diese Zahlen scheinen übertrieben zu sein, sind es aber nicht. Tausend Dollar war die untere Grenze, die ein Script-Verfasser verdienen konnte oder durfte. Die besseren oder diejenigen, die man für zugkräftiger hielt, kassierten so um dreitausend oder bis fünftausend herum. Ein Star, gleichgültig ob Schauspieler oder Regisseur, dürfte wohl zehntausend oder mehr beansprucht haben. Und die Einkommen oder Einkommensgrenzen stellten eben auch Grenzen des Verkehrs oder der Verkehrsmöglichkeiten dar.

Vicki nahm mich auf eine Party mit. Ich lernte dort viele Berühmtheiten kennen, zum Beispiel Gary Cooper, Clark Gable und Claudette Colbert, und Anita Loos, die Gastgeberin. Es war eine tolle Party, das heißt, es wurde unheimlich viel getrunken. Und dann saß man im Garten und starrte in den kalifornischen Himmel und wußte eigentlich nicht, wovon man sprechen sollte. Man einigte sich schließlich auf Gesellschaftsspiele. Jemand, ich glaube, es war Marion Davies, hatte den glorreichen Einfall, jeder solle auf ein Stück Papier schreiben, mit wem er am liebsten schlafen würde. Die Abstimmung mußte geheim und nach Geschlechtern getrennt sein. Das Ergebnis: Die meisten Damen bevorzugten Gary Cooper. Und die Herren? Sie bevorzugten ebenfalls Gary Cooper! Als man dem „Sieger" diese doch erfreuliche Neuigkeit überbringen wollte, stellte sich heraus, daß er in seinem Liegestuhl eingeschlafen war.

Anita Loos: eine winzige Frau mit kohlrabenschwarzem Haar im Herrenschnitt, mit riesengroßen schwarzen Augen. Mit einem – inzwischen längst verstorbenen – in Stummfilmkreisen recht bekannten Produzenten verheiratet, Autorin eines – nein, wirklich *des* Bestsellers der damaligen Zeit: „Gentlemen prefer Blondes", der in den fünfziger Jahren noch mit der Monroe verfilmt wurde. Zum vierten, zum sechsten Mal?

Anita war sehr gescheit und ein Profi. Um diese Zeit arbeitete sie nur für den Film, über den sie sich beständig lustigmachte. Zahlreiche Erfolgsfilme stammten aus ihrer Feder, zum Beispiel „San Francisco".

Sie war der amüsanteste Mensch, den man sich vorstellen kann. Man mußte immer mit ihr lachen. Es ist schwer, eigentlich unmöglich, ihre Persönlichkeit denen deutlichzumachen, die jenes Hollywood nicht gekannt haben.

Man erinnert sich wohl noch der Filme, in denen ein Gag den anderen jagte. Dazu wurden seinerzeit Spezialisten engagiert, sogenannte Gag-men, die nichts weiter zu tun hatten, als sich dergleichen auszudenken. Anita brauchte keinen. Sie war wie die lustigen Filme, die mit so viel Mühe und Schweiß fabriziert wurden, nur daß bei ihr alles mühelos kam. Man konnte mit ihr reden, worüber man wollte – im nächsten Augenblick kam eine Pointe, und die saß. Der tiefere Grund für ihren Humor war wohl eine Respektlosigkeit, die in Hollywood trotz oder eben wegen der hohen Gagen eine Seltenheit war. Je höher jemand bewertet wurde, um so mehr zitterte er.

Anita Loos zitterte nie. Auch nicht, wenn sie mit ihrer Freundin Marion Davies sprach, einer Schauspielerin mit sehr viel Talent zur Komik, die eine Sonderstellung in Hollywood einnahm. Aus ihr hätte wohl viel mehr werden können, wenn sie nicht die Freundin und jahrelange Lebensgefährtin des allmächtigen Zeitungskönigs Hearst gewesen wäre. Der konnte zwar viel – er herrschte immerhin über dreißig Zeitungen oder mehr und zahlreiche Zeitschriften und einen Nachrichtendienst, und hatte Aktienmehrheiten in zumindest zwei großen Filmgesellschaften – aber eines vermochte auch er nicht: Marion Davies stets um sich zu haben und ihr gleichzeitig eine ganz große Filmkarriere zu ermöglichen. Sie machte eine gewisse Karriere, aber das hätte sie vielleicht auch ohne ihn geschafft: Hollywood war – unter anderem – auch eifersüchtig.

Ich lernte die Davies kennen und schrieb natürlich auch über sie. Und so wollte Hearst mich kennenlernen – oder wollte sie, daß er mich kennenlernte? Ich wurde zu ihm eingeladen – er wohnte gerade in seiner sehr geräumigen Villa am Strand von Santa Monica, nicht in seinem ungeheuren Palast in San Simeon, von dem man sich die unglaublichsten Dinge erzählte: von der Ausdehnung des Grundstücks, einem kleinen europäischen Land entsprechend; von dem Wildpark mit Löwen und Tigern und allem, was dazu gehört; von dem unbeschreiblichen Luxus, der im Palast und den zahlreichen Nebenpalais getrieben würde; von den alten Bildern und alten Gebäuden, die Stein für Stein aus Europa herübertransportiert und wieder zusammengesetzt worden waren. Was in San

Simeon geschah, stellte alles in den Schatten, was Hollywood zu bieten hatte, und das wollte wohl etwas sagen.

Hearst war damals schon ein sehr alter Herr und in jeder Beziehung imposant. Er besah mich, als sei ich ein altes Bild oder ein altes Palais, das er zu erwerben gedachte. Er fragte mich nach einer Weile: „Sie wollen für mich arbeiten?"

Ich zögerte. Nicht, weil ich ihn, dessen Art von Journalismus keineswegs von allen geschätzt wurde, ablehnte, sondern weil ich keine amerikanische Karriere im Auge hatte – vorläufig noch nicht. Der Gedanke war mir überhaupt noch nicht gekommen. Aber dann dachte ich: Warum eigentlich nicht? Und genau das antwortete ich auch: „Warum nicht?"

„Sie scheinen nicht gerade begeistert zu sein."

Was sollte ich ihm antworten? Daß ich natürlich daran interessiert sein konnte, für einen so bedeutenden Konzern wie den von Hearst tätig zu werden, wenngleich Hearst als hoffnungslos reaktionär galt. Er machte zum Beispiel alle seine Zeitungen gegen Roosevelt mobil, auf dessen Seite er 1932 noch gestanden hatte; allerdings vermochte er Roosevelt nicht zu schaden.

Er sagte: „Wir könnten so einen – someone like you – brauchen..." und fügte hinzu: „Ich werde Sie also engagieren."

Als ich ins Hotel zurückkam, lag schon eine entsprechende Depesche vor – Hearst schrieb nie, er telegraphierte stets. Das Telegramm besagte, ein Vertrag, durch die zentrale Verwaltung in New York ausgestellt, würde in Kürze folgen. Er folgte nie.

Fritz Lang hatte es anfangs schwer. MGM engagierte ihn noch in Paris, aber im Verhältnis zu anderen Regisseuren war seine Gage läppisch. Schlimmer: das Budget, das man ihm für seinen ersten Film zubilligte, war völlig ungenügend, und der Film wurde als ein sogenannter B-Film klassifiziert, im Gegensatz zu den A-Filmen, für die fast unbegrenzte Mittel zur Verfügung standen. Trotzdem entstand ein Meisterwerk: „Fury". Der Film brachte auch die Entdeckung Spencer Tracys. Als MGM nun, da Lang mit wenig Geld mehr Geld für die Firma einspielte als die viel höher dotierten Regisseure, ihm bessere Angebote machte, fand man ihn, um es milde auszudrücken, höchst unzugänglich. Er hatte nämlich, während er seinen Film drehte, gar nicht gewußt, daß er eigentlich einen B-Film machte, und es erst nachträglich erfahren. Das erzürnte ihn über alle Maßen.

Es gab einen solchen Krach mit der Firma, daß Louis B. Mayer erklärte, er würde lieber ein paar Millionen Dollar weniger verdienen, als noch etwas mit diesem schrecklichen „Preußen" zu tun haben. Lang stammte übrigens aus Wien.

Ich lebte damals gerade in seinem Haus. Wir sahen uns also täglich, um nicht zu sagen stündlich. Es dauerte einige Zeit, bis ihm andere große Filmgesellschaften Angebote machten. Aber sie kamen schließlich doch. Man kam an ihm nicht vorbei, nicht nur, weil er ein großer Könner war, sondern weil er soviel Geld einspielte.

Ich lernte den berühmten Operettenkomponisten Emmerich Kálmán kennen, der in Hollywood nichts erreichen konnte. Man hatte zwar die Rechte für seine Operette „Gräfin Mariza" für dreihunderttausend Dollar gekauft, aber man verspürte wenig Lust, die Sache zu verfilmen. Wer sollte denn das Drehbuch schreiben?

Mr. Mayer schlug Kálmán – logisch genug – verschiedene Ungarn vor, die sich in Hollywood befanden. Bei jedem Namen – ich will sie aus Gutmütigkeit nicht nennen – antwortete Kálmán ungefähr: „Ist sähr gutter Freind von mir. Ist sähr gutter Mann." Schließlich wurde ihm noch der Name eines Drehbuchherstellers genannt, der nicht Ungar war und der, sagen wir, Smith hieß. Kálmán: „Smith? Kenne ich nicht, weiß ich nichts von ihm."

Und als nun Mayer fragte, wen er sich denn als Drehbuchautor wünsche, antwortete er prompt: „Smith!" Aber der Film kam nicht zustande, und Kálmán kehrte mit Familie nach New York zurück. Dort besuchte ich ihn oft. Es saßen immer ein halbes Dutzend Ungarn um seinen Tisch herum; sie mästeten sich auf seine Kosten und unterbrachen sich dabei nur, um ihrem Gastgeber zu versichern, daß er und seine Musik völlig veraltet seien und in Amerika keine Chance hätten. Kálmán, die Bescheidenheit selbst, lächelte zu allem verbindlich.

Inzwischen spekulierte er mit den dreihunderttausend Dollar – er hatte sich in seiner Wohnung an der Park Avenue ein Büro eingerichtet mit einer veritablen Radiostation, durch die er Tag und Nacht in Erfahrung bringen konnte, wie dieses oder jenes Papier, diese oder jene Valuta in Buenos Aires oder Zürich gerade gehandelt wurde. Kurz: er machte aus den dreihunderttausend Dollar etwa zwanzig Millionen.

Ich sagte einmal zu ihm: „Für einen Komponisten verstehen Sie aber viel von der Börse!" Und er antwortete: „Sagen Sie lieber: für einen Börsianer kann ich ganz gut komponieren!" Er war, wie gesagt, nett und gutmütig und hatte eine bezaubernde Frau, so schön wie die Garbo und in jedem Sinne unverwüstlich.

Ich begegnete auch der Massary in Hollywood. Ich hatte sie schon oft in New York getroffen, wo sie lebte, bevor sie nach Kalifornien übersiedelte. Fritzi Massary! Der Star Berlins schlechthin von 1902 bis 1932. Ich erzählte ja schon kurz von ihr. Sie, die immer Erfolgreiche, hatte ein grausames Schicksal erleiden müssen. Als 1933 Hitler kam, waren sie und ihr Mann, Max Pallenberg, beide jüdisch, aus Deutschland fortgegangen. Sie waren noch einige Zeit in Wien aufgetreten, und Pallenberg machte immer mal wieder kurze Gastspiele in der Tschechoslowakei. Bei dem Flug Prag–Karlsbad, wo er am Abend auftreten sollte, kam er um.

Fritzis Leben war in doppeltem Sinne zu Ende. Sie hatte keine Lust mehr zu spielen – obwohl Noel Coward sie noch einmal dazu überredete, es in London zu versuchen, und für sie ein Stück namens „Operette" schrieb, das freilich wenig Erfolg hatte.

Das war für Fritzi nicht so schlimm. Was sie nicht verwinden konnte, war der Tod von „Bulli", wie sie und eigentlich wir alle Pallenberg nannten. In New York ging ich manchmal, nein, eigentlich oft mit ihr ins Theater. Und immer wieder kam die Frage von ihr: „Wäre das nicht eine Rolle für Bulli gewesen?"

Übrigens: Über diese bemerkenswerte Frau wird später noch berichtet werden, und auch über die seltsame Geschichte des Todes von Bulli.

Vielleicht mein traurigstes Erlebnis in Kalifornien war das Wiedersehen mit Max Reinhardt. Er hatte einen Film „Sommernachtstraum" gedreht, der kein wirklicher Erfolg gewesen war – nach dreißig, vierzig Jahren wird er freilich immer besser. Er hatte in New York keine Erfolge erzielt und sich auf die Versprechungen von Hollywood-Filmproduzenten verlassen, weitere Filme mit ihm zu machen. Diese Versprechen waren nicht eingelöst worden. Er eröffnete eine Schauspielschule in Hollywood – einen sogenannten Work Shop, und obgleich seine Produktionen mit jungen und jüngsten amerikanischen Schauspielschülern höchst bemerkenswert waren – der Erfolg der Aufführungen blieb aus, und damit auch das Geld.

Als ich ihn besuchte, hatte er gerade wieder Anfragen aus New York. Er wollte meinen Rat, zumindest fragte er danach. Ich sagte so ungefähr: „Sie haben in New York Werfels Monsterstück über die biblische Geschichte und das ewige Schicksal der Juden inszeniert, ein Stück mit ungeheurem Aufwand an Dekorationen und Personal – und es interessierte nicht sonderlich. Sie haben andere aufwendige Stücke inszeniert, und der Erfolg hat sich nicht eingestellt. Warum immer so aufwendig? Ich glaube, Sie unterschätzen das New Yorker Publikum. In New York muß man nicht unbedingt imponieren. Die Leute wollen nicht nur Shows. Wie wäre es mit einem Kammerspiel? Kleine Stücke mit wenig Personen. Die waren doch in Berlin Ihre größten Erfolge. Ich denke an ‚Clavigo‘, an ‚Stella‘, an ‚Gespenster‘. Warum nicht einmal so etwas?"

Er sah mich lange an. Und dann sagte er: „Was würden Sie davon halten, wenn ich noch einmal ‚Das Mirakel‘ machen würde?"

Das „Mirakel" war eine Pantomime, die er seit 1912 – damals zuerst in London – immer wieder produziert hatte, auch in New York im Jahre 1924, wenn ich nicht irre. Das war eine sehr aufwendige Geschichte mit unzähligen Rollen und ungefähr hundert Statisten oder vielleicht auch mehr: eine Super-Show.

„Was würden Sie davon halten . . .?" Und das nach meinem Vorschlag, etwas Intimes zu machen, ein Kammerspiel, etwas, das auf leise Wirkungen gestellt war. Und das nach dem, was ich ihm über das New Yorker Publikum gesagt und was er ja auch am eigenen Leib erfahren hatte . . .

Ich schwieg. Ich dachte: Vielleicht hat er recht. Aber ich wußte es wohl besser.

Durch Zufall traf ich Charlie Chaplin in Hollywood, auf einer kleinen Gesellschaft von Marion Davies. Zufall, denn er besuchte Gesellschaften nur selten. Zufall auch, daß er an diesem Abend besonders zugänglich war, und „Paris-soir" konnte sich vor Entzükken gar nicht fassen, daß ich eines der wenigen Interviews, die er gab, kabeln konnte. Genaugenommen war es nicht einmal ein Interview. Wir hatten nur geplaudert.

„Paris-soir" telegraphierte zurück, ob ich nicht etwas über Edna Purviance in Erfahrung bringen könne. Edna Purviance – der Name dürfte heute nur noch wenigen in Erinnerung sein – war das schöne, vielleicht etwas zu üppige Mädchen, das in allen Filmen Chaplins bis zum Anfang der zwanziger Jahre – also in allen seinen kürzeren Filmen – seine Partnerin gewesen war. Dann hatte er mit ihr in der Hauptrolle einen ernsten Film gedreht, „A Woman of Paris", in dem er selbst nur für Sekunden als Statist zu sehen war, und dann war sie von der Bildfläche verschwunden.

Ich fragte bei den großen Filmgesellschaften nach. Sie stand auf keiner ihrer Listen als Darstellerin. Ich telephonierte mit der großen Organisation General Casting, die Kleindarsteller oder Statisten vermittelte. Mindestens ein halbes Dutzend Pressechefs und Publicity-Agenten bemühten sich für mich. Nichts. Schließlich meinten sie unisono: „Entweder ist sie gestorben oder woanders hingezogen, oder sie hat geheiratet und lebt unter einem anderen Namen. Sonst wüßten wir, wo sie steckt!"

Das leuchtete mir ein. Trotzdem tat ich etwas Absonderliches. Zumindest hätten es alle Filmfachleute so genannt. Ich sah im Telephonbuch von Los Angeles nach, und da stand: Purviance, Edna. Ich rief sie an. Sie war am Telephon. Aber natürlich würde sie gern in mein Hotel zum Interview kommen, sie hätte ja eigentlich gar nichts zu tun. Es seien außerdem nur ein paar Schritte.

Sie kam. Sie war reizend. Freilich, ein bißchen voller als damals – ein bißchen zu aufgebläht. Daß sie trank, war nicht zu übersehen, und sie gab es auch ungefragt zu. Das erwähnte ich freilich nicht in dem Artikel, den ich über sie schrieb. Auch nicht, daß sie keinen besonderen Ehrgeiz zu filmen mehr verspürte. Sorgen? Nein, Sorgen hatte sie keine. Chaplin schickte ihr jeden Monat einen Scheck in der gleichen Höhe wie damals, als sie noch mit ihm arbeitete. Heute kann ich das schreiben. Sie ist vor einigen Jahren an Krebs gestorben.

Die Geschichte mit Edna Purviance erscheint mir ungemein typisch für Hollywood. Das ist ein Ort, in dem Organisation groß geschrieben wird. Das ist ein Ort, wo man für Stars quantitativ wie kostenmäßig eine unglaubliche Propaganda betreibt. Freilich – für die Stars von heute. Die von gestern sind vergessen. So vergessen, daß nicht einmal jemand auf die Idee kommt, sie könnten noch im Telephonbuch stehen.

19
Wieder ein Anfang

Der kurze Besuch veränderte mein ganzes Leben. Es war so zehn Uhr morgens. Das genaue Datum ist mir entfallen, es war wohl spät im Jahre 1940, der Krieg tobte schon länger als ein Jahr, freilich vorläufig noch ohne die USA.

Der Mann, der vor mir stand, war relativ jung, groß, blond, trug Zivil. Er sagte, er sei ein Lieutenant-Colonel der Britischen Armee. Seinen Namen nannte er nicht.

„Ich komme von Robert!" begann er in einem makellosen Oxford-Englisch.

„Robert?"

Es dauerte eine Weile, bis ich begriff. „Sie meinen Sir . . ."

„Ich meine Robert", schnitt er mir das Wort ab. Aber es war mir klar: er kam von Sir Robert, will sagen Robert Vansittart.

„Und ich habe Ihnen hier ein kleines Paket zu übergeben. Sie können damit tun, was Sie für richtig halten."

Machte kehrt und war verschwunden.

Vansittart hatte seinerzeit geäußert, daß er sich für die Auskünfte, die ich Churchill und ihm übermittelte und deren Wert mir problematisch erschien, „revanchieren" würde. Nun tat er es. Ich erhielt Briefe – aus Washington oder aus New York, nie aus London, die interessante Informationen enthielten über den noch jungen Krieg, über die wichtigsten Männer in diesem Krieg, über alles Mögliche, bisher Unbekannte, was die Öffentlichkeit interessierte und was ich ihr nun in Form von Artikeln unterbreiten konnte. Wem? Der „Saturday Evening Post", „Liberty", „Collier's" – ich erschien in vielen großen amerikanischen Zeitschriften und war von einem Tag zum anderen ein Name in den Vereinigten Staaten geworden.

Und nun kam dieses Paket. Es war das handgeschriebene Tagebuch eines Piloten der deutschen Luftwaffe. Nicht sehr umfangreich, vielleicht hundert bis hundertfünfzig Seiten über die Invasion in Belgien und Holland. Ich las fasziniert. Ich dachte immerfort: „So denkt und fühlt also ein junger deutscher Flieger." Mir fiel vor allem der Stil auf, in dem das Ganze verfaßt war: ein Deutsch, das ich nicht mehr kannte. Es gab viele Stellen, die ich auf Anhieb gar nicht verstehen konnte. Ich erinnere mich noch eines Satzes, in dem vermerkt wurde, Göring habe seine Flieger gebeten, die Tulpenbeete in Holland zu verschonen. Gleich darauf die Beschreibung, wie er, der Flieger und seine Kameraden, Flüchtlinge auf Landstraßen mit Maschinengewehren niedergemäht hatten. Mir graute. Wovor eigentlich? Wohl vor der Sachlichkeit der Schilderung.

Der Verfasser schrieb über die Greuel des Krieges, als handele es sich um etwas Selbstverständliches. Er und seine Kameraden waren nicht eigentlich in den Krieg verwickelt, sie hatten keine Kämpfe zu bestehen, sie hatten „nur" Flüchtlinge auf belgischen und holländischen Landstraßen zu erledigen. Das Risiko für sie war minimal, der Erfolg garantiert.

Und doch: Wie war dieses Tagebuch in die Hände Sir Roberts gefallen? War das Flugzeug des Piloten abgeschossen worden? War er tot oder befand er sich in Gefangenschaft?

Ich las das Manuskript noch am gleichen Morgen zweimal hintereinander durch. Und dann wußte ich, was Sir Robert gemeint hatte, als er sagte, ich solle tun, was ich für richtig hielte.

Ich änderte die vorkommenden Namen, ich führte ein paar – nicht viele – Stellen aus, die so, wie sie dastanden, nur Deutschen verständlich gewesen wären oder vielleicht auch nur Fliegern. Weil sie auf dies oder jenes anspielten, was eben nur in der Heimat des Piloten oder seinen Kameraden bekannt war oder als bekannt vorausgesetzt werden konnte. Ich schrieb ein umfangreiches Vorwort und übersetzte das Ganze.

Innerhalb von achtundvierzig Stunden war das Manuskript an einen mir zufällig bekannten Verleger verkauft. Innerhalb von sechs Wochen – auch damals eine Rekordleistung – erschien das Buch. Nach drei oder vier Wochen war es auf den Bestsellerlisten. Natürlich war es nicht „mein" Buch, aber es machte mich vorübergehend fast berühmt.

Ich war – wieder einmal – recht erfolgreich. Allerdings nicht mehr in Europa, sondern diesmal in den Vereinigten Staaten selbst. Ich hatte eine neue Karriere begonnen.

Schon seit ein paar Jahren hatte ich das fast schon an Bestimmtheit grenzende Gefühl, als würde ich mich umstellen müssen; eigentlich seit dem spanischen Bürgerkrieg. Oder besser: seit seinem Ende. Da wußte ich – und hätte ich es nicht gewußt, so würde ich es durch die Presse erfahren haben –, daß nämlich die Teilnahme sogenannter Freiwilliger, deutscher und auch italienischer Flieger, ebensowenig Zufall war wie zum Beispiel die Aufstellung der Internationalen Brigade. Übrigens unter Mitwirkung von Otto Katz, der die Presse auf der republikanischen Seite organisierte. Am Rande: Klaus und Erika Mann waren natürlich als Kriegsberichter auch an Ort und Stelle – aber es erschien niemals ein Bericht von ihnen. Sie mußten eben überall dabei sein.

Ja, das war wohl eine Art Generalprobe für den nächsten Krieg, den Zweiten Weltkrieg – der Begriff existierte damals allerdings noch nicht. Der ehemals kommunistische, längst nicht mehr so linke Dichter Ernst Toller, aus Spanien zurückkehrend, sagte mir am Telephon: „Nun ist alles verloren!" Wir hatten eine Verabredung. Ich sollte ihn – es war wohl wenige Tage später – zum Essen abholen. Ich kam in sein Hotel, am Telephon hatte er nicht geantwortet. Ich ließ Sturm läuten. Keine Antwort. Ich alarmierte den Mann am Empfang. „Mr. Toller muß in seinem Zimmer sein. Der Schlüssel ist nicht hier." Schließlich, nach vielem Hin und Her, öffneten wir das Zimmer. Toller hatte sich aufgehängt.

Vieles zeigte mir an, daß ein neuer und wesentlich aufwendigerer Krieg im Kommen sei. Nicht zuletzt war es das Schwinden der Blätter, für die ich arbeitete. Österreich war nicht mehr, also auch nicht mehr das Wiener Blatt, das ich bedient hatte. Die Tschechoslowakei existierte nicht mehr, auch Polen war vernichtet. Wer würde der nächste sein, den ich abschreiben mußte? Würde das Hitler-freundliche Italien mich noch lange drucken?

Viele europäische Zeitungsmänner setzten sich nach New York ab. Der Chefredakteur der „Haagschen Post", Bernard Person, der so viel für mich getan hatte; der Chefredakteur des „Wiener Tagblatts" und die wichtigsten Männer des „Prager Tagblatts". Sie alle kamen nicht etwa zu Besuch, sondern, wie sie es ausdrückten, „für einige Zeit", und sie kamen mit Familie. Sie waren nun auch Flüchtlinge.

Europa wurde kleiner, mein Markt wurde kleiner. Aber konnte ich nicht für Amerika schreiben? Mußte ich es nicht? Zumindest mußte ich es einmal versuchen.

Natürlich sprach ich jetzt fließend Englisch und fast ohne Akzent; das hatte ich schon während meines ersten Aufenthalts in Amerika in den zwanziger Jahren gelernt. Aber Reden und Schreiben sind zweierlei; das wiederum hatte ich während meines Aufenthalts in Paris gelernt und auch, als ich „I was a Nazi Flyer" übersetzte. Ich war übrigens wegen der sprachlichen Situation gar nicht so pessimistisch. Ich sprach und schrieb besser Englisch als Französisch. Nur: der Zeitungs- und Zeitschriftenmarkt in New York war sehr schwierig.

Zuerst brauchte ich einen Agenten. In Amerika kann man nichts werden ohne einen Agenten. Das gilt für Schauspieler, das gilt für Schriftsteller. Glücklicherweise fand ich gleich einen. Die berühmte Firma Curtis Brown nahm mich. Sie „hatte" die namhaftesten Schriftsteller des In- und Auslandes wie Hemingway, Sinclair Lewis, Edna Ferber, Jules Romain, W. Somerset Maugham, um nur einige zu nennen, die mir gerade einfallen. Die Firma brauchte mich nicht, aber ich brauchte Curtis Brown. Viele andere Emigranten-Schriftsteller – und bekanntere und bedeutendere als ich – hatten es in Amerika versucht, und fast alle ausnahmslos ohne Erfolg. Das heißt, die in den Vereinigten Staaten bereits als Ausländer Durchgesetzten, wie Thomas Mann, Lion Feuchtwanger, Franz Werfel wurden natürlich weiterhin gedruckt. Die Unbekannten hatten schließlich andere Berufe ergriffen; nicht viele mit Glück.

Ich hatte Glück. Meine Vorschläge gefielen Curtis Brown, meine Artikel oder kleinen Novellen gefielen der „Saturday Evening Post", dem Magazin „Liberty" und dem zweitgrößten Magazin des Landes, „Collier's".

Ich schrieb auch viel im „Esquire", einer Zeitschrift, die damals noch in Chicago erschien, ursprünglich ein Magazin für Herrenmoden, sehr bald eine Zeitschrift von hohem literarischem Niveau. Es publizierten dort Ernest Hemingway, Sinclair Lewis, Thomas Wolfe und Scott Fitzgerald – übrigens nie Frauen. Das war eine Hausregel. Die Aktfotos kamen erst später. Der Erfolg des „Esquire" war das Verdienst des Chefredakteurs Arnold Gingrich, der übrigens jünger war als ich, ein sehr gescheiter, lustiger, interessanter Mann und ein Fan von Schallplatten. Er lud mich zu sich ein, in ein unendlich altmodisches Haus in Chicago am Michigan-See. Dort hatte er eine Kammer mit einem damals noch neuartigen Apparat, auf den man mehrere Schallplatten auflegen konnte. Das funktionierte manchmal und manchmal auch nicht, und dann warf der Apparat die eine oder andere Schallplatte wie in Wut beiseite, das heißt auf den Boden, wo sie zerbrach.

Arnold – wir nannten uns bald beim Vornamen und wurden Freunde und sind es bis zu seinem Tod im Jahr 1976 geblieben – zuckte dann resigniert die Achseln. „Er will heute mal wieder nicht."

Ich weiß nicht mehr, wer mich an Arnold Gingrich empfohlen hatte; ich weiß nur noch, daß er mir gleich gefiel und daß er einen starken Eindruck auf mich machte. Das gleiche war der Fall mit seiner gescheiten Frau, die nichts dagegen hatte, bis sechs Uhr morgens Schallplatten zu hören und mit uns Whisky zu trinken. Sie starb übrigens bald nach dem Krieg.

Ich schrieb nun regelmäßig für „Esquire", und viele, viele Jahre lang, übrigens nur selten Politisches. Ich erinnere mich noch meines ersten Artikels. Er handelte von Frauen, von schönen Frauen, und war – gegen sie. Der Titel: „Beauty is a Bore" – Schönheit ist langweilig. Dieser Artikel war ein sehr starker Erfolg, und er brachte mir zahlreiche Bekanntschaften in der Theaterwelt. „Esquire" wurde dort viel gelesen.

Eines Tages wurde ich – Curtis Brown vermittelte das – in die Redaktion von „Collier's" gebeten, die in der Park Avenue lag. Eine Vorzimmerdame sagte mir, der Editor – zu deutsch Redakteur – würde bald erscheinen.

Er erschien auch – aber es war eine Sie. Ziemlich groß, sehr schlank, blond, mit dem Gesicht einer Madonna. Sie nannte sich Ingrid Hallen. Sie sagte: „Ihre Sachen gefallen uns sehr!" Und ich antwortete, was eigentlich ein bißchen ungehörig war: „Und Sie gefallen mir sehr!"

Rolf und Ilse waren damals nicht mehr in New York. Sie hatten inzwischen geheiratet und waren nach Santa Monica gezogen, einem der unzähligen Villenvororte von Los Angeles, nahe dem Pazifischen Ozean, wo sie ein kleines, aber sehr hübsches Haus bauten. Michael ging dort zur Schule, einem sehr gemütlichen, mitten in einem Wald gelegenen Etablissement, in dem alle Kinder fröhlich waren und nicht das geringste lernten. Als ich, alarmiert durch Michaels Unkenntnisse, was Lesen und Schreiben anging – er war immerhin nun schon neun Jahre alt –, bei der Lehrerin vorsprach, erklärte sie mir strahlend, mein Sohn sei der beste ihrer Schüler.

Ich fragte Rolf: „Was tust du eigentlich?"

Er war, im Gegensatz zu den meisten Emigranten, reichlich mit Geld versehen. Sein Vater hatte frühzeitig Geld nach Amerika transferiert, er selbst wohl auch, und einen Teil von Ilses Vermögen hatte ich, als das noch legal war, in die Schweiz gebracht. Natürlich konnten Rolf und Ilse nicht ewig von diesen Geldern leben, aber für einige Jahre würde es reichen.

Außerdem machte ich mir nicht die geringsten Sorgen um Rolf. Er hatte als blutjunger Mensch eine große Stellung am Berliner „12-Uhr-Blatt" gehabt: als Sportchef und als Theaterkritiker. Gewiß, das Blatt gehörte zum Teil seinem Vater – aber immerhin. In Berlin setzte man sich nicht so ohne weiteres durch. Und das hatte er ohne Zweifel getan, als er knapp zwanzig Jahre alt war. Er war sehr gescheit, und er kannte natürlich durch seine Berliner Tätigkeit eine Menge Leute, die jetzt in Hollywood arbeiteten: Fritz Lang zum Beispiel und Billy Wilder und Friedrich Holländer und Marlene Dietrich. Kurz, er hatte Beziehungen, und irgendeine Filmfirma würde ihn bald holen.

Aber dies geschah nicht. Rolfs Englisch war viel zu schlecht, als daß er sich den Filmgewaltigen gegenüber hätte ins rechte Licht setzen können. Und was sollte er bei einer Filmgesellschaft? Allenfalls Drehbücher schreiben. Das hatte er noch nie getan, ja, er hatte noch niemals einen Roman oder auch nur eine Novelle verfaßt – im Gegensatz zu mir.

Nun, er fand dann doch eine Stellung, und zwar in einer Firma, die sich damit beschäftigte, unzählige Drehbücher, die mit viel Geld von Filmfirmen hergestellt und dann doch nicht gedreht worden waren, aus den Archiven dieser Firmen für billiges Geld aufzukaufen – oder zumindest einige von ihnen – und sie dann weiterzuverkaufen. Die Idee war, daß ein Stoff, der vielleicht vor einem Jahr oder auch vor fünf oder zehn Jahren das Interesse der Filmproduzenten nicht hatte finden können, jetzt aktuell werden könnte. Ich hatte nie von einer derartigen Firma gehört und auch sonst niemand, aber in Hollywood gab es ja alles. Dachte ich. Dachten wir alle.

Übrigens wurde ich damals während eines Besuches bei MGM als Verfasser von Drehbüchern engagiert, als Writer mit tausend Dollar pro Woche. Und zwar für ein Vierteljahr. Ich hätte mich auch für ein Jahr binden können, durfte es aber nicht wegen meiner Verpflichtungen vor allem dem „Paris-soir" gegenüber. Abgesehen davon, wollte ich nicht so lang fern von New York sein. New York war immerhin fast Europa, und von New York war es nur ein Sprung nach Washington. Ich blieb also nur die drei Monate in der Filmmetropole, aber ich bin sicher, daß nach einem Jahr auch nicht mehr herausgekommen wäre, nämlich nichts als ein einziges Drehbuch, das vor mir schon ein anderer in der Hand gehabt hatte und das nach mir noch viele andere „bearbeiteten".

Dieser erste längere Aufenthalt in Hollywood, dem noch viele folgen sollten, hatte übrigens vor meinem Treffen mit Ingrid stattgefunden. Auch sie war jetzt ein Grund, warum ich nach New York zurück wollte. Wir waren oft zusammen. Sie war reizend, und sie war gescheit. Jedenfalls, was ihr Metier anging. Sie konnte mir gute Ratschläge geben, und das wirkte sich günstig auf meine Arbeiten und Verkäufe aus.

Außerdem war ich bald verliebt in sie, und sie mochte mich wohl auch recht gern. Sie war in diesem Punkt offenherzig und großzügig. Vielleicht spielte auch mit, daß sie eigentlich gar keine Amerikanerin war, wenn auch in den Staaten geboren. Ihre Eltern waren Finnen, ihr Name ursprünglich nicht Hallen, sondern Hallonen.

Aber der Umstand, daß ich sie mochte und hübsche Stunden mit ihr verbrachte, war wohl kaum der Grund dafür, daß ich sie schon nach relativ kurzer Zeit fragte, ob sie meine Frau werden wolle.

Warum also? Ich wollte wieder irgendwo zu Hause sein. Ich wollte nicht mehr soviel herumflirten, ich wollte nicht immerfort in Bars hocken und in Restaurants essen, ich wollte – und das war wohl das Ausschlaggebende – Amerikaner werden oder sein.

Ich war es paßmäßig nach genau fünf Jahren Anwesenheit bereits geworden – eine reine Formalität mit einer Prüfung, die jedes Kind hätte bestehen können. Aber es war ja nicht nur der Paß, auf den es mir ankam. Ich war zwar jetzt, nach Ausbruch des Krieges, nicht mehr so sicher, daß das Dritte Reich vierzig Jahre währen würde; im Gegenteil, ich war nicht nur überzeugt davon, daß der Krieg sich ausweiten, sondern auch davon, daß Hitler ihn verlieren würde. Und an dieser Überzeugung hielt ich fest, auch als es durchaus nicht so aussah, etwa als Hitler Frankreich überrannte und damit auch den „Paris-soir".

Aber ich war entschlossen, nicht mehr nach Deutschland zurückzukehren, sogar für den Fall, daß Hitler den Krieg schnell verlieren würde. So wenig wußte ich damals, wie die Zukunft sich gestalten würde. Ich wollte nicht zu denen zählen, die man gütigst wieder aufnehmen würde, wenn man keine andere Wahl hatte. Ich wollte endlich den Schlußstrich ziehen – nicht ahnend, daß es so etwas überhaupt nicht gibt.

Am Rande: Später hat mich natürlich niemand daran hindern können, Deutschland wieder zu betreten. Das galt auch für die anderen Emigranten – wir alle wären auf Antrag wieder Deutsche geworden. Aber keine deutsche Nachkriegsregierung hat es je für notwendig befunden, denjenigen, die man ihrer deutschen Nationalität beraubt hatte, diese wieder anzutragen. Die Initiative hätte von uns ausgehen müssen – eine Ungeheuerlichkeit, die man in Bonn, von Ostberlin ganz zu schweigen, nie als solche erkannt hat. Eine Ungeheuerlichkeit . . .

Doch zurück zu der Zeit, von der ich gerade berichtet habe. Ich schämte mich keineswegs, Deutscher gewesen zu sein, auch wenn ich jetzt Amerikaner sein wollte. Schon die Idee, sich seiner Geburt zu schämen, ist ja idiotisch. Ich erinnere mich, daß ich mit Vicki Baum den Broadway entlangschlenderte und daß uns ein Passant anpöbelte, weil wir deutsch sprachen. Das war schon nach Pearl Harbor, also nach dem Eintritt Amerikas in den Krieg. Wir bedienten uns einer „feindlichen" Sprache. Ich tat ihn auf englisch mit der Bemerkung ab: „Gegen die Nazis war ich schon, als Sie noch nicht einmal wußten, wie man sie buchstabiert!"

Der Mann war einigermaßen perplex.

Ich war in Ingrid verliebt, sie war in mich verliebt, aber unsere Ehe wurde – nun, eigentlich keine Ehe. Sicher nicht das, was ich bewußt oder unbewußt erhofft hatte, also kein Zuhause. Ingrid arbeitete in ihrer Redaktion, ich in unserer Wohnung, wann immer ich in New York war. Dann kam sie gegen fünf Uhr nachmittags, mixte Cocktails, und dann gingen wir irgendwohin essen oder in ein Kino oder in ein Theater.

Das alles war damals noch kein Problem. New York war, man kann es heute kaum glauben, eine zwar große, aber eher gemütliche Stadt, das, was die Franzosen eine „ville à quartiers" nennen. Man kam oft wochen- oder sogar monatelang nicht aus seinem Stadtteil heraus. Restaurants gab es ungefähr zehn in nächster Nähe unserer Wohnung, ein schwedisches im Nebenhaus, zwei französische, ein Fischrestaurant. Vier oder fünf Kinos. Man brauchte keinen Tisch vorher zu bestellen, auch keine Theaterkarten. An der Kasse hatten sich ungefähr eine Viertelstunde vor Beginn der Vorstellung vier oder fünf Leute angestellt, man bekam immer Plätze. Übrigens auch in der Metropolitan Opera. Man mußte nicht wie später, nach Kriegsende, wochenlang vorher seine Abende planen. Man tat, wozu man gerade Lust hatte, und konnte es auch tun. In die Kinopaläste am Broadway ging man nur, wenn man jemanden aus der Provinz auszuführen hatte – wie etwa die Pariser, die nur wegen einer Tante aus Lyon den Eiffelturm besteigen.

Wir tranken viel. Die blonde Ingrid mit ihrem so unschuldigen Gesicht konnte das besonders gut – und man merkte es nie. Ich sehe sie noch vor mir – sie konnte Stunden in einer verrauchten Bar verbringen, und draußen sagte sie dann, die Nase rümpfend: „Pfui, frische Luft!" Daheim ging sie unter die Dusche, dann legte sie sich ins Bett und war eingeschlafen – wie ein kleines Kind. Sie hatte Charme, sie war immer nett, immer gutmütig. Aber wir hatten einander nicht viel zu sagen. Das wurde nicht besser. Schlimmer wurde es erst, als wir es spürten.

Der Grund: Nichts von dem, was mich interessierte, nichts von dem, was meine Welt ausmachte, war wichtig für sie oder auch nur verständlich, obwohl sie sich wirklich alle Mühe gab. Umgekehrt war das natürlich auch so, aber das merkte ich nicht. Der einzige meiner Freunde, den sie eigentlich sofort akzeptierte, war Thomas Mann – für sie natürlich schon seit Jahren ein Begriff. Aber als ich sie einmal nach Hollywood mitnahm und Vicki Baum, die sie übrigens auch mochte, ein Essen mit Fritzi Massary arrangierte, von deren Existenz sie nicht das geringste wußte, zeigte sich die Verschiedenheit unserer Welten, wenn es sich auch nur um eine eher belanglose Sache handelte.

Fritzi kam, unterhielt sich mit uns eine Weile und ging dann wieder. Vicki, Billy Wilder und ich wußten uns vor Entzücken über Fritzi gar nicht zu fassen und sagten es auch. Dann fragten wir Ingrid und erwarteten, daß sie ähnlich dachte und fühlte wie wir. Sie sagte aber nur: „Wirklich, eine nette alte Dame!"
Gut, damals war Fritzi schon hoch in den Fünfzigern. Aber wir, die sie ein Leben lang gekannt hatten, sahen sie eben nicht als alte Dame. Und Ingrid hatte sie nie auf der Bühne erlebt.

Ein kleiner Zwischenfall, wie gesagt. Aber typisch für die vielen Mißverständnisse, die sich während unserer kurzen Ehe häuften.

Von Max Reinhardt hatte Ingrid zumindest gehört, aber als ich ihn in Hollywood besuchte, nahm ich sie erst gar nicht mit. Es ging ihm nicht sehr gut, weder in Hollywood noch in New York, wohin er immer wieder zurückkehrte in der Hoffnung auf einen Durchbruch beim Theater. Daß der nie gelang, war wohl in erster Linie seinen mangelhaften Kenntnissen der englischen Sprache zu verdanken. (Erstaunlich übrigens: Bis in die siebziger Jahre hat es sich in Deutschland oder Österreich und der Schweiz nicht herumgesprochen, daß die erste Voraussetzung einer guten Inszenierung die ist, daß der Regisseur jede Nuance der Sprache beherrscht, in der er inszeniert. So kommt es wohl immer wieder vor – in England und Frankreich –, daß einer Regie führen darf, der sich mit seinen Schauspielern nur mittels Dolmetscher verständigen kann – ein Beweis für die Intelligenz vieler Theaterdirektoren.)

Ich war ganz zufällig in New York – das war schon mitten im Krieg –, als ich hörte, daß Max Reinhardt sehr krank sei. Zu krank, um Besuche in seinem Hotelapartment zu empfangen. Und wenige Tage später las ich von seinem Tod. Ich machte es möglich, am Tag seiner Begräbnisfeier in New York zu sein. Es war eine sehr einfache Feier, so gar nicht im Reinhardt-Stil. Aber als man den Sarg aus der kleinen Halle hinaustrug und draußen Tausende warteten, wohl vor allem Berliner Emigranten, traten mir Tränen in die Augen. Ich hatte nicht geweint über den Tod so vieler, die mir nahestanden, und ich sollte auch später, als ich von der Ermordung zahlreicher Verwandter erfuhr, nicht weinen. Jetzt – übrigens war ich damals in amerikanischer Uniform – weinte ich. Ich nahm Abschied – nicht nur von dem angebeteten Max Reinhardt, sondern auch von meiner Jugend.

Ich arbeitete damals, in den Jahren vor und mit Ingrid, sehr viel und sehr schnell. Ich arbeitete, als käme es nur darauf an, ein quantitativ möglichst großes Pensum zu schaffen. Ich war stolz darauf, wenn ich Ingrid abends sagen konnte: „Ich habe heute dreißig Seiten geschrieben!" Mein Fleiß und meine Schnelligkeit waren in der Branche bekannt, fast möchte ich sagen berüchtigt. Einmal rief mein Agent an, und Ingrid sagte, ich schriebe gerade an einem Buch. Und er: „Dann warte ich am Telephon, bis er zu Ende geschrieben hat!"

Warum eigentlich diese Hast? Als ich nach Amerika gekommen war, hatte ich arbeiten müssen, um zu existieren – die Erinnerung an die Unzahl von Artikeln, die in der ersten Zeit zurückgekommen waren, blieb haften. Vielleicht würde es morgen wieder so sein – wer konnte das wissen? Aber das war wohl doch nicht entscheidend. Auch nicht, daß ich Verpflichtungen hatte, daß ich meine Eltern und andere ernähren oder unterstützen mußte. Meine Eltern, die 1938 endlich nach Lissabon ausgewandert waren, wo eine Schwester meiner Mutter lebte, und die 1940, wie Heringe auf einem kleinen Dampfer zusammengepfercht, nach New York gekommen waren. Ich wollte aber auch ein gutes Leben führen.

Das alles war aber nicht der Grund meiner Arbeitswut. Sondern: ich wollte mir etwas beweisen, nämlich daß ich auch in Amerika Erfolg haben konnte. Daß ich Geld verdienen konnte. Daß ich jemand war. Ich weiß nicht, ob ich Besseres, möglicherweise auch Bleibenderes hätte schreiben können. Ich weiß nur, daß es mir damals und für sehr lange Zeit noch, zu lange vielleicht, nicht darauf ankam.

Das Schlimmste: Ich war mit mir zufrieden.

Ich arbeitete. Von Mitte 1940 bis Mitte 1942 schrieb ich – neben Artikeln und Reportagen – nicht weniger als sechs Bücher. Drei davon kamen auf die Bestsellerlisten. Und alle, Sachbücher oder Romane, hatten irgendwie mit Hitler zu tun. Ich wurde, ohne es richtig zu merken, eine Art Spezialist für, will sagen gegen den Faschismus.

Vansittart ließ immer wieder von sich hören. Er – und wie ich indirekt durch ihn erfuhr – auch Churchill, der als Chef der Admiralität wieder in die Regierung aufgenommen und nach dem Angriff Hitlers auf Norwegen Premier geworden war, schienen nicht

unzufrieden mit mir. (Ob Churchill nach seiner Rückkehr in die
Regierung noch etwas von mir las, möchte ich allerdings bezweifeln. Ich wußte auch so, daß ich die Informationen der Briten, die
nie abrissen, nicht um meiner schönen Augen willen bekam. Es lag
ihnen natürlich daran, die USA möglichst schnell in den Krieg zu
ziehen – mir übrigens auch. Und ich war sicher nur einer von vielen, die aus London zu diesem Zweck zu verwendende Informationen erhielten.)

Im Zusammenhang damit hatte ich eine Idee. Ich ließ Vansittart davon wissen. Er schickte mir zur Ausführung meines Plans eine Menge Material. Und ich schrieb – nach gründlichem Studium dieses Materials – ein dickes Buch in sage und schreibe neun Tagen. Es war ein Buch der Enthüllungen über die Organisation der deutschen Spionage in aller Welt. Es hieß „Total Espionage" und wurde sehr schnell zu einer Sensation. Es stand sehr weit oben auf den Bestsellerlisten und hielt sich dort lange Zeit.

Ein paar Wochen später fielen japanische Bomben auf Pearl Harbor. Die USA waren nicht nur mit Japan, sondern auch mit Deutschland im Krieg, den übrigens nicht sie erklärten, den Hitler ihnen erklärte.

Er muß schon damals nicht mehr recht bei Sinnen gewesen sein.

Es mag eingebildet klingen oder zynisch oder egoistisch, wenn ich sage, daß der Sturm auf mein Buch nach Pearl Harbor erstaunliche Formen annahm, denn Hitler, den man in Amerika nie gemocht hatte, war nun zum „Public Enemy No 1" avanciert. Ich war von einem Tag zum anderen, wenn auch nicht für lange Zeit, einer der bekanntesten Schriftsteller Amerikas geworden. Und das sollte seine Folgen haben, denn das Leben kann unwahrscheinlicher sein als die unwahrscheinlichsten Geschichten.

Ein paar Monate nach dem Erscheinen von „Total Espionage", aber noch vor Pearl Harbor, erhielt ich einen Telephonanruf einer mir nur dem Namen nach bekannten Dame, der Chefredakteurin der Buchbeilage der „Herald Tribune": Ob ich nicht in zwei oder drei Tagen zu ihr kommen wolle, sie gebe eine kleine Cocktailparty.

Natürlich ging ich.

Es war eine Party wie unzählige andere, ich begrüßte Bekannte und wurde Unbekannten vorgestellt, ich erfuhr, wie geschätzt ich war, wurde zu ein paar anderen Parties eingeladen und wollte schließlich gehen.

Konnte aber nicht – und dies war das Besondere an jener Party. Immer wieder wurde ich von der Gastgeberin mit sanfter Gewalt zurückgehalten, bis ich schließlich als letzter zurückblieb. Nein, nicht als letzter. Da stand noch ein Herr herum, der mich unverhohlen musterte.

Die Dame des Hauses stellte vor: „Mr. Coggins, mein Schwager."

Und er: „Sie wissen natürlich genau, wer ich bin."

Ich wußte es nicht und sagte es auch.

Er lächelte ungläubig. „Wir wollen Sie nämlich haben."

„Wir?"

„Reden wir nicht um den Brei herum. Ich bin Lieutenant-Commander bei der Naval Intelligence. Wir suchen Leute wie Sie. Wir wollen Sie haben. Wann könnten Sie beginnen?"

Mir dämmerte langsam: der Mann und wohl auch seine Kollegen hatten „Total Espionage" gelesen und hielten mich für einen Fachmann in Sachen Intelligence. Ich versuchte ihm das auszureden, aber er behielt sein überlegenes Lächeln bei. Und wir verabredeten, daß ich an einem bestimmten Tag nach Washington kommen sollte. In weniger als einer Woche. Die Naval Intelligence wollte keine Zeit verlieren.

Teil IV
KRIEG

20
Wie man Spion wird

Das Leben kann unwahrscheinlicher sein als die unwahrscheinlichsten Geschichten; ich hätte es wissen müssen. Schließlich war das Heraufkommen von Hitler, vor allem aber das, was er nach der Machtergreifung unternahm, unwahrscheinlich genug – um es milde auszudrücken. Aber was ich nun erlebte, als ich ein paar Tage nach dieser seltsam endenden Party in New York nach Washington kam, war der Gipfel des Unwahrscheinlichen. Ich kann es niemandem, der das liest, verübeln, wenn er kein Wort davon glaubt. Ich selbst würde es kaum glauben, hätte ich es nicht selbst erlebt.

Ich fuhr also nach Washington und traf dort Mr. Coggins, wie immer in Zivil, in der Halle eines Hotels. Es war alles sehr „konspirativ". Als ich auf ihn zuging und ihm die Hand reichen wollte, schüttelte er unmerklich den Kopf.

„Sie gehen mir einfach nach, als ob wir uns gar nicht kennen würden!"

Es war schon Abend. Wir nahmen ein Taxi. Wir fuhren irgendwohin, wir betraten irgendein Gebäude und dann irgendein Büro. Es war spärlich beleuchtet, ich konnte nicht mehr erkennen, als daß zwei Männer anwesend waren. Wie sie aussahen, war nicht auszumachen, und ihre Namen nannten sie auch nicht, wenigstens vorläufig nicht. Einer der Herren kam gleich zur Sache. Ich wisse wohl, worum es sich handele.

Ich erwiderte: „Nein, ich weiß es eigentlich nicht."

„Lieutenant-Commander Coggins sagte es Ihnen doch."

Ich schwieg.

„Kurz und gut: wir wollen Sie in der Naval Intelligence haben." Und als sei damit alles erledigt, fuhr er fort. Natürlich könnte man nicht viel zahlen, er schlage vor, daß ich mich mit dem Rang eines

Lieutenant-Commander zufriedengebe. Das bedeute so und so viel pro Monat. Und Uniform solle ich nicht tragen – nein, dürfe ich nicht tragen, wenigstens vorläufig nicht. Niemand dürfe erfahren, daß ich für die Naval Intelligence tätig sei, allenfalls meine Frau. Den anderen gegenüber würde ich ja mein gewohntes Leben weiterführen können und eben jede Woche zweimal für je zwei Tage nach Washington kommen. Und ich könnte doch sehr gut sagen, das geschehe, um mir Informationen zu holen, was bei einem Journalisten ja nicht weiter auffällig sei.

Ich nahm einen Anlauf: „Ich glaube, hier liegt ein Mißverständnis vor. Ich bin wirklich nicht der richtige Mann für Sie. Kein Fachmann!"

Einer der Herren zündete sich eine Zigarette an, und ich sah im Licht des Streichholzes, daß er lächelte.

„Sie glauben mir nicht. Dann sagen Sie mir wenigstens, was ich tun soll."

Das tat niemand. Indessen wurde ich vereidigt. Ja, in diesem Raum, den ich, soviel ich weiß, nie wiedergesehen habe, den ich nicht beschreiben könnte, denn dazu war es viel zu dunkel, sprach mir einer der Herren eine Eidesformel vor. Ich sollte schwören, daß ich nie über meine Tätigkeit in Washington zu Dritten sprechen, vor allem auch nie erwähnen würde, mit der Naval Intelligence in Verbindung zu stehen.

Ich schwor.

Man wird sich jetzt vielleicht fragen, warum ich heute darüber rede. Dazu muß ich einen Sprung nach vorn tun, in die fünfziger Jahre. Damals erzählte mir jemand in New York, der ehemalige Chef der Naval Intelligence, Captain – später Admiral – Zacharias, habe seine Memoiren geschrieben und ich käme darin vor. Und richtig, ich fand in diesen Memoiren erwähnt, daß ich für die Naval Intelligence während des Krieges tätig gewesen sei. Zacharias hatte sicher auch geschworen, aber in den fünfziger Jahren nahm er das wohl nicht mehr so genau.

Während ich dies niederschreibe, und das ist nun mehr als dreißig Jahre später, bleibt mir zweierlei unklar.

Das eine: daß die Naval Intelligence damals, 1941, so völlig unfähig, ja geradezu grotesk unfähig war. Das zweite: daß man das nicht erkannte und eigentlich sehr wenig unternahm, um die Naval Intelligence zu einem brauchbaren Apparat auszubauen.

Wahrscheinlich hatten die beiden Mißstände einen tieferen Grund: Die Naval Intelligence war seit Menschengedenken nicht mehr eingesetzt worden, nämlich weil sie nicht gebraucht wurde. Im letzten Krieg, den Amerika mitgemacht hatte, dem Ersten Weltkrieg, war die Navy nur ein Transportunternehmen gewesen. Sie hatte Truppen von Amerika nach Europa zu bringen oder zu geleiten – nichts sonst. Den Seekrieg führte Großbritannien, das ja auf diesem Gebiet Deutschland, von Österreich ganz zu schweigen, weit überlegen war. Damals, 1917–1918, existierte zwar eine Naval Intelligence, aber allenfalls dem Namen nach. Selbst wenn sie über gute Spione oder Agenten verfügt hätte – was konnte sie mit den Ergebnissen einer wie auch immer gearteten Spionagetätigkeit anfangen? Allenfalls sie den Engländern übermitteln, die so schon mehr wußten, als die Amerikaner je herausbekommen würden.

Warum dachte man in Washington nie daran, wenigstens nach dem Ersten Weltkrieg, und insbesondere nach Hitlers Machtergreifung, als sich also zumindest die Möglichkeit eines neuen Weltkrieges abzeichnete, etwas zu unternehmen, um eine einigermaßen funktionierende Naval Intelligence aufzubauen?

Auf diese Frage gibt es mehrere Antworten. Viele in Washington glaubten nicht an einen neuen Krieg mit amerikanischer Beteiligung, weil sie nicht daran glauben wollten. Die Isolationisten – ein Wort, das heute längst vergessen ist, aber in den zwanziger und dreißiger Jahren eine große Rolle spielte – die Isolationisten also waren stark, und wenn es nach ihnen gegangen wäre, würde Amerika in den Zweiten Weltkrieg nie eingetreten sein.

Nun ist aber Spionage etwas, das von langfristiger Planung lebt. Ein Mann der britischen Naval Intelligence hat mir einmal gesagt, daß man in London im allgemeinen Agenten irgendwohin schicke, sie zehn Jahre völlig ruhig ihrem bürgerlichen Beruf nachgehen lasse und dann erst einsetze. Um 1940 oder 1941 eine brauchbare Naval Intelligence zu besitzen, hätte Washington sie nach dem Ersten Weltkrieg aufbauen müssen. Dies war nicht geschehen. Schlimmer noch: die amerikanischen Militärs, die Navy eingeschlossen, hielten die Naval Intelligence für unwichtig und für leicht lächerlich. Niemand in Washington kam auf die Idee, daß sie einmal wichtig werden könnte. Übrigens auch niemand in London.

Daß die Naval Intelligence sich schließlich doch noch im Zweiten Weltkrieg bewährte, freilich erst ab 1943/44, ist dem amerikanischen Talent zur Improvisation zu verdanken. Aber ich greife den Ereignissen voraus.

Nach meinem Schwur wurde etwas mehr Licht gemacht, die Herren stellten sich vor, und der Mann, der mir den Eid abgenommen hatte, war Zacharias. Meine Frage, was ich jetzt tun solle, beantwortete er nicht, auch keiner der beiden anderen Männer. Wir trennten uns, ich fuhr mit dem Nachtzug nach New York zurück und besuchte drei Tage später wieder Coggins.

Diesmal ging ich sogleich in sein Büro bei der Naval Intelligence – damals übrigens kein sehr imposantes Gebäude.

Coggins wies mir ein Büro zu. Vor diesem stand ein Matrose und salutierte. Er stand nun immer da, wenn ich erschien, es mochte sich jeweils auch um einen anderen handeln. Sicher war nur: ich wurde bewacht, und wer immer mir an Leib und Leben wollte, hätte über die Leichen der Wächter schreiten müssen. Aber wer, um Himmels willen, sollte irgend etwas von mir wollen?

Was nun? Coggins starrte mich an, ich ihn. Schließlich meinte er, es sei wohl das beste, wenn ich mich ein wenig umsähe. Das tat ich unter seiner Führung. Ich sah eine Menge Büros. Männer, meist in Uniform, die irgendwelche Akten studierten; Mädchen, alle in Uniform, die irgendwelche Stenogramme aufnahmen. Ich starrte sie neugierig an und sie starrten mich neugierig an. Als der Rundgang, der sich über den ganzen Vormittag erstreckte, beendet war, wußte ich soviel wie zuvor. Die Akten studierenden Männer, die tippenden Mädchen, sie hätten auch für eine Schokoladenfabrik oder für eine Export-Import-Firma arbeiten können.

In den nächsten Tagen erfuhr ich doch das eine oder andere, zum Beispiel, daß der Hauptgegner unseres Unternehmens nicht die deutsche Wehrmacht war, sondern die US-Army-Intelligence. Wir hätten so gern erfahren, was die natürlich ebenfalls in Washington installierten Konkurrenten trieben – aber wir erfuhren nichts. Nur, daß sie eine Spionageschule, das heißt eine Schule für Spione eingerichtet hatten. Und unser zweiter Gegner war die British Naval Intelligence. Unsere Alliierten? Die Leute, mit denen wir zusammenarbeiteten? Keineswegs. Die Londoner trauten uns nicht über den Weg. Und zu Recht.

Was waren wir denn? Soweit ich es übersehen konnte, waren

wir eine Art Ableger eines Tennis- oder Golfklubs. Die Mehrzahl der Offiziere setzte sich aus den jüngeren Brüdern von höheren Marineoffizieren zusammen, die vermutlich wegen ihrer mangelnden Fähigkeiten hierher abgeschoben worden waren. Sie gaben sich liebenswürdig, sie hatten Manieren und wußten von dem, was sie tun sollten, noch weniger als ich. Dabei war das nur schwer möglich.

Ich saß also an meinem Schreibtisch. Ich hatte erstaunlicherweise eine Idee. Vielleicht stammte diese Idee auch von meiner aus New York mitgebrachten Sekretärin oder von meinem ebenfalls von mir angeforderten New Yorker Mitarbeiter Ladislav Farago, einem Ungarn. Das Groteske an der Situation war, daß beide sich nicht ganz legal in den Vereinigten Staaten aufhielten, sondern auf Grund eines längst abgelaufenen Visums für Besucher. Aber das war bei vielen Emigranten so.

Farago blieb übrigens auch nach Kriegsende in der Naval Intelligence. Er veröffentlichte mehrere Bücher, basierend auf Photokopien, die er sich von Akten gemacht hatte. Das war vielleicht auch nicht ganz legal, aber vieles, was er in seinem Leben tat, war nicht ganz legal. Er war intelligent und geschickt und gerissen und nicht gerade von moralischen Skrupeln heimgesucht.

Aber zurück zu meiner Idee. Die hatte zwar mit Intelligence, will sagen Spionage, eigentlich nur indirekt zu tun. Immerhin . . .

Ich diktierte ein langes Exposé über das, was nach meiner Ansicht gemacht werden sollte, besser: was ich machen wollte. Als ich mit meinem Diktat fertig war, fragte mich meine uniformierte Sekretärin, wie diese Arbeit „klassifiziert" werden sollte. Auf meinem Schreibtisch lagen eine Reihe von Stempeln: „Confidential", „Secret", „Top Secret".

Mehr aus Ulk als aus Wichtigtuerei stempelte ich mein Geisteskind „Top Secret".

Es verschwand in einem Safe.

Am nächsten oder übernächsten Tag sollte ich Captain Zacharias Vortrag halten. Ich verlangte mein Exposé als Unterlage. Bedauerndes Kopfschütteln. Ein als „Top Secret" bezeichnetes Papier durfte ich nicht in die Hand bekommen. Vergebens mein Einwand, es handele sich ja schließlich um etwas, das ich selbst verfaßt hätte.

Selbst Zacharias meinte, es würde ihn einige Zeit, mindestens ein paar Stunden kosten, die Erlaubnis zu erhalten, das Papier aus dem Safe herauszuholen. Er riet mir, meinen Vorschlag noch einmal zu Papier zu bringen. Das tat ich und klassifizierte ihn diesmal als „Confidential". Das erlaubte mir, mein Exposé in meiner eigenen Schreibtischschublade aufzubewahren.

Es handelte sich um Folgendes:

Die US-Flotte machte bereits Gefangene. Es handelte sich um Überlebende versenkter U-Boote, manchmal auch von Kriegsschiffen, die gekapert worden waren, oder um Besatzungen gekaperter Handelsschiffe. Die wollte ich interviewen.

„Ausgeschlossen! Die Befragung von Gefangenen ist einer bestimmten Abteilung vorbehalten. Aber wir können vielleicht die Ergebnisse solcher Befragungen übermitteln."

„Das wäre für meine Zwecke völlig nutzlos", erklärte ich, nachdem ich einige Seiten solcher Befragungen gelesen hatte. „Ich will ganz andere Fragen stellen." Und ich erklärte Zacharias, was ich beabsichtigte.

Er schien interessiert. „Das ist eigentlich nicht ganz orthodox", bemerkte er schließlich, „aber dieser ganze Krieg ist es ja nicht. Und auch die Engländer haben so etwas Ähnliches gemacht."

Schließlich arrangierte er einige Befragungen durch mich – übrigens in seiner, später in Coggins' Gegenwart. Beide machten große Augen über meine Informationswünsche.

„Warum wollen Sie gerade das wissen?"

„Sie werden schon sehen . . ."

Auch die Kriegsgefangenen selbst waren erstaunt. Ich wollte nämlich wissen, wo einer gelebt hatte, wo er zu Hause war, ob er verheiratet war, was man sich so in seiner Stadt oder in seinem Dorf erzählte. Ich wollte Informationen über seine Kameraden und Vorgesetzten. Besonders interessierte mich, was so in Kiel oder Wilhelmshaven oder in anderen Häfen vor sich ging, wo viele der hohen und höchsten Marineoffiziere lebten. Und wie sie lebten. Man hätte glauben können, ich wollte eine Klatschspalte schreiben – und genau das wollte ich auch.

Etwa so: Kapitän X hatte ein Verhältnis mit der Tochter von Admiral Y? Ja, ganz Kiel wisse es, mit Ausnahme des Admirals. Oder: Korvettenkapitän A sei mit der Frau eines anderen Korvettenkapitäns namens B liiert und habe ihr zu Weihnachten einen Pelz geschenkt, der aus Polen stamme und den sie – wie sie ihrem

Mann gegenüber sagte – von ihrer Mutter erhalten habe. Ich erfuhr eine Menge Intimitäten und die dazu gehörenden Namen. Und nun verfaßte ich rund fünfzehn Minuten lange Radioansprachen. Sie enthielten neben dem, was wir den deutschen Matrosen auf hoher See mitteilen wollten – nämlich in den verschiedensten Varianten, daß und warum Deutschland den Krieg verlieren müsse und sie selbst somit auf verlorenem Posten stünden –, neben Sachlichem also, Geschwätz aus Kiel, Wilhelmshaven, Hamburg, Berlin et cetera. Meine Idee war, daß sie sich sagen mußten, diese Informationen könnten doch nur aus Marinekreisen selbst stammen, aus Kiel oder Hamburg oder Bremen.

Um die Verwirrung vollständig zu machen, wählte ich einen New Yorker Anwalt, der in der Naval Intelligence Dienst machte, aus, die Rolle des Sprechers „Kapitän Albrecht" zu spielen. Er sprach Deutsch mit starkem amerikanischem Akzent. Und damit erreichte ich genau, was ich wollte. Die Hörer und auch diejenigen, die von Amts wegen herauskriegen wollten, wer hinter den Sendungen steckte, vermuteten einen deutschen Geheimsender – keine Engländer oder Amerikaner, denn die hätten doch zur Tarnung Sprecher eingesetzt, die Deutsch ohne geringsten Akzent beherrschen, während ein deutscher Sender einen Mann mit Akzent einsetzen würde, um die deutschen Hörer irrezuführen.

Die Ansprachen von „Kapitän Albrecht" wurden ein fulminanter Erfolg. Man kann sich unser Vergnügen vorstellen, wenn uns „frische" Gefangene von den geheimnisvollen Sendungen berichteten und über die Verwirrung, die sie in hohen und höchsten Marinekreisen angerichtet hatten. Im Falle des besagten Korvettenkapitäns war es sogar zu Ohrfeigen im Kasino und nachfolgender Trennung oder gar Scheidung gekommen. Ich gestehe, daß mich das nicht gerade zu Tränen rührte.

Ich verhörte Gefangene manchmal zwei oder drei Tage lang – die Schwierigkeit dabei bestand nicht darin, sie zum Sprechen zu bringen, sondern eher darin, daß sie sich nicht vorstellen konnten, daß mich „so was" interessierte. Ich schrieb dann an einem einzigen Tag bis zu sechs Broadcasts (Sendungen), die in ebensovielen Wochen gesendet wurden. Ich hatte auch noch andere Obliegenheiten in Washington, versteht sich, über die ich hier nicht sprechen möchte und die auch niemanden, die Russen vielleicht ausgenommen, heute noch interessieren könnten.

Eines Tages sagte Coggins zu mir: „Sie haben ja hier nicht allzu viel zu tun. Würden Sie gern mal wieder an die Westküste fahren? Nach Los Angeles, ich meine nach Hollywood? Sie sind ja wohl seit Kriegsbeginn nicht dort gewesen?"

„Wie kommen Sie denn auf die Idee?"

„Wir wissen, daß Sie dort Freunde haben. Ja, wir wissen eine ganze Menge über Sie."

„Daß ich in der Filmmetropole Freunde habe, ist doch schließlich kein Geheimnis."

„Eben. Und viele von ihnen sind feindliche Ausländer."

„Feindliche Ausländer? Sie sind gebürtige Deutsche oder Österreicher, aber doch keine feindlichen Ausländer! Sonst wären sie doch in Deutschland geblieben."

„Man kann nie wissen!"

„Ich soll also herausfinden, ob Ernst Lubitsch, der seit 1923 in den USA lebt, oder Fritz Lang, ein Flüchtling vor Hitler, oder Vicki Baum, die schon vor der Machtergreifung der Nazis hier eintraf, für Hitler arbeiten? Das ist doch grotesk!"

„Es gibt auch andere. Man lernt Menschen kennen und durch diese wieder andere, und durch die anderen wieder Dritte... Außerdem haben viele der prominenten Filmleute von Hollywood japanische Butler oder Gärtner."

„Und sie glauben, die arbeiten für Japan? Die leben doch auch schon seit Menschengedenken in Kalifornien."

„Man kann nie wissen. Aber Hand aufs Herz: Was wissen Sie denn über die politische Einstellung Ihrer Freunde und Bekannten?"

„Ziemlich wenig, außer daß sie alle gegen die Nazis eingestellt sind."

„Wissen Sie eigentlich, daß viele von ihnen Kommunisten sind?"

Um diese Zeit befand sich die Sowjetunion zwar schon mit Hitler im Krieg, aber Kommunismus war nicht populär in Washington.

„Nein", antwortete ich wahrheitsgemäß, „das wußte ich nicht. Und ich halte es auch für unwahrscheinlich. Die Leute in Hollywood verdienen doch alle schweres Geld!"

„Sie zahlen schweres Geld für die kommunistische Sache. Zum Beispiel an einen gewissen Otto Katz, den Sie ja kennen."

Sie wußten wirklich eine Menge, wenn schon nicht das, was sie eigentlich hätten wissen müssen, so doch zumindest über mich.

„Wie werden Sie es Ihren Freunden gegenüber begründen, daß Sie nach Hollywood kommen?"

„Ich bin ja schließlich noch Journalist."

„Gut. Sogar sehr gut. Das ist immer eine Tarnung."

Ich fuhr, will sagen flog also nach Hollywood. Da es meinen Chefs in Washington so sehr auf Tarnung ankam, nahm ich wieder einmal ein Vertragsangebot an, Drehbücher zu schreiben, freilich mit der Klausel, daß ich nicht immer im Atelier der Twentieth Century Fox arbeiten müsse, sondern sogar außerhalb von Hollywood arbeiten könne, zum Beispiel in Washington oder New York.

Die Twentieth Century Fox, genaugenommen Mr. Daryl Zanuck, hatte die vage Idee, ich solle meine Bücher in Filme verwandeln, und war sichtlich erstaunt, als ich mitteilte, die meisten seien keine Romane, sondern Sachbücher. Es kam auch nicht viel bei dem Unternehmen heraus außer eine Menge Geld, jedenfalls für mich. Und ein Film, der ein Jahr später auf der Basis eines Kapitels aus meinem Buch „Underground Europe" gedreht wurde – von mir geschrieben, aber keineswegs nur von mir.

In Hollywood traf ich viele alte Freunde wieder: Ernst Lubitsch, Billy Wilder, die Massary. Etwa zwei Dutzend sehr namhafter deutscher Schriftsteller waren inzwischen eingetroffen – über die Pyrenäen, Spanien, Portugal –, darunter auch Franz Werfel und Heinrich Mann, die sich selbst ironisch „Hundert-Dollar-Sträflinge" nannten. Sie hatten zuletzt im Süden Frankreichs gelebt und waren dort natürlich äußerst gefährdet gewesen. Roosevelt persönlich hatte ihnen, wohl nicht zuletzt dank leidenschaftlicher Fürsprache seiner Frau, Visa ausstellen lassen, obwohl das nicht ganz den amerikanischen Bestimmungen entsprach. Die Sache wurde erleichtert durch die Versprechen der großen Filmfirmen, alle diese Schriftsteller ein Jahr lang für hundert Dollar pro Woche zu engagieren. Sicher kaum mehr als ein Trinkgeld nach Hollywooder Maßstäben, aber man erwartete ja nicht von ihnen, daß sie nun tatsächlich Drehbücher verfassen würden – und sie taten es auch nicht. Mit einer Ausnahme: Hans – jetzt Jan – Lustig.

Ich sah viel von Fritz Lang, der nun zu den ersten Filmregisseuren von Hollywood gehörte, und ich sah natürlich Vicki Baum, die ganz sachlich feststellte, daß sie ziemlich schnell in Vergessenheit geriete. Eben noch war sie eine Weltberühmtheit gewesen, jetzt kam es nur noch selten vor, daß etwa eine Verkäuferin in einem Warenhaus sie fragte: „Miss Baum? Waren Sie nicht einmal beim Film?"

Vicki hatte zuviel Humor, um sich darüber zu ärgern. Es gab überhaupt nur eines, das sie ärgerlich machen konnte, das war die Dummheit der Menschen.

Dafür gab es viele Paradebeispiele in Hollywood. Dort war es jetzt – das hatte man mir ja in Washington gesagt – modern geworden, links zu sein. Fast jeder, der 2000 bis 2500 Dollar pro Woche verdiente, war „eigentlich" ein Kommunist. Oder tat doch so, als ob. Um ihren Swimming-pool gelagert und an ihren Cocktails nippend, erklärten sie voll tiefer Befriedigung, die Weltrevolution stehe vor der Tür. Natürlich hatten sie längst vergessen, daß Stalin mit Hitler einen Pakt geschlossen hatte und daß Stalin dann über das wehrlose Polen hergefallen war. Sie eiferten sich um so heftiger über die Engländer, weil diese den bedrängten Sowjets nicht zu Hilfe eilten, und später aus dem gleichen Grund über Roosevelt und seine Ratgeber. Sie schrien mindestens ebenso heftig und hysterisch wie die Russen nach der sogenannten „zweiten Front".

Die Sowjetunion war zu jeder Tages- und Nachtzeit Gesprächsthema. Irgendwie hatte es sich herumgesprochen, daß ich eine „geheime Tätigkeit" in Washington ausübte. Rolf Nürnberg hatte sogar die Behauptung aufgestellt, ich stehe in ständigem Kontakt mit den Russen. Ich erfuhr davon, als mir ein bekannter Regisseur vertraulich auf die Schulter klopfte und fragte: „Nun, was erzählt man sich so in Moskau?"

„Das mag Gott wissen", antwortete ich. Was mir wenig half. Der Mann nickte nur verständnisvoll. „Ich weiß ja, darüber dürfen Sie nicht reden."

Später wurde ich einmal über ihn und seine politischen Ansichten befragt. Ich konnte mit gutem Gewissen antworten, er wisse vielleicht, wie man das Wort Politik buchstabiere, viel mehr wisse er darüber nicht. Und: „Ach, das ist so einer, der glaubt, daß eine Untergrundbewegung im Keller stattfindet!"

21
Persönliches, Allzupersönliches

Hier muß ich wohl ein Wort über meine persönliche politische Einstellung verlieren. Ich war, versteht sich, ein Gegner des nationalsozialistischen Regimes, und das nicht nur, weil ich Jude bin, sondern auch, weil ich jede Art von Diktatur verabscheue.

Und warum tat ich nicht den Schritt zum Kommunismus hin? Ein solcher Schritt hätte nahegelegen. Die Kommunisten waren, wie schon an anderer Stelle bemerkt, eigentlich die einzigen Emigranten, die wirklich aktiv gegen Hitler arbeiteten. Otto Katz hatte mir mehrmals den Vorschlag gemacht, in die Partei einzutreten. Aber gerade er und seine Freunde machten es mir schwer. Denn sie waren auf ihre Weise genau so unduldsam wie die Nationalsozialisten. Und obwohl sie ständig über die Sowjetunion sprachen und die großen Vorzüge des Lebens dort priesen, wollte keiner von ihnen hinfahren.

Ich erinnere mich, daß Hanns Eisler einmal einen Ausweisungsbefehl bekam. Das bedeutete, daß er die Vereinigten Staaten verlassen mußte, was er dann übrigens lange Zeit doch nicht tat. Wir beratschlagten, wohin er gehen könnte. Ich fragte ganz naiv: „Warum gehst du nicht nach Moskau?"

Er erbleichte, und seine Frau Lou erbleichte. Sie sagten zwar nicht nein, doch es konnte kein Zweifel daran bestehen, daß sie nicht die geringste Lust verspürten, sich in das so gepriesene Paradies der Arbeiter zu begeben.

Aber der Hauptgrund, warum ich eigentlich nie in die Partei eintrat, in der ich aus vielen Gründen nichts verloren hatte, war – Ingrid.

Sie war ja Finnin und hatte viele Verwandte in Finnland, und die kamen gelegentlich nach Amerika, auf Besuch oder für immer. Und die erzählten ihr, wie die Russen sich den Finnen gegenüber aufführten, und Ingrid berichtete es mir. Und mehr als einmal mußte ich ausrufen: „Das ist ja genau so wie bei Hitler!"

Es war in der Tat genau so. Daher hatte ich keine Lust, zu einer Partei zu gehören, die schließlich und endlich unter dem Diktat der Sowjetunion stand. Und ich hatte sehr wenig Verständnis und man darf wohl sagen, sehr wenig Geduld für meine Bekannten in Hollywood, die zwar sehr viel Geld verdienten, aber unendlich „links" sein wollten. Wenn es darauf angekommen wäre, zwischen ihren lukrativen Jobs und ihrer politischen Weltanschauung zu wählen – sie wären wohl in ihren Villen mit Swimming-pool und auf ihren Tennisplätzen geblieben.

Es gab natürlich viele wirkliche, das heißt überzeugte Linke in Hollywood, auch unter den Emigranten. Aber sie schwatzten nicht darüber. Von Lion Feuchtwanger hörte man kaum ein Wort in dieser Beziehung. Fritz Kortner, der ja auch sehr links stand, schimpfte hauptsächlich über die Konspiration der Produzenten gegen ihn, weil sie ihm keine, auch wirklich nicht die kleinste Rolle zuschanzten. Der Grund dafür war, daß sie ihn für einen schlechten Schauspieler hielten. Er paßte wohl auch nicht in den Hollywooder Stil des Unterspielens. Er war für die Filmstadt zu explosiv.

Schließlich traf auch Bert Brecht ein. Er war vor den Deutschen über Skandinavien und Finnland geflohen. Er hätte, als auch dieses letztere Land in Gefahr war, in der Sowjetunion Schutz finden können. Doch er zog es vor, die Sowjetunion – die damals noch nicht im Krieg mit Hitler stand – nur als Durchgangsstation zu benützen, um in die Vereinigten Staaten zu gelangen. Es hielt ihn nur wenige Tage im Paradies der Arbeiter, dafür aber dann viele Jahre dort, wo er das Paradies der Kapitalisten vermutete: nämlich in Hollywood.

Er schimpfte zwar ununterbrochen über den Ort, über den Film, über die Produzenten, fand es aber nur selbstverständlich, daß auch ihm gut bezahlte Drehbucharbeit beschafft wurde, was geschah – und seiner Englisch nur radebrechenden Frau Rollen, was aber nicht geschah.

Immerhin, seine Kritik erfolgte mit Augenzwinkern. Erst aus seinen posthum publizierten Tagebüchern aus jenen Tagen ist zu ermessen, daß er nicht nur boshaft, sondern auch bösartig sein konnte. Wenn man liest, was er über Fritz Lang geschrieben hat, der seine Amerikareise finanziert hatte und ihm seine erste gewinnbringende größere Arbeit zuschanzte; oder wie er Thomas Mann beschimpft, ohne daß der geringste Anlaß dazu vorgelegen hätte, wenn man selbstfabrizierte Lügen nicht als Anlässe ansehen will . . .

Ich muß gestehen – wieder ein Sprung nach vorn –, daß ich diese Tagebücher in den siebziger Jahren mit Entsetzen gelesen habe. In Dänemark und Finnland hatte er in ziemlich primitiven Holzhäusern gewohnt und war des Lobes über sie voll. In Hollywood lebte er in einer eleganten geräumigen Villa, die allen Ansprüchen gerecht wurde, und fand das Leben dort unerträglich. Die Tatsache allein, daß er am Tag von Pearl Harbor nicht den japanischen Überfall in sein Tagebuch eintrug, sondern nur die nicht weltbewegende Tatsache, daß die Freundin von Fritz Lang seiner Tochter einen kleinen Hund geschenkt hatte, sagt eigentlich alles.

Diese Tagebücher, die nicht sehr lang nach seinem Tod herausgegeben wurden und ein gewisses Aufsehen in Deutschland machten, sind vom moralischen Standpunkt aus unerträglich. Dies wurde freilich in Deutschland, wo sie herausgegeben wurden, von keinem Kritiker erwähnt. Denn Bert Brecht ist ja ein großer Dichter, nicht wahr!

Natürlich ist er ein großer Dichter und in vieler Hinsicht ein bedeutender Mann gewesen. Aber wir wissen, daß einer ein Dichter oder ein Genie auf diesem oder jenem Gebiet sein kann und trotzdem menschlich recht problematisch. Ich denke etwa an Richard Wagner. Oder an Richard Strauss. Und Brecht war – was er in Hollywood und später in Berlin sagte, beweist es – kein sehr anständiger Mensch.

Kaum war Amerika in den Krieg eingetreten – für Brecht und Genossen viel zu spät, da es doch galt, der Sowjetunion beizustehen, in der sie selbst nicht leben wollten –, wurden den sogenannten „feindlichen Ausländern" nun ganz offiziell Schwierigkeiten gemacht. Feindliche Ausländer, das waren natürlich die unzähligen Japaner – gefragt als Butler, Chauffeure, Gärtner, Wäschereibesitzer, die vielleicht schon seit Generationen in Kalifornien lebten, aber sich nicht hatten naturalisieren lassen, vermutlich, weil sie das für nicht so wichtig hielten – und auch deutsche und österreichische Emigranten, die noch nicht die zur Naturalisation notwendigen fünf Jahre Aufenthalt im Lande aufzuweisen hatten.

Heinrich Mann und Lion Feuchtwanger und Bert Brecht waren nun, da sich die USA im Krieg mit Hitler befanden, der sie alle verfolgt hatte und gegen den sie alle kämpften, feindliche Ausländer. Ein amerikanischer Admiral, der über Kalifornien als höchster Militär „herrschte" und von dem man nur deshalb nicht sagen kann, daß er den Verstand verloren haben mußte, weil er offensichtlich nie einen besessen hatte, glaubte allen Ernstes, es bestehe die Gefahr einer japanischen Invasion der kalifornischen Küste. Offenbar hatte er nie eine Landkarte besichtigt, sonst hätte er wohl wissen müssen, daß Japan um vieles weiter entfernt lag von der kalifornischen Küste als etwa Paris.

Wie dem auch sei: Um der außerordentlichen Gefahr zu begegnen, die Emigranten oder Nichtamerikaner darstellten, ordnete er an, daß alle feindlichen Ausländer nach acht Uhr abends ihre Häuser oder Wohnungen nicht verlassen durften. Das bedeutete, daß diejenigen unter uns, die bereits amerikanische Pässe besaßen, also Lubitsch, Billy Wilder, Vicki Baum, Fritz Lang, Marlene Dietrich und auch ich, allabendlich zwei oder drei Besuche machen mußten, um die Eingekerkerten zu trösten.

Besonders übel nahm diesen absurden Stand der Dinge Erich Maria Remarque, der in der Bar des Hotels, in dem er wohnte, sich allabendlich darüber ausließ, wie er den japanischen Marinesoldaten durch Rat und Tat, gemeinsam mit Thomas Mann und Bert Brecht, beistehen würde. Er wich und wankte nicht aus der Bar bis zum Anbruch des nächsten Morgens, als es ihm also wieder gestattet war, sein Hotel zu verlassen und eine nachbarliche Bar aufzusuchen. Der verrückte Admiral half so zumindest den kalifornischen Alkoholkonsum zu steigern.

Um es an dieser Stelle zu sagen: Der Auftrag, der mich aus Washington nach Kalifornien gebracht hatte, erwies sich als genau so unsinnig, wie ich es vorher gesagt hatte. Von keinem der Bewohner der Filmstadt, weder von den deutschen Emigranten noch von den japanischen Gärtnern, drohte auch nur die geringste Gefahr.

Ich ging einige Male zum Büro der Naval Intelligence in Los Angeles und teilte dort mit, daß ich nichts mitzuteilen hatte. Ich sagte auch, daß ich das sogenannte Ausgehverbot für die „feindlichen Ausländer" für unsinnig halte. Man pflichtete mir bei. Man –

das war ein Captain, noch ziemlich jung. Freilich, seine Gründe waren andere als die meinen. Er war der Ansicht, daß man feindliche Ausländer durch solche Verbote nur warne und vorsichtiger mache. Davon, daß sie überhaupt niemals die Absicht hatten oder haben würden, etwas zu tun, was gegen die amerikanischen Interessen verstoße, war er nicht zu überzeugen.

Zu den berühmten Filmschauspielern, die ich gut kannte, gehörte auch Clark Gable, den ich sehr gern mochte, obwohl wir uns immer nur im Atelier sahen oder gelegentlich auch im Speisesaal der MGM, der eigentlich den Stars vorbehalten war, in den ich aber mit Gables Einladung kommen durfte.

Einmal sagte er: „Sie müssen unbedingt Mr. Funny kennenlernen."

„Mr. Funny" nannte er seine Frau, die bildschöne, blonde, große Carole Lombard, die nicht nur wegen ihrer darstellerischen Künste, sondern vor allem wegen ihres Witzes berühmt war. Berühmt war auch – zumindest in Hollywood –, daß ihre Ehe mit Clark Gable eine Musterehe war. Dazu mag auch beigetragen haben, daß die beiden gern und viel tranken.

Clark Gable traf eine Verabredung mit mir für einen der kommenden Abende – und sorgte dafür, daß ein Chauffeur von MGM mich zu ihm brachte. Er wohnte damals, wenn ich nicht irre, in Bel Air, einer der unzähligen Siedlungen der Prominenten.

Als ich gegen acht Uhr ankam, war er allein. Seine Frau hatte sich ganz kurzfristig – vor zwei oder drei Tagen – anheuern lassen, für Kriegsanleihe zu werben. Ich glaube, in Chicago oder irgendwo in Texas. „Sie müssen mit mir vorlieb nehmen. Mr. Funny kommt erst morgen früh." Dann läutete das Telephon. Sie war am Apparat. Sie sagte, sie käme nicht morgen früh, sondern noch am Abend. Sie habe kurzfristig vom Schlafwagen auf ein Flugzeug umgebucht, das in wenigen Minuten starten und in einer Stunde in Los Angeles landen werde. In spätestens zwei Stunden sei sie also zu Hause.

Die Laune von Clark Gable wurde daraufhin noch besser, als sie vorher gewesen war, wobei auch einige Gläser Whisky das ihre taten. Carole Lombard kam nach zwei Stunden nicht, sie kam auch nach drei Stunden nicht.

Wir entschlossen uns zu essen. „Mr. Funny ißt sowieso nie etwas zu Abend! Sie wissen, ihre Figur . . ."

Dann läutete das Telephon. Er nahm ab, und sein Gesicht wurde plötzlich kreideweiß. „Ich weiß von nichts, was ist denn geschehen?"

Er muß wohl keine vernünftige Antwort erhalten haben, denn er hängte auf.

„Wer war es?"

„Die ‚Los Angeles Times'. Sie wollen wissen, ob ich etwas zu dem Flugzeugunglück zu sagen habe."

Er kam nicht auf die Idee, daß es sich um das Flugzeug handeln könnte, in dem seine Frau saß. Man hatte ihm keinerlei Auskünfte gegeben, aber langsam begann es ihm doch zu dämmern.

„Ob Mr. Funny . . .?"

Ich meinte, das sei doch recht unwahrscheinlich.

Wieder läutete das Telephon. Diesmal war es die Presseabteilung von MGM. Ich nahm ab. „Gut, daß Sie bei Clark sind! Sehen Sie zu, daß er das Telephon nicht abnimmt. Mr. Tracy wird in wenigen Minuten draußen sein." Da wußte ich eigentlich schon, was geschehen war. Kurz darauf später läutete es an der Haustür.

„Das ist sicher Mr. Funny. Sie vergißt immer ihren Schlüssel!"

Aber es war Spencer Tracy. Er sah bleich aus wie der Tod. Er ging mit ausgestreckten Armen auf seinen Freund Clark Gable zu.

„Du mußt stark sein . . ."

Ich ging fort.

Am nächsten Morgen fuhr ein Extrazug für die Presse nach San Bernardino. Das Städtchen lag an dem Berg, an dem das Flugzeug zerschellt war. Clark Gable war schon dort. Er wirkte um zehn Jahre gealtert. Als er meine Hand drückte, wußte er wohl kaum, wen er vor sich hatte. Er war gerade in einen Streit verwickelt. Er wollte unbedingt mit dabei sein, wenn man die Leichen oder das, was von den Passagieren übriggeblieben war, suchte und barg.

Der Chef der Publicity-Abteilung der MGM versuchte vergeblich, ihn zurückzuhalten. Man fand nicht viel von Mr. Funny.

Eine Stunde nach der Beerdigung, an der ich teilnahm – Clark Gable oder sonst jemand hatte mir eine Einladung geschickt –, meldete er sich freiwillig zur Armee.

Auch Rolf und Ilse und natürlich mein kleiner Sohn Michael waren feindliche Ausländer. Was das anging, war es meine geringste Sorge. Denn in diesem Haushalt braute sich etwas Furchtbares zusammen. Ich erwähnte bereits, daß Rolf Nürnberg das Gerücht ausgestreut hatte, ich befände mich in engstem Kontakt mit Moskau, was für mich eine Art Ehre sein sollte. Er erzählte auch ohne besondere Gründe oder Ursachen, daß er selbst nächtlicherweise oft mit Stalin – Stalin, keinem Geringeren! – telephoniere. Jawohl, mit Stalin persönlich.

Warum? Zu welchem Zweck? Aus welchem Grund? Nirgendwo außer in Hollywood hätte sich jemand gefunden, der solchen Unsinn schluckte. Auch hier gab es viele, die über die Stalin-Gespräche lächelten und die Geschichte für zu albern hielten. Aber es gab auch Gläubige. Man war ja so links!

Die erschütternde Erklärung für diese Stalin-Geschichte und vieles andere mehr: Mein Freund war nicht mehr bei Verstand. Es dauerte Monate, ja mehr als ein Jahr – ich war in der Zwischenzeit immer wieder in Washington oder New York –, bis wir zu begreifen begannen, warum Rolf sich so seltsam benahm. Ich will die lange und komplizierte Geschichte kurz machen.

Rolf war, wie berichtet, schon in sehr jungen Jahren ein erfolgreicher Journalist in Berlin gewesen. Sicher, das Geld seines Vaters und ein kleines Vermögen, das er von einem Onkel geerbt hatte, räumten ihm manches Hindernis aus dem Weg. Aber die eigentliche Erklärung seines Erfolges war eben sein spezifisches Talent. Er war ein auf den Westen Berlins ausgerichteter Zeitungsmann. Später bezweifelte ich, ob er auch nur in München oder Prag, geschweige denn in Paris oder New York sich hätte durchsetzen können.

Rolf selbst zweifelte nicht daran. Schließlich hatte ja auch ich mich im Ausland durchgesetzt, und ich war in gewissem Sinne nicht nur sein Freund, sondern ganz sicher seine „Entdeckung".

Anfang der dreißiger Jahre war er ja immer wieder nach New York gekommen, aber nicht, wie er es mir und auch anderen vormachte, als bereits Eingewanderter oder Einwandernder, sondern stets auf Besucher-Visum, schon um keine Schwierigkeiten mit den Behörden zu haben, wenn er nach Berlin zurückkehrte. Bei seinen Besuchen in New York und auch in Kalifornien hätte er feststellen müssen, daß ihm sein Berliner Zeitungsruhm in der

Neuen Welt nichts half und er es schwer haben würde, vermutlich schwerer als ich, denn es mangelte ihm vor allem an Sprachbegabung. Auch als er 1936 oder 1937 für immer in die USA kam, geschah es mit einem Besucher-Visum. Er war also niemals eingewandert und wurde daher auch niemals Amerikaner, was zu sein er schon 1940 behauptete. Die Verordnung über feindliche Ausländer entlarvte diese eigentlich völlig überflüssige Lüge.

Auch in anderer Beziehung wurde Rolf entlarvt, besser: er entlarvte sich selbst. Trotz seiner vielen Beziehungen konnte er keine Anstellung finden. Auch die Firma, die angeblich Drehbücher kaufte und sie wieder verkaufte, existierte nur dem Namen nach. Rolf hatte diese Firma selbst gegründet, zwei Büroräume gemietet und war täglich hingefahren, um – nichts zu tun. Am Ende jeder Woche zahlte er sich seinen Wochenlohn vom eigenen Bankkonto. Er glaubte, trotzdem nichts zusetzen zu müssen, ja vielleicht sogar Geld hinzuzuverdienen. Er hatte nämlich ein bißchen an der Börse spekuliert, und mit erstaunlichem Erfolg. Mit dem berühmten Anfängerglück, das aber nicht anhielt; schon deshalb nicht, weil er ja nichts von diesen Dingen verstand.

Aber in Hollywood hatte es sich unter den Emigranten schnell herumgesprochen, daß er ein geschickter Spekulant sei. Viele rissen sich geradezu darum, ihm ihre Ersparnisse anzuvertrauen. Und er verlor weiter. Geld, das ihm, Geld, das seiner Frau gehörte – sie wußte übrigens von alledem nichts –, und auch das von Freunden und Bekannten. Er fühlte den Boden unter sich wanken. Und griff zu – Drogen.

Er nahm – auch das war damals in Amerika keine Seltenheit – Benzydrin, eine Art von Pervitin, also ein Aufputschmittel; Benzydrin, gemischt mit gewissen starken Schlafmitteln, brachte eine rauschartige Wirkung hervor. Manchen von uns fiel auf, daß Rolf oft stockend und geradezu mühsam sprach und manchmal sehr viel Unsinn – siehe Stalin. Aber niemand ahnte die schreckliche Wahrheit, mit Ausnahme der eben sehr klugen Vicki Baum.

Ilse entdeckte einmal bei ihm eine Apothekerpackung Benzydrin, das eigentlich rezeptpflichtig war, und rief seinen Arzt an. Der beruhigte sie und meinte, Rolfs Erklärung, er habe die Mittel für einen Freund besorgt, sei wohl die richtige. Denn bei dem Zustand seines Herzens würde er bei dem Genuß von täglich zwei oder gar drei Tabletten in kurzer Zeit tot umfallen.

Damals schluckte Rolf zwischen zwölf und vierzehn Tabletten pro Tag.

Sein Kartenhaus begann zu wanken und sehr schnell zusammenzufallen, als Bekannte ihr Geld – nebst kräftigem Gewinn, versteht sich – zurückhaben wollten. Rolf hatte keines mehr. Ilse hatte auch keines mehr. Ich erlebte eine Szene zwischen ihr und Rolf. Sie beklagte sich, daß ihre New Yorker Bank ihr trotz mehrfacher Mahnungen keine Abrechnungen schicke. Sie fand das unerklärlich, ja geradezu empörend. Als Rolf gleichfalls entrüstet aus dem Zimmer gestürmt war, fragte ich Ilse, ob Rolf vielleicht Vollmacht über ihr Konto besäße. Und als sie bejahte, sagte ich: „Du hast kein Konto mehr. Und deine Reklamationsbriefe sind von Rolf niemals abgesandt worden."

Ich war damals gerade erst wieder zwei oder drei Tage in Hollywood. Vicki Baum und Fritz Lang hatten, übrigens unabhängig voneinander, mir nach Washington telegraphiert, es sei dringend erforderlich, daß ich bei Rolf und Ilse nach dem Rechten sähe. Irgend etwas sei da nicht in Ordnung.

Das erstaunte mich nicht einmal. Rolf hatte mich seit einigen Monaten immer wieder angerufen, meist so zwischen zwei und vier Uhr morgens, hatte vierzig bis fünfzig Minuten unendlich langsam gesprochen und eigentlich nie etwas von Belang gesagt.

Ich brauchte nur ein paar Stunden, um das Ausmaß der Katastrophe zu ermessen. Michael schickte ich sogleich in ein Camp – es war nicht gut für den kleinen Jungen, mitzuerleben, was nun geschehen würde. Vermutlich hatte er schon viel zuviel gesehen und gehört.

Besprechung mit einem von mir herbeigerufenen Arzt. Sicher sei Rolf nicht mehr ganz normal, wenn auch vielleicht nicht im juristischen Sinne unzurechnungsfähig. Es wäre wohl das beste, ihn in eine Anstalt zu bringen. Freilich, nach kalifornischem Recht könne das nur mit seiner schriftlichen Einwilligung geschehen.

Unterhaltung mit einem Rechtsanwalt. Zweifellos sei eine Anstalt die beste Lösung. Denn schließlich habe Rolf ihm anvertraute Gelder unterschlagen. In spätestens ein paar Tagen würde sich die Staatsanwaltschaft einschalten und Rolf möglicherweise verhaften lassen. Die Gerüchte über seine „Beziehungen" zu Stalin seien auch schon bis zu den Behörden gedrungen. Und da er kein Amerikaner sei, ja genaugenommen sich illegal im Lande aufhalte, denn sein Besucher-Visum sei längst abgelaufen, zudem als feindlicher Ausländer . . . Ich müsse das verstehen.

Ich verstand. Wir sprachen mit Rolf. Der wehrte sich. Aber schließlich: ins Gefängnis wollte er auch nicht. Wir fanden eine Anstalt – am anderen Ende von Los Angeles, nein, schon in einem anderen Ort. Bedingungen und Preise waren erträglich. Ich fuhr Rolf in einem von Vicki Baum geliehenen Wagen hin. Er wurde in einen Pavillon eingeliefert, der für leichte Fälle reserviert war.

Am nächsten Morgen durchsuchten Ilse, meine New Yorker Sekretärin, die ich aus Washington mitgebracht hatte, und ich das Haus. Wir fanden in allen nur erreichbaren Verstecken Tabletten, Tausende von Tabletten. Obwohl Ilse ihm schon einige Male größere Mengen abgenommen hatte, war es ihm möglich gewesen, sich weiterhin welche zu verschaffen – er war wie so viele, die nicht mehr ganz bei Sinnen sind, ungemein listenreich geworden. Wir fanden übrigens auch, ebenfalls versteckt, zahlreiche Briefe an mich, die selten beendet und auch nie abgesandt worden waren. Der Inhalt war stets der gleiche: Angst, daß er Ilse verlieren, daß sie ihn verlassen und zu mir zurückkehren würde, weil ich doch viel erfolgreicher war als er. Das würde, so glaubte er, sich bald ändern. Er glaubte immer noch, er würde an der Börse Erfolg haben.

Ilse und ich waren sprachlos. Keiner von uns beiden hatte an eine Wiederaufnahme unserer früheren Beziehungen gedacht. Wir waren Freunde geblieben, gute Freunde, und das war alles.

Mitten in einer von unseren Suchaktionen klingelte das Telephon. Es war Rolf, dem es irgendwie gelungen war, an einen Apparat zu gelangen, obwohl das in der Anstalt streng verboten war. Ilse weinte, als sie ihm zuhörte. Und schluchzend berichtete sie: „Er sagt, er könne nicht schlafen, es werde die halbe Nacht hindurch in dem Vestibül vor seinem Zimmer Musik gemacht, gesungen und getanzt. Ach, nun ist er wirklich verrückt geworden!"

Wir waren erschüttert. Gegen Abend fuhr ich noch einmal zur Anstalt hinaus, um mit den Ärzten die, wie ich annahm, neue Situation zu besprechen. Ich betrat den Pavillon, in dem Rolf untergebracht war. Tanzende, sogar singende Paare – Patienten. Und Rolf, grinsend auf seinem Bett hockend: „Ihr habt mir natürlich nicht geglaubt! Ihr habt geglaubt, ich sei verrückt geworden!"

Und das alles in einer Irrenanstalt.

Warum ich das alles erzähle? Weil es sich nicht um einen Einzelfall handelt. Rolf war einer von vielen, die mit der Emigration nicht fertig wurden. Das zeigte sich auch in der Zukunft. Vorläufig wurde das Haus geräumt, vermietet und später verkauft. Michael nahm ich nach New York mit, wo sich Ingrid vorübergehend um ihn kümmerte. Ilse kam später nach, um sich eine Stellung zu suchen.

Als ich wieder einmal – diesmal von Washington – nach New York zurückkam, teilte mir Ingrid mit: „Ich glaube, daß wir uns trennen sollten. Wir sehen uns ja kaum noch."

Ich konnte ihr so unrecht nicht geben. Wir sahen uns wirklich nicht mehr sehr oft. Plötzlich begann ich zu lachen. Sie sah mich erstaunt und irritiert an.

„Ingrid, ich lache nicht über dich. Ich lache über mich. Du weißt, die Scheidung von meiner ersten Frau erfolgte eigentlich, weil ich auswanderte. Hitler scheint etwas dagegen zu haben, daß ich verheiratet bin."

Also Scheidung.

Aber wie? In New York konnte man sich damals nur nach erwiesenem Ehebruch scheiden lassen – das war eine heikle, schwierige, unsaubere und kostspielige Sache: man mußte einen Ehebruchspartner engagieren. In anderen Staaten waren Scheidungen ebenfalls kompliziert. Am einfachsten waren sie im Städtchen Reno im Staate Nevada. Alles, was dort nötig war: man, daß heißt einer der Partner, mußte sechs Wochen dort gelebt haben. Damit war er automatisch „Einwohner" geworden und konnte am dreiundvierzigsten Tag die Scheidung beantragen, die gewährt wurde, falls die Gegenseite nicht protestierte.

Also Scheidungen zur Hebung des Fremdenverkehrs.

Ingrid konnte sich nicht sechs Wochen nach Reno setzen, sie hatte ja eine Stellung. Ich konnte es eigentlich auch nicht, aber die Naval Intelligence half mir. Ich fuhr nach Reno, nahm ein Hotelzimmer, und am zweiten Tag holte mich eine Marineordonnanz ab. Ich würde, so hieß es, in der nächsten Zeit viel für die Naval Intelligence – im Staate Nevada, versteht sich – zu tun haben. Ich befand mich also offiziell immer in Nevada, obwohl ich in Washington und gelegentlich in Hollywood war, das sehr nahe – nicht einmal eine Flugstunde – bei Reno lag.

Am dreiundvierzigsten Tag kam also mein Fall vor Gericht. Der

Richter ließ mich, den Hotelportier und den Offizier der Naval Intelligence bestätigen, daß ich ununterbrochen sechs Wochen im Staate Nevada gelebt hätte. (Lauter Meineide.) Es dauerte vielleicht fünf Minuten, diesen „Beweis" zu erbringen. Eine weitere Minute verging damit, daß mein Anwalt die Scheidung verlangte – wegen „mental cruelty", seelischer Grausamkeit. Eine weitere Minute verging damit, daß ich ausführte, meine Frau zeige seelische Grausamkeit, denn sie lasse mich nachts nicht lesen, was für mich beruflich sehr wichtig sei.

Ingrids Anwalt, der Sozius des meinen – so ging das in Reno vor sich –, benötigte zehn Sekunden, um „keine Einwände" zu erheben, der Richter dreißig Sekunden, um die Scheidung auszusprechen.

Im Hinausgehen hörte ich den Richter eine Dame fragen, wo sie die letzten sechs Wochen verbracht habe.

Ich trank mit den beiden Anwälten einen Whisky-Soda im nahegelegenen River Side Hotel – viel Zeit hatten sie nicht. An diesem Morgen standen ihnen noch mehrere Scheidungen bevor. Ich hatte auch wenig Zeit. Mein Flugzeug nach Washington startete in einer knappen Stunde.

22
Krieg aus nächster Nähe

Ich betrat wie immer, wenn ich nach Washington kam, zuerst mein Büro, bevor ich bei Coggins antrat. Das heißt, diesmal betrat ich es nicht, ich versuchte nur, es zu betreten. Es war abgeschlossen. Ich wollte den Matrosen fragen, der das Büro bewachte, aber da war kein Matrose. Ich stand einen Augenblick ratlos vor der Tür, dann ging ich hinüber in das Büro von Coggins. Ich mußte im Vorzimmer einen Augenblick warten, auch das war ungewöhnlich.

Dann sagte die uniformierte Sekretärin: „Lieutenant-Commander Coggins läßt bitten."

Ich ging zu ihm hinein. Er sagte nicht „Guten Tag", er wies auch nicht auf einen Stuhl, er schrie mich, hochrot im Gesicht, an: „Woher wissen Sie?"

„Woher weiß ich – was?"

„Das mit der Invasion!"

„Ich weiß überhaupt nicht, wovon Sie sprechen!"

„Sie wissen wohl auch nicht, daß von Zeit zu Zeit alle unsere Schreibtische durchsucht werden? Alle, auch der meine, auch der von Captain Zacharias?"

„Nein, das wußte ich nicht. Es ist für mich auch ganz unwichtig."

„Auch, daß man Ihren Schreibtisch durchsucht?"

„Natürlich. Was kann man denn da finden?"

„Ein Manuskript!"

Mir begann etwas zu dämmern. In der Zeit, die ich in Washington verbrachte oder auch anderswo, arbeitete ich an meinem neuen Buch, „The Invasion of Germany". Die Grundidee des Buches war, daß der Krieg erst dann zu Ende sein würde, wenn die Alliierten auch die letzten Quadratmeter deutschen Bodens besetzt hätten – eine Hypothese, die sich drei Jahre später als durchaus richtig erweisen sollte. Ein Teil des Manuskripts war wohl bei einer der routinemäßigen Untersuchungen aller Büros der Naval Intelligence in meinem Schreibtisch gefunden worden.

Gewaltige Aufregung. Ich wurde zu Zacharias zitiert, und man drohte mir, mich wegen Hochverrats vor ein Militärgericht zu stellen. Ich verstand nicht, was man von mir wollte. Schließlich fragte mich Zacharias: „Nun sagen Sie einmal offen: Was wissen Sie von unseren Invasionsplänen?"

„Nichts!"

„Sie wissen nicht, daß wir in der nächsten Zeit . . ." Er unterbrach sich selbst. „Und wie kommt es, daß Sie dann ein Buch darüber schreiben?"

„Ich arbeite an einem Buch über die Invasion von Deutschland." Ich erklärte ihm, worum es sich handele.

Er schien sichtlich erleichtert. „Dann handelt es sich natürlich um Spekulationen! Und wie können Sie das beweisen?"

„Sie brauchen ja nur das Manuskript zu lesen. Ich nehme an, Sie haben es."

„Ja, wir haben es."

Und er zog eine Akte aus dem Schreibtisch, in der mein Manuskript lag, und offenbar auch eine Expertise über dieses Manuskript. Dann sah er auf. „Ich fürchte, wir haben Ihnen unrecht getan."

Die Sache war nämlich die:

Im geheimen wurde bereits die Invasion Nordafrikas vorbereitet. Nur wenige wußten davon, und ich zum Beispiel konnte und durfte davon nichts wissen. Aber der Titel meines Manuskripts hatte Zacharias und andere auf die Idee gebracht, daß ich eben doch etwas wüßte und sogar darüber schreiben wollte.

Allgemeines Händeschütteln. Ich war also doch kein Verräter.

Rückblickend muß ich immer wieder feststellen, wie erstaunlich viel ich während des Krieges gereist bin. Die meisten Menschen konnten ja damals entweder überhaupt nicht reisen oder nur unter Schwierigkeiten, und das galt sogar für die Amerikaner innerhalb des Landes, wenn die Schwierigkeiten auch nicht so groß waren wie in Europa. Immerhin . . .

In den dreißiger Jahren war ich bis zu sechsmal im Jahr zwischen Europa und New York unterwegs gewesen, immer mit Schiffen, versteht sich. Es gab kaum einen großen Dampfer, außer den deutschen natürlich, die ich nicht kannte und wo man mich nicht kannte, denn ich hatte mir einen besonderen Reisestil zugelegt – es lohnte sich ja. Ich aß stets allein an einem kleinen Tisch im Speisesaal. Ich nahm an keiner der unzähligen Veranstaltungen wie Tischtennis, Shuffle-Board, Bridgeturnieren teil. Mein Liegestuhl stand immer dort, wo keine anderen standen. Ich sprach niemanden an, und ich ließ mich auch nicht ansprechen. Diese transatlantischen Reisen waren ja meine einzige Erholung. Natürlich war ich auch in Europa viel hin- und hergereist – bis zum Ausbruch des Krieges.

Edgar, der mich oft zur Bahn brachte oder abholte, sagte einmal ganz richtig: „Unser Leben spielt sich auf Bahnsteigen ab."

Jetzt, im Krieg, fuhr ich entweder nach Washington oder flog nach Hollywood. Zweimal fuhr ich auf Schiffen nach England – das waren Truppentransporte nach Übersee. Die Dampfer waren grau gestrichen, alle Namenszeichen waren entfernt, auch die Aufschriften wie „Speisesaal" oder „Zum Sonnendeck". Und doch wußte ich jedesmal, auf welchem Schiff ich mich befand, ich kannte ja die Schiffe von früher her.

Meistens aber flog ich nach England. Das taten oder durften nur verhältnismäßig wenige, und nur solche, die nach Ansicht der Behörden „kriegswichtig" waren. Die hatten Priorität oder vielmehr Prioritäten, von denen es viele Stufen gab. Ich besaß eine ziemlich hohe Priorität, dank meinem Rang in der Naval Intelligence.

Ich wußte nie, wann ich fliegen würde. Manchmal wurde es mir erst ein oder zwei Stunden vorher mitgeteilt, und ich hatte daher, durch Erfahrung gewitzigt, in meinem Washingtoner Büro stets ein Suitcase stehen mit Pyjama, Zahnbürste und ein bißchen Wäsche. Übrigens ging es meistens nach London.

In London traf ich viele Emigranten und unter ihnen Freunde von früher. Etwa den hochbegabten Feuilletonisten Hans Tasiemka, der wie ich am „12-Uhr-Blatt" gearbeitet hatte. Nach dem Krieg richtete er in London ein Archiv ein, das seither von zahlreichen englischen, deutschen und holländischen Zeitungen ständig benützt wird. Auch einen Beratungsdienst für Zeitungen und Fernsehanstalten. Alles ganz einmalig.

Ich traf auch Paul Markus, der als „Pem" schrieb. Er war fast unmittelbar nach Hitlers Machtergreifung nach Wien gefahren und von dort, als sich der Krieg abzeichnete, nach London.

Er war einst der erste Klatschkolumnist der deutschen Presse – jedenfalls glaube ich es. Der kleine kräftige Mann kannte jeden und wußte, wo einer oder eine spielte oder schrieb, oder wer mit wem ... In Wien war er auf die originelle Idee verfallen, jede Woche oder vielleicht auch jede zweite einen „Privatbericht", später in London „Private Bulletin", herauszugeben. So erfuhren wir, die Emigranten, wo die anderen Emigranten steckten, wer welche Erfolge hatte und vieles andere mehr. Er wußte einfach alles. Und so half er uns, Kontakt miteinander zu halten.

Wann immer ich in London war, erzählte er mir die neuesten Geschichten und preßte mich nach Material aus: Was tat Lubitsch? Wo steckte Vicki Baum? Hatte der letzte Film von Fritz Lang Erfolg gehabt?

Einmal wurde ich von London nach Algier geflogen, oder vielmehr zu einem Militärhafen etwa hundert Kilometer von der Stadt entfernt. Ich wäre über dieses Flugziel erstaunt gewesen, hätte ich nicht durch die Geschichte mit der „Invasion of Germany" von der kommenden Invasion in Afrika etwas geahnt.

Das waren abenteuerliche Tage, die wir in Algier verlebten. Wir befanden uns zwar im unbesetzten Frankreich, aber es wimmelte dort nur so von Nazis, Saboteuren und Agenten, und Robert Murphy, der US-Generalkonsul, der die Landung der Truppen vorbereiten sollte, führte ein recht gefährliches Leben. Sein Mut und seine durch nichts zu erschütternde Ruhe waren um so imponierender, als er ja eine Rolle spielte, auf die er keineswegs vorbereitet war.

Murphy war nämlich Berufsdiplomat. Groß, schlank, sehr gut aussehend, mit viel Charme. Wir wurden schnell Freunde und sind es geblieben, denn wir sollten noch oft zusammen arbeiten, besser: ich unter ihm. Damals war ich für Bob eine Art Verbindungsmann zur Navy, einer von dreien übrigens.

Die Navy spielte bei der Invasion nur die Rolle des Transporteurs. Es handelte sich um eine „Army Show". Man weiß heute ja, wie glatt damals – Ende 1942 – alles ablief. Hochstimmung bei den amerikanischen Truppen, auch bei den Franzosen, soweit sie nicht Kollaborateure der Nazis waren. Besäufnisse, Festlichkeiten.

Eines Tages lief ich sozusagen in die Arme von Josephine Baker. Sie hatte geheiratet, einen reizenden jungen Franzosen, Sohn eines Großindustriellen namens Levy, im Krieg Flieger, der schon in den ersten Monaten abgeschossen worden war. Sie hatten sich nach Algier abgesetzt.

„Ich gebe morgen abend eine Gala-Soiree für die Amerikaner. Du mußt natürlich kommen!"

Ich kam. Die Sache fand in einem riesigen Saal statt, voll von amerikanischen und französischen Offizieren und Soldaten. Eine Jazzband spielte, und Josy trat auf, in einem goldenen Abendkleid. Jubel. Sie sang ein Chanson. Stärkerer Jubel. Sie verschwand. Erst nach etwa fünfzehn Minuten kam sie wieder. In einem anderen Kleid. Abermals Jubel. Zweites Chanson. Enormer Jubel. Pause von fünfzehn Minuten. Sie trat in einer neuen Création auf. Jubel, Chanson, Jubel. Als sie wieder abgegangen war, gingen auch schon einige wenige Zuschauer.

Nach dem vierten Chanson oder nach der fünften Toilette strömten bereits Hunderte zu den Ausgängen. Nach dem zehnten Kleid waren wir nur noch ein kleiner Kreis. Wir hatten das Gefühl, der Oper „Parsifal" beigewohnt zu haben. Josy weinte bitterlich, als ich sie in ihrer Garderobe besuchte. Sie war nicht dazu gekommen, alle ihre Kleider herzuzeigen. „Und ich hatte es doch so gut gemeint. Ich dachte, es würde den Jungen Spaß machen!"

Ich traf Murphy in London wieder – es war wohl achtzehn Monate später. Und dann kam sein Vorschlag, mit Allen Dulles „zusammenzuarbeiten", und meine etwas abenteuerliche Reise in die Schweiz und die folgenden „Besuche nach Deutschland", über die ich ja schon berichtet habe.

Als es mir nach meinem Zusammenbruch in Zürich wieder besser ging, riet mir Dulles telephonisch, doch ein paar Tage zur Erholung in die Berge zu fahren. Ich fuhr nach Davos. Der Ort war übrigens ganz leer. Und bald fühlte ich mich gesünder denn je.

„Wenn Sie wollen, können Sie in der Schweiz bleiben", sagte Dulles wieder über das Telephon. Nur wollte er nicht, daß ich nach Bern käme.

„Und was könnte ich für Sie tun?"

„Ehrlich gesagt – nichts."

Heimliche Erkundigungsfahrten nach Deutschland hätten doch immer wieder nur die gleichen Resultate ergeben: die Deutschen waren kriegsmüde, die Popularität der Männer an der Spitze schwand rapide, aber es gab keinerlei Anzeichen dafür, daß die Deutschen revoltieren würden oder auch nur wollten.

Übrigens sah ich Dulles dann doch noch in Zürich, wohin er ein paar Tage später kam. „Eine Frage, die ich nicht am Telephon stellen wollte: Halten Sie es für möglich, daß es innerhalb der Armee Widerstände gegen Hitler gibt?"

„Ich halte es für möglich. Aber Genaueres weiß ich nicht."

Er schien irgend etwas zu wissen oder doch zumindest einen Tip bekommen zu haben.

„Sie hatten ja keine Gelegenheit, mit hohen Militärs zu sprechen, als Sie drüben waren . . .?"

„Natürlich nicht. Und wenn, würden Sie ja wohl kaum einem Unbekannten etwas dieser Art erzählt haben."

„Warum glauben Sie dann, daß Militärs gegen Hitler . . .?"

„Ich habe nicht gesagt, daß ich es glaube, ich habe gesagt, daß ich es für möglich halte."

„Warum?"

„Weil höheren Offizieren militärisch nichts vorzumachen ist. Sie müssen doch wissen, daß der Krieg längst verloren ist. Unter sich reden sie sicher auch darüber."

„Sie meinen, diese Herren, die Hitler so lange geduldet haben . . ."

„Für mich war es immer ein Rätsel, daß er ihnen sympathisch war oder vielleicht noch ist. Ich glaube das allerdings nicht. Wenn sie ihn geduldet haben, so, weil er Erfolg hatte. Innerhalb Deutschlands. Beseitigung der Arbeitslosigkeit. Im Krieg – Polen, Frankreich, Norwegen, Dänemark, Belgien, Holland."

„Und jetzt, wo sich die Niederlage abzeichnet?"

„Ja, ich könnte es mir vorstellen, daß sie jetzt losschlagen. Ich persönlich glaube es allerdings nicht. In Deutschland wird Gehorsam groß geschrieben."

Allen Dulles stand schon auf. „Mein Zug geht in einer halben Stunde."

„Ich möchte auch von hier weg. Ich möchte wieder nach London."

„Warum nicht zurück nach Washington?"

„Ich möchte mit dabei sein. Jetzt, wo sich der Krieg seinem Ende nähert."

Meine Reise nach London zu arrangieren war relativ einfach für Dulles. Der sehr dicke und relativ gemütliche US-Generalkonsul in Zürich schickte von Zeit zu Zeit US-Flieger, die in der Schweiz notgelandet und dort – wie es das Völkerrecht vorschrieb – interniert worden waren, per Flugzeug nach Lissabon. Das war zwar – offiziell – von den schweizerischen Behörden streng verboten, aber die schlossen die Augen und, was die Proteste der Berner Nazi-Botschaft anging, auch die Ohren.

Auf einem der nächsten Transporte befand auch ich mich.

In London erwartete mich eine Überraschung: das nicht mehr ganz taufrische Kabel einer amerikanischen Presseagentur, die mir zu beachtlichen Bezügen anbot, ihr dreimal pro Woche einen Artikel zu kabeln. Ich wollte schon absagen, als Bob Murphy geradezu dringlich zur Annahme riet. „Eine solche Tarnung kann immer von Nutzen sein", sagte er.

Das war in einem amerikanischen Offiziersklub im West End von London. Ein General, der neben ihm saß, nickte. Er war ein eher kleiner, drahtiger Mann mit einem intelligenten Gesicht und überaus wachen Augen. Sein Name: Lucius D. Clay. Damals ahnte ich noch nicht, welche Rolle er in meinem Leben spielen sollte. Er bemerkte nur trocken: „Kann sein, daß Sie die Arbeit, die Sie für Allen gemacht haben, noch einmal machen müssen. Und je weniger Leute wissen, daß Sie nicht nur Reporter sind, desto besser. Übrigens kann auch ich Sie in nächster Zeit ganz gut brauchen."

Ich machte ein verständnisloses Gesicht. „In der nächsten Zeit, Sir . . .?"

„Nun ja, wenn wir in Deutschland sind."

In nächster Zeit . . .

Es dauerte fast noch ein volles Jahr, bis es zur Invasion kam. Über die ist ja viel geschrieben worden, und zwar von Leuten, die behaupten, auf einem der ersten Schiffe gewesen zu sein. Ich will das von mir nicht sagen, ich weiß überhaupt nicht, auf dem wievielten Schiff ich war – ich weiß nur noch, daß die Schiffe so eng nebeneinander herfuhren, daß man das Wasser des Kanals kaum sehen konnte. Ich mußte unwillkürlich lachen, als ich im Radio Goebbels erregt ausrufen hörte, die Deutschen würden die Invasoren ins Wasser zurückwerfen. Er hätte uns bestenfalls aufs nächste Schiff zurückwerfen können.

Aber auch das konnte er nicht.

Kaum an Land, wurde ich zu Clay gerufen. „Welchen Eindruck wird die Invasion auf die Deutschen machen?"

„Sie wird die Glaubwürdigkeit des Regimes noch stärker erschüttern. Hitler hat schließlich versprochen, daß es nie zu einer Invasion kommen wird."

„Und wenn die Sache für uns schiefgeht?"

„Das wäre mehr als eine militärische Katastrophe."

Clay, grimmig: „Sie wird nicht schiefgehen."

Das bewiesen die nächsten Wochen. Und nicht zuletzt ging das Verdienst daran auf das Konto Clays. Er war sozusagen der Architekt der Invasion, was wenige wissen. Ich erinnere mich, daß Eisenhower – ich war damals als Korrespondent seinem Stab zugeteilt – sehr aufgebracht war, als man ihm sagte, die Räumung des Hafens von Le Havre, den die Nazis durch versenkte Schiffe blockiert hatten, würde mindestens drei Wochen in Anspruch nehmen.

Clay wurde gerufen und schaffte es in genau sieben Tagen.

Um diese Zeit war Paris längst befreit, das alliierte Hauptquartier befand sich bereits im Hotel „Trianon" nahe Versailles, und wir Korrespondenten saßen im Hotel „Scribe" in Paris. Warum? Das war das Hotel der deutschen und Deutschland verbündeten Korrespondenten gewesen. Das Hotel „Scribe"! Dort hatte ich immer gewohnt, wenn ich in den dreißiger Jahren von Amerika herüberkam. Dort kannte mich jeder Portier und jeder Liftjunge. Ich wurde behandelt wie ein König – ansonsten war man im „Scribe" nicht gerade begeistert von der neuen „Besetzung".

Ein anderes Wiedersehen: Edgar, der sich jetzt Joubert und nicht mehr Katz nannte, hatte sich bei Kriegsausbruch freiwillig zur Fremdenlegion gemeldet, dort allerlei nicht allzu Lustiges durchgemacht, war schließlich entlassen worden – dank der Intervention einer schweizerischen Zeitung – und hatte sich nach Marseille durchgeschmuggelt, just in dem Augenblick, als die Deutschen dort einrückten. Sie besetzten ja nun auch das „garantiert" unbesetzte Frankreich. Edgar war untergetaucht – neuer Name, eben Joubert, den er dann übrigens beibehalten sollte, falsche Papiere, Mitarbeiter an einer Untergrundzeitung. Er war schließlich nach Paris gekommen, zuerst an ein kommunistisches Blatt, ging aber bald, übrigens auch auf meinen dringenden Rat hin, zu „Paris-Presse", einem gehobenen Boulevardblatt.

Er hatte viele Abenteuer bestanden, zahlreiche Gefahren hinter sich, aber davon sprach er kaum und brüstete sich nie damit. Er war der alte geblieben und blieb es auch später. Seine – bemerkenswerte – Stärke: sich nie, auch nicht durch die erschütterndsten Ereignisse und Erlebnisse, aus der Fassung bringen zu lassen. Der ehemals brillante Sportjournalist war nun auch ein vorzüglicher Allround-Journalist und wurde bald als solcher bekannt. Er war ja nicht mehr Emigrant, sondern Franzose und hatte mehr und härter für Frankreich gekämpft als die meisten Franzosen.

Ich dachte an Ewald. War er überhaupt noch am Leben? Wo mochte er stecken? War er Arzt in der Roten Armee geworden? Wann würde ich ihn wiedersehen?

Ich hatte noch in Washington ein Buch über Goebbels angefangen, das heißt ich hatte angefangen, Material über ihn zu sammeln. Nach meiner Meinung war Goebbels nicht nur die interessanteste Figur des Dritten Reichs, er war es auch – nicht Hitler oder Himmler –, der durch seine skrupellose, aber geniale Propaganda die Deutschen so lange und immer noch bei der Stange hielt. Ich war im Begriff, so etwas wie ein Goebbels-Spezialist zu werden, und als ich eine bestimmte Rede – gegen Ende 1944 – von ihm las, sagte ich zu Eisenhower und Clay, es würde mich gar nicht wundern, wenn die Deutschen in den nächsten Tagen eine neue Offensive starteten. Denn die ganze Richtung seiner Propaganda in diesen Tagen deutete darauf hin, daß die Deutschen etwas unternehmen würden. Wenn Hitler das nicht beabsichtigte, hätte Goebbels anders gesprochen und seine Zeitungen hätten einen anderen Ton angeschlagen.

Die Generäle lächelten, und auch die amerikanischen Zeitungen, die von meiner Agentur beliefert wurden, druckten den betreffenden Artikel, das heißt, den mit der „Prophezeiung", nur mit Vorbehalt.

Eine Woche später: die Ardennen-Offensive. Eisenhower sah mich etwas komisch an. Clay sagte so ganz nebenbei: „Können Sie auch Karten legen?" Er hielt das Ganze eher für ein zufälliges Zusammentreffen.

In diesen Tagen kam auch Pierre Lazareff nach Paris zurück. Er war, als die Nationalsozialisten Frankreich besetzten, mit seiner Frau, einer außerordentlich begabten und bezaubernden Journalistin namens Helène Gordon, via Lissabon nach Amerika geflohen. Ich hatte ihn drüben oft gesehen; unsere Freundschaft wurde durch die Tatsache nicht tangiert, daß der „Paris-soir" vorübergehend – er ging dann ganz schnell ein – von ganz anderen Leuten gemacht wurde, die mich natürlich nicht brauchen konnten. Man stelle sich vor: eine französische Zeitung unter Nazikontrolle, in der ein deutscher Emigrant schreibt!

Pierre war dann von der Propagandaabteilung der amerikanischen Armee angestellt worden und hatte jahrelang die Propagandasendungen nach Frankreich überwacht, teilweise auch selbst geschrieben. Jetzt kam er wieder und übernahm innerhalb eines Tages – nicht nur mit Duldung, sondern auf Wunsch der westlichen Alliierten – eine kleine Widerstandszeitung, die aus einem einzigen, beidseitig bedruckten Blatt bestand. Sie war eine von ungefähr zwei Dutzend, die es damals in Paris gab.

Er machte auch noch aus diesen zwei Seiten etwas, und wenig später nannte er dieses Blatt „France-soir". „Paris-soir" durfte er es nicht nennen, denn es bestand bereits ein französisches Gesetz, daß der Name einer Zeitung, die in der Besetzungszeit erschienen war, nicht wieder verwendet werden dürfe. Der einzige alte Name, der weiterhin auf einer Zeitung stand, war „Figaro". Aber der hatte eben an dem Tag, an dem Hitler Paris betrat, sein Erscheinen eingestellt.

Natürlich wurde ich einer der ersten neuen Mitarbeiter am „France-soir". Und ich schickte auch Meldungen aus Deutschland, wohin ich als amerikanischer Korrespondent flog.

Mein ständig wechselnder Standort: das Hauptquartier der Sixth Army, Seventh Army-Corps unter General Bradley. Ein Glücksfall, wie sich bald herausstellen sollte.

Ich hatte von den Bombardierungen deutscher Städte gelesen und war von England aus sogar einige Male als Beobachter in amerikanischen Bombern mitgenommen worden. Aber ich müßte lügen, wollte ich von starken Eindrücken sprechen. Draußen Nacht, nur für Augenblicke taghell erleuchtet durch die Flak. Die deutschen Geschütze erreichten uns übrigens niemals. Kurze Befehle via Mikrophon. Ich hatte nicht das Gefühl, in Gefahr zu sein, obwohl das ohne Zweifel der Fall war. Alles wirkte viel zu anonym. Ähnlich erging es mir nach der Invasion mit Panzern und Jeeps. Natürlich hatte ich wie alle einen Stahlhelm auf dem Kopf. Nur nahm ich ihn immer wieder ab – er war mir zu schwer – und verlegte oder verlor ihn denn auch prompt. Der in Frage kommende Offizier verpaßte mir stirnrunzelnd einen neuen Helm – vielleicht rettete er mir so das Leben. Die umherfliegenden Granatsplitter waren ja schließlich nicht ungefährlich.

Eisenhower, der zufällig davon hörte – seine Pressekonferenzen waren immer sehr informell – grinste: „Sie sind der teuerste Soldat unserer Armee! Was Sie uns an Helmen kosten, ist gar nicht auszurechnen!"

Aber ich hatte auch ohne Helm nie das Gefühl der Gefahr.

Wie gesagt, ich hatte von den Bombardierungen deutscher Städte gelesen – ohne besondere Gefühle. Warum sollten deutsche Städte nach englischen, belgischen oder französischen nicht bombardiert werden?

Jetzt sah ich, was geschehen war, aus nächster Nähe. So war das also! Ich war erschüttert, obwohl ich mir sagen mußte, daß die deutsche Luftwaffe ja mit den Bombardements der Städte angefangen hatte. Aber sicher wurden doch immer wieder die Unschuldigen getroffen. Um so mehr, als wir schon in Deutschland standen und alle Deutschen, die ich auf der Straße ansprach – sie erschraken heftig darüber: ein amerikanischer Offizier, der ein makelloses Deutsch sprach! –, mir versicherten, sie seien nicht in der Partei und schon immer gegen Hitler gewesen. Bis mir die Journalistin Dorothy Thompson einmal entgegenschleuderte: „Idiot! Sollen die etwa einem Amerikaner gestehen, daß sie Nazis sind? Warum denn?" So blöd konnte man sein.

Gelegentlich machte ich, wenn ich genug von Trümmern hatte, einen Ausflug in die Schweiz. Jetzt ging das ganz leicht, und der Ausflug war offiziell. Am ersten Abend ging ich ins Berner Stadttheater und sah Lortzings „Waffenschmied", eine leichte, komödiantische Oper. Wie schon berichtet: Ich heulte zum nicht geringen Erstaunen meiner Nachbarn den Abend durch. Es war seit so vielen Jahren das erste Mal, daß ich wieder deutsch spielen sah und hörte.

War Deutsch noch meine Muttersprache? Die „Weltwoche" aus Zürich, die in all diesen Jahren gegen Hitler geschrieben hatte, bat mich um Artikel. Warum nicht? Ich sprach so gut Deutsch wie eh und je. Aber als ich vor der Schreibmaschine saß, konnte ich keinen ordentlichen deutschen Satz zustande bringen. Es war wie verhext. Eine Sekretärin vom amerikanischen Generalkonsulat nahm meine Artikel auf englisch auf. Dann wurden sie übersetzt. Erst allmählich legte sich diese mir auch heute noch unerklärliche Hemmung vor dem Schreiben in deutscher Sprache.

Allen Dulles meldete sich noch einmal. Ich solle doch die Tochter Mussolinis, Edda Graziani, besuchen. Sie war mit den Tagebüchern ihres von den Faschisten, besser von ihrem eigenen Vater, wegen Verrats erschossenen Mannes während der letzten Kriegszeit in die Schweiz geflohen. Dort hatte man sie aufgenommen, aber die Schweizer Regierung legte natürlich Wert darauf, daß sie in der Öffentlichkeit nicht gesehen wurde. Das war aus vielen Gründen wichtig. Nicht zuletzt deshalb, weil man sie vielleicht umgebracht hätte, denn sie hatte eine nicht gerade passive Rolle in den Jahren der Faschisten und der Nazis gespielt.

Allen Dulles wußte natürlich, wo man sie „versteckt" hatte: Sie lebte in einem Sanatorium in einem winzigen Ort oberhalb von Montreux.

„Sehen Sie zu, daß Sie die Tagebücher bekommen!"

Ich fuhr also nach Montreux und mit einer Art Bergbahn, die in jenen Kriegszeiten selten verkehrte, nach dem betreffenden Ort. Ich sprach mit dem leitenden Arzt des Sanatoriums. Der war auf mein Kommen schon vorbereitet, er las die paar Zeilen, die mir Allen mitgegeben hatte, und bemerkte dann trocken: „Wenn es nach mir ginge ... übrigens weiß ich gar nicht, ob die Patientin Sie empfangen will."

Und ob sie wollte! Sie hatte seit Wochen niemanden gesehen außer dem Personal. Sie wußte nicht, was seither in der Welt, vor allem in Italien und Deutschland, vor sich gegangen war. Sie sah mich immerfort an und bemerkte schließlich: „Sie sehen ihm ähnlich!"

Ich verstand erst nicht. Dann wurde mir klar, daß sie mich mit ihrem Mann verglich. Es war zwar nicht unbekannt, daß sie ihm keineswegs treu geblieben war – und das beruhte auf Gegenseitigkeit –, aber jetzt, nach seinem häßlichen Tod – er hatte sich ungern erschießen lassen und sich dabei sehr feige benommen –, sah sie ihn wohl in jedem Mann.

„Die Tagebücher wollen Sie?"

Was ich denn damit anfangen wolle? Ich antwortete nicht ganz wahrheitsgemäß, mein Verlag wolle die Tagebücher herausbringen. Ironie des Schicksals: das geschah dann auch später. Allen leitete das Manuskript weiter an den Verlag Doubleday, nachdem er sie hatte photokopieren lassen.

„Die Tagebücher?" sagte sie noch einmal fragend. Ja, die könne ich haben – morgen früh.

Sie wollte die Nacht nicht allein verbringen.

Gerade als ich wieder nach Paris und von dort an die Front fliegen wollte, kam die Nachricht von Präsident Roosevelts Tod. Überraschend. Als wir die letzten Photos von ihm mit denen aus seiner ersten Präsidentschaftszeit verglichen, begriffen wir, wie krank er gewesen sein mußte. Ich war traurig, ich hatte einen guten Freund verloren. Ich war traurig, daß Roosevelt so kurz vor dem Ziel – der Vernichtung des Nationalsozialismus – hatte sterben müssen.

Ein paar Monate später wußte ich es besser. Der Tod im Angesicht des sicheren Sieges war wie der Tod von Moses, der das Gelobte Land nur noch sehen und nicht mehr betreten durfte. Ein paar Monate später – und Roosevelt hätte erlebt, wie verläßlich seine sowjetischen Verbündeten waren; ein Schock, eine bittere Enttäuschung, die alles, was er in den letzten Jahren unternommen hatte, in Frage stellte.

Wieder mit der Sixth Army. Heidelberg war verschont geblieben, auf Wunsch eines Mitgliedes der US-Regierung und, das munkelte man freilich erst später, weil die Amerikaner dort ihr Hauptquartier zu errichten gedachten. Ich glaube das übrigens nicht. Von meiner Heimatstadt Würzburg wurde später behauptet, man habe ihr nicht weniger als dreimal ein Ultimatum gestellt, sich zur offenen Stadt zu erklären. Davon wurde auch im Hauptquartier Eisenhowers gesprochen. Später erklärten einige Historiker – beileibe nicht alle –, solche Ultimaten seien nie gestellt worden, es sei nur ganz allgemein ein Ultimatum an alle deutschen Städte ergangen – von Eisenhower, natürlich –, sich zu ergeben. Aber es wäre nur logisch gewesen, wenn Würzburg sich zur offenen Stadt erklärt hätte. Denn die in einem Talkessel gelegene Stadt war wirklich nicht zu verteidigen.

Wie dem auch sei: Würzburg wurde von den Briten im März 1945 bombardiert. Die Sache dauerte zwanzig Minuten, und dann gab es wenig mehr als Trümmer. Als dann rund vier Wochen später das Seventh Army Corps der Sixth Army sich anschickte, Würzburg zu erobern, wäre es immer noch vernünftig von den Deutschen gewesen, keinen Widerstand zu leisten. Aber der Gauleiter, ein Zahnarzt namens Helmuth, wußte es besser. Er wollte die Stadt, besser die Trümmer, bis zum letzten Blutstropfen verteidigen – wenn auch nicht dem seinen.

Als die Trümmer nach sechs Tagen wilden Kampfes schließlich erobert wurden – ich wanderte mit einigen Offizieren fassungslos durch die Ruinen –, war vom Gauleiter keine Spur mehr zu finden. Damals erklärten die überlebenden Würzburger, sie würden ihn, falls sie ihn fänden, in Stücke reißen.

Sie fanden ihn damals nicht. Er landete in einem Lager. Nach ein paar Jahren Haft ließ er sich in Kassel als Zahnarzt nieder. Bis Ende der sechziger Jahre, vielleicht auch länger, kam er alljährlich nach Würzburg, wo er bei diesen Gelegenheiten wie ein Held gefeiert wurde.

Niemand hielt ihm vor, daß er ganz allein schuld sei an der Zerstörung einer der schönsten Städte Deutschlands. Niemand dachte mehr daran, ihm ein Haar zu krümmen. So kurz ist das Gedächtnis der Menschen.

Und als ich in den sechziger Jahren einmal nach Würzburg kam, erzählte mir der Taxifahrer, der mich zum Hotel brachte, die Stadt sei nicht mehr so schön wie früher, und das sei die Schuld der amerikanischen „Hunde".

Ende April, Anfang Mai 1945 kamen wir dann schließlich nach Dachau und von dort zu dem berüchtigten Konzentrationslager, von dessen Existenz die wenigsten der nur ein paar Kilometer entfernt wohnenden Augsburger etwas gewußt haben wollten. Die Straße verlief parallel zu Eisenbahnschienen, und auf ihnen stand ein endlos langer Güterzug, und auf den Waggons standen so eng zusammengepfercht, daß sie nicht fallen konnten, die Leichen von KZ-Sträflingen, die aus einem anderen KZ, vermutlich Buchenwald, vor den anmarschierenden Russen „gerettet" werden sollten und unterwegs verhungert oder erfroren waren.

Von einem Turm im KZ Dachau wehte eine weiße Flagge. Als die ersten unserer Soldaten das Lager betraten, wurden sie von einem Maschinengewehr hinter der weißen Fahne beschossen. Einige der Unsrigen erlitten Verletzungen. Fünfzehn Minuten später standen die mutigen Schützen der Lagerwache an einer Mauer. Ihr Ende.

Im Lager begegneten uns nur Gestalten, wie wir sie auf den Eisenbahnwaggons gesehen hatten. Ich hätte es nie für möglich gehalten, daß Menschen so ausgemergelt sein können. Ein Pressephotograph knipste. Ein Kameramann kurbelte. Plötzlich rief jemand: „Warten Sie!" Es war ein KZ-Sträfling, der mit einem zweiten einen Kapo – so hießen die Wächter – herbeischleppte. Wieder die Stimme: „Jetzt filmen Sie!" Und dabei schnitt er dem Kapo die Kehle durch.

Inmitten des Rondells stand ein anderer Kapo. Es gab keine Möglichkeit des Entkommens für ihn, denn das Rondell war von Häftlingen umstellt. Obwohl es Anfang Mai war, begann es zu schneien. Als ich viele Stunden später an derselben Stelle vorbeikam, war der Kapo schon fast zugeschneit. Man ließ ihn wohl erfrieren.

Unmenschlichkeit? Man muß die aufgestapelte Wut der Insassen bedenken und unsere Empörung über ihren Zustand.

Ich konnte diese spontane Empörung damals nicht nachfühlen. Ich lebte damals und in den folgenden Wochen wie in Trance. Ich hatte das Gefühl, mein Verstand habe ausgesetzt.

Ungefähr vierzehn Tage später kehrte ich noch einmal nach Würzburg zurück. Ich wollte mir alles gründlicher ansehen. Diesmal übermannte mich doch der Schmerz. Ich fand übrigens niemanden mehr, den ich von früher her kannte. Dann erkundigte ich mich nach Rosa. Ja, jemand erinnerte sich an Rosa und daran, daß sie bis zuletzt in Würzburg gearbeitet hatte. Und dann fuhr ich mit meinem Jeep in ein etwa zwanzig Kilometer entferntes Dorf namens Bastheim, wo Rosa geboren war und wo ihre Familie noch lebte, um mich nach ihr zu erkundigen. Dort erfuhr ich, daß sie an jenem Katastrophentag in Würzburg gewesen sei, und seit dieser Zeit habe man nichts mehr von ihr gehört.

Ich erfuhr auch, wieder ein paar Wochen oder Monate später, daß sie in dem Keller des Hauses, in dem wir so lange gelebt hatten und in dem ich, nicht zuletzt von ihr, großgezogen wurde, elend verbrannt war. Ich ging in den Keller. Der GI, der mich begleitete, ließ seine Taschenlampe über den Boden schweifen. Alles war wie von weißem Mehl zugedeckt.

„Was Sie da sehen, Sir, dieses Weiße, das sind verbrannte Menschen. Oder genauer gesagt, verbrannte Knochen. Wir haben das immer wieder feststellen können."

Ich starrte auf das, was von Rosa übriggeblieben war.

23
Trauermarsch

Ich hörte ungefähr zehn Takte der Musik, die aus dem Radio kam, dann sagte ich: „Hitler ist tot!" Am Abend des Tages, nachdem wir Dachau „genommen" hatten, unweit des Lagers, im Städtchen Dillingen. Genauer: im Pressehauptquartier der Sixth Army. Amerikanische Soldaten hatten für uns eine Schule räumen lassen und uns in einem Klassenzimmer installiert. Da Verdunkelung obligatorisch war – es war ja noch Krieg –, hatten wir Kerzen entzündet. Die Kollegen saßen in ihren Mänteln vor den Schreibmaschinen. Ein Radio lief – es konnte ja sein, daß wichtige Nachrichten durchgegeben wurden. Aber das Radio blieb lange Zeit stumm, und dann, wie gesagt, kam plötzlich diese Musik, die mich aufschnellen ließ und dazu veranlaßte zu erklären, Hitler sei tot.

Die Kollegen starrten mich an. „Woher willst du das wissen?"

Ich hörte nur auf die Musik. Eine mir, wenn auch wohl nicht den anderen wohlbekannte Musik. Als sie schließlich endete, Stille. Dann eine Stimme: „Der Führer ist tot!"

Die Kollegen bestürmten mich jetzt: „Wie konntest du das wissen?"

Und ich: „Es war doch der Trauermarsch aus der ‚Götterdämmerung'!"

„Na und?"

„Siegfrieds Tod, der Trauermarsch!"

Man mußte wohl in Deutschland aufgewachsen sein, um die Zusammenhänge zu begreifen. Und der Größenwahn noch im Untergang.

Eine halbe Stunde später machten wir Schluß mit der Arbeit. Wir überquerten die Straße und betraten ein kleines Hotel. Auch das war am Tag zuvor von uns requiriert worden, also leer. Ich stieg in den ersten Stock hinauf und öffnete eine Tür. Das Bett war bereits durch einen Kollegen besetzt. Das nächste Zimmer war leer. Ich legte mich zu Bett – angezogen wie ich war, und klapperte mit den Zähnen. Es war erbärmlich kalt. Aber ich fühlte mich unendlich glücklich. Ich glaube, dies war die glücklichste Stunde meines Lebens. Daß ich das noch hatte erleben dürfen! Das Untier war verreckt. Der Spuk war zu Ende. Nun würde alles gut werden!

Glaubte ich damals. Freilich nicht allzu lange.

Am nächsten Morgen redete mich beim Frühstück in der Kantine ein GI an. „Sie waren doch auch dabei in Dachau, nicht wahr?"

Ich nickte.

Er sprach weiter: „Ich stamme nämlich aus Texas. Und eigentlich geht mich das alles, was sich da in Deutschland abgespielt hat, gar nichts an. Aber wenn ich das, was wir da sahen, vorher gewußt hätte" – er sprach von den ausgemergelten Gestalten –, „ich glaube, ich hätte jeden Deutschen totgeschlagen, den ich getroffen habe."

„Nicht jeder Deutsche war schuld."

„Alle waren schuld. Das denke nicht nur ich, so denken wir alle."

Weiter. München, das sich kaum widersetzt hatte, war am Vortage genommen worden. Ich konnte es kaum wiedererkennen. Hatte ich hier nicht einmal studiert? Hatte hier nicht einmal meine große Liebe Theater gespielt?

Weiter. Tegernsee, wo sich angeblich SS-Leute verschanzt hatten. Hier oder in der Umgegend. Übrigens keine Spur von ihnen. Hingegen sonnte sich auf der Strandpromenade der mir schon lange bekannte Kabarettist Wilhelm Bendow. Ich rief ihm von dem Panzer, auf dem ich hockte, zu: „Was machen Sie denn hier?"

Und er, stets ein Hitlergegner und zeitweise verboten, ironisch die Hand zum Deutschen Gruß erhoben: „Immer dem Sieg entgegen!"

Ich hatte Angst um ihn, jeder GI hätte ihn abknallen können.

Ein paar Kilometer weiter. Jetzt regnete es. Drei deutsche Generale standen vor einer Wirtschaft. Einer lief auf unseren Panzer zu: „Sagen Sie bitte, wo kann man sich hier ergeben?"

„Bei uns nicht!" antwortete ich ungerührt.

Am VE (Victory in Europe)-Tag trafen wir in Berchtesgaden ein. In der Nacht besoff ich mich fürchterlich. Leider nicht mit Bier oder Wein. Ich weiß eigentlich nicht, warum. Denn in Berchtesgaden und Umgegend lagen ja die, allerdings zum Teil zerbombten, Häuser der Parteigrößen, und ihre Keller waren gut gefüllt. Ich erwischte bedauerlicherweise nur eine Flasche Cointreau. Eigentlich mochte ich das süße Zeug gar nicht. Aber jetzt war mir alles recht. Ich trank die ganze Flasche aus.

Gegen Morgen erwachte ich aus einem todesähnlichen Schlaf. Ich hatte entsetzliche Kopfschmerzen, aber sie legten sich nach einem Spaziergang in der kalten, klaren Bergluft des Ortes. Später ließ ich mich mit einem Jeep zum halb zerstörten Berghof Hitlers fahren. Das berühmte überdimensionale Fenster war jetzt ohne Glas, aber die Landschaft, die man durch den Rahmen sah, war unverändert herrlich.

Dorothy Thompson, die mit von der Partie war, konnte sich nicht sattsehen. Schließlich rief sie aus: „Was für ein Idiot dieser Hitler doch war! Dies alles zu haben und einen Krieg zu beginnen!"

Das Ganze war irgendwie gespenstisch. Auch, daß sich in der riesigen Villa und in den umliegenden Gebäuden, die wohl für Gäste und Dienerschaft errichtet worden waren, nicht eine Menschenseele befand. Selbst auf der von Hitler eigens für seine Gäste gebauten Straße nach Berchtesgaden war niemand zu sehen – der Ort war wie leergefegt. Wo sich die Einwohner wohl befanden? Waren sie geflüchtet? Und wenn, wohin?

Der Punkt, den ich 1942 prophezeit hatte, war ja erreicht. Es gab keinen Quadratmeter deutschen oder österreichischen Bodens mehr, der nicht besetzt war. Berchtesgaden und das benachbarte Salzburg waren unter den letzten noch nicht besetzten Orten gewesen. Ich begriff: Die Einwohner hatten Angst. Schließlich war Berchtesgaden immer irgendwie mit Hitler identifiziert worden. Würden sie es zu spüren bekommen? Jetzt, da sie sich in der Hand des „Feindes" befanden?

Ein paar Stunden später besichtigten wir einen Zug, der auf einem Abstellgleis stand: Zehn oder fünfzehn Wagen, vollgestopft mit Kunstschätzen, die Göring sich zusammengestohlen hatte. Wohin sollte der Zug eigentlich fahren? Auch Görings Berchtesgadener Haus war voller kostbarer und interessanter Gegenstände.

Ich requirierte – oder, wie wir damals sagten: „befreite" – zwei Bettlaken mit eingewebten Hakenkreuzen. Schon in Paris nahm Jean Cocteau sie mir wieder ab. „Auf so was wollte ich schon immer schlafen!" begründete er lachend seinen Raub.

Viel interessanter war für mich ein Album, in dem die Frau Görings, damals noch seine Freundin, die Schauspielerin Emmie Sonnemann, ihre Theaterkritiken eingeklebt hatte. Unter anderem auch meine Kritik über ihr erstes Berliner Auftreten. Ich bescheinigte ihr darin, keine besonders gute Schauspielerin zu sein.

Noch jetzt, nach zwölf Jahren, erschrak ich über meinen Mut, die damalige offizielle Freundin Görings zu verreißen.

Einige Tage später holte mich einer der jungen Männer unserer Intelligence nach Linz. Dort führte er mir einen Mann vor, der nur noch Haut und Knochen war. Kein Wunder, denn er war erst vor wenigen Tagen aus einem Konzentrationslager befreit worden.

„Wir müssen ihn von hier wegschaffen!" sagte unser Mann. „Die Linzer überhäufen ihn mit Drohungen. Sie werden ihn noch umbringen!"

„Warum?"

„Weil er mit uns zusammenarbeitet. Weil er uns Tips gibt, wo wir versteckte Nazis finden können . . ."

Der Mann sagte: „Sie müssen Eichmann finden!"

„Eichmann?"

„Ja. Den Judenmörder!"

Ich muß gestehen: ich hatte damals noch keine Ahnung, wer Eichmann war. Der Mann wurde so dringlich, sprach immer nur von diesem Eichmann, daß ich schon glaubte, er sei nicht recht bei Verstand. Auch in den nächsten Monaten – ich sah ihn immer wieder – sprach er unaufhörlich von Eichmann. Er faßte ihn dann auch – oder, genaugenommen, der israelische Geheimdienst faßte ihn, und dank der unermüdlichen Hilfe unseres Mannes viele andere Naziverbrecher. Ich sollte ihn in solchen Angelegenheiten noch oft sehen und sprechen.

Sein Name: Simon Wiesenthal, der mir ein Freund wurde.

Eine Nachricht Clays, kein Befehl, eher eine Anregung, die US-Zone zu bereisen. In meinem Jeep, der von einem GI gelenkt wurde, nahm ich Klaus Mann mit, der gerade als Reporter der Soldatenzeitung „Stars und Stripes" – er hatte den Rang eines Sergeanten – in München gelandet war. Beim Überschreiten einer Straße wäre er beinahe von einem Panzer überfahren worden. Er geriet ganz außer sich: „Man denke! Dann würde auf meinem Grabstein stehen: Geboren in München, gestorben in München – und kein Mensch würde ahnen, daß ich überall auf der Welt gewesen bin!"

Er meinte das ehrlich. Er war eben ein Snob.

Wir fuhren nach Bayreuth. Auf der Fassade des Festspielhauses ein Riesenplakat: „Tonight the master himself conducts – Heute abend dirigiert der Meister persönlich!"

Einigermaßen verblüfft ließ ich mich zu dem Stadtkommandanten fahren, einem Colonel, der in der leicht beschädigten Villa Wahnfried residierte. Der bestätigte, mit der Ankündigung habe es seine Richtigkeit. Auf meine Bemerkung, Wagner sei doch längst tot, machte er ein verständnisloses Gesicht. „Wagner? Ich spreche doch von . . ." und er sang: „Glowworm, Glowworm, lala, lala – Glühwürmchen, Glühwürmchen . . ."

„Das stammt doch von Paul Lincke!"

Und um den handelte es sich auch. Den hatte der Colonel, ein glühender Verehrer von Lincke-Melodien, in einem nahegelegenen Dorf entdeckt, wohin er von Berchtesgaden evakuiert worden war, und nach Bayreuth gebracht. Und der dirigierte heute abend seine uralten Schlager. Er und kein anderer war „the master himself".

Da ich nun schon einmal in der Villa Wahnfried war, erkundigte ich mich nach Winifred, der Witwe Siegfried Wagners. Sie hatte ja jahrelang die Festspiele geleitet.

„Die haben wir rausgeworfen!"

Es war nicht schwierig, von dem deutschen Hausmeister der Villa zu erfahren, wo sich Frau Winifred befand: in einem benachbarten Dorf. Dort fand ich sie auch – in einer winzigen, schlicht eingerichteten Wohnung, die ihr jemand überlassen haben mußte.

Das heißt, erst trat mir Richard Wagner persönlich entgegen. Jedenfalls sah der junge Mann mit dem goldblonden Haar genau so aus, wie der junge Richard Wagner ausgesehen haben mußte. Ich war verblüfft und entsetzt, als er den Mund auftat: er sächselte nämlich entsetzlich. Es handelte sich um Wolfgang Wagner, der mich zu seiner Mutter führte.

Winifred empfing mich – ganz große Dame. So, wie sie mich vor fünfzehn Jahren empfangen hätte, wenn sie mich damals überhaupt empfangen hätte. Diesmal konnte sie freilich eine solche Entscheidung nicht treffen. Auch nicht, was das Thema anging. Es handelte sich natürlich um Hitler. Sie sei ja mit ihm befreundet gewesen, nicht wahr?

„Gewiß, ich war mit ihm befreundet, und ich bin stolz darauf."

„Und das, was er getan hat?"

„Sie meinen die Politik? Ich habe mich niemals um Politik gekümmert."

„Und was haben Sie so Besonderes an Hitler gefunden?"

„Ach, wissen Sie, er war so nobel!"

Ich war nun doch verblüfft. Zum Abschied sagte ich: „Sie haben Mut. Außer Ihnen hat noch kein Deutscher oder gar eine Deutsche ein gutes Wort für Hitler übriggehabt."

Und sie: „Ich bin keine Deutsche. Ich bin Engländerin!"

Ich kann nicht verschweigen, daß mich das beeindruckte. Inzwischen hatte sie ja, gerade während diese Zeilen geschrieben werden, einen Film mit sich drehen lassen, in dem sie ganz offen über ihre guten Beziehungen zu Hitler sprach. Dieser Film hat mich weniger beeindruckt. Es braucht heute keinen Mut mehr, zuzugeben, daß man Hitler verehrt oder gar geliebt hat.

Weiter. Garmisch-Partenkirchen. Ich wollte Richard Strauss besuchen, der dort lebte. Er empfing uns sofort im Garten seiner Villa. Obwohl über achtzig, wirkte er noch elastisch und, je nachdem, streitbar oder konziliant. Was ihn jetzt noch in Wut versetzte: daß man ihm zuletzt beinahe, aber eben nur beinahe, Flüchtlinge in seine geräumige Villa setzen wollte. Es war nicht zu übersehen, daß Mitleid mit diesen armen Menschen ihm völlig fremd war.

Klaus Mann fragte, warum er, weltberühmt und überall gespielt, nicht emigriert sei. Lebhaftes Erstaunen. Er würde doch in Deutschland, Österreich und Italien an viel mehr Theatern aufgeführt als in England oder Amerika. Emigration wäre in der Tat ein schlechtes Geschäft für ihn gewesen. Kaum ein Wort der Kritik am Dritten Reich, obwohl er ja, das war uns schon bekannt, während der Dauer des Regimes gelegentlich recht defaitistische und dem Regime nicht angenehme Briefe geschrieben hatte, von denen einige der Gestapo in die Hände gefallen waren.

Auch uns gegenüber tat er eine kritische Äußerung: Seiner jüdischen Schwiegertochter hatte man den Jagdschein vorenthalten. Den Jagdschein? So nannte man früher den berüchtigten Paragraphen 51, der allen, denen er zugebilligt wurde, Straffreiheit infolge verminderter Zurechnungsfähigkeit garantierte. Aber der verweigerte Jagdschein bedeutete im Falle der jungen Frau Strauss, daß sie nicht jagen durfte. Man bedenke: Andere Juden wurden enteignet, vergast oder zumindest außer Landes getrieben; sie durfte nicht an Jagden teilnehmen! Wie schrecklich für Richard Strauss!

Zuletzt offerierte uns Strauss Autogramme. Klaus lehnte mit Entrüstung ab. Ich nicht – warum hätte ich den berühmten Greis, der uns eine Freude machen wollte, noch kränken sollen?

Salzburg. Zu meinem nicht geringen Erstaunen wohnte der berühmte Dirigent Clemens Krauss und seine Frau im Schloß Leopoldskron, das Reinhardt gehört hatte. Man hatte es diesem zwar abgenommen, aber moralisch gehörte es ihm immer noch und wurde später auch seinen Erben wieder zugesprochen.

„Ausgerechnet Sie wagen es, im Hause eines Juden zu leben?" fuhr ich ihn an. Er war ja schließlich ein engagierter Nationalsozialist gewesen – und ein übler Zeitgenosse.

„Wir sind schließlich ausgebombt."

„Und Sie müssen unbedingt in einem Schloß wohnen! Im Schloß eines Juden, wie gesagt!"

„Ich war nie Antisemit."

„Sie waren Mitglied der Partei. Und ein glühender Anhänger Hitlers."

„Ich gebe ja zu, daß Hitler Fehler gemacht hat. Besonders mit den Juden."

Ich ließ ihn stehen. Ich telephonierte mit dem nächsten amerikanischen Posten. Krauss und seine Frau wurden innerhalb von zwei Stunden aus Leopoldskron ausgewiesen.

Kurz darauf fuhr ich in einem amerikanischen Jeep, begleitet von dem kommunistischen Schriftsteller Johannes R. Becher, tief nach Schlesien hinein, nach Agnetendorf, um den schon sehr alten Gerhart Hauptmann zu besuchen. Das war damals noch möglich, obwohl Agnetendorf tief in der sowjetischen Zone lag. Ein paar Monate später wäre es nicht mehr möglich gewesen.

Gerhart Hauptmann empfing uns sogleich. Er sah eigentlich immer noch so aus, wie man ihn von Bildern kannte, nur schien er sehr schwach und müde zu sein. Für mich war er eine schwere Enttäuschung. Er hatte aus den letzten Jahren nichts gelernt. Ursprünglich, das heißt 1889 bis 1914, war er „Arbeiterdichter" gewesen – das, was man später „progressiv" genannt haben würde. Im Ersten Weltkrieg war er dann betont patriotisch gewesen, und in der Weimarer Zeit betont demokratisch.

Dieser große Dichter war nie ein großer Charakter, ja, es ist wohl kaum übertrieben zu behaupten, daß er keinen Charakter hatte. Das zeigte sich unter Hitler. Gerhart Hauptmann hätte Hitler und alles, was er predigte, verabscheuen müssen. Wer hatte ihn zu dem gemacht, was er wurde? Der Theaterdirektor Otto Brahm, Jude. Der Verleger S. Fischer, Jude. Der Kritiker Alfred Kerr, Jude. Der Regisseur Max Reinhardt, Jude.

Aber Hauptmann blieb in einem Deutschland, das die Juden ächtete, weil es für ihn bequemer und einträglicher war, als zu emigrieren. Nun gut, in Deutschland zu bleiben war vielleicht richtig für einen deutschen Dichter, der niemals außerhalb des deutschen Sprachbereichs wirkte. Aber den ganzen Nazirummel mitzumachen?

„Ich befand mich in einer inneren Emigration", erklärte er uns jetzt, „ich habe mehr gelitten als viele Emigranten!" Was nicht stimmte. Er ließ sich aufführen, er nahm seine Werke aus dem jüdischen Verlag Fischer, der ihn groß gemacht und viel Geld in ihn investiert hatte, und er ließ sich feiern; und wenn dies nicht geschah, so deshalb, weil die Nazis es nicht so gern wollten – sie mochten ihn nicht – und nicht etwa, weil er ihnen zu erkennen gab, daß er sie verabscheute.

Jetzt war es wieder einmal Zeit, umzufallen. „Die Russen", so sagte er leise, denn laut konnte er nicht mehr sprechen, „die Russen haben sich mir gegenüber großartig benommen!" Ich dachte an das, was ich über die Russen seit ihrem Einmarsch in Deutschland gehört hatte: Plünderungen, Vergewaltigungen, Brandlegungen.

„Das ist mir neu!" erklärte Hauptmann fast heftig. „Und davon glaube ich kein Wort. So etwas würden Kommunisten nie tun! Und ihr Respekt vor allem, was man Kultur nennen darf! Der sowjetische Oberst, der mir versprach . . ."

Und so weiter, und so weiter. Wenige Wochen später warfen die Russen den greisen Dichter aus seinem Haus.

Seine letzten Worte an uns: „Ich habe noch viel zu sagen. Ich meine, zu schreiben!"

Er hat nie wieder eine Zeile geschrieben. Er starb ja auch bald darauf.

München. Dort wurde ich durch Trude Hesterberg, eine mir seit langem bekannte Kabarettistin und Schauspielerin, die alle Welt kannte, in die Wohnung eines gewissen Ullmann geführt. Er trug eine amerikanische Uniform, aber ohne alle Insignien. Unter seinem Namen an der Eingangstür seiner Wohnung war vermerkt: „Amerikanischer Korrespondent."

Bei ihm versammelte sich täglich eine Schar hungriger Schauspieler und Schauspielerinnen, denn er hatte immer genug, um sie durchzufüttern. Woher eigentlich? Er erzählte mir, er sei kubanischer Korrespondent, was mich sehr wunderte. Denn abgesehen davon, daß es in München um diese Zeit – etwa vierzehn Tage nach Kriegsende – nur US- und britische Korrespondenten gab, ein echter Kubaner hätte sich nie Amerikaner genannt. Und warum wohnte er nicht, wie wir alle, im Pressehauptquartier – übrigens einer Villa der Schwester der verewigten Eva Braun, am Rande der Stadt, sondern in einem normalen Münchener Mietshaus?

Er deutete auf einen hohen Haufen Manuskripte. „Das habe ich diese Woche geschrieben!" Und seine hübsche deutsche Sekretärin bestätigte es.

Geschrieben, gut. Aber wie fanden seine Meldungen ihren Weg nach Kuba? Es gab noch keine Flugverbindungen – noch lange nicht, es gab nur Armeeflugzeuge. Es gab noch keinen regelmäßigen Bahnverkehr. Wir, das heißt die anderen Korrespondenten, sandten unsere Meldungen und Artikel via Radio, das ein Sergeant bediente – es befand sich im Hof des Pressezentrums. Jede abgegebene Meldung wurde in einem Buch eingetragen.

Ich fragte den Sergeanten nach unserem Kubaner. Nein, der hatte nie etwas senden lassen.

Also war der Mann ein Betrüger. Und zwar, wie sich später herausstellte, ein deutscher Jude, der Direktor eines Berliner Theaterunternehmens, das alle paar Wochen Sonntagvormittagsvorstellungen veranstaltet hatte – höchst dubiose, die sich allgemeiner Lacherfolge erfreuten. Sein Name war Joe Lehrmann. Unter Hitler hatte er im KZ gesessen, und begreiflicherweise war er voller Ressentiments gegen die Deutschen.

Nur Schauspieler und Schauspielerinnen bildeten für ihn eine Ausnahme. Er ließ sie mit seinem Auto, das er weiß Gott woher hatte, abholen und nach Hause fahren. Er verköstigte sie. Er war immer für sie da. Er war stolz, daß sie ihn ausnahmen.

Seine wahre Identität herauszukriegen wäre kinderleicht für unsere Intelligence gewesen. Aber amerikanische Stellen brachten diesen angeblichen Ullmann sogar zum Münchener Radio, wo er in regelmäßigen Abständen sprach. Fataler noch – ihm wurde ein paar Monate später die alleinige Radio-Berichterstattung über die Nürnberger Prozesse überlassen. Die hätte dazu dienen sollen, die Deutschen über die furchtbaren Verbrechen ihrer „Führer" aufzuklären. Sie war aber derart antideutsch gehalten, daß die beschimpften Zuhörer bald abschalteten. Ullmann wurde später entlarvt, floh nach Paris, wo man ihn verhaftete, und brachte sich schließlich in seiner Zelle um.

A propos Nürnberger Prozeß. Natürlich war ich, wie etwa zwei- oder dreihundert Korrespondenten aus den Vereinigten Staaten, aus England, Frankreich und aus vielen anderen Ländern, zum Prozeßbeginn in Nürnberg. Der Verhandlungsraum – die meisten haben ihn wohl später einmal in Wochenschauen gesehen – war ein riesiger Saal. An der einen Breitseite – gegenüber dem Gericht – saßen die Angeklagten, lauter berühmte Männer, die Prominentesten des Dritten Reichs, soweit sie sich nicht umgebracht hatten, deren Gesichter man aus tausend Zeitungen, Wochenschauen und Zeitschriften kannte. Sie alle hatten etwas Imponierendes, um nicht zu sagen Pathetisches an sich gehabt. Jetzt sahen sie eher aus wie ertappte Sünder. Vielleicht mit Ausnahme von Göring, der, nachdem er in der Haft und wohl als Folge einer Entziehungskur – glaube ich – etwa vierzig Pfund verloren hatte, halbwegs menschlich wirkte, obwohl er in der schlotternden Uniform einen ziemlich lächerlichen Eindruck machte. Generalfeldmarschall – oder wie immer sein Titel lauten mochte – Keitel glotzte wie ein Vollidiot vor sich hin, Streicher wirkte wie aus einem Verbrecheralbum geschnitten.

Das gespenstische daran war, daß die Verhandlungen ganz leise, fast lautlos vor sich gingen, einem Stummfilm nicht unähnlich. Richter, Ankläger, Anwälte, Angeklagte sprachen alle in Mikrophone, die ihnen umgehängt waren, ihre Worte wurden in die Zentrale der Dolmetscher und Dolmetscherinnen übertragen, die den Text simultan in vier oder fünf Sprachen weitergaben. Man sah die Beteiligten sprechen, man hörte sie nicht, wenn man seinen Kopfhörer nicht auf Deutsch einstellte, man hörte immer nur die Stimme des jeweiligen Dolmetschers.

Das Ganze wirkte wie aus einem Roman von Kafka.

Natürlich wohnte ich nicht allen Sitzungen bei, das tat wohl keiner der Kollegen; aber die letzte, die Urteilsverkündung, ließ ich mir nicht entgehen. Die Reaktionen auf die Urteile – jeder der Angeklagten wurde einzeln vorgeführt – waren ganz verschieden. Heß wirkte, als verstünde er überhaupt nichts, Keitel, als nähme er einen militärischen Befehl entgegen.

Am meisten interessierte mich der Angeklagte Hjalmar Schacht, der ein angeekeltes Gesicht machte, so, als gehöre er nicht in diese Gesellschaft. Und ob er dahin gehörte! Denn für ihn als fast einzigen traf zu, daß er an den ganzen Hitler-Irrsinn nicht geglaubt hatte. Heß war dumm genug, Göring eitel genug, Streicher verbrecherisch genug, um alles mit einer gewissen Überzeugung mitzumachen.

Aber Schacht?

Er hatte geholfen, Hitler in den Sattel zu heben, und sich erst zurückgezogen, als er den Krieg kommen sah, von dem er wußte, daß Hitler ihn nicht gewinnen konnte. Er hatte sogar ein wenig in Opposition gemacht, was Himmler veranlaßte, ihn einzusperren – noch ganz zuletzt. Er war zwar von den Amerikanern „befreit", aber wieder in Haft genommen worden. Mit Recht.

Ich hatte ihn damals besucht. Er steckte in der Zelle eines Gefängnisses in Oberursel, nahe Frankfurt, das von der Gestapo für Regimegegner errichtet worden war und in dem jede einzelne Zelle – zu Folterungszwecken – beliebig erhitzt werden konnte. Überflüssig zu sagen, daß wir Schacht nicht schmoren ließen.

Er schäumte vor Empörung. Ihm, dem Widerständler, dieses! Er packte aus, ermutigt, mit einem amerikanischen Offizier spre-

chen zu können, der Deutsch verstand und sprach. Ob ich nicht veranlassen könne, daß man ihn freiließ?
„Nicht vor dem Prozeß."
„Prozeß? Zusammen mit den Naziverbrechern?"
„Wir halten Sie auch für einen Naziverbrecher!"
„Ich habe nie an den Unsinn geglaubt!"
„Eben deshalb."
„Aber man wird mich nicht verurteilen!"
„Ich weiß es nicht. Wenn es nach mir ginge, würde ich Sie zum Tode verurteilen."
Er glotzte mich fassungslos an. Dann: „Das wäre ungeheuerlich! Und mir völlig unerklärlich!"
Ich erinnerte mich der Worte, die er vor nunmehr zwölf Jahren meinem Onkel Max zugerufen hatte, und ich wiederholte sie: „Denken Sie einfach, Herr Schacht, Sie seien im Krieg gefallen!"
Er war sprachlos. Erinnerte er sich seiner eigenen Worte? Ich half nach: „Ich bin nämlich ein Neffe von Max Straus."
Er starrte mich noch immer an. Viele Jahre später, als er seine Memoiren schrieb, schilderte er diese Szene zum Beweis dafür, wie grausam er behandelt worden war. Wie immer es um sein Gedächtnis bestellt sein mochte, es funktionierte, wenn ihm selbst, wie er glaubte, Unrecht geschah.
Er wurde in Nürnberg freigesprochen.

Göring zuckte zusammen, als habe er einen Schlag ins Gesicht erhalten – nicht, als er sein Todesurteil hörte, sondern dessen Begründung, die wahrhaft vernichtend für ihn war.
Ich hatte Göring übrigens kurz nach seiner Verhaftung, als er in einem Landhaus in der Umgebung von Augsburg der Presse vorgestellt wurde, gesehen. Man hatte ihn in der Nähe von Berchtesgaden festgenommen und dorthin gebracht. Und wieder ein paar Wochen später, als man ihn in ein Lager irgendwo in Luxemburg gebracht hatte. In Augsburg war er noch durchaus optimistisch gewesen, ja, er benahm sich als Herr der Situation. Daran waren viele unserer Generäle nicht unschuldig. Sie luden ihn zum Abend- oder Mittagessen ein, sehr zur Verwunderung der Soldaten, die ihn bewachten. Die Generäle taten sich etwas darauf zugute, mit dem berühmten Göring an einem Tisch sitzen zu dürfen. Und er

sah in diesen Handlungen eine Bestätigung seiner Hoffnung, man werde ihn gut behandeln, ja, man werde ihm Deutschland gewissermaßen auf einem Silbertablett überreichen. Eisenhower persönlich stoppte den Unfug. In Luxemburg hatte Göring schon begriffen, daß es schwierig für ihn werden würde. Trotzdem flüsterte er mir zu: „Wenn Sie meine Frau treffen, sagen Sie ihr, es gehe mir gut . . ."

Was ich später auch tat.

Jetzt in Nürnberg machte er zwar einen gesünderen Eindruck – das Fett war, wie gesagt, weg –, aber nun wußte er, daß es für ihn um Kopf und Kragen ging.

Ich starrte die Angeklagten an und dachte immer nur: „Vor denen hat die Welt Angst gehabt? Vor denen bist du davongelaufen?" Jetzt taten sie mir eher leid – oder hätten mir leid getan, wenn ich nicht um ihre furchtbaren Verbrechen gewußt hätte. Ich konnte beim besten Willen nicht mehr jene Freude nachempfinden, die ich nach Hitlers Tod in dem eiskalten Hotelzimmer in Dillingen verspürt hatte.

Der Nürnberger Prozeß begann im November 1945. Nach Berlin war ich schon vorher – am 2. Juli – gekommen. Ich hatte mich vor diesem Wiedersehen gefürchtet.

Teil V
EIN NEUES LEBEN

24
Berlin

Berlin. Ich gehörte zu den ersten vierzehn westalliierten Korrespondenten, die in die bisher von den Russen besetzte Stadt eingefahren wurden. Die amerikanischen und britischen Truppen sollten am Vormittag kommen und wir am Nachmittag. Wir kamen auch am Nachmittag, aber erst am späten Abend erschien das verspätete Militär. Wir konnten den Einmarsch beobachten. Es war noch ganz hell, obwohl gegen zehn Uhr abends – die Berliner Uhren liefen noch nach Moskauer Sommerzeit.

Am nächsten Morgen ließ ich mich im Jeep in der Stadt herumfahren – der Stadt, in der ich den größten Teil meiner Jugend verbracht hatte, der Stadt, die ich wie meine Hosentasche zu kennen glaubte. Ich war zutiefst erschrocken – ich erkannte Berlin nicht wieder. Jedes, aber auch jedes Haus, in dem ich je gewohnt hatte, lag in Trümmern, ganze Stadtviertel waren nicht mehr erkennbar, Straßen, durch die ich als Junge täglich schlenderte, nicht mehr passierbar. Immer wieder ließ ich halten. Stand nicht hier . . .? War nicht dort drüben . . .? Wohnte nicht in jenem Haus . . .?

Nichts.

Das schlimmste: Man sah eine Straße, etwa den Kurfürstendamm, von einem Ende zum anderen und glaubte, er sei erhalten. Wenn man dann durch die Straße fuhr, mußte man erkennen, daß in den meisten Fällen nur die Fassaden standen. Dahinter war alles hohl, das nackte Nichts. Oder man sah ein gewissermaßen zerrissenes Haus. Auf der einen Seite, so schien es, war noch einiges intakt, auf der anderen Seite sah man halbierte Zimmer, vielleicht auch ein Klavier oder ein Klosett, die gefährlich in der Luft baumelten.

Abends im improvisierten Presse-Club sprachen die Kollegen ganz sachlich über das, was sie „Verwüstungen" nannten. Sie stritten über Prozentsätze. Fünfzig Prozent verwüstet? Sechzig Prozent? Ich schwieg. Niemals hatte ich so stark empfunden, daß dies meine Stadt war – nein, gewesen war.

Unverhohlene Freude bei den Bewohnern der West-Sektoren: Die Amerikaner, die Engländer, schließlich auch die Franzosen waren da! Man hätte uns am liebsten umarmt. Das war freilich verboten, das heißt, es war uns verboten, zu fraternisieren, wie man das nannte.

Übrigens wich die Freude der Bevölkerung bald der Sorge. Würden wir, die ja untergebracht werden mußten, sie nicht bald aus ihren Häusern und Wohnungen und ihren mehr oder weniger möblierten Zimmern vertreiben? Und im übrigen galt ja die Freude, besser das Aufatmen der Bevölkerung weniger uns als der Tatsache, daß die Russen verschwinden mußten – natürlich nur aus dem Westen der Stadt.

Die Russen hatten in den von ihnen okkupierten Wohnungen schrecklich gehaust. Viele mochten noch nie ein Wasserklosett gesehen haben. Sie hielten es für einen Kühlschrank und waren verblüfft, als die dort deponierte Ware, Butter etwa, in die Tiefe entschwand und sich im unteren Stockwerk nicht wiederfand. Ihre Notdurft verrichteten manche in den Zimmern selbst. Wasserhähne drehten sie auf, bis es Überschwemmungen gab. An den Kronleuchtern schaukelten sie, bis diese herunterkrachten.

Wo immer wir hinkamen, hörten wir von Vergewaltigungen durch russische Soldaten. Ich muß gestehen, daß ich anfangs nicht recht an die Massenschändungen auch von ganz alten Frauen zu glauben vermochte. Aber Ärzte, zu denen Frauen gelaufen waren und die sie vor den Folgen des Geschehenen zu retten versuchten, belehrten mich eines Besseren. Insbesondere, was die alten Frauen anging. Es war ein russischer Aberglaube, daß man Glück haben werde, wenn man mit einer alten Frau schlief.

Ich war erschüttert. Später schrieb ich in meinem Buch über das Nachkriegsberlin: „Eine Stadt wurde vergewaltigt."

Später erzählte mir ein Arzt ganz freimütig: „Alle Kollegen hatten gehofft, nun einmal die sogenannte sibirische Syphilis studieren zu können. Es gab nur sechs Fälle . . . Viel zu wenig . . ."

Übrigens: Keine der Frauen, die ich kennenlernte, wollte vergewaltigt worden sein. Nach einem halben Jahr wollte jede von mindestens einem Dutzend Russen vergewaltigt worden sein. Ich konnte mir nicht recht vorstellen, daß eine Frau je darüber hinwegkommen könnte. Aber nach einem Jahr, höchstens nach zwei Jahren war alles vergessen.

Der bekannte Schauspieler Paul Wegener erzählte mir, in sein Haus, das voller Ikonen war und daher von den Russen respektvoll verschont wurde – sie glaubten wohl, er sei Asiate, und er sah auch ein bißchen so aus –, in sein Haus also seien viele Frauen der Umgebung geflüchtet, von gierigen Russen verfolgt. „Ich habe ihnen ihr Vorhaben dann ausgeredet."

„Sprechen Sie denn Russisch?"

„Nein, aber wozu ist man denn Mime?"

Immer wieder ließ ich mich durch Berlin fahren oder ging durch die zerstörten Straßen. Einmal fuhr ich vor meiner ehemaligen Schule vor. Sie war noch einigermaßen intakt. Der Direktor führte mich, den amerikanischen Offizier, respektvoll durch die Klassen. Überall standen die Schüler auf. In einem meiner ehemaligen Klassenzimmer verweilte ich mehr als eine Minute. Ich war im Begriff, dem Direktor zu sagen, daß auch ich einmal hier gesessen hätte, ließ es aber dann bleiben. Wozu auch?

Ich fuhr übrigens auch in den sowjetischen Sektor, das heißt in den Osten der Stadt. Unter den Linden stand nicht mehr viel. Das Deutsche Theater war unversehrt, die Kammerspiele daneben waren nicht allzu beschädigt und reparierbar, die Oper ein Trümmerhaufen, desgleichen das Schauspielhaus. Die Friedrichstraße bestand nur noch aus Ruinen, zwischen denen bereits Gras zu wachsen begann. Der Osten hatte mehr abbekommen als der Westen.

Ich brauchte eine Sekretärin. Ich hörte von einer in Frage kommenden Dame und fuhr zu dem Haus, wo sie und ihre Kusine in einer mit vielen Leuten vollgepfropften Wohnung lebte. Allgemeines Zähneklappern und Schluchzen. Man glaubte, ich wollte die Wohnung, die sie eben erst ergattert hatten, beschlagnahmen.

Nur die Dame, auf die ich es abgesehen hatte – sie war etwa in meinem Alter –, blieb ruhig. Ja, sie spreche, schreibe und stenographiere Englisch. Wie kam das? Sie sei Lehrerin gewesen und ihre Mutter Amerikanerin, der Vater Pfarrer. Nein, sie sei natürlich keine Nationalsozialistin.

Sie war nicht sehr begeistert, als ich sie kurzerhand in meinen Jeep packte. Wie würde sie zurückkommen? Ich versprach, sie zurückfahren zu lassen, was auch geschah.

Ich diktierte ihr ein paar kurze Meldungen, brachte sie zum Jeep und sagte: „Schreiben Sie das heute abend. Morgen lasse ich Sie wieder holen."

„Ich habe kein Papier, kein Kohlepapier, keine Schreibmaschine und kein Licht."

Ich besorgte ihr alles, auch Kerzen.

Sie arbeitete großartig. Allerdings war sie – und das durchaus mit Recht – nicht ohne Selbstbewußtsein. Sie verlangte, daß ich ihr und ihrer Kusine statt der Lebensmittelkarte V, allgemein Hungerkarte genannt, die Karte III besorge, die immerhin menschenwürdige Rationen garantierte.

Sie war nicht nur Sekretärin, sie wurde bald meine Mitarbeiterin, und sie hielt nicht mit Kritik zurück, was mir übrigens nur lieb sein konnte. Wir arbeiteten damals an einem Spionage-Roman, der mit einigen Verschlüsselungen meine Schweizer Erlebnisse wiedergab. Er wurde, obwohl doch fast wörtlich dem Leben „nachempfunden", kein Erfolg. War er zu echt?

Ein paar Wochen später erschien ein Offizier bei mir, um mir mitzuteilen, ich müsse meine Arbeitskraft – nennen wir sie Thea Heller – entlassen, denn sie sei Mitglied der Partei gewesen, was sie bejahte und zugleich verneinte. Vor dem Krieg Studienrätin, wurde sie bei Kriegsbeginn eingezogen – als Dolmetscherin für das Auswärtige Amt. Und ein paar Monate darauf habe der Leiter des Dolmetscherkorps ihr und ihren Kollegen erklärt, der Führer habe sie alle – sozusagen in Bausch und Bogen – in die für gewöhnliche Sterbliche gesperrte Partei aufgenommen. Eine große Ehre.

Ein oder zwei Jahre später schrieb sie einen Brief an die Partei und meldete ihren Austritt an. Dann packte sie einen Koffer, denn sie erwartete natürlich ihre Verhaftung. Aber ihr geschah nichts.

Ich erklärte dem Offizier die Lage. „Sie müssen zugeben, daß jemand, der sich so benimmt, nicht als Nazi eingestuft werden kann."

„Nach unseren Bestimmungen sind alle diejenigen Nationalsozialisten, die je in der Partei waren."

„Auch gegen ihren Willen?"

„Auch gegen ihren Willen."

Ich fuhr zu Clay. "Wer von uns hätte so viel Zivilcourage aufgebracht wie Frau Heller?"
Er nickte. Ich durfte meine Mitarbeiterin behalten.

Und meine Absicht, ein Goebbels-Buch zu schreiben?
Ich hatte mich in diesem Jahr kaum noch mit dem Projekt beschäftigen können. Jetzt hatte ich wieder etwas Luft. Ich mußte zwei- oder dreimal pro Woche einen Artikel in die USA kabeln, ich schrieb einen Artikel pro Woche für die "Weltwoche". Und ich meldete mich zwei- oder dreimal jede Woche bei Clay oder Murphy. Aber sie hatten – vorläufig wenigstens – nichts für mich zu tun. Warum also sollte ich mich nicht wieder mit dem Goebbels-Buch beschäftigen?
Der Zufall war mir günstig. Ich erfuhr, wo eine Sekretärin von Goebbels sich versteckt hielt. Ich besuchte sie. Sie begann zu zittern und zu weinen. Nein, ich wolle sie nicht verhaften, ich wolle sie engagieren. Dann fuhren wir ins Propagandaministerium, wo sie sich natürlich auskannte. Das Gebäude – in Trümmern übrigens – lag in der russischen Zone, aber die Wachen dort ließen mich passieren. Die Ausbeute an Material war mager. Die Russen hatten wohl schon alles weggeschafft, was mich interessieren konnte.
Frau Haber, so hieß sie, sie war natürlich nur eine von vielen Sekretärinnen gewesen, konnte indessen mit zahlreichen Namen von Leuten aufwarten, die das eine oder andere über Goebbels erzählen würden. Mit Hilfe von Thea Heller stellte ich einen Fragebogen zusammen – Fragen, die ich an alle stellen wollte, die mit ihm Verbindung gehabt hatten. 168 Fragen!
Was sich später als nützlich erweisen sollte. Später, als sich bei mir viele Leute einstellten, teils von Frau Haber animiert, teils weil sie gehört hatten, daß ich sie mit Zigaretten oder Lebensmitteln entlohnte – damals weit kostbarer als das sich rapide entwertende Geld. Es waren Chauffeure, eine Köchin, ein Kindermädchen, andere Dienstboten oder kleine Angestellte des Propagandaministeriums, die meine Fragen beantworteten. So trennte sich langsam Dichtung von Wahrheit. Auch war es sehr nützlich, daß ich mich als Amerikaner ausgab, der nicht Deutsch verstand, so daß die Heller dolmetschen mußte. So erfuhr ich, was die Befragten nicht

oder falsch beantworten wollten und sich darüber mit Frau Heller berieten.

Der ergiebigste Besuch war der einer gutaussehenden, würdevollen alten Dame namens Auguste Behrendt, der Mutter von Magda Goebbels. Sie nannte sich Behrendt, doch hieß sie nach ihrem zweiten Mann, von dem sie geschieden war, Friedländer. Ja, er war Jude gewesen und hatte bei der Erziehung Magdas, die aus der ersten Ehe seiner Frau stammte, mitgewirkt. Sie erzählte auch viel von Magdas erster Ehe mit dem reichen Industriellen Günther Quandt. Auch die wurde geschieden. Liaison mit einem Studenten, übrigens einem Juden, den ich – solche Zufälle gibt es –, gekannt hatte, denn er ging in meine Schule. Er hieß Viktor Arlossorew, ging nach dem Abitur – ein glühender Zionist – nach Palästina und wurde dort ermordet.

Dann Bekanntschaft mit Goebbels, später auch mit Hitler, der fasziniert von ihr war. Schließlich heiratete sie Goebbels. Auguste Behrendt: „Goebbels sah in der Ehe mit ihr eine Möglichkeit, Hitler auch privat an sich zu binden. Hitler war dann oft in der Wohnung des Ehepaares Goebbels am Reichskanzlerplatz."

Sechs Kinder kamen in ziemlich rascher Folge.

In den letzten Tagen vor dem Zusammenbruch waren Goebbels und Magda mit den Kindern in die Reichskanzlei übersiedelt. „Ihren Schmuckkasten nahm sie mit, aber kein Nachtzeug für die Kinder!" Die alte Dame sah die Familie nicht mehr, durfte auch – Befehl von Goebbels – nicht mehr mit ihrer Tochter telephonieren. Sie wurde nach Mecklenburg ausgeflogen und dort wenige Tage später durch britische Offiziere in Empfang genommen. Durch sie erfuhr sie erst, wie die Familie Goebbels umgekommen war. Die Kinder durch Giftspritzen.

Ich sagte: „Ich habe zwar nur einen Sohn, aber ich würde ihn niemals vergiften lassen. Geschweige denn sechs Kinder! Man hätte sie doch in die Schweiz bringen lassen können oder nach Schweden. Die Amerikaner hätten so kleinen Kindern nichts getan!"

Die Antwort: „Ihr Sohn heißt auch nicht Goebbels!"

Die Arme, die in einem Regime gelebt hatte, in dem Tausende unschuldige jüdische Kinder umgebracht worden waren, konnte sich wohl nicht vorstellen, daß zivilisierte Menschen an Kindern keine Rache für die Vergehen ihres Vaters nehmen würden.

Die Mutter von Goebbels, die ich wenig später in München-

Gladbach – damals noch nicht Mönchen-Gladbach – aufsuchte, war die einfache Frau geblieben, die sie immer gewesen war. Sie hatte Goebbels einmal in Berlin besucht, aber weit davon entfernt, von seiner Stellung und dem ganzen Drum und Dran beeindruckt zu sein, ahnte sie schon bald, daß das alles nicht gut ausgehen würde, und fuhr wieder in ihre kleine Wohnung zurück. Ähnlich verhielt sich seine Schwester Maria. Kurz, Goebbels eigene Familie hatte also keine Vorteile von seiner Machtstellung und wollte auch keine.

Im Gegensatz zu Frau Behrendt, die mühsam als Haushälterin ihr Leben fristete, oder der Mutter von Goebbels, die nichts von ihm gewollt hatte, gingen viele, die früher auch nur den entferntesten Kontakt mit mir gehabt hatten, mich um Hilfe an. Jetzt kannten sie mich wieder, sie, die 1933 plötzlich nicht mehr gewußt hatten, daß es mich gab.

Was wollten sie? Vor allem das, was damals ein „Persilschein" genannt wurde: die Bestätigung darüber, daß sie nie Nazis gewesen seien. Ich lehnte in fast allen Fällen ab. Wie konnte ich wissen, welche Rolle sie gespielt hatten?

„Dann wenigstens ein Care-Paket", baten meine ehemaligen Bekannten. Ich antwortete gar nicht mehr.

Berlin damals: eine seltsam unheimliche Stadt aus Trümmern, Schutt und Gerümpel, mit den sogenannten Trümmerfrauen, die mit bloßen Händen ein wenig Ordnung zu schaffen bemüht waren, besser vielleicht: das Chaos übersichtlicher zu machen. Meistens wurden Nazifrauen für diese Arbeit herangeholt. Sie bekamen dann allerdings auch dafür die beste Lebensmittelkarte, die Nr. I.

Viele Berlinerinnen reagierten verärgert: „In der Partei hätte man sein müssen! Dann hätte man jetzt zu essen!"

Ich fragte den Mann, der, von den Alliierten dazu berufen, das „Amt für Trümmerverwertung" leitete, Professor Hans Bernhard Scharoun, wie lange es denn dauern würde, bis Berlin trümmerfrei sei. Antwort: „Etwa fünfzig Jahre. Und dann kann der Aufbau beginnen."

Wie sehr irrte er, der Fachmann!

Man sah viele ehemalige deutsche Soldaten in zerlumpten Uniformen, manche nur mit einem Bein, mit einem Arm, und alle wirkten recht hoffnungslos. Der Schwarze Markt spielte eine große Rolle. In der Nähe des ehemaligen Reichstagsgebäudes trafen sich, in Uniform natürlich, Engländer, Amerikaner und Russen und tauschten. Die Berliner tauschten ihre letzten Besitztümer gegen die notwendigsten Lebensmittel. Die Russen liebten Uhren über alles, auch die wertlosesten. Dafür gaben sie viel mehr aus, als sie in jedem Geschäft gekostet hätten. Die Notenbank lag ja im sowjetischen Sektor, und sie druckte Tag und Nacht deutsches Geld, damals noch Reichsmark.

Ich interviewte viele Frauen. Erschreckende Antworten: „Lieber einen Russen auf dem Bauch als eine Bombe auf dem Kopf!" Aber: „Goebbels hatte ganz recht, als er warnte, daß der Krieg nicht so schlimm sei wie das, was nach dem verlorenen Krieg kommen würde." Oder: „Nicht mal genug Gas, um sich umzubringen!"

Trotzdem: Die Zahl der Selbstmorde stieg und sollte noch weiter steigen.

Dann waren da die sogenannten „Fräuleins", die für ein paar Zigaretten und ein bißchen Alkohol zu allem bereit waren. Manche bestritten, daß die Entlohnung der Grund war. „Wir wollen einfach wieder leben!" erklärten sie freimütig.

Das Leben der Korrespondenten war nicht einfach, oder sollte ich sagen, ihre Arbeit? Anfangs war es verboten, mit Deutschen zu sprechen. Ich redete mit Clay, jetzt schon Stellvertreter Eisenhowers, der in Berlin residierte. Bald sollte er Leiter der gesamten US-Zone werden.

„Wie können wir Interessantes erfahren, wenn wir gar nicht mit den Leuten sprechen dürfen!" Und: „Wie stellen Sie sich das vor? Wir reden mit einem deutschen Gewährsmann. Dann sagen wir ihm: ‚Nun warten Sie hier auf mich, ich gehe nur schnell in den Presse-Club, um zu essen.' Und der Mann bleibt hungrig."

Clay sah sofort ein, daß hier etwas geschehen müßte. Schon im September 1945, also zwei Monate nach unserem Einmarsch, fiel das Fraternisierungsverbot für uns. Und wenig später verfügte Clay die Rehabilitierung der sogenannten „kleinen" Parteigenossen, die wirklich nur mitgelaufen waren. Er sagte zu uns: „Es ist ja klar, daß man Millionen Deutsche, die der Partei angehört haben, nicht für ewig aus dem politischen Leben ausschließen kann."

Ich besuchte im Rathaus den Mann, den die Russen zum Oberbürgermeister gemacht hatten, den Studienrat Dr. Arthur Werner, von dem man nicht recht wußte, ob seine Dummheit seine Angst überstieg oder umgekehrt. Er machte den Mund erst auf, als ein russischer Offizier ins Zimmer kam, der offenbar dafür sorgen sollte, daß nicht gesagt wurde, was nicht gesagt werden sollte. Dabei sagte Dr. Werner so gut wie überhaupt nichts.

Ich traf immer häufiger alte Bekannte. Eines Tages auch Paul Buschenhagen, genannt Buschi. Er war früher ein vorzüglicher und von mir gut kritisierter Sechstagerennfahrer gewesen. Von den Nazis hatte er damals nichts zu befürchten. Er war blond, blauäugig, er war alles, was man „arisch" nannte. Aber er mochte die Nazis nicht. Es war eine ganz unpolitische, rein instinktive Abneigung. Als er eine ihrer Paraden sah, packte er seine Koffer und fuhr nach Paris. „Ich mag die Leute nicht!" Ein paar Jahre später holte man ihn zurück – unter der Drohung, ihn international sperren zu lassen, was bei der Einstellung und der Charakterlosigkeit des „Bundes Deutscher Radfahrer", seiner obersten Behörde, durchaus möglich gewesen wäre.
Er wurde Kaufmann, dann Soldat, dann bekam er eine hohe Zuchthausstrafe wegen Zersetzung der Wehrkraft. Er sprach sehr offen aus, was er von dem „Gesindel" hielt. Eine Zeitlang sah es so aus, als würde man ihn aufhängen. Aber er kam irgendwie wieder frei, er war eben ein sehr geschickter und fixer Berliner Junge. Und in den letzten Tagen oder Wochen des Krieges lief er zu den Amerikanern über und landete schließlich in Berlin.
Für mich war und blieb er einer der echtesten Emigranten und Hitler-Gegner, weil er wirklich rein gefühlsmäßig gegen ihn war und keine politischen oder andere Gründe hatte. Schon gar keine praktischen.
Nun trat er wieder in mein Leben.
Durch Paul Buschenhagen kam ich zu einem seltsamen und unheimlichen Erlebnis. Er schleppte mich einmal in eine Bar, deren Eingang zwischen Trümmern nur schwer zu finden war. Natürlich ein illegales Unternehmen – aber welche Berliner Nachtlokale waren damals schon legal? Eine nicht mehr ganz junge, aber attraktive Bardame verwickelte mich in ein Gespräch.

„Reiner Zufall, daß ich noch hier bin und nicht schon zehn Jahre tot!" sagte sie.

„Schon zehn Jahre, also noch vor dem Krieg?"

„Sie sind ja Amerikaner. Da wird Ihnen der Name Max Pallenberg nichts sagen."

Ich schwieg. Ich kannte ja Pallenberg, den großen Komiker, Fritzi Massarys „Bulli", und wußte auch von seinem schrecklichen Ende. 1934 oder 1935. Sein Flugzeug zwischen Prag und Karlsbad, wo er am Abend auftreten sollte, war abgestürzt.

„Eigentlich hatte ich eine Karte für diese Maschine, aber Pallenberg sprach mich auf dem Flughafen in Prag an, er habe nur noch ein Billet für die eine Stunde später startende Maschine bekommen. Ob ich mit ihm tauschen wollte. Ein reizendes kleines Mädchen erwarte ihn in Karlsbad. Ich tauschte also – auf eine Stunde kam es mir nicht an."

„Ich wünschte, Sie wären mit der ersten Maschine geflogen!" fauchte ich, an Pallenberg und seine Frau denkend, reichlich rüde und ging. Sie sah mir etwas verdutzt nach. Die Amerikaner waren wohl alle etwas verrückt, dürfte sie gedacht haben.

Und was dachte ich? Ich hatte dem lieben Gott in die Karten geguckt.

25
Kein Ende abzusehen

Die Konferenz von Potsdam begann. Dazu wurden keine Journalisten zugelassen. Bob Murphy, der inzwischen der politische Berater Clays geworden war und ebenfalls in Berlin lebte, bestellte mich an dem Abend, an dem die Konferenz endete, in seine Villa, um mich ins Bild zu setzen. Er wirkte sehr deprimiert, als er berichtete. Nach seiner Ansicht hatten die Russen so ziemlich alles durchgesetzt, was sie durchsetzen wollten.

Ich sagte: „Das sieht ja ganz nach dem Beginn eines dritten Weltkriegs aus."

Um diese Zeit, also wenige Monate nach Kriegsende, war ich schon recht mißtrauisch gegenüber den Russen. Durch die Leute der US-Intelligence, mit denen ich natürlich in Verbindung blieb, erfuhr ich, daß die Sowjets überhaupt nicht mit uns zusammenarbeiten. Hingegen verlangten sie dauernd Material von uns. Etwa: Wo befand sich der Gauleiter von Frankfurt an der Oder, der nach dem Westen geflüchtet war? Wir machten das für die Russen ausfindig und lieferten den betreffenden Mann aus. Wenn wir umgekehrt den Gauleiter von, sagen wir Köln haben wollten, der zuletzt in Breslau gesehen worden war – nichts. Wir erhielten nicht einmal eine Antwort.

Wie gesagt, ich schrieb damals schon regelmäßig für die „Weltwoche" in Zürich und telephonierte oft mit deren Herausgeber Karl von Schumacher. Einmal sagte ich: „Ich glaube, wir werden bald aufhören müssen, gegen die Deutschen zu schreiben. Aber wir werden dann einen Ersatz haben."

„Wen?"

„Die Russen."

„Sie sind ja verrückt!"

Ich war es nicht. Etwa drei Monate später schrieb Karl von

Schumacher seinen ersten politischen Artikel über, besser: gegen die Sowjets und ihre Nachkriegspolitik.

Nichts war zu Ende. Kein Ende war abzusehen. So schnell hatte sich alles gewandelt.

Ich suchte Emmy Göring. Sie war wie vom Erdboden verschwunden. Aber irgendwo mußte sie sich doch aufhalten! Wäre sie ins Ausland entkommen, ich hätte es gewußt. Hätte sie sich umgebracht oder wäre sie umgekommen, ich hätte es gewußt. Hätte man sie eingesperrt, ich hätte es gewußt.

Ich hörte nur immer wieder, daß sie zu den wenigen Personen in hoher Stellung gehörte, die sich „anständig" benommen hätten. Und auch in meinen Interviews, Goebbels betreffend, tauchte ihr Name immer wieder in diesem Sinn auf. Wo, zum Teufel, steckte sie?

Ich bekam einen Tip. Emmy Göring befinde sich in Neustadt. Erst jetzt entdeckte ich, wie viele Neustadts es in Deutschland gab – es mochten nahezu ein Dutzend sein. Schließlich lokalisierte ich Frau Emmy in irgendeiner Burg, die Göring gehörte – wirklich gehörte, denn er hatte sie nicht gestohlen, er hatte sie geerbt. Sie lag auf einem Hügel oberhalb des Städtchens Neustadt, unweit von Bayreuth.

Emmy Göring war nicht gefangen, noch nicht, wurde aber von US-Soldaten festgehalten. Mir lag daran, nicht als einer von ihnen aufzutreten, gewissermaßen als Sieger; sie hätte wohl in diesem Fall nicht den Mund aufgetan. So ließ ich ihr einen Zettel zuspielen, ich bringe Nachricht von dem Mann, der Gustaf Gründgens zum Intendanten gemacht habe. Gründgens, bereits in den zwanziger Jahren ein bekannter Schauspieler und Regisseur, auch mir persönlich bekannt, war von Göring zum Intendanten des Staatstheaters in Berlin gemacht worden. Frau Göring verstand sofort und ließ mich auf Schleichwegen in die Burg holen.

Eine groteske Situation für mich. Immerhin Amerikaner im Offiziersrang, mußte ich mich vor den amerikanischen Wachen verbergen, was übrigens mühelos gelang.

Ich erspare es mir, Emmy Görings Erregung zu schildern und die tausend Fragen aufzuführen, die sie in bezug auf ihren Mann stellte. Sie konnte sich nicht vorstellen, warum man ihn festgenommen hatte! Was, um Himmels willen, hatte er denn verbrochen? Sehr bald wurde mir klar: Diese doch sehr hochgestellte Dame wußte wenig von dem, was im Dritten Reich vor sich gegangen war.

Ich weiß, diese meine These wurde später oft belächelt. Aber sie war eigentlich ganz logisch. Wer aus ihrer näheren oder weiteren Umgebung hätte riskieren können, ihr die Wahrheit zu sagen – damals? Sie war, das muß immer wieder festgestellt werden, zwar nicht übermäßig intelligent, aber sehr rechtlich denkend. Hätte sie ihren Mann – der ihr im übrigen bis zuletzt einredete, selbst in den Konzentrationslagern ginge es ganz friedlich zu – über das, was im Dritten Reich geschah, zur Rede gestellt, das Resultat wäre gewesen, daß ihr Informant sich in einem solchen Lager wiedergefunden hätte.

Ein Beispiel für viele: Emmy hatte zahlreiche jüdische Freunde aus ihrer Theaterzeit in der Provinz, und ihre beste Freundin war eine gewisse Rosie Corvin gewesen, von ihr auch liebevoll Röschen genannt. Sie war früher Schauspielerin in der Provinz gewesen und durch ein Engagement in Weimar mit Emmy Sonnemann zusammengetroffen. Emmy ging es damals nicht sehr gut. Die Gage in Weimar war nicht gerade sensationell, Röschen aber hatte eine reiche Familie und unterstützte Emmy immer mal wieder. Als die Nazis kamen, hätte Röschen nach Amerika auswandern können, sie besaß dort reiche Verwandte, aber sie wollte nicht. Sie zog nach Berlin, wo sie in der jüdischen Gemeinde für arme Juden sorgte. Unter anderem suchte sie wohlhabende Juden auf, die nicht die Absicht hatten auszuwandern, weil sie glaubten, der „Spuk" würde nur kurz dauern. Diese Wohlhabenden brachte sie dazu, ihr Geld zu geben, das sie an arme Juden, die auswandern wollten, ja mußten, weiterleitete. Das wurde immer schwieriger, und schließlich hatte auch Rosie kein Geld mehr. Aber nun war es Emmy, die ihre schützende Hand über sie hielt. Emmy, die für sie sorgte. Rosie wurde von Emmy Göring während der Kriegsjahre verköstigt und auch gekleidet. Rosie stand unter ihrem persönlichen Schutz. Emmy Göring war um so sicherer, daß ihrer Freundin nichts passieren konnte, als ihr Mann ihr das wiederholt versprochen hatte. Daher war es ein Schlag für sie, als sie eines Tages einen Anruf Rosies bekam: „Ich gehe auf eine lange Reise, von der ich wohl nicht zurückkehren werde."

Emmy verstand sofort: Konzentrationslager. Außer sich alarmierte sie ihr „Hermännle", und der rief den zuständigen Himmler an, um ihn an sein Versprechen zu erinnern. Der entschuldigte sich, es sei eben nicht anders gegangen, aber Rosie käme in das recht humane Konzentrationslager Theresienstadt, und er selbst habe dem dortigen Kommandanten mitteilen lassen, daß sie besonders schonend zu behandeln sei.

Zufällig wußte ich von Rosies Existenz. Während meiner Schweizer „Spionagezeit" hatte mir eine dort stationierte englische Agentin, ehemals deutsche Schauspielerin, von ihr erzählt und auch von ihrer Verhaftung und Einweisung nach – Auschwitz.

Als Emmy jetzt wissen wollte, ob ich Theresienstadt kenne, was ich bejahte, und ob ich dort vielleicht zufällig ihre Freundin Rosie gesehen habe, mußte ich ihr sagen, Rosie sei nicht nach Theresienstadt gekommen, sondern in einem Vernichtungslager vergast worden.

Sie begann daraufhin zu weinen, dann zu schreien. Es war erschütternd. Und dann verfluchte sie „diesen Himmler". So etwas konnte man nicht spielen. Schon gar nicht Emmy Göring.

Mit meinem natürlich in New York erschienenen Artikel über diese Unterhaltung war ich die Sensation des Abends im Berliner Presse-Club. Besonders ein etwas eckiger, großer, blonder, sehr gut aussehender, nur vorübergehend in Berlin weilender Korrespondent namens John F. Kennedy beglückwünschte mich zu diesem Scoop.

„Sie haben einen vortrefflichen Sinn für News!"

News ... Für meine Kollegen war Berlin, war Deutschland, war Europa „news". Für mich war das alles etwas anderes. Was genau, wußte ich noch nicht.

Noch im Jahre 1945 kam ich zum erstenmal nach Wien. Aus verschiedenen Gründen, alle dienstlicher Natur. Am Abend vor meinem Flug ließ mich Clay rufen.

„Sollten Sie in Wien einer Schauspielerin" – Blick auf ein Aktenstück – „Kathi Dusch begegnen, so erkunden Sie, was Sie für diese Dame tun können. Sie gehört zu den Deutschen, die sich ganz besonders gut benommen haben."

Es handelte sich um Käthe Dorsch, die damals wohl bedeutendste und populärste deutsche Schauspielerin. Die Emigranten wußten, daß sie während der Dauer des Dritten Reichs so etwas wie eine Jungfrau von Orléans gewesen war, unermüdlich in ihrem Bestreben, Gefährdete außer Landes zu schaffen, Verhaftete zu befreien. Das konnte sie mit Hilfe von Göring, der als junger Fliegeroffizier noch während des Ersten Weltkriegs – da gab es noch keine Nationalsozialistische Arbeiterpartei – in sie verliebt war und sie heiraten wollte. Und auch später tat er ihr gern einen Gefallen, wenn es auch nur ein „kleiner" war, etwa, wenn es um die Rettung eines Menschenlebens ging. Daß die Kunde von den mutigen Taten der Dorsch bis zu Clay gedrungen war, erstaunte mich doch. Freilich, daß ich die Dorsch schon lange kannte, daß wir so um 1931 herum gut befreundet waren, wenn auch nur kurze Zeit, das konnte nicht einmal er wissen.

Das Wiedersehen war umwerfend. Eigentlich so, wie man es nur aus Romanen kennt. So, um Käthe zu zitieren, „als hätten wir immer nur aneinander gedacht!" Was nun wirklich nicht der Fall war.

Blond, blauäugig, wirkte sie, die um einiges älter war als ich, noch immer wie ein junges Mädchen. Und reagierte auch so. Sehr bald wurden wir fast unzertrennlich. Wann immer ich konnte, flog ich nach Wien, wo sie am Burgtheater spielte, oder fuhr nach Kammer am Attersee unweit von Salzburg, wo sie ein Haus besaß.

Es ist recht schwierig für mich – auch jetzt noch, nach so langer Zeit –, über Käthe Dorsch zu schreiben oder über meine Beziehungen zu ihr. Es gab Nächte, in denen ich viele Stunden lang wach lag – so glücklich war ich, daß sie in mein Leben getreten war. Es gab Stunden, in denen ich geradezu fromm wurde, weil ich fühlte, ich hätte dieses Glück nicht verdient. Es gab allerdings auch Stunden oder Tage, in denen es sehr schwierig war, mit ihr zu leben oder auch nur in ihrer Nähe. Sie wurde oft von einer geradezu krankhaften Eifersucht getrieben, von einem Mißtrauen erfaßt, das mir lange unverständlich blieb.

Käthe Dorsch wirkte auf die Zuschauer wie ein Geschöpf aus einer anderen Welt. Sie war – das klingt zwar banal, ist aber gar nicht anders zu sagen – der Liebreiz in Person. Sie war gar nicht besonders schön, aber diejenigen, die sie auf der Bühne sahen, vergaßen ganz, wie sie aussah. Für die Zuschauer war sie schöner als die Garbo. Sie war bezaubernd – in des Wortes wahrster Bedeutung. Sie bezauberte die Menschen – und das schon seit etwa 1920.

Käthe erzählte mir oft von den vergangenen Jahren.

Es stimmte schon, was von Clay angedeutet worden war. Käthe hatte alles Menschenmögliche getan, um Menschen zu retten. Da die Bedrohten das wußten, wandten sich in diesen Jahren Hunderte, wenn nicht Tausende an sie.

Käthe: „Jeden Morgen, beim Frühstück, weinten wir." Wir, das war sie und ihre Sekretärin. Sie lasen die Briefe der Verzweifelten und fühlten mit ihnen.

Aber Käthe beließ es nicht beim Weinen. Sie unternahm immer etwas. Ich glaube nicht, daß es einen Bedrohten oder gar Verurteilten gab, der sich umsonst an sie wandte. Sie hatte natürlich Beziehungen. Einmal, weil sie eine sehr bekannte Schauspielerin war, zum anderen, weil sie durch ihre Freundschaft mit Göring auch andere Leute einspannen konnte.

Einmal sagte ich zu ihr: „Was mußt du gelitten haben!"

Sie sah mich mit ihren unbeschreiblich schönen blauvioletten Augen an. Es war fast etwas wie Mitleid in ihnen. „Ja, wir sind von innen nach außen, von oben nach unten, von links nach rechts hin und her getrieben und umgekrempelt worden." Ich habe die Worte noch im Ohr.

„Und doch, ich möchte nicht eine Minute dieser Zeit missen. Man weiß wohl erst, was Leben ist, wenn man weiß, was Leiden ist. Ich beneide dich nicht. Ich beneide niemanden, dem es in diesen schrecklichen Jahren besser gegangen ist als uns. Ich glaube, Ihr habt was versäumt."

Diese Worte gaben mir viel und oft zu denken.

Ihr großer Wunsch war, wieder nach Berlin zurückzukehren, wo sie ihre erfolgreichsten Jahre verbracht hatte. Er schien nahezu unerfüllbar. Es war nach dem Krieg für die Deutschen fast unmöglich, von einer Zone, etwa der amerikanischen, in eine andere, etwa die französische, zu gelangen. Später wurde das alles einfacher. Auch ins Ausland zu kommen war für Deutsche nur möglich, wenn sie über Beziehungen dort verfügten. Die besten Beziehungen besaßen ohne Zweifel die untergetauchten Nazifunktionäre, die, vom Vatikan oder dessen Emissären mit falschen Papieren ausgestattet, nach Südamerika geschmuggelt wurden. Warum der Vatikan das tat oder auch nur duldete, wird mir immer ein Rätsel bleiben.

Die einzige Grenze, die unüberschreitbar war und es lange Zeit blieb, war die deutsch-österreichische. Niemand wußte, warum. Hatten die Österreicher, will sagen die Besatzungstruppen in Österreich Angst vor einem neuen Anschluß? Doch wohl kaum. Ich sprach mit Clay über den Fall Käthe Dorsch. Innerhalb von Stunden hatten sie und ihre Begleiterin die notwendigen Papiere, die mir erlaubten, sie von Wien nach Berlin zu holen, wo Käthe Dorsch von einem unübersehbaren Freundeskreis mit frenetischem Jubel empfangen wurde.

Ich habe ihr Mißtrauen und ihre Eifersucht erwähnt. Die waren entstanden, weil sie in ihrer Ehe, der einzigen, von ihrem Mann, den sie abgöttisch liebte, schamlos betrogen wurde – und das nicht einmal, sondern am laufenden Band. Immer wieder gab es heftige Auseinandersetzungen zwischen den beiden, immer wieder vergab sie ihm, bis es ihr schließlich doch zuviel wurde.

Der Grund für diese Untreue war psychologisch ein sehr einfacher. Dieser, ihr Mann – Harry Liedtke – war, als sie ihn kurz nach dem Ersten Weltkrieg kennen lernte, der vielleicht berühmteste Filmschauspieler Deutschlands. Ein großer Schauspieler war er nie. Und sie war eine Soubrette und wurde als Schauspielerin noch nicht recht ernst genommen. Aber innerhalb weniger Jahre änderte sich das Bild. Er stieg ab – Filmkarrieren sind ja meist kurz – sie machte den steilen Aufstieg zur großen Schauspielerin, die nur noch gelegentlich in Operetten sang. Sie tat alles, um ihn nicht merken zu lassen, wie die Gewichte sich verschoben, aber er litt wohl darunter, und um sich zu bestätigen, bandelte er ununterbrochen mit anderen Frauen an. Sie liebte ihn auch jetzt noch, zwanzig Jahre nach der Scheidung, und wollte ihn besuchen: in Saarow-Pieskow, einem Ort in der sowjetischen Zone, wohin man eigentlich nicht ohne Spezialerlaubnis durfte – und die bekam man so gut wie nie. Dort stand das Haus, in dem sie beide gelebt hatten, dort hatte sie sich später auch ein kleines Häuschen für sich allein gebaut.

Ich wußte, daß Harry Liedtke den Krieg nicht überlebt hatte. Er war in seinem Haus geblieben, auch als die Russen im Anmarsch waren, in dem Glauben, ihm werde nichts passieren. Da man ein Jagdgewehr in seinem Keller fand, wurde er aufs fürchterlichste mißhandelt – ich erspare mir Einzelheiten – und schließlich umgebracht; desgleichen seine junge Frau.

Ich versuchte alles, Käthe Dorsch von dieser Reise nach Saarow-Pieskow abzuhalten, aber es gelang mir nicht. Am Abend nach dem Besuch kam sie mit grauem Gesicht zurück. Sie konnte nicht sprechen. Sie mußte immerzu weinen. Es dauerte Tage, bis man wieder mit ihr reden konnte.

Die andere wichtige Begegnung während meines ersten Aufenthalts in Wien war die mit dem Dirigenten Wilhelm Furtwängler. Der amerikanische Filmoffizier Ernst Haeusserman, der später Burgtheaterdirektor wurde, ließ mich aus einer Theaterloge holen und stellte mich Furtwängler vor. Man spielte gerade „Nathan der Weise". Überall in Deutschland und Österreich spielte man damals dieses Stück, um zu beweisen, daß man gar nicht „so" gewesen war, und ich Unglücksrabe mußte mir – Bob Murphy wollte es so – nicht gerade jede Vorstellung, aber doch zahlreiche ansehen.

Furtwängler, schrecklich mager und zitternd vor Kälte, fragte mich, ob ich ihm nicht helfen könne.

„Helfen? In welcher Beziehung?"

„Ich bin doch verboten. Als angeblicher Nazi, dabei war ich nie . . ."

„Hier in Wien kann ich nichts für Sie tun."

„Herr Haeusserman sagte mir, Sie hätten einen gewissen Einfluß in Berlin . . ."

Am nächsten Morgen saßen wir einander gegenüber, nun beide frierend, in Mäntel gehüllt, in einem Hotelzimmer. Die Sache war die: Furtwängler war tatsächlich „verboten", in Deutschland und natürlich auch in Österreich. Warum? Weil er Nazi war oder gewesen war. Aber, so führte er aus, er sei eben nie einer gewesen. Das entsprechende Gerücht sei dadurch entstanden, daß er 1936 ein Telegramm Toscaninis, die New Yorker Philharmoniker als sein Nachfolger zu übernehmen, angeblich mit einem Telegramm beantwortet habe, sein Platz sei im Dritten Reich. Aber er hatte die Einladung Toscaninis nie erhalten, denn er befand sich damals in Ägypten, in einer Art Quasi-Emigration, da er auf der Aufführung von Hindemith und auch Mendelssohn bestanden und daher Ärger mit Goebbels gehabt hatte.

So konnte er auch die ablehnende Antwort nicht verfaßt haben; die hatte Göring persönlich gefälscht, dem daran lag, Furtwängler an „seine" Staatsoper in Berlin zu binden. Weit davon entfernt, ein Anhänger des Regimes zu sein, war er diesem eher suspekt gewesen und hatte zuletzt sogar vor der Gestapo in die Schweiz fliehen müssen, wo er das Kriegsende erlebte.

Für all das gebe es unzählige Beweise und Zeugen, versicherte er mir. Und nun lasse man ihn nicht dirigieren. Das verstehe er überhaupt nicht.

Ich war verblüfft und bewegt. Auch ich hatte Furtwängler für den repräsentativen Dirigenten des Dritten Reichs gehalten und daher für einen Anhänger des Nazismus. Daß er einer der wenigen gewesen war, die dagegen protestiert hatten, daß man Bruno Walter nicht mehr dirigieren ließ, erfuhr ich erst viel später. Wenn alles stimmte, was er mir berichtete – und ich zweifelte keinen Augenblick daran –, dann war ihm bitter Unrecht geschehen. Ich versprach, sogleich nach meiner Rückkehr mit Clay darüber zu sprechen.

Was ich auch tat. Aber vorerst mit wenig Erfolg. Der General stand unter dem Einfluß des amerikanischen Musikoffiziers, der selbst Dirigent war und in seinem Größenwahn hoffte, die Leitung der Berliner Philharmoniker, also die Nachfolge Furtwänglers, übernehmen zu können.

Am Rande: Ein oder zwei Jahre später, als er nach Amerika zurückkehrte, wurde er Dirigent in irgendeinem kleinen Ort in Florida. Ich habe nie wieder etwas von ihm gehört.

Vorläufig geschah also nichts in Sachen Furtwängler.

Und eines Morgens, als ich aufwachte, saß er in Person an meinem Bett. Wie war er nach Berlin gekommen? Ganz einfach. Die Russen hatten ihm das Angebot gemacht, die Staatsoper, die sich in ihrem Sektor befand – in einem ehemaligen Revuetheater übrigens – als Direktor zu übernehmen. Sie hatten ihn zu diesem Zweck eingeflogen. Er hatte sich interessiert gezeigt, um so nach Berlin, besser zu General Clay zu gelangen. In Wahrheit war er dumpf entschlossen, nicht mit den Russen zu arbeiten.

Ich erklärte ihm, der Flug nach Berlin sei ein großer Fehler gewesen. Clay würde unter Druck nie mit sich reden lassen, was sich auch als wahr erwies.

Der General wurde höchst ärgerlich: „Schicken Sie Ihren Freund wieder in die Schweiz!"

Das war übrigens gar nicht so einfach, weil ihm die Franzosen, durch deren Zone in Österreich er fahren mußte, das Visum verweigerten – in der Annahme, den Amerikanern, die Furtwängler geächtet hatten, einen Gefallen zu tun. So kompliziert war das damals alles.

Ein Jahr lang zog sich die völlig sinnlose Entnazifizierung Furtwänglers hin. Und dann fand sie auch nur statt, weil Furtwängler eine Einladung nach Rom erhielt, wo man sich nicht im geringsten um die Wünsche der Amerikaner in Berlin kümmerte oder um die Einwände des dortigen Musikoffiziers. Konzerte in Rom und Mailand, während er in Berlin verboten war – das wäre eine unmögliche Situation für die amerikanischen Behörden in Berlin gewesen.

„Raten Sie ihm doch von Italien ab!" bat mich der bewußte Musikoffizier.

„Ich denke gar nicht daran. Er hat schon viel zu lange gewartet. Ich werde ihm sogar zureden, nach Italien zu gehen."

Die Entnazifizierung in Berlin, eine Farce, fand dann nach wenigen Wochen statt. Und ergab in Minuten, daß sie nie hätte stattfinden müssen.

Das war der Beginn meiner Freundschaft mit Furtwängler, die erst mit seinem Tod endete.

Es ist schwerer, über Furtwängler zu schreiben, wenn man ihn gut gekannt hat, als es für diejenigen ist, die ihn nur von seiner Arbeit her kannten. Sie sind noch immer des Lobes voll über seine außerordentliche, geniale Fähigkeit, Partituren zum Klingen zu bringen. Bei ihm hatten einfach Wagner, Brahms, Bruckner, Beethoven andere Dimensionen als bei anderen Dirigenten. Das zeigte sich, als viele Jahre nach seinem Tod – fast zwanzig – sein in Rom konzertant aufgenommener „Ring" auf Platte erschien. Was nur möglich war, weil die Witwe auf Tantiemen verzichtete. Innerhalb von wenigen Tagen wurden diese Platten, technisch durchaus nicht mehr einwandfrei, weltweite Bestseller. Bekannte Plattenfirmen mußten die Preise von „Ring"-Aufnahmen, etwa die von Karajan, von einem zum anderen Tag radikal heruntersetzen. Furtwängler hatte noch nach seinem Tod gesiegt.

Die letzten Monate seines Lebens – im Jahre 1954 – waren schlimm für ihn. Er verlor sein Gehör. Nur wenige wußten davon, und er war von Angst geschüttelt, das Geheimnis könne durchsickern. Seine Situation war ausweglos. Ein Dirigent mit einem Hörapparat? Undenkbar! Zuletzt hörte er nicht einmal mehr, was er selbst dirigierte. Oder doch nur sehr verschwommen. Nach seinem letzten Berliner Konzert kam er zu uns. Ich war damals gerade wieder verheiratet – mit der Schauspielerin Heidemarie Hatheyer. Er war nur gekommen, weil wir ihm versprochen hatten, sonst sei niemand da. Er verstand auch einigermaßen, was meine Frau sagte; sie artikulierte eben wie ein Profi.

Was ich sagte, verstand er nicht mehr. „Curt ist wohl erkältet?" fragte er meine Frau. Ich ging hinaus und heulte.

Aber zurück:

Furtwängler war also entnazifiziert – doch ein anderer, der ebenso unschuldig war wie er, saß fast ein Jahr lang in einem sowjetischen Lager: Gustaf Gründgens, Schauspieler, Regisseur und Intendant des Staatstheaters, das Göring als Preußischem Ministerpräsidenten unterstanden hatte und nicht Goebbels – eine Oase, wo durch Gründgens selbst, aber auch durch Emmy Göring und Käthe Dorsch viele Schauspieler arbeiten durften, die anderswo als verfemt galten, weil sie, wie man so schön sagte, jüdisch versippt, das heißt mit einer Jüdin oder mit einem Juden verheiratet waren.

Warum GG, wie man ihn allgemein nannte, eigentlich verhaftet worden war, konnte auch später nie ganz geklärt werden. Vielleicht wurde er denunziert. Vielleicht hielten die Russen die Berufsbezeichnung, die in seinem Paß vermerkt war, „Gen. Int.", für die Abkürzung von „General der Intelligence", während sie in Wirklichkeit die Abkürzung von „Generalintendant" war. Jedenfalls saß er während des größten Teiles des Jahres 1946, und alle Bemühungen von seiten der Schauspieler, die ihn liebten, waren vorläufig vergebens.

1946.

Ein turbulentes Jahr, besonders in und für Berlin. Der Winter war sehr kalt gewesen, und selbst wir Okkupanten in den requirierten Villen wurden in unseren Heizmöglichkeiten beschränkt – so dekretierte General Clay. Die Berliner froren und erfroren. Trotzdem – und das rührte mich sehr, schließlich war ich ja trotz allem ein alter Berliner – zeigten sie sich entschlossen, den Grunewald nicht abzuholzen. Zwar hatte die britische Besatzungsmacht, in deren Bereich der Wald lag, dazu keine spezielle Erlaubnis gegeben – ich erinnere mich aber nicht, daß je ein formelles Verbot ausgesprochen worden war. Aber die Berliner froren lieber, als daß sie den Gedanken ertrugen, daß Generationen nach ihnen keinen Grunewald mehr haben würden.

Ich war oft im Theater. Im Schloßparktheater Steglitz, wo ein junger, selbst damals wohlbeleibter Boleslav Barlog die Direktion führte und oft Regie machte, und wo die blutjunge, sehr anziehende Hildegard Knef spielte. Oder ich ging ins Theater des Westens, in der Nähe des Zoos, das anstelle der zerbombten alten Deutschen Oper jetzt statt Operetten Opern spielte. Auch dieses Haus war stark beschädigt worden, aber unter der Leitung von Michael Bohnen, einem ehemals sehr bekannten Sänger, von den Künstlern selbst wieder unter abenteuerlichen Umständen spielfähig gemacht worden. Allein über diesen Wiederaufbau eines zum größten Teil zerstörten Theaters könnte man ein Buch schreiben.

Wir konnten Michael Bohnen ob dieser Leistung nicht genug bewundern, um so mehr, als er eine vorzügliche Oper machte.

Die Sache mit Bohnen ging nicht gut aus. Es wurde herausgefunden, daß er in der Nazizeit, obwohl kein Parteigenosse, sich doch einiges hatte zuschulden kommen lassen. Unter anderem eine folgenschwere Denunziation. Er konnte diese Anschuldigung und auch andere nicht entkräften, obwohl Käthe und ich, die wir ihn beide gut kannten und mochten, ihn dazu drängten. Er wurde abgesetzt und verschwand in der Versenkung.

Oft sah ich den Verleger Peter Suhrkamp. Ich kannte ihn noch aus der Zeit, als er Redakteur bei Ullstein gewesen war, also noch vor Hitler. Bei Ausbruch des Dritten Reichs oder bald darauf hatte ihm Dr. Bermann-Fischer, der Schwiegersohn des großen Verlegers, den gesamten Fischer-Verlag treuhänderisch übergeben, bevor er selbst mit Familie in die Emigration ging. Suhrkamp war nicht zuletzt deswegen später vorübergehend in einem Konzentrationslager gelandet.

Mich hatte Dr. Bermann-Fischer in New York, wo er einen Verlag aufgemacht hatte, gebeten, mich nach Suhrkamp umzusehen, falls ich nach Berlin käme. Mit Mühe fand ich heraus, daß er und seine Frau in Potsdam wohnten. Ich fuhr also hinaus. Unterwegs sah ich ihn, also wirklich rein zufällig, auf dem Fußmarsch nach Berlin begriffen. Ich war erschüttert – der Mann sah nicht zwölf, sondern dreißig Jahre älter aus. Eine Folge der KZ-Zeit und der Unterernährung. Nicht viel später fand er zwei Zimmer in Zehlendorf West, nur ein paar Minuten vom Pressezentrum und meiner Bleibe entfernt. Wir sahen einander oft, und ich brachte meistens etwas zum Trinken mit.

Er bekam übrigens sehr bald – und das mit Recht – eine der ersten alliierten – ich glaube, britischen – Lizenzen für einen neuen Buchverlag.

Meine Bleibe: Ich hatte damals in einer sehr geräumigen Villa in der Argentinischen Allee 2, die einem Bankdirektor gehörte, das gesamte Parterre zur Verfügung. Im ersten und zweiten Stock wurden durchreisende Korrespondenten untergebracht.

Einmal kam für zwei oder drei Tage Klaus Mann. Der Zufall wollte es, daß gerade an diesem Abend Gustaf Gründgens mit mir aß. Er war gerade aus dem Lager entlassen worden, freilich unter der Bedingung, nur an der von den Russen kontrollierten Bühne – dem „Deutschen Theater" – zu spielen. Er sollte eine Art Aushängeschild für sie sein, was ihn nicht gerade beglückte.

Klaus war in den zwanziger Jahren der Schwager von GG gewesen, als dieser, allerdings nur sehr vorübergehend, mit Erika Mann verheiratet gewesen war. Seither haßte Erika ihren ehemaligen Mann, der – sie waren beide Schauspieler – ihr beruflich haushoch überlegen war, so wie eben nur sie hassen konnte. Klaus stand auch nach der Scheidung leidlich mit ihm. Um so intensiver seine Enttäuschung, als GG sich bald nach Hitlers Machtergreifung von Göring als Intendant anheuern ließ. Dies bedeutete für uns Emigranten, die GG mehr oder weniger gut kannten, eine Art Verrat. Und Klaus schrieb einen Schlüsselroman über GG, „Mephisto" betitelt, in dem er ihn aller möglichen Missetaten beschuldigte, auch rein erfundener oder von anderen begangener. Das war vom Standpunkt der Emigranten durchaus verständlich, ja richtig – gegen Helfershelfer von Verbrechern war keine Waffe schmutzig genug.

Nach Tische las sich's anders. Ich war kaum in Berlin angekommen und GG, wie gesagt, verhaftet, als ich von allen, aber auch wirklich von allen Seiten hörte, wie mutig, wie großartig er sich benommen, und daß er zahlreichen Künstlern das Leben gerettet hatte. Er war also nicht „Mephisto" – seine Lieblingsrolle übrigens – gewesen, sondern eher das Gegenteil. Wir in der Emigration hatten das nicht wissen können; kein Gegner des Regimes, der im Lande geblieben war, durfte seine wahren Ansichten an die große Glocke hängen. Jetzt aber mußten wir wissen, wie es um Gründgens stand.

Ich glaubte an jenem Abend, als GG bei mir war und ich Klaus Mann im zweiten Stock desselben Hauses wußte, der Moment für eine Aussprache und Versöhnung sei gekommen. Ich ging also zu Klaus hinauf. Er zauderte lange. Dann lehnte er ab, hinunterzukommen. Der Grund war nicht etwa, daß er noch immer von der Schuld seines ehemaligen Schwagers überzeugt war – das war er nämlich nicht. Sondern: „Erika würde es mir nie verzeihen!"

Kurz darauf machte Klaus einen Selbstmordversuch im Hause seines Vaters in Kalifornien. Ich war entsetzt und schrieb ihm einen langen Brief. Er antwortete mir in einem ebenso langen, er würde es nie wieder versuchen. Dieses Versprechen, nicht nur mir gegenüber, brach er. Beim zweiten Mal klappte es nicht, und wieder einige Zeit darauf erschoß er sich in Cannes.

Nach dem Tod von Klaus Mann versuchte Erika übrigens, das Buch „Mephisto" auch in Deutschland herauszubringen. Sie war sogar bereit, die Kosten dafür zu übernehmen. Gründgens bedrohte – und mit Erfolg – jeden in Frage kommenden Verlag mit einem Prozeß. Nach GGs Tod kam das Buch dann doch heraus. Der Adoptivsohn des verstorbenen Gustaf Gründgens klagte. Der Verlag stützte sich auf einen Passus in der deutschen, leicht „bearbeiteten" Fassung von Klaus Manns Memoiren, in der zu lesen stand, die Hauptfigur des „Mephisto" sei kein Porträt seines Schwagers. Das war nachweislich unwahr, denn in der ursprünglichen amerikanischen Ausgabe der Memoiren hatte er genau das Gegenteil behauptet. Zumindest ein Exemplar dieser amerikanischen Ausgabe existierte noch – in meiner Bibliothek.

Und so wurde das Buch für Deutschland verboten, zur Empörung vieler sogenannter Liberaler, die offenbar nicht den Unterschied kannten zwischen der Freiheit des Wortes und der Freiheit, jemanden zu verleumden. Und natürlich auch Erikas, die nie wieder ein Wort mit mir sprach und die in die deutsche Ausgabe der Autobiographie von Klaus einige negative Passagen über mich einschmuggelte, die es in der Originalausgabe nicht gegeben hatte.

Argentinische Allee ... Wer kam nicht alles dorthin! Ich gab viele Parties. Ich konnte es mir leisten, ich bekam im PX – dem Einkaufszentrum für amerikanische Soldaten – jede Menge Whisky, Zigaretten, Fleisch zu lächerlichen Preisen. Und Clay legte Wert darauf, daß ich mit den Deutschen Kontakt hielt – die anderen Korrespondenten taten es selten, die Offiziere nie, sie blieben lieber unter sich. Sie machten auch keine Versuche, auch nur ein paar Worte Deutsch zu lernen. Sie lebten mit ihren Frauen oder ihren Fräuleins in einer Art allerdings komfortablem Ghetto.

Zu mir kamen vor allem Schauspieler und Filmschauspieler, ehemalige Journalisten und diejenigen, die den eben erst gegründeten amerikanischen Radiosender Rias Berlin leiteten.

Es kam auch Ernst Reuter, damals noch nicht Regierender Bürgermeister, sondern nur Abgeordneter im Berliner Stadtparlament. Ein außerordentlicher Mann mit einer bewegten Vergangenheit als Leiter der Berliner Verkehrsbetriebe in den zwanziger Jahren. Unter Hitler war er, nach einem Aufenthalt im KZ, in die Türkei emigriert. Er kam zurück, als der Krieg zu Ende war. Als Fachmann in Verwaltungsdingen wäre er der gegebene Mann gewesen, um die Leitung der Stadt Berlin zu übernehmen. Aber die Russen mochten ihn nicht, obwohl er Sozialdemokrat war, weil sie wußten, daß er sie nicht mochte. Er hatte schlimme Erfahrungen mit ihnen gemacht. Und so war es geradezu gefährlich für ihn, als Stadtabgeordneter in das Stadtparlament zu fahren, das in der sowjetischen Zone lag.

Es kamen Barlog und Hubert von Meyerink, der Komponist Theo Mackeben und seine Frau, Furtwängler natürlich, O. E. Hasse und vor allem Günter Neumann, ein erstaunlicher junger Mann, der reizende und besonders gescheite Chansons schrieb, und seine Frau Tatjana Sais, die diese Chansons sang. Bestes politisches Kabarett, Fortsetzung der Tradition Tucholsky und Mehring.

Das war damals sehr schwierig, denn politisches Kabarett gegen die erledigten Nazis zu machen erschien Günter Neumann zu abgeschmackt. Und Witze gegen die Alliierten oder gar gegen die Russen, die in diesem Punkt besonders empfindlich waren, brachten sofort den Zensor, will sagen die militärischen Stellen, die für solche Sachen uneingeschränkte Befugnis hatten, auf den Plan. Aber Günter Neumann schaffte es irgendwie. Er schrieb kleine

Meisterwerke des Kabaretts, wie zum Beispiel den „Schwarzen Jahrmarkt", der in den siebziger Jahren erstaunlicher- und erfreulicherweise wieder an vielen deutschen Bühnen mit Erfolg gespielt wurde.

Damals schrieb ich – neben vielem anderen – eine Reportage „Der Sohn des Gauleiters", in der ich schilderte, wie es in einem Jungen aussah, dessen Vater allmächtig gewesen war und nach Kriegsende aufgehängt wurde. Und wie ihn die Umwelt behandelte, nämlich als Aussätzigen. Die Sache wurde eine kleine Sensation in Amerika und England und auch in Deutschland, wo man die Geschichte nachdruckte. Und alle meine Bekannten in Berlin und im Presse-Club wollten wissen: „Wer ist eigentlich der Junge?"

Damals war es auch – ich steckte noch mitten im „Goebbels" –, daß ich mich entschloß, ein Buch über dieses Nachkriegs-Berlin zu schreiben. Es war ja so aufregend und schillernd wie nie zuvor. Und die Berliner verloren trotz der schweren Situation ihren Humor nicht. „VG" hieß im Volksmund nicht mehr Volksgenosse, sondern „vorsichtig gewesen"; „PG" nicht mehr Parteigenosse, sondern „Pech gehabt".

Ich sagte zu meiner Mitarbeiterin Thea Heller: „Das muß ich schreiben! So eine Zeit kommt nie wieder! Sie erscheint schon heute uns, die wir sie miterleben, unwahrscheinlich. In zwanzig Jahren wird kein Mensch mehr glauben, daß es so eine Stadt, so eine Zeit gab."

So begann ich mein Berlin-Buch.

26
Es war alles ganz anders

General Clay sah mich eine Zeitlang schweigend an. Dann lächelte er: „Es tut mir natürlich leid, daß sie Berlin verlassen. Aber ich verstehe. Sie wollen in die Heimat zurück."

„Going home", sagte er, vielleicht unbewußt, sicher unabsichtlich das berühmte Neger-Spiritual zitierend.

Home. Heimat. Natürlich war Amerika für mich die Heimat geworden und gewesen in den Jahren bis 1944 oder 1945, die Jahrtausende zurückzuliegen schienen. Dort waren meine Artikel, meine Bücher erschienen, dort hatte ich eine Wohnung, mein Sohn lebte in New York, dort hatte ich schließlich mein neues Leben aufgebaut und meine Karriere gemacht. Die Heimat waren die Vereinigten Staaten – so glaubte ich jedenfalls.

Ein paar Monate vor meiner Abreise hatte ich ein merkwürdiges Erlebnis gehabt, worüber ich mir erst später klarwurde. Käthe Dorsch kam schon bald nach ihrer Rückkehr in meine kleine, requirierte Villa, viele Amerikaner bewohnten größere. Sie waren, wie gesagt, alle requiriert worden. Sie waren leer, aber wir hatten ein Lagerhaus mit Möbeln zur Verfügung, die aus den verschiedensten Häusern requiriert worden waren. Man brauchte bloß anzurufen und bekam, was man verlangte. Meine Villa war sehr nett möbliert, es gab sogar einen Flügel. Die Dorsch sah sich um und sagte schließlich: „Hübsch, sehr hübsch . . . Nur, warum hast du eigentlich keine Vorhänge an den Fenstern?"

Das hatte ich völlig vergessen – oder zumindest glaubte ich, daß es sich um ein Vergessen handelte. Aber war dahinter nicht mehr? War dahinter nicht, mir unbewußt, das Wissen, daß ich doch nicht in Berlin bleiben würde?

Übrigens kamen die Vorhänge innerhalb der nächsten Stunden.

Und dann wurde alles ganz anders.

Aber das wußte ich noch nicht, als ich Ende 1946, in den ersten Dezembertagen, in die USA zurückfuhr, auf einem funkelnagelneuen Frachter der US-Marine, in einer Luxuskabine – überhaupt war das Leben für die acht oder zehn Passagiere an Bord recht luxuriös.

Und warum fuhr ich eigentlich – so plötzlich? Das habe ich mich später oft und nicht ohne Bitterkeit gefragt. Ein Zwang lag nicht vor. Ich war ja kein eingezogener Soldat, mußte also nicht auf Kommando zurückfahren. Mein Vertrag mit der Agentur lief noch, Clay, Murphy, die OSS – Allen Dulles – konnten mich in Berlin und darüber hinaus in Europa brauchen. Von Käthe, die ich brauchte und ohne die ich mir ein Leben gar nicht mehr vorstellen konnte, gar nicht zu sprechen. Warum also?

Clay sagte: „Ich verstehe das, Sie wollen in die Heimat zurück."

Schon auf dem Schiff – also gewissermaßen bereits auf amerikanischem Boden – bekam ich Sehnsucht nach Käthe und auch nach Berlin. Und vorübergehend – aber nur mitunter – verspürte ich ein wenig Angst vor New York, als ob ich die Stadt und das Leben dort nicht aufs intimste kannte. Es war eine Art düsterer Vorahnung, für die jede rationale Begründung fehlte.

Wir legten an. Niemand wartete auf dem Pier auf mich. Ich hatte eigentlich gehofft, mein Sohn würde da sein. Er kam übrigens auch, aber mit solcher Verspätung, daß wir uns verfehlten. Wieder eine düstere Vorahnung.

Und meine Wohnung war nicht leer oder vielleicht gar mit Blumen geschmückt. Rolf wohnte dort – und bis zum Tag davor hatten auch Ilse und mein Sohn dort gewohnt, sie konnten, so meine Sekretärin, vorher keine passende Bleibe finden.

Ilse bat mich, Rolf noch eine Zeitlang bei mir wohnen zu lassen, bis sie eine geeignete und etwas größere Wohnung gefunden hätte. Darüber war ich nicht besonders glücklich, aber ich erklärte mich einverstanden, nicht ahnend, was auf mich zukommen sollte.

Rolf hatte sich stark verändert. Er war zwar nicht mehr geistesgestört – falls er das je gewesen war –, aber bösartig, neidisch, unangenehm. Er hatte keine Arbeit gefunden, und seine verschiedenen, schließlich geradezu verzweifelten Versuche in dieser Richtung waren ohne Erfolg geblieben. In all den Jahren war von dem einst so brillanten und verwöhnten Journalisten keine Zeile gedruckt worden. Das war ihm unverständlich, und das sagte er mir nicht einmal, sondern fast unaufhörlich. Daß ich Erfolg hatte, konnte er überhaupt nicht begreifen, und das Goebbels-Manuskript, dessen erste Hälfte ich ihm zu lesen gab, fand er indiskutabel.

Eines Morgens geschah es. Ich war früher aufgestanden als gewöhnlich und in mein Arbeitszimmer hinübergegangen, wo Rolf auf einer Couch zu schlafen pflegte. Er saß an meinem Schreibtisch, alle sonst verschlossenen Schubladen waren geöffnet, mittels Schlüsseln, die an einem Bund hingen, und dieser Bund konnte ihm nur von meiner langjährigen Sekretärin ausgehändigt worden sein. Damals hätte mir schon klar sein müssen, daß eine Art Feldzug gegen mich im Gange war. Mir war aber vorläufig nur klar, daß Rolf mir nachspionierte.

Er sah mich an. Nicht ängstlich, eher ärgerlich. „Nun kann ich wohl nicht länger hier wohnen bleiben!" Keine Frage, sondern eine Feststellung.

Ich nickte und ging hinaus. Ein oder zwei Stunden später hatte er seine Koffer gepackt und verschwand. Was ich nicht bemerkt hatte – ich war nicht auf die Idee gekommen, seine Siebensachen zu durchsuchen: das „Goebbels"-Manuskript war mit ihm verschwunden.

Als ich durch meine Sekretärin – die ja bis zum Hals in dieser Sache steckte, es jetzt aber schon bereute – das Manuskript zurückforderte, lehnte er brüsk ab. Er wollte dafür siebenhundert Dollar Lösegeld – anders kann man es gar nicht formulieren. Würde er am Ende gar das Manuskript vernichten, das ich so notwendig zu meiner Weiterarbeit brauchte? Ich konnte einen Prozeß führen, aber der würde Jahre dauern. Und die standen mir nicht zur Verfügung.

Ich traf ihn bei einem Anwalt. Ilse war auch dabei. Die beiden taten, als hätte ich ihnen bitteres Unrecht zugefügt. Warum denn? Es war so unsinnig, daß es schon gespenstisch wirkte. Ich zahlte und erhielt mein Manuskript zurück.

Ich sah Rolf erst viele Monate später wieder, als er am Abend am oberen Broadway Zeitungen verkaufte. Ich glaubte, meinen Augen nicht trauen zu dürfen, dann blieb ich stehen, unfähig, meinen Weg fortzusetzen, der an ihm vorbeiführen mußte. Es war ein furchtbarer Schock für mich. War die Familie in solchen finanziellen Nöten, daß er Zeitungen verkaufen mußte? Man verdiente damit nicht viel, es sei denn, man hatte einen Kiosk zur Verfügung, in dem es nicht nur eine Zeitung gab, sondern viele, und daneben Zeitschriften, Schokolade und kleine Heftchen.

Rolf hatte mich gesehen und grinste, als habe nicht ich ihn, sondern er mich ertappt, und sagte: „Da staunst du!"

Später erfuhr ich, daß er sich nicht darum beworben hatte, Zeitungen zu verkaufen, um Geld zu verdienen, das er wohl brauchte, als vielmehr, um Ilse, mit der er sich auseinandergelebt hatte, in Verlegenheit zu setzen. Ilse fand den Gedanken, daß Bekannte, die in der Gegend wohnten, und das taten einige, ihn als Zeitungshändler sehen würden, einfach furchtbar.

Vorläufig stürzte ich mich in die Arbeit am „Goebbels". Ich sah wenige Menschen. Eigentlich nur meine Sekretärin, die zu mir zurückgekehrt war – reumütig. Ich sah natürlich meine Eltern. Meine Mutter war tief bedrückt. Rolf hatte – im Wege der Sippenhaftung – Ilse und Michael, ja sogar Ilses Mutter „untersagt", mit meinen Eltern weiterhin zu verkehren, ja auch nur mit ihnen zu telephonieren. Das verstand meine Mutter ganz einfach nicht – es war ja auch nicht zu verstehen.

Sonst? Manchmal fand Michael zu mir, er war ja nun immerhin schon sechzehn und ließ sich von Rolf nichts mehr untersagen. Eine gute Freundin aus alten Zeiten, das heißt aus den Vor-Hitler-Tagen in Berlin, Antonie Straßmann, damals ein hübsches Mädchen, jetzt eine Dame Ende Dreißig, ehemals eine eher mäßige Schauspielerin, aber begeisterte Sportlerin und Anhängerin der Sechstagerennen, kam gelegentlich vorbei. Jetzt in Amerika war sie eine sehr tüchtige Managerin der Filiale einer bedeutenden Industriefirma, ich glaube aus Chicago, geworden. Da war Gräfin Fira Ilinska, die von ihrem Mann getrennt lebte und die Abteilung Damenkleider eines sehr bekannten Warenhauses an der Fifth Avenue leitete – eine sehr gescheite Frau, außerordentlich elegant und apart, die ich schon vor der Trennung von Ingrid kennengelernt hatte.

Zu meinen guten Freundinnen, die mich oft besuchten, gehörte auch Rosie, Gräfin Waldeck, eine hochgebildete Frau in mittleren Jahren, nicht eigentlich hübsch, aber sehr interessant und faszinierend. Als junges Mädchen war sie die erste gewesen, die in Heidelberg das Doktorat – ich glaube Jus – gemacht hatte. Sie war gegen Ende des Weltkrieges die Freundin von General Hoffmann gewesen, eines heute völlig vergessenen Mannes, von dem nur Kenner wußten, daß er der eigentliche Sieger der beinahe kriegsentscheidenden Schlacht von Tannenberg war – nicht Ludendorff, dem dieser Erfolg immer zugeschrieben wurde. Später hatte sie den berühmtesten Frauenarzt von Berlin geheiratet, dann Franz Ullstein, einen der fünf Brüder, die den gleichnamigen Verlag leiteten, was einen ungeheuren Skandal entfesselt hatte. Denn die anderen vier Brüder glaubten fest und steif – und übrigens ohne den geringsten Beweis dafür zu besitzen –, Rosie sei eine französische Spionin. Franz wurde daraufhin seiner Ämter enthoben, ja er erhielt sogar Hausverbot von seinen Brüdern. Es kam zu einem Prozeß, der die ganze deutsche Zeitungswelt in Erregung versetzte und den Franz gewann.

Zur Zeit des Prozesses hatte sich Rosie schon wieder von ihm getrennt. Gräfin Waldeck wurde sie, als sie zwischen zwei Zügen in Budapest den Grafen heiratete und ihm für diese Gefälligkeit eine gewisse Summe zahlte. Sie glaubte wohl, in den Vereinigten Staaten als Gräfin mehr Chancen zu haben. Aber da irrte sie sich. Es ging ihr eine Zeitlang, nachdem sie ihr Geld verbraucht hatte – das meiste davon hatten freilich die Nazis gestohlen –, ziemlich schlecht. Vorübergehend war sie Sekretärin bei Dorothy Thompson, aber die beiden Damen verstanden einander nicht. Dann mußte sie sogar in einer Cafeteria Geschirr abwaschen und Sandwiches machen. Sie, die immer reiche, immer verwöhnte Frau, tat es mit einer Haltung, die uns allen, die sie kannten, Bewunderung abrang. Später schrieb sie dann einige Bücher, von denen zumindest zwei zu Bestsellern wurden.

Sie war insbesondere in der Klarheit ihres politischen Urteils bewundernswert. Wenn sie einmal eine Meinung gefaßt hatte, konnte nichts – schon gar nicht ein Weltkrieg – sie irre machen. Sie irrte selten. Die Regierungschefs und Minister vieler Staaten hätten von ihr lernen können.

Eines Morgens wachte ich mit beträchtlichen, wenn auch nicht gerade unerträglichen Herzbeschwerden auf. Ich telephonierte mit meinem Arzt. Ich war etwas in Sorge, denn ich hatte niemals zuvor diese Art von Schmerzen gehabt. Mein Arzt riet mir, schleunigst zu kommen, untersuchte mich und machte auch ein Kardiogramm. Heute weiß ich, daß die dazu notwendigen Apparate noch ziemlich unverläßlich waren.

Die Diagnose: Herzinfarkt. „Eigentlich müßte ich Sie in einer Ambulanz ins Krankenhaus schicken. Aber wenn Sie sich sofort ein Taxi nehmen und zu Hause gleich ins Bett gehen ... Ich komme dann bei Ihnen vorbei."

Herzinfarkt! Das war damals – zumindest in meinen Augen – fast ein Todesurteil. Der Arzt verordnete denn auch: „Möglichst bewegungslos liegen, an den Füßen Sandsäcke. Und natürlich nicht rauchen. Wieviel Zigaretten rauchen Sie denn täglich? Sechzig?" Er konnte sein Entsetzen nicht verbergen. „Ab heute keine einzige mehr!"

Immer wenn ich an diese Szene denke, muß ich mich an eine andere erinnern, die ein paar Jahre vorher stattgefunden hatte – noch im Krieg. General Clay fragte mich damals, so betont beiläufig: „Sie rauchen doch auch, wie ich, sechzig Zigaretten pro Tag, Curt. Wie machen Sie das?"

Der Grund der Frage: Die tägliche Zigarettenration – für Soldaten wie für Offiziere bis hinauf zum General – betrug zwei Packungen oder vierzig Zigaretten. Clay wollte wissen, wie ich zu der dritten Packung kam.

„Ganz einfach. Ich tausche. Ich mache mir nichts aus Schokolade. Da findet sich immer jemand, der Nichtraucher ist. Schließlich gab und gibt es überall einen Schwarzen Markt."

Clay: „Nun, ein General kann nicht gut tauschen!"

Brauchte er auch nicht. Längere Zeit besorgte ich ihm Zigaretten. Nach dem Krieg verfügte er natürlich über jede Menge Zigaretten und Whisky zu Repräsentationszwecken.

Da lag ich nun also – zwölf Wochen hatte mir der Arzt prophezeit – fast bewegungslos in meiner New Yorker Wohnung und war recht verzweifelt. Dabei stellte sich das alles als völlig überflüssig heraus – später. Denn wie sich dann nach einer Untersuchung in Wien, die Käthe Dorsch veranlaßt hatte, und einer in Berlin herausstellte, hatte ich nie einen Herzinfarkt gehabt. Die Berliner Diagnose – ein Spezialist von internationalem Format stellte sie bei wiederauftretenden Schmerzen: Ich litt gelegentlich – unter rheumatischen Knoten in der Herzgegend. Die waren sehr leicht zu beheben durch Blau- oder Rotlichtbestrahlung und durch Massagen mit Franzbranntwein.

Soviel über meine fast tödliche Krankheit.

Aber das wußte ich damals – 1947 in New York – noch nicht. Ich kam mir sehr bedauernswert vor. Würde ich je wieder gesund werden? Würde ich arbeiten können? Fira besuchte mich, und zu meinem Erstaunen gelegentlich sogar Ingrid, meine zweite geschiedene Frau, übrigens immer mit einer Flasche Gin bewaffnet – nicht für mich, sondern für sich selbst.

Und meine Mutter kam fast jeden zweiten Tag. Sie war fast siebzig Jahre alt und mußte nahezu eine Stunde bis zu mir fahren. Aber sie kam, richtete mein Bett und machte etwas zu essen. Um mich zu beschwichtigen, sagte sie einmal: „Mache dir keine unnötigen Gedanken. Vater und ich kommen auch so ganz gut durch!"

Sie spielte auf das Geld an, das meine Bank monatlich an sie überwies und seit einiger Zeit, ohne daß ich etwas davon ahnte, nicht mehr überwiesen hatte. Sie konnten von diesem Geld leben, nicht gerade üppig, aber sie waren ja so bescheiden. Wenn man bedenkt, wie sie zu leben gewohnt waren und was mein Vater sich im Vor-Hitler-Berlin hatte leisten können ... Immerhin, ich hatte meine Eltern all diese Jahre ernährt.

Als jetzt meine Mutter sagte, Vater und sie kämen „auch so ganz gut durch", spielte sie auf etwas an, was ich nicht ahnen konnte. Meine Sekretärin hatte ihr nämlich reinen Wein eingeschenkt.

Hierzu einige erklärende Worte:

Ich war, als ich Mitte 1943 wieder einmal nach London flog, mir ziemlich klar darüber, daß ich so schnell nicht wiederkommen würde. Man hatte mir das auch in Washington zu verstehen gegeben.

Ich besaß damals etwas Geld. Natürlich war ich kein reicher Mann, aber immerhin hatte ich genug, um zwei oder drei Jahre davon leben und meine Eltern ernähren zu können. Aber es wäre mir nie in den Sinn gekommen, wenn ich an „später" dachte, daß ich dieses Geld angreifen müßte. Ich hatte seit zehn Jahren und länger immer gut verdient. Warum sollte ich jetzt nicht mehr verdienen?

Als ich nach Europa flog, glaubte ich also nicht an eine baldige Rückkehr. Immerhin zog ich in einen Krieg. Wem sollte ich die Verfügungsrechte über mein Konto geben? Meine Mutter verstand von solchen Dingen überhaupt nichts, und mein Vater war schon sehr alt, er konnte jeden Tag sterben. So gab ich eine Vollmacht meiner Sekretärin, der ich voll und ganz vertraute.

Die hatte dann zuerst kleinere Summen und dann immer größere an Rolf ausbezahlt. Wie das zusammenhing? Ich habe es nie erfahren. Vielleicht hatte sie anfangs Mitleid mit Rolf, vielleicht übte er irgendeinen Druck auf sie aus. Wie immer diese Übertragungen meines Geldes hätten begründet werden können – eines mußte ihr klar sein: es handelte sich hier um Diebstahl, um nicht mehr und nicht weniger.

Meine Sekretärin war bedrückt. Sie konnte es mir gegenüber nicht verbergen. Und eines Tages erzählte sie mir alles – das heißt, daß ich kein Geld mehr besaß.

Ich war nicht allzu bestürzt. Jedenfalls nicht darüber, daß mein Bankkonto nur noch dem Namen nach existierte, sondern mehr über die mir langsam dämmernde Erkenntnis, daß dieses Geld nicht so schnell ersetzt werden konnte.

Ich hatte in den dreißiger Jahren zu denen gehört, die mit viel Arbeit viel Geld verdienen konnten. Jetzt war ich out. Was auch immer ich meinem Agenten vorschlug, was immer dieser meinem Verlag oder den Redaktionen anbot, nichts schien mehr zu interessieren. Ich war, das wurde mir klar, ein Anti-Nazi-Spezialist gewesen. Gewiß, ich hatte auch anderes geschrieben, Unpolitisches, Romane, Novellen, aber meine Marke war die des Hitler-Gegners. Ironie dieser meiner Geschichte: Hitler war tot, was ich so lange ersehnt hatte. Und ich war mit ihm tot – beruflich.

Das verstand ich nicht, denn das wollte ich nicht verstehen. Aber es war nicht zu übersehen. Ich verhungerte zwar nicht, denn mein Agent, der an mich glaubte – er hatte ja schließlich jahrelang viel Geld an mir verdient –, zahlte mir weiterhin Vorschüsse. Aber wie lange würde er das tun? Und was dann?

Während der vielen Wochen im Bett versuchte ich, eine Bilanz meines bisherigen Lebens zu ziehen. Seltsam, wie wenig mir dazu im Augenblick einfiel. Und wenn ich versuchen würde, meine Erinnerungen zu schreiben? Erinnerungen ...

Irgend etwas aus meinem Leben fiel mir ein, und ich dachte, dies müsse eigentlich in das Buch der Erinnerungen hinein, und am nächsten Tag wußte ich nicht mehr, was es gewesen war, nur daß es unbedingt in das Buch gehörte, wenn es je geschrieben würde. Und ich zerbrach mir den Kopf, was es nun eigentlich gewesen war, ohne daß es mir zu Bewußtsein kam, wie selbstverständlich mir das ungeborene Buch eigentlich schon geworden war. Und so ging es nun über Wochen und Monate. Etwas fiel mir ein, das ich schon lange vergessen hatte, und ich hatte schon wieder vergessen, was mir gestern eingefallen war. Ich sprach mit einigen Freunden darüber, und sie meinten – sei es nun aus Höflichkeit oder Interesse –, dieses Buch müsse ich unbedingt schreiben und ich solle doch, gewissermaßen prophylaktisch, Notizen machen.

Aber die machte ich nicht. Aus Aberglauben? Aus Besorgnis, mir würde das Spontane abhanden kommen? Einige meiner Besucher erinnerten sich dieser oder jener Geschichte, die unbedingt „hinein" müsse. Ich stimmte zu, betroffen, denn ich hatte diese Geschichten längst vergessen – oder sollte ich sagen: verdrängt.

Mir fiel eine Unterhaltung mit Claire Boothe ein, der schönen und begabten Frau und inzwischen Witwe des Gründers von „Time" und „Life", Henry Luce. Auch sie hatte einmal im Sinn gehabt, ihre Memoiren zu schreiben und, um Material zu finden, ein ganzes Team von Rechercheuren angesetzt. Gerade so, als wolle sie sich über eine ihr unbekannte Persönlichkeit informieren. „Aber das ist doch natürlich!" sagte sie. „Sind wir uns selbst nicht die unbekanntesten Personen? Was wissen wir noch von dem, was wir vor zwanzig oder dreißig Jahren waren?"

Das mochte stimmen. Aber das mit dem Exhumierungsteam ging doch wohl nicht für mich. Ich konnte mir nicht gut vorstellen, daß von mir beauftragte und dazu noch bezahlte Leute – bezahlt womit? – sich wie Ankläger vor Gericht einem um ein Alibi verlegenen Angeklagten gegenüber verhalten würden: „Sie behaupten, Sie wissen nicht, wo Sie an dem betreffenden Tag, zur betreffenden Stunde waren? Nun, unseren Nachforschungen zufolge . . ."

Sollte ich meinen Beruf wechseln – in meinem Alter? War ich wieder so weit wie damals, als ich in den dreißiger Jahren nach Amerika gekommen war – oder eigentlich nicht einmal so weit, denn ich hatte ja nicht einmal mehr den „Paris-soir"? Ein guter Bekannter aus Hollywood, der Schauspieler Walter Slezak, der sich vorübergehend in New York aufhielt, gab mir die Adresse eines Mannes, den er für einen ausgezeichneten Astrologen hielt und auf den er schwor: Isidor Oblo. Ich telephonierte mit ihm und ging hin. Ich hatte nie etwas von Astrologie gehalten, aber ich war so durcheinander, daß ich bereit war, alles zu versuchen.

Oblo, schlank, eher klein, mit einem spitzen, sehr intelligenten Gesicht, mit wachen Augen hinter seiner Brille, war aufgrund der Daten, die ich ihm hatte zukommen lassen, bereits mit meinem Horoskop fertig. Er blickte ernst drein. Ich hätte, so führte er aus, in den nächsten Monaten nichts zu erwarten – aber auch gar nichts. „Alles wird Ihnen mißlingen! Es ist geradezu Energieverschwendung, noch etwas zu probieren. Glauben Sie mir: erst im nächsten Jahr, genau am 18. Januar 1948, wird sich das Blatt wenden. Sie werden dann in jeder Beziehung Erfolg haben."

Ich glaubte ihm natürlich nicht, arbeitete weiter an Exposés für Verlage und Redaktionen, aber nichts stieß auf Interesse. Privates kam hinzu. Ich dachte immerfort an Käthe. Ich wollte zu ihr zurück. Ich hatte ihr ja versprochen, nach spätestens einem halben Jahr wieder in Europa zu sein, und sei es auch nur für ein paar Monate. Jetzt schrieb ich ihr kaum noch. Was hätte ich ihr mitteilen sollen? Ihre Briefe zeigten zuerst Erstaunen, später wurden sie gereizt, schließlich mißtrauisch. Die Tatsache, daß ich mein Versprechen nicht hielt, konnte ja schließlich für sie nur einen Grund haben: Ich hatte genug von ihr!

Wie sollte ich ihr, den sie schließlich nie in Geldsorgen gesehen hatte, klarmachen, daß ich kaum das Geld für ein Taxi bis zum Hafen besaß, geschweige denn für die Überfahrt oder für ein wie auch immer geartetes Leben drüben?

Kurz entschlossen vermietete ich meine Wohnung und nahm das großzügige Angebot Antonie Straßmanns an, zu ihr und ihrer alten, liebenswerten Mutter zu ziehen. Sie bewohnte ein kleines Haus am Hudson, etwa fünfzig Kilometer von New York entfernt. Das Leben dort würde mich so gut wie nichts kosten.

Ich arbeitete wieder an meinem Goebbels-Buch. Ich besuchte zuweilen Fira Ilinska oder meine Eltern. Sonst hatte ich mit niemandem Kontakt, oder doch fast mit niemandem. Ich wartete.

Damals sah ich auch Eisenhower wieder. Allen Dulles hatte mich eingeladen, mit ihm zu lunchen. Wir trafen uns in seinem Club, in einem Haus in der Wallstreet gelegen, im selben Haus, in dem sich sein Büro und das seines Bruders befand. Sein Bruder John Foster Dulles war auch dabei. Als vierter erschien, ein wenig verspätet, Eisenhower, den ich zum erstenmal ohne Uniform sah.

Erstaunlicherweise erkannte er mich sogleich wieder und war sehr nett.

Dieser Lunch wird mir immer in Erinnerung bleiben. Ich lernte dabei, wie amerikanische Geschichte gemacht wurde und vielleicht auch noch gemacht wird. Eisenhower, der gerade als Chef des Generalstabs zurückgetreten war – oder in der nächsten Zeit zurücktreten wollte –, erzählte: „Vielleicht gehe ich in die Privatindustrie. Aber nur ein paar Monate. Dann werde ich Chef der Columbia University."

Was mich erstaunte. Er brachte doch dafür gar nichts mit.

Eisenhower erriet meine Zweifel: „Ist ja nur für kurze Zeit. Dann werde ich Präsident der Vereinigten Staaten."

Ich war perplex.

John Foster Dulles: „Darüber darf natürlich noch nicht gesprochen werden. Sie dürfen davon kein Wort veröffentlichen, Curt. Aber es ist schon so. Wir wollen ihn aufstellen, wir, die Republikaner."

„Die Demokraten würden mich auch aufstellen!" lachte Eisenhower.

Was durchaus stimmte. Er war eben sehr populär. Als Sieger. Als Politiker war er ein unbeschriebenes Blatt.

Ich dachte damals, es sei eine gute Idee, Eisenhower aufzustellen. Er hatte sich im Krieg als vorzüglicher Verwaltungsmann erwiesen. Ich hatte damals öfter gesagt: „Eisenhower ist gar kein General, er ist ein Generaldirektor."

Aber was seine Qualifikationen für die Präsidentschaft anging, da irrte ich mich. Er wurde ein schlechter Präsident.

Ich führte ein sehr ruhiges, aber kein vergnügliches Leben. Dafür sorgten schon meine Gallenschmerzen, die ich bereits früher, aber nur in größeren Abständen gehabt hatte, und nie so schrecklich wie jetzt. Doch durfte ich mir nichts anmerken lassen. Antonie und ihre Mutter hätten auf einen Arzt bestanden, und den konnte und wollte ich mir nicht leisten. Die Gallenschmerzen gingen auch wieder weg, allerdings noch lange nicht für immer.

Es kam der Januar 1948. Und es kam fast auf den Tag genau alles, was mir Oblo prophezeit hatte. Aus Paris traf ein langes Kabel ein, gezeichnet: Pierre Lazareff.

Er war, wie schon berichtet, nachdem die Deutschen aus Frankreich vertrieben worden waren, nach Paris zurückgekehrt. Sein France-soir" war sehr bald die größte Zeitung Frankreichs. Und seine Frau, Helene Gordon, gründete die Frauenzeitschrift „Elle".

Pierre also fragte an, ob ich sofort – Überfahrt und andere Spesen natürlich bezahlt – Berlin-Korrespondent seines Blattes werden wollte. Und ob ich wollte! Gleichzeitig rief mich Arnold Gingrich an, eher erstaunt, mich in oder in der Umgebung von New York zu finden, ob ich nicht aus Europa Artikel für seinen „Esquire" schreiben wolle. Garantie: Sechs Artikel pro Jahr, vielleicht auch mehr.

Ein paar Tage später, ich hatte schon die Schiffskarte, ein Brief von Käthe Dorsch, übrigens am 18. Januar geschrieben, aber infolge meiner Adreßänderung verspätet angekommen. Er war sehr lieb und sehr versöhnlich. Sie habe erst jetzt erfahren, daß es mir nicht so gut ginge, ich solle mir keine Sorgen machen, es würde sicher bald wieder so werden, daß ich zu ihr kommen könne.

Wie herrlich die Welt wieder war!

27
Technische Störungen

Das für den weiteren Verlauf meines Lebens Entscheidende:
Am Tag meiner Abreise ein Luftpostbrief von Robert Murphy. Auch er hätte mich schon früher erreicht, wenn ich nicht aus meiner Wohnung zu Antonie Straßmann und in den letzten Tagen in ein New Yorker Hotel gezogen wäre.

Und wenn er mich nicht erreicht hätte . . .?

Bob schrieb – die Worte bleiben mir unvergeßlich: „Warum kommst du nicht wieder einmal nach Berlin? Es wird sich hier einiges tun."

Es war, als sei die Bühne für einen großen Akt gerüstet. Und so war es auch. Und nicht nur, was mich betraf.

Das unansehnliche kleine Schiff löste sich mit einer Stunde Verspätung von dem kleinen unansehnlichen Pier, weit draußen im New Yorker Hafen. Meine Eltern waren gekommen, meine Mutter tränenüberströmt, denn sie glaubte, sie würde mich nie wiedersehen – was glücklicherweise nicht der Fall war.

Zu meinem Erstaunen erschien auch Rolf, recht abgerissen und auch einigermaßen verlegen. Er erzählte, er habe sich von Ilse getrennt, oder besser sie sich von ihm. Sie wolle unseren gemeinsamen Freund, den Journalisten Robert Jungk, heiraten und beantrage ihre Scheidung von Rolf in Reno, Nevada.

Übrigens hatte Rolf bereits beschlossen, seine Zimmervermieterin zu heiraten, und zwar am Tag seiner Scheidung, wohl nicht so sehr aus unüberwindlicher Liebe als um der „erste" zu sein, der wieder heiratete.

Ich habe ihn übrigens nie wiedergesehen. Wenige Monate später, im Herbst des Jahres, starb er an einem Herzschlag unter grauenhaft grotesken Umständen, wurde aber erst zwei Tage später gefunden, als seine damalige Frau, die ihn ja ernähren mußte und daher im Chor der Metropolitan-Opera mitwirkte, von einem kurzen Gastspiel dieses Institutes aus Philadelphia zurückkehrte.

Rolf verabschiedete sich ganz plötzlich und lief geradezu fort. Denn nun erschien Robert Jungk. Auch er erzählte mir von seinen Heiratsplänen mit Ilse. Ich stellte ihm eine junge Dame vor, die etwa vierzehn Tage vorher aus Hollywood nach New York gekommen war, mit Empfehlungen gemeinsamer Bekannter an mich. Es war dann sie, nicht Ilse, die Jungk wenige Wochen später heiratete. Auch das ging unter seltsamen Umständen vor sich. Sie schrieb mir einen Brief und fragte mich, ob ich sie zu heiraten gedenke. Wovon nie die Rede gewesen war. Er schrieb mir einen Brief, ich müsse die Änderung seiner Pläne verstehen. Nichts hätte mir gleichgültiger sein können.

Als ich diese seltsamen, fast schicksalhaften Abschiedsszenen später meinem gescheiten Freund Hans Habe erzählte, wollte er unbedingt wissen, wie das Schiff geheißen habe. Es handelte sich um die „Paris", den kleinsten der französischen Passagierdampfer, der noch in Betrieb war, die anderen hatten sich in Truppentransporter verwandelt oder waren versenkt worden. Die „Paris" war nicht nur klein, sondern auch veraltet. Und ich glaube, wir waren insgesamt acht Passagiere, die sie nach drüben brachte.

„Irrtum!" erklärte Hans Habe. „Nicht klein und veraltet. Für dich die ‚Queen Elisabeth' und die ‚Queen Mary' zusammengenommen!"

Wie recht er doch hatte! Wie gut es für mich war, just in diesem Augenblick aus den USA fortzukommen! Und so vieles hinter mir zu lassen, was in meinem Leben eine Rolle gespielt hatte.

Zehn oder gar zwölf Tage auf dem Atlantik. Ich nützte sie, um mein inzwischen fertig gewordenes Goebbels-Manuskript aus dem Englischen ins Deutsche zu übersetzen. Übrigens nicht sehr gut.

Paris. Edgar, der sehr schnell ein bekannter Journalist geworden war. Pierre und Helene Lazareff.

Pierre schien es eilig zu haben. „Wann fährst du nach Berlin?"

Warum er seinen zukünftigen Berliner Korrespondenten so drängte?

„Ich weiß nicht. Irgend etwas liegt in der Luft."

„Was?"

„Ich schicke dich ja nach Berlin, um es herauszubekommen."

Etwas lag in der Tat in der Luft. Auf dem US-Konsulat, wo ich meine „Credentials", meine für einen Besuch in Deutschland nötigen Papiere, abholte, erzählte man mir, daß der US-Militärzug Frankfurt–Berlin, der bisher allabendlich in beiden Richtungen verkehrt hatte, in der letzten Zeit einige Male ausgefallen sei. Warum? Technische Störungen. Umbauten an der Strecke. Die Russen, die diese Umbauten angeblich vornahmen, hüllten sich in Schweigen. Man riet mir, von Düsseldorf aus den Militärzug der Engländer zu benützen. Der laufe fahrplanmäßig – noch.

Er funktionierte übrigens nur noch bis Helmstedt, der Grenze zur sowjetischen Zone. Die letzten rund zweihundert Kilometer nach Berlin mußten die englischen Offiziere und auch ich in Omnibussen auf Landstraßen in üblem Zustand zurücklegen.

In Düsseldorf hatte ich zwei oder drei Tage warten müssen, bis besagter Militärzug abfuhr. Ich suchte Gustaf Gründgens auf. Er war überrascht und sichtlich erfreut.

Wir waren – wie schon erwähnt – in Berlin oft zusammengewesen, nachdem er aus dem sowjetischen Lager freigelassen war, 1946 also. Er fühlte sich damals nicht wohl am sowjetisch dirigierten Deutschen Theater. „Man ist ja noch immer bei den Russen und weiß nie, ob sie einen nicht morgen wieder festsetzen!"

Er war damals auch in anderer Beziehung nicht glücklich. Er hatte sich von seiner Frau, der Schauspielerin Marianne Hoppe, getrennt. Die Scheidung war eine recht häßliche Angelegenheit gewesen.

Weiter: im Westen durfte er nicht spielen, weil er nicht entnazifiziert worden war – bei seiner hohen Stellung im Dritten Reich eine unumgängliche Vorschrift. Allerdings nur eine Formsache. Aber die Russen hatten sich auf den arroganten Standpunkt gestellt, wer in „ihrem" Deutschen Theater spiele, der bedürfe außer ihrem Segen keiner Entnazifizierung.

Die westlichen Kulturoffiziere protestierten gegen diese flagrante Verletzung der Spielregeln, auch wenn sie noch so sinnlos waren. Das groteske: Da GG bereits – im Osten – wieder gespielt hatte, konnte er im Westen gar nicht mehr entnazifiziert werden; das wäre ja ein Schlag ins Gesicht der Russen gewesen. Da er aber nicht entnazifiziert war, konnte er im Westen auch nicht spielen – das wiederum wäre ein Schlag ins Gesicht der westlichen Besatzungsbehörden gewesen.

Ich zerschnitt damals den gordischen Knoten, indem ich geltend machte, Gründgens habe noch nicht wieder Regie geführt, er könne, ja er müsse sogar auch als Regisseur entnazifiziert werden, falls er eine Regietätigkeit wieder aufzunehmen wünsche. Günstig der Umstand, daß – auf meinen Rat hin – Käthe Dorsch darauf bestand, daß Gründgens bei ihrem ersten Berliner Auftreten Regie führe.

Gustaf Gründgens wurde also – und zwar in West-Berlin – als Regisseur entnazifiziert, eine Farce, ebenso wie es die Entnazifizierung von Furtwängler gewesen war.

Die Entnazifizierung wurde eine Art Demonstration für Gründgens. Dutzende von Schauspielern und Schauspielerinnen erschienen vor Gericht, um zu bezeugen, wieviel er für sie unter den Nazis getan hatte.

Nun war also Gustaf Gründgens entnazifiziert und konnte die Komödie von Shaw, „Kapitän Brassbounds Bekehrung", in den „östlichen" Kammerspielen inszenieren. Ein starker Erfolg für Käthe Dorsch, für die diese Aufführung ein Comeback in Berlin war, und natürlich auch für Gründgens. Aber er fühlte sich, wie gesagt, nicht glücklich im Osten – er wohnte auch im Westen Berlins. Und als ihm, etwa ein halbes Jahr später, die Kulturbehörden von Düsseldorf einen Antrag machten, griff er sogleich zu, um von Berlin, will sagen, von den Russen, fortzukommen. Mitten in seiner Vaterstadt Düsseldorf fand er – im Sommer 1947 – ein einigermaßen intaktes Opernhaus vor, das freilich dreimal pro Woche von den englischen Besatzungsbehörden für ihre Truppen-Shows besetzt wurde, einen halb demolierten Theatersaal, den Festsaal einer Versicherungsgesellschaft und eine Schul-Aula. Unter den schwierigsten Bedingungen stellte er ein Ensemble aus seinen früheren Berliner Schauspielern zusammen, bald das beste Deutschlands. Dekorationen, Beleuchtung, Kostüme – nichts war eigentlich vorhanden, oder doch nur teilweise. Aber man merkte das nicht, auch nicht, daß man schlecht saß und fror. So herrlich wurde gespielt!

Ich war während jener drei Tage in Düsseldorf fast ständig mit GG zusammen. Eine Freundschaft fürs Leben begann.

In Berlin, wo wir, wie gesagt, schließlich mit dem Omnibus landeten, führte mich mein erster Weg zu meiner Sekretärin Heller. Sie war erstaunt, daß ich nicht mit dem US-Zug gekommen war. Sie hatte sogar, von mir rechtzeitig verständigt, am Bahnhof auf mich gewartet. „Aber nicht einmal der Zug ist gekommen! Man sagte mir, es handle sich um Schwierigkeiten technischer Art. Aber ich habe eigentlich nichts davon gesehen."

Niemand in Berlin hatte von solchen technischen Schwierigkeiten gehört. Buschi-Buschenhagen, der sich inzwischen zu einem kleinen Geschäftsmann, sprich Schieber, entwickelt hatte – er konnte alles bekommen und alles an den Mann bringen –, hatte etwas von einer geplanten Währungsreform läuten hören. Wann? Wie? Darüber wußte auch er nicht Bescheid.

Ernst Reuter, damals noch immer nicht Bürgermeister – das war noch eine ältere Dame, Sozialdemokratin, die ungemein populäre Louise Schröder –, gab sich tief pessimistisch, wenn ich gelegentlich mit ihm zu Abend aß. Die Kommunisten maßten sich eine immer größere Rolle im Stadtparlament an, obwohl sie bei den Wahlen vom Oktober 1946, den ersten seit 1933 – und seither hat es ja keine echten Wahlen mehr im Osten gegeben, bis zu dem Tag, da dieses geschrieben wird – vernichtend geschlagen worden waren. Die Russen unterstützten sie auf jede nur erdenkliche Weise. Und das Rathaus stand ja schließlich im sowjetischen Sektor.

„Wenn man bedenkt, wieviel Propagandamaterial die Russen in die kommunistische Partei Deutschlands über die SED, die Einheitspartei, gesteckt haben, die dann doch die Wahlen verlor, müßten sie eigentlich wissen, wie das Volk denkt. Glauben Sie mir: die Stadt wird sehr bald in zwei Teile gespalten sein."

Reuter war damals, was seine Position anging, eigentlich nur einer von vielen Abgeordneten und doch: man spürte aus jedem seiner Worte, daß er am liebsten wieder in die Türkei, in der er die Nazizeit verbracht hatte, zurückgegangen wäre. Und außerdem: daß er doch nicht gehen und es noch zu etwas bringen würde.

Am Abend fuhr ich zu Günter Neumann und Tatjana Sais in ihr Kabarett „Ulenspiegel", wo man gerade den außerordentlichen – außerordentlich in seiner verzweifelten Komik und seiner komischen Verzweiflung – „Schwarzen Jahrmarkt" spielte. Ich saß dann mit den beiden Freunden noch bis zum frühen Morgen in „Johnny's Künstler-Club" am Kurfürstendamm. Auch Günter Neumann hatte das Gefühl: „Es liegt was in der Luft!" Beide waren eher enttäuscht, daß ich nicht mehr wußte als sie.

„Eher weniger!" meinte ich.

General Clay war übrigens in Frankfurt – nur für ein paar Tage.

„Ich telephoniere Ihnen, wenn er zurückkommt", versprach Miss oder besser Major Tompson, seine Sekretärin. Und Murphy war in Washington, um – wie sie mir verriet – neue Instruktionen zu holen.

Neue Instruktionen – wofür? Für welchen Fall? Ich hatte noch immer keine Ahnung.

Ich machte eine neue Bekanntschaft. Auf einer Party, die Heinz Ullstein gab, der einzige in Berlin Überlebende der großen Verleger-Familie, traf ich seinen Sozius, Helmut Kindler, einen schmalen, überaus lebendigen Mann, der mit Heinz die Wochenzeitschrift „sie" herausgab. Sie hatten um eine Lizenz für eine politische Zeitung oder Zeitschrift nachgesucht, aber von den US-Behörden nur die Lizenz für eine Frauenzeitschrift erhalten. Nicht daß dies einen großen Unterschied gemacht hätte! Sie ignorierten den Auftrag fast und machten ein eher politisches Blatt, wie es ihnen vorgeschwebt hatte. Kindler fragte, ob ich nicht für „sie" schreiben wollte. Ich verneinte. Ich wußte nicht einmal, ob ich das als Amerikaner durfte. Das habe ich übrigens bis zum heutigen Tag nicht erfahren.

Am zweiten oder dritten Tag nach seiner Rückkehr war ich bei Clay. Er machte einen besorgten, oder doch zumindest ernsten Eindruck. Er sagte: „Die Dinge spitzen sich zu. Die Währungsreform ist nur noch eine Frage von Tagen oder Wochen. In Westdeutschland, natürlich!"

Die Russen würden das nicht mitmachen. „Sie werden beim alten Geld bleiben wollen. Die Druckplatten befinden sich ja in ihren Händen."

„Und Berlin?"

„Ich habe nur in West-Berlin etwas zu sagen. Man wird natürlich auch hier die neue Mark bekommen."

Ich dachte an Reuter. „Also Spaltung?"

„Schlimmer! Blockade!"

Ich verstand nicht.

„Sie werden versuchen, uns von der Außenwelt abzuschneiden und auszuhungern."

„Wir werden protestieren."

„Das wird nichts nützen. Natürlich, wenn wir uns einen Weg zum Westen freikämpfen würden! Nach meiner Ansicht dürfte die Auffahrt von einigen hundert Panzern genügen. Es braucht nicht ein einziger Schuß zu fallen. Aber in Washington ist man anderer Ansicht."

„Blockade . . ."

„Blockade. Aber in der Luft können sie uns ja nicht blockieren. Gewiß, es wird nicht leicht sein, eine Stadt von annähernd drei Millionen Einwohnern von der Luft aus zu versorgen. Aber möglich. Es gibt nur eines, das den Plan zu Fall bringen könnte: die Stimme der Berliner."

Und er erklärte mir, was er von mir beantwortet haben wollte. Wie würden sich die Berliner im Falle einer Blockade verhalten? „Sie verstehen: man kann nichts durchführen, wenn sie nicht hinter uns stehen. Man kann sie nicht retten, wenn sie nicht gerettet werden wollen."

Das war also meine Aufgabe, nicht unähnlich jener, die ich vor nunmehr bald fünf Jahren von der Schweiz aus unternommen hatte. Übrigens war ich sicher nicht der einzige, den Clay und seine Mitarbeiter mit einer solchen Aufgabe betrauten, und Clay mußte ja selbst eine gute Einschätzung der – sagen wir psychologischen – Situation haben. Ich erinnere mich, daß er im Oktober 1946 der einzige im amerikanischen Hauptquartier war, der, fast auf ein Prozent korrekt, den Ausgang der Berliner Wahlen vorhergesagt und so eine Menge Wetten gewonnen, will sagen einkassiert hatte.

Meine Aufgabe war nicht allzu schwer. Ich kannte ja inzwischen Hunderte von Westberlinern. Auch einige in Ost-Berlin. Denen konnte ich freilich nicht einmal mit dem Wort „Blockade" kommen. Das existierte für sie überhaupt nicht – wie Clay mich vorher gewarnt hatte. Allenfalls „technische Störungen" auf den Zufahrtswegen nach Berlin – die natürlich bald behoben werden würden. Das erklärte mir zum Beispiel Wilhelm Pieck, der als alter Kommunist aus der Weimarer Zeit das Dritte Reich in Moskau überlebt hatte und bald der erste Präsident der vorläufig noch nicht existierenden DDR werden sollte. Er war übrigens ein recht netter Mann, wenn man so mit ihm sprach, man spürte, er kam aus Arbeiterkreisen und hatte sich nicht, wie der griesgrämige verbissene Walter Ulbricht, in der Parteibürokratie hochgedient. Er begnügte sich mit der Mitteilung, „die sowjetische Besatzungsmacht" würde schon wissen, was sie tue.

Natürlich war es Unsinn, Kommunisten zu befragen, die ja auf Moskau eingeschworen waren, oder Bewohner des östlichen Berlin, für die auch eine gewonnene Blockade, also ein Abzug der westlichen Truppen, nichts ändern würde. Sie befanden sich ja längst unter der Fuchtel der Russen.

Im Westen der Stadt war die Stimmung eine ganz andere. Ich hatte mir ein paar Fragen zurechtgelegt. Etwa: War man sich darüber im klaren, daß im Falle einer Blockade West-Berlin von der Umgebung, dem Land abgeschnitten sein würde? Daß man sich keine Nahrungsmittel bei Bauern „organisieren" konnte? Daß vermutlich überhaupt sehr wenig zu essen da sein würde und auch fast nichts, um zu heizen? Und daß auch der elektrische Strom oft ausfallen dürfte? Ich malte schwarz in schwarz.

Aber ich fand keinen, der nicht lieber alles auf sich genommen hätte, als wieder unter das Regime der Russen zu geraten. Keinen einzigen.

Ich spreche gar nicht von den Menschen mit politischem Verstand. Nicht von meinen Freunden Günter Neumann und Tatjana Sais, die beim Gedanken an einen neuerlichen Einzug der Russen erbleichten; nicht von Dr. Johann Stumm, einen hohen Polizeibeamten, der später der erste Polizeipräsident von West-Berlin werden sollte; nicht von West-Berliner Journalisten.

Von meinen Mitarbeitern spreche ich auch nicht; nicht von meiner erstaunlich dicken und trotzdem erstaunlich wendigen älteren Haushälterin; nicht von meinem Chauffeur Gerhard Brunzel, klein, drahtig, ein typischer Berliner, geradezu ein Abziehbild der Stadt. Er brauchte nur den Mund zu öffnen, und es kam eine Schnoddrigkeit oder ein Witz heraus.

Ich fand keinen Untergrundbahnschaffner, keine Sekretärin, keinen Gemüsehändler, keinen Statisten, keinen Arbeiter, keinen Arzt, der mit der Antwort gezögert hätte. Sie lautete einmütig: „Wir wollen hungern, frieren, alle Schwierigkeiten auf uns nehmen – nur nicht die Russen. Nie mehr die Russen!"

Nach fünf Tagen besuchte ich Clay wieder. Er nickte nur, als habe er nichts anderes erwartet. Und sagte dann ziemlich trocken: „Die Berliner können so bleiben, wie sie sind."

Und dann ging alles sehr schnell. In Westdeutschland Einführung der neuen D-Mark. Die alte R-Mark konnte eingewechselt werden, ich glaube im Verhältnis von zehn zu eins, aber nur in kleineren Mengen. Das hatten fast alle Wochen vorher kommen sehen – also hatte man für das sehr bald sich entwertende Geld alles nur Mögliche gekauft, der Schwarze Markt erlebte noch einmal eine Hausse nie gekannten Ausmaßes. Jetzt war er von einem zum anderen Tag wie ausgelöscht. Denn in den Läden gab es gegen die gute D-Mark wieder alles oder doch fast alles – in Westdeutschland, wie gesagt.

Beschluß der westlichen Berliner Besatzungsmächte: Zahlungsmittel halb alte R-Mark, halb neue D-Mark. Der Protest der sowjetischen Militärs wurde zurückgewiesen.

Auszug der nicht-kommunistischen Abgeordneten aus dem Rathaus, wobei sie bis zum letzten Augenblick fürchten mußten, verhaftet oder zumindest zurückgehalten zu werden. Einzug ins neue westliche Stadtparlament im Schöneberger Rathaus. Reuter, noch drüben zum Regierenden Bürgermeister gewählt, aber von den Russen als solcher nicht anerkannt, durfte, mußte jetzt regieren und erwies sich schnell als der Mann, der es konnte.

Die Russen erklärten, wegen „technischer Störungen" müßten alle Zufahrtswege nach Berlin – West-Berlin, natürlich – bis auf weiteres gesperrt bleiben. Clay ließ erklären, der westliche Teil der Stadt werde via Frankfurt am Main durch eine – im wesentlichen amerikanische – Luftbrücke versorgt. Die Engländer machten ein wenig mit, die Franzosen nur in der Theorie. Sie hatten noch nicht genug Lebensmittel für sich selbst.

Clay! Mir wurde schlagartig bewußt, daß der Berliner jetzt Vertrauen haben mußte, nicht nur in die etwas anonyme „gute Sache", sondern in Clay persönlich. Aber wer außer seinem Stab, außer seinen russischen, französischen, britischen Partnern und ein paar Dutzend im wesentlichen amerikanischen Journalisten kannte ihn denn?

Ich ging zum Telephon, verlangte die Redaktion von „sie" und dann Helmut Kindler. „Ich komme auf Ihren Vorschlag zurück. Ich bin bereit, für Ihre Zeitschrift zu arbeiten. Ich will vor allem über Clay schreiben."

„Clay? Den General? Aber den kennt doch kein Mensch!"

„Eben deswegen. Das ist der Mann, von dem es abhängt, ob Sie morgen noch leben, Sie und Ihre Familie und Ihre Nachbarn. Sie müssen ihn kennenlernen. Alle! Sie müssen Vertrauen zu ihm gewinnen."

„Gut! Schreiben Sie!"

Ich plante eine Serie von vier umfangreichen Artikeln. Aber

schon während ich mir Notizen dazu machte, wurde mir klar: ich wußte nicht genug über Clay. Wie alt war er eigentlich? Wo geboren? Wie war seine Karriere verlaufen? Welche Rolle hatte er im Krieg gespielt? Was dachte er von der Blockade und von der Chance des Westens, zu überleben? Sicher gab es all dieses Material in Archiven, aber vermutlich befanden die sich in Washington, sicher nicht in Berlin.

Schweren Herzens rief ich Major Tompson an.

„Major", sagte ich, „was ich erbitte – es ist eigentlich eine Frechheit. Aber ich habe keine Wahl. Ich weiß, der General muß überbeschäftigt sein, er startet ja die Luftbrücke. Aber ich muß ganz einfach mit ihm sprechen!" Und ich sagte ihr von den Informationen, die ich brauchte, und zu welchem Zweck.

„Bestellen Sie dem General, ich komme, wann immer er eine halbe Stunde für mich Zeit hat – meinetwegen um Mitternacht."

Sie lachte. Nach einem Augenblick kam sie wieder an den Apparat. „Der General würde sich freuen, wenn Sie morgen mittag um drei Uhr mit ihm Kaffee trinken wollten."

Natürlich war ich da. Die Tür zwischen ihm und Major Tompson war – wie übrigens immer – geöffnet; Clay liebte keine geschlossenen Türen. Der Schreibtisch war leergefegt.

Er grinste. „Ich hörte, Sie hatten die Absicht, um Mitternacht zu kommen."

„Nun ja, die Luftbrücke . . ."

„Mrs. Clay würde einen schönen Krach schlagen, Curt, wenn ich nicht pünklich um halb acht zum Dinner nach Hause käme. Also – was wollen Sie wissen?"

Von draußen hörten wir die Geräusche der regelmäßig ein- und ausfliegenden Maschinen der blutjungen Luftbrücke. Es war der Beginn.

Auch meine neue Karriere hatte begonnen – die vierte, ohne daß mir das so recht zu Bewußtsein kam.

28
Schicksale im Umbruch

„Sehen Sie sich vor", sagte Peter Suhrkamp zu mir, als wir wie schon oft abends in seiner kleinen, aber gemütlichen Wohnung zusammenkamen und tranken, nur Wein, aber meist ziemlich viel.
„Was kann mir schon passieren?"
„Sie können entführt werden, zum Beispiel. Oder abgeknallt."
„Wer sollte das tun?"
„Nun, natürlich die Russen. Oder Leute, die in ihrem Auftrag handeln."
„Ich bin schließlich kein Deutscher. Ich bin Amerikaner."
Er lachte. „Als ob denen das etwas ausmachen würde! Hinterher werden sie sich sicher bei General Clay entschuldigen. Anstatt die vielen Artikel zu schreiben, die, ich muß es zugeben, sehr wirkungsvoll sind, sollten Sie lieber vielleicht ein Stück für meinen Bühnenvertrieb schreiben."
Was ich auch tat. Es hieß „Die Entscheidung" und war für Käthe Dorsch gedacht. Die spielte es zwar nicht, aber es wurde immerhin aufgeführt, in Frankfurt. Ohne Erfolg. Mein erstes Theaterstück seit meiner frühen Kindheit, in der ich viele geschrieben hatte, die mir und der Nachwelt verlorengegangen sind!
Das geschilderte Gespräch zwischen Peter Suhrkamp und mir fand während der Berliner Blockade statt – Juni 1948 bis Frühjahr 1949. Wenn ich heute, ein Vierteljahrhundert später, an ihren Ausbruch und an ihren Verlauf zurückdenke, glaube ich zu träumen. Hat das wirklich alles stattgefunden? Eine Riesenstadt wurde belagert. Erst gab es keinen Güter-, dann keinen Schiffsverkehr mehr, schließlich wurde auch der Bahnverkehr eingestellt, und zuletzt wurden die Zufahrtsstraßen für Autos gesperrt. Das alles wegen der sogenannten „technischen Störungen"!
Aber da gab es ja schon die Versorgung aus der Luft.

Natürlich hätten die Russen auch sie jederzeit unterbinden, zumindest unterbrechen können. Wir, die westlichen Alliierten, zählten ungefähr zehntausend Mann in Berlin, Franzosen und Engländer eingerechnet. Die Russen hatten die halbe Rote Armee vor den Türen der Stadt.

Bei einer Pressekonferenz sagte Clay: „Die Russen würden kaum länger als ein paar Stunden benötigen, um uns zu erledigen, respektive zum Abzug zu zwingen. Niemand könnte sie daran hindern. Sie handeln sich dann freilich einen Krieg mit den USA ein."

„Es ist gut, das zu wissen", sagte ein Korrespondent der Associated Press.

Und Clay: „Es ist besser, daß die Russen das wissen."

Sie wußten es natürlich.

Trotzdem: Die West-Berliner befanden sich in einer recht gefährlichen Lage. Sie lebten sozusagen Haus an Haus mit Menschen, deren sinnlose Brutalität sie ja in den ersten Wochen nach dem Krieg kennengelernt hatten. Und die Einstellung der Russen und ihrer deutschen Parteigänger zu den West-Berlinern war dadurch nicht versöhnlicher geworden, daß diese in der Zwischenzeit – und, wie sie glauben durften, geschützt durch die westlichen Alliierten – nicht gerade Erfreuliches über die östlichen „Befreier" geäußert hatten, ja, daß sie auch jetzt noch geradezu demonstrativ, wenn auch vorläufig nicht durch Demonstrationen, gegen sie Stellung bezogen. Etwa, indem sie es ablehnten, in Ost-Berlin für die billige Ost-Mark Lebensmittel einzukaufen, die man in West-Berlin nicht bekam – übrigens auch nicht in anderen ostdeutschen Städten – Ost-Berlin war so etwas wie ein Schaufenster für die Russen.

Da saßen die West-Berliner und hungerten, und im Herbst und Winter würden sie frieren, und es gab keinen Strom für Beleuchtung, auch nicht fürs Radio, so daß sie meist nicht wußten, wie die Lage war; sie wußten nicht, ob nicht in den nächsten Minuten sowjetische Formationen vor ihrem Haus auftauchen würden – und blieben doch dort.

Nur relativ wenige Berliner hatten sich nach Hamburg oder München abgesetzt, meist wohlhabende, wenn nicht reiche Leute, auch viele vom Film und der Bühne. Meines Wissens war nur eine Künstlerin während der Blockade von draußen nach Berlin eingeflogen – Heidemarie Hatheyer, die ich damals übrigens noch nicht kannte.

Eine abenteuerliche Reise, wie ich später erfuhr. Sie konnte ja nur einfliegen. Zum Fliegen aber brauchte man Dollars. Dollars durften laut den interalliierten Bestimmungen Deutsche nicht haben. Es mußte also ein Amerikaner in München aufgetrieben werden, der mit von ihr schwarz erstandenen Dollars die Flugkarte für die Schauspielerin kaufte. So schwer war es damals, nach Berlin zu kommen – aus Berlin herauszukommen war für gewöhnlich Sterbliche nahezu unmöglich.

Die Berliner befanden sich – ganz abgesehen von den Unbequemlichkeiten des täglichen Lebens – in einer gewissen Lebensgefahr. Wir Alliierten waren da besser dran; schwer denkbar, daß die Russen, auch im äußersten Fall, tätlich gegen uns vorgegangen wären. Aber auch da gab es sicher Ausnahmen – eine davon war vermutlich ich.

Meine Serie über General Clay war ein großer Erfolg – begreiflich, denn der Mann, der das Geschick der Berliner in Händen hielt, interessierte sie natürlich. Und Clay, der übrigens Deutsch weder sprach noch verstand, ermutigte mich: „Schreiben Sie doch weiter in Berliner Zeitungen!"

Die Redaktion der „sie" war es zufrieden. Und so schrieb ich jede Woche einen Leitartikel. Ursprünglich hatte ich über alles, was mir einfiel, schreiben wollen, aber sehr bald befaßten sich meine Artikel vor allem mit den Russen und mit dem, was in Berlin und um Berlin vor sich ging.

Ich hatte gegenüber meinen deutschen Kollegen bestimmte Vorteile. Einmal erfuhr ich vieles – vor allem die Russen betreffend – via Clay und Murphy und verschiedene Offiziere der Intelligence. Zum anderen hatte ich in Amerika gelernt, offen und rücksichtslos zu schreiben, und war nicht gehandikapt durch die im Raum schwebende Frage: Darf man das schreiben? – die meine Kollegen nach zwölf Jahren Naziregime lange nicht losließ.

Das entscheidende: ich hatte keine Angst. Ich war ja kein Deutscher, der – dies kam vor – einfach von der Straße weg entführt werden konnte. Übrigens: Ich fühlte mich sicherer, als ich es vielleicht war.

Daher wohl auch die Warnung Peter Suhrkamps, die nicht die einzige bleiben sollte. Günter Neumann, zum Beispiel, sagte: „Es kann schließlich keinem Zweifel unterliegen, daß deine Artikel einen wesentlichen Anteil an der Stärkung des Berliner Durchhaltewillens haben!"

Ich hielt das für stark übertrieben. So schmeichelhaft diese Worte waren. Immerhin hatte man im US-Hauptquartier eine gewisse Sorge um mich. Als ich einmal von einer sowjetischen Party in Karlshorst – das gab es noch, und zwar für alle Alliierten – nicht zur verabredeten Zeit zurückkehrte, ordnete ein amerikanischer Offizier, wohl im Auftrag Clays, an, einen sowjetischen Offizier, der sich auf einer unserer Parties befand – die gab es auch noch für alle – zurückzuhalten. Man sagte ihm wohl nicht, weswegen, und ich zweifle, daß man ihn mit Gewalt zurückgehalten hätte.

Ich kehrte mit einstündiger Verspätung aus Karlshorst nach Zehlendorf zurück.

Nun, ich kam mir weder als Held noch bedroht vor. Auch die Einschränkung unserer Rationen und des Heizmaterials waren erträglich. Schlimmer schon, daß meine nächsten Mitarbeiter, die Heller, eine junge Dame, die perfekt Französisch sprach und jeden Morgen meine Nachrichten für den „France-soir" aufnahm und telephonisch durchgab und mein Chauffeur Gerhard Brunzel, der freilich nie seine gute Laune verlor, unter der ständig knapper werdenden Rationierung zu leiden hatten.

Und da war noch – beinahe hätte ich vergessen, sie zu erwähnen – eine kleine, weißhaarige Dame, die als zweite Sekretärin bei mir arbeitete. Wir nannten sie alle Frau Bumke. Sie hieß aber Wera von Schwarte und war die Tochter eines berühmten deutschen Generals. Ich verriet ihren Namen nicht, den sie beschwor mich, anonym bleiben zu dürfen. Heute fühle ich mich an dieses Versprechen nicht mehr gebunden, sie ist ja vor einiger Zeit gestorben.

Der Grund ihres Wunsches nach Anonymität: Sie war die Sekretärin des Chefs der Abwehr, Admiral Canaris, gewesen, der ja, mit Maßen, Widerstand gegen Hitler geleistet und vor allem organisiert hatte. Als Vertraute des Admirals hatte sie vom 20. Juli 1944 bis fast zum Kriegsende im Gefängnis gesessen. Er selbst war umgebracht worden.

Ihre berechtigte Angst: Die Russen würden sie, falls sie ihre Identität erkundeten, holen, was um so leichter war, als sie in einem relativ einsamen Haus ziemlich dicht an der Zonengrenze wohnte. Ich besorgte ihr ein „weniger gefährliches" Quartier.

Nicht nur sie, auch meine anderen Mitarbeiter waren, falls meine Artikel die Russen wirklich verärgerten, sicherlich gefährdet. Und ganz besonders galt das für meine Freunde Günter Neumann und Tatjana Sais. Die waren schon immer in ihrem Kabarett-Programm an die Grenze des Möglichen gegangen. Im sowjetischen Sektor von Berlin wäre keine ihrer Nummern erlaubt gewesen. Sie traten allerdings im britischen Sektor auf. Günter, klug und witzig und unendlich begabt, fügte immer irgendwelche Sätze ein, die das Publikum wissen ließen, dies oder das dürfe er nicht singen oder sagen, dies oder das sei den Russen sicher nicht angenehm. So sagte er, was er zu sagen wünschte – und beraubte die im Osten gleichzeitig der Möglichkeit zu protestieren, ohne sich lächerlich zu machen.

Clay: „Schade, daß ich das nicht hören kann." Aber es war wohl kaum denkbar, daß ein US-General und noch dazu der Chef der Zone in ein kleines, politisch ausgerichtetes Kabarett ging. Und Clay, des Deutschen unkundig, hätte ja auch kein Wort verstanden.

Kurz nachdem die Blockade begann, prägte Günter Neumann den Namen „Insulaner" für die Berliner. Und jemand kam auf die Idee, eine Zeitschrift mit diesem Namen unter seiner, Neumanns, Leitung zu starten. Sie war böse, bissig, intelligent, amüsant, aber kein populärer Erfolg, vielleicht gerade deshalb. Günter Neumann war zwar ein Erfolg für fünfhundert oder sechshundert Kabarett-Besucher pro Abend – aber kaum für die Massen.

Oder doch? Immerhin hatte er ein paar Wochen oder Monate später mit seinem Insulanerprogramm im US-Sender RIAS – Kabarett im Rundfunk – einen durchschlagenden Erfolg. Ich weiß nicht mehr, ob seine Akteure einmal oder zweimal pro Monat zu hören waren, ich weiß nur, daß sie, die unvergleichliche Sais an der Spitze, Edith Schollwer und dann Georg Thomalla und Bruno Fritz und viele andere, nicht nur gefährlich politisch waren – unvergeßlich die Parodie auf einen ostdeutschen Funktionär, die in allen denkbaren Situationen wiederkehrte –, sondern auch immens aktuell. Es kam mehr als einmal vor, daß einer der Mitwirkenden ein Chanson begann und erst in der Sekunde, in der er die erste Strophe beendet hatte, den Text zur zweiten oder dritten Strophe erhielt. Günter Neumann hatte ihn in größter Eile eben erst fertiggestellt und durch einen Boten in den Sender schicken lassen.

Die „Insulaner" hielten sich viele Jahre lang und weit über die Blockade hinaus, denn Günter Neumanns frommer Wunsch in der Anfangs- und Schlußhymne, „daß uns're Insel wieder Festland wird", ging ja nie so ganz in Erfüllung. Nur daß die Leute das später nicht mehr so gern hören wollten. Nicht die im Westen, ja nicht einmal die Berliner. Auch Wahrheiten werden auf die Dauer unbequem – besonders Wahrheiten.

Um diese Zeit – es kann auch etwas später, vielleicht erst 1949 gewesen sein, das spielt aber in diesem Zusammenhang kaum eine Rolle – hörte ich wieder von meinem alten Freund Otto Katz.

Er hatte, wie schon berichtet, Geld gesammelt, in New York, Chicago, Hollywood – angeblich für einen deutschen „anti-hitlerischen Freiheitssender". Es war das Verdienst Marlene Dietrichs, ihm ins Gesicht zu sagen, er sei ein kommunistischer Agent und das Geld sei für die Partei bestimmt – was der Wahrheit entsprach.

Später wurde er aus den USA ausgewiesen und ging nach Mexiko. Mit mir hatte er gebrochen, obwohl ich ihm oft hatte behilflich sein dürfen. Der Grund des Zerwürfnisses: eine Frauengeschichte. Und kaum in Mexiko, gründete er eine Zeitschrift, die mich – ausgerechnet – als Trotzkisten angriff. Ich wußte damals nicht einmal genau, was ein Trotzkist ist. Er rechnete damit, daß es in Mexiko kein Pressegesetz gab, das ihn gezwungen hätte, seine sinnlose Anschuldigung zurückzunehmen. Er rechnete nicht damit, daß ich den Mann, der diese Pöbelei verbrochen hatte, in New York, wo er lebte, belangen konnte. Ich klagte und bekam Recht. Der Autor hieß übrigens Alfred Kantorowicz.

Katz, alias André Simone, war nach Kriegsende in seine Heimat, die Tschechoslowakei, gegangen und bekam einen hohen Posten in der ersten kommunistischen Regierung, mit dem er Presse und Rundfunk kontrollierte. Und wurde, als diese stürzte, ebenfalls gestürzt, verhaftet und angeklagt. Und eines Tages las ich – in West-Berlin konnte man die Ost-Berliner Zeitungen mit einigen Schwierigkeiten bekommen –, daß der Staatsanwalt beantragt habe, ihn vom Leben zum Tode zu befördern.

Ich las im „Neuen Deutschland" seine Schlußworte in extenso – zwei Riesendruckseiten lang. Nun, ich hatte, wie wir alle, immer mal wieder von den makabren Säuberungsprozessen in der UdSSR gehört und von Angeklagten, die sich in Selbstbeschuldigungen überboten. Wir hatten gerätselt. Waren hier Folterungen im Spiel?

Oder hatten die Anklagebehörden den von Geständnissen Berstenden gewisse Versprechungen gemacht? Drogen? Hing dieser Hang, „alles" und mehr zu gestehen, irgendwie mit der slawischen Seele zusammen?

Aber hier war einer, den ich hundertmal im Romanischen Café gesehen hatte, von slawischer Seele keine Rede, eher Berlin-W., ein Literat, der auch in Paris oder New York hätte leben können, und ja gelebt hatte, ein gescheiter, ein gerissener Bursche, der gern lebte und gern gut lebte. Und der erklärte in Prag – ich zitiere natürlich aus dem Gedächtnis –, er sei ein Verräter, ein ganz übles Subjekt. Er sei – man bedenke! – ein amerikanischer Spion gewesen. Und: „Ich verlange die Todesstrafe! Ich würde eine geringere Strafe gar nicht annehmen!"

Man tat ihm den Gefallen. Er wurde aufgehängt.

Ich gab den Zeitungsausschnitt vier oder fünf seiner ehemaligen Freunde zu lesen. Keiner verstand, was da gespielt worden war. Ein amerikanischer Spion? Für wen denn? Wo denn? Wie denn?

Das Ganze ergab doch nicht den geringsten Sinn. Das hätte eigentlich das Gericht in Prag sofort erkennen müssen. Man kann ja in Amerika nicht für Amerika spionieren, als amerikanischer Spion hätte er wohl in der UdSSR oder auch in Hitler-Deutschland tätig sein müssen. Aber in New York? In Hollywood?

Da wir gerade bei „Fällen" sind. Da war Veit Harlan. Der war damals in aller Munde. Harlan, ursprünglich ein interessanter Schauspieler expressionistischer Färbung, war Filmregisseur und Goebbels' Leib- und Magenregisseur geworden. Und er hatte eine große Anzahl von Nazi-Propagandafilmen gedreht. Unter anderem auch „Jud Süss". Der handelte von jenem Juden Oppenheimer, der vor vielen hundert Jahren einen süddeutschen Herzog finanziert hatte, aber schließlich aufgehängt worden war. Eine mehr oder weniger historische Geschichte, im Mittelpunkt eine vielleicht nicht unbedingt sympathische, aber tragische Figur.

Lion Feuchtwanger hatte einen Roman über ihn geschrieben. Als er 1940 oder 1941 in Amerika hörte, daß Harlan den Stoff – natürlich auf antisemitisch – verfilmen wolle, veröffentlichte er gegen alle diejenigen, die da mitmachten, einen geradezu alttestamentarischen Fluch.

Ich pflege an so etwas nicht zu glauben. Aber der Fluch machte Eindruck, und offenbar nicht nur auf mich. Er fand sozusagen Gehör. Keiner von den Hauptdarstellern bei diesem abscheulichen Unternehmen kam auch nur mit einem blauen Auge davon. Sie gingen alle früher oder später auf gräßliche Weise zugrunde und erlebten Furchtbares. Der menschlich üble Heinrich George starb in einem russischen Konzentrationslager; Eugen Klöpfer, dem Theater mit Leib und Seele verhaftet, durfte nie wieder spielen und konnte das nicht verkraften; Werner Krauss verlor seinen ältesten, von ihm vergötterten Sohn, der sich das Leben nahm.

1948 hörte ich, daß Harlan in Hamburg wohnte, und suchte ihn auf. Es ging ihm nicht so schlecht wie den meisten seiner Kollegen. Seine schwedische Frau, die Schauspielerin Kristina Söderbaum, hatte die Verteilung der schwedischen Lebensmittel für hungernde Deutsche irgendwie in die Hand bekommen. Resultat: Die Familie Harlan mußte nicht darben.

Harlan, dem ich mich als schlecht deutsch sprechender amerikanischer Korrespondent vorstellte und der keine Ahnung hatte, daß ich vom deutschen Film und vom deutschen Theater das eine oder andere wußte, der nicht ahnte, daß ich auch genau wußte, wer er war, versuchte mir – und dadurch wohl der amerikanischen Öffentlichkeit – einzureden, er habe sich mit Händen und Füßen gegen die Herstellung des „Jud Süss" gesträubt. Goebbels habe ihm gedroht, ihn im Weigerungsfalle einem Todeskommando an der Front zuzuteilen. Auch Werner Krauss, ein wilder Antisemit, sei ganz versessen darauf gewesen, mitzuspielen, wenn schon nicht die Hauptrolle, die einem „Liebhaber" zukam, also einem attraktiven Mann, so doch gleich vier oder fünf unsympathische Juden.

Ich sehe noch heute, wie tief erschrocken er zusammenzuckte, als er ein halbes Jahr später den ahnungslosen Amerikaner in seinem Entnazifizierungsprozeß wiedersah, in einem Verfahren, das alle Behauptungen mir gegenüber Lügen strafte. Übrigens wurde er dann doch als Mitläufer freigesprochen – Hitler konnte sich noch nach seinem Tod auf die deutsche Justiz verlassen.

Ich kannte von früher her die erste und nun längst geschiedene Frau Harlans, die Schauspielerin Hilde Körber, die seine Nazitouren nie mitgemacht und ihre drei Kinder schlecht und recht durchgebracht hatte. Sie bat mich, falls ich wieder nach Paris käme, ihren Sohn Thomas zu besuchen, der dort studierte.

Das tat ich. Ich fand einen reizenden, gut aussehenden Jungen von etwa zwanzig Jahren. Er wollte Filmregisseur werden, erzählte er mir, oder vielleicht auch Schriftsteller. Bei einem späteren Besuch, ich kam damals wegen des „France-soir" oft nach Paris, gab er mir einiges zu lesen, was er, übrigens auf französisch, geschrieben hatte. Ich verstand nicht ein Wort. Als ich ihm das gestand, war er tief gekränkt. Andere hätten ihm gesagt, dergleichen sei seit Goethe nicht mehr geschrieben worden; darunter auch der Verleger Gottfried Bermann-Fischer aus Frankfurt. Das konnte ich mir nicht recht vorstellen. Als ich – wiederum Jahre später – den Verleger fragte, gab er zu, ebenfalls nichts von den Werken des jungen Harlan verstanden zu haben.

Meist sprachen Thomas Harlan und ich über seinen Vater. Er litt – das war ganz offensichtlich – unter den Missetaten von Veit Harlan. Vergebens meine Einwände, er sei dafür ja nicht verantwortlich, er brauche, da es sich schließlich um seinen Vater handele, überhaupt keine Stellung zu beziehen.

Gerade das wollte er. Durch Fischer hatte er einen der vielen Pariser Rothschilds kennengelernt, und es war ihm gelungen, von diesem den Gegenwert von etwa fünfzigtausend D-Mark zu erhalten. Er wollte dafür etwas für die Juden tun. Präziser ließ er sich nicht aus. Jedenfalls fuhr er mit seinem damaligen Freund, dem deutschen Schauspieler Klaus Kinski, nach Israel, um dort einen Film zu drehen. Die beiden kauften sich aber zuerst einmal ein teures Auto, und bald war das ganze Geld verbraucht. Dann boten sie, nach Europa zurückgekehrt, Helmut Kindler, inzwischen Besitzer der Münchener Illustrierten „Revue", Bilder aus dem Film an. Der wollte sie natürlich bringen. Bilder aus einem Israel-Film, gedreht von dem jungen Harlan, das war immerhin pikant, wenn nicht eine Sensation.

Da aber kein Film gedreht worden war, gab es keine Fotos. Sie wurden eilends von Harlan und Kinski hergestellt. In der Redaktion erkannte man freilich noch rechtzeitig, daß sie in der Gegend des Münchener Ostbahnhofes aufgenommen waren. Als der Verlag den gezahlten Vorschuß zurückhaben wollte, schrieb Thomas Harlan dem Besitzer – eben jenem Kindler, der mich zum deutschen Journalismus zurückbrachte, der im Dritten Reich in Gestapohaft gesessen hatte, er sei ein SS-Mann und Faschist.

In Berlin führten er und Kinski in Nachtvorstellungen ein Tonband vor, das angeblich dem – wie gesagt nie gedrehten – Film entstammte. Hörer stellten dann fest, daß es sich um israelische Gebetsplatten handelte, die auf Tonband überspielt und von Kinski als Conférencier besprochen worden waren. Immerhin vereinnahmten die beiden eine Menge Geld mit den Vorführungen.

In der Zwischenzeit hatte Thomas Harlan ein sehr symbolisches Weihespiel geschrieben, das im Warschauer Ghetto spielte – in dem gelebt zu haben er übrigens vorgab. Er wäre aus einem Heim, in das ihn sein Vater damals gesteckt habe, ausgebrochen, um mit den Juden in Warschau zu sterben. Undenkbar, auch ganz abgesehen davon, daß es technisch nie möglich gewesen wäre. Davon hätte man doch wohl in Deutschland gehört! Thomas Harlan, Sohn eines berühmten Vaters, war damals nicht mehr als sechzehn Jahre alt.

Um dieses Stück herauszubringen, pumpte er Gott und die Welt an. Selbst ein so gewitzter Geschäftsmann wie der Filmemacher Arthur Brauner lieferte Kostüme – umsonst.

Obwohl die engagierten Schauspieler nie bezahlt wurden – Harlan bezahlte sich selbst allerdings sehr ordentlich –, war das Unternehmen enorm kostspielig. So bestand Harlan unter anderem auf einer Südamerikanerin für die weibliche Hauptrolle. Sie mußte eingeflogen werden, was wiederholt verschoben wurde. Als sie landete, erfuhr man den Grund. Sie hatte in der Zwischenzeit ein Kind bekommen, das sie gleich mitbrachte. Und es ergab sich ferner, daß sie zwar Jiddisch sprach, aber kein Wort Deutsch.

Thomas Harlan brachte es sogar fertig, daß diese Produktion, die weder vom Text noch von der Regie her Hand und Fuß hatte, in der Akademie der Künste aufgeführt wurde; schon beim zweiten Mal vor völlig leerem Haus. Ich glaube mich nicht zu irren, wenn ich sage, daß nur drei Aufführungen stattfanden.

Wozu das alles? Thomas Harlan hatte für sich einen neuen Beruf erfunden oder eine Erwerbsquelle, wie man will. Er lebte davon, für seinen Vater zu sühnen – und er lebte recht gut davon. Die an dem Weihespiel mitwirkenden Schauspieler wurden auch später nie bezahlt. Die Dame aus Südamerika um so ausgiebiger.

Was übrigens den Vater Harlans angeht: der durfte vorerst wieder Filme machen – aber sie waren nicht sehr gut und in Kürze stand er am Ende. Irgendwer – vielleicht er selbst – hatte ihm die Überzeugung vermittelt, daß er eine bedeutende Stellung bei der

Bavaria bekommen könne, wenn man sicher sei, daß ich – ausgerechnet ich! – nichts dagegen unternehmen werde. Er besuchte mich, das war Mitte der fünfziger Jahre in der Schweiz, um mir ein entsprechendes Versprechen zu entlocken.

Vergebens versuchte ich ihm klarzumachen, daß ich seine Karriere weder positiv noch negativ beeinflussen könne und daß, wenn ich schwiege, sich hundert andere protestierend zu Wort melden könnten, falls er wieder an die Öffentlichkeit träte. Er glaubte mir einfach nicht. Er hielt mich wohl für eine Art Nachfolger von Goebbels. Er war fast überzeugt davon, daß ein Wort von mir alle, wirklich alle zum Schweigen bringen würde.

Natürlich bekam er die Stelle nicht. Er machte auch keine Filme mehr. Feuchtwangers Fluch!

Was nun Werner Krauss anging, der ihn ja angeblich ins Unglück geritten hatte, war meine Lage viel komplizierter, als die Harlan gegenüber, der mich im Grunde nicht sonderlich interessierte und den ich auch nicht mochte. Werner Krauss war, ich erzählte es ja schon, ein Erlebnis aus frühester Kindheit, ein Mann, den ich immer für den ersten Schauspieler Deutschlands gehalten hatte. Und dieser Werner Krauss hatte, darüber waren sich alle einig, in dem antisemitischen Schandfilm „Jud Süß" prominent mitgewirkt.

Das allein wäre schon schlimm, schlimmer als charakterlos gewesen. Denn Krauss war – rein karrieremäßig gesehen – das Geschöpf eines jüdischen Agenten, der sehr früh an ihn geglaubt und ihm Engagements besorgt hatte. Es war der damals sehr prominente Agent Frankfurter, der sich geweigert hatte, einen Pfennig von Krauss zu nehmen, bis dieser in eine höhere Verdienstsparte aufgerückt war. Und Krauss war natürlich das Geschöpf Max Reinhardts, der ihn zwar in den ersten Jahren seines Berliner Engagements nicht gerade mit Rollen verwöhnte, ihn dann aber doch zum eigentlichen Star seines Ensembles machte.

Zweifellos hatten die „Kränkungen" der ersten Jahre gewisse Spuren bei Krauss hinterlassen. Er war, wie so viele Schauspieler, die auf der Bühne genialisch wirken, im Leben nicht gerade der Gescheiteste. Wenn er eine Rolle nicht bekam, erklärte er – oft genug auch mir gegenüber: „Reinhardt zieht eben die Juden vor!" Was nicht stimmte. Neunzehn von zwanzig seiner Schauspieler waren Nicht-Juden, und weder die Bergner noch Maria Orska, zwei prominente jüdische Schauspielerinnen, gehörten zu seinen Lieblingen.

Aber als es dann galt, die Probe aufs Exempel zu machen, bewährte sich Krauss Reinhardt gegenüber. 1933 und in den folgenden Jahren fuhr er gegen den ausdrücklichen Willen von Goebbels zu den Salzburger Festspielen, die noch nicht in Nazi-Händen waren, um dort unter und für Max Reinhardt den Mephisto zu spielen.

Und nun diesen schrecklichen „Jud Süß": eine ganze Anzahl von jüdischen Chargen, einer unsympathischer als der andere! Das wäre bei jedem Schauspieler schlimm gewesen, bei Werner Krauss ungeheuerlich.

Käthe Dorsch, die sich während der Nazi-Zeit so unerschrocken für die Verfolgten eingesetzt hatte, fühlte sich nun verpflichtet, sich für diejenigen einzusetzen, die jetzt in Schwierigkeiten geraten waren. Zum Beispiel für Werner Krauss.

„Du hast doch den Film gar nicht gesehen!"

Und ich: „Ich will ihn auch gar nicht sehen!"

Sie antwortete: „Vielleicht hat man ihn gezwungen, den Film zu machen. Im übrigen soll man Schauspieler nicht mit gewöhnlichen Maßstäben messen!"

Ich wurde ärgerlich: „Wenn man Krauss mit gewöhnlichen Maßstäben messen würde, müßte man ihn totschlagen. Aber es tut ihm ja kein Mensch was. Er ist nicht einmal eingesperrt worden. Er sitzt, soviel ich weiß, in seinem Haus am Mondsee. Und er hat auch genug zu essen. Im Gegensatz zu den meisten anderen Deutschen."

Wir bekamen Streit, das heißt, Käthe Dorsch bebte vor Empörung. Sie schrie, sie weinte, sie drohte schließlich: „Wenn du dich mit Werner nicht ausspricht, sind wir geschiedene Leute!"

Schließlich war ich bereit: „Ich werde mir den Film ansehen."

In München ließ ich mich bei Erich Pommer melden. Der ehemalige Chefproduzent der UFA, dem Deutschland einige seiner schönsten Filme zu verdanken hatte, war nach den USA ausgewandert und jetzt als leitender Filmoffizier für die amerikanische Zone zurückgekehrt. Er wurde sogleich umschwärmt von bekannten Schauspielerinnen und Schauspielern, die ihn 1933, als man ihn hinauswarf, nicht mehr gekannt hatten und jetzt seine besten Freunde gewesen sein wollten. Er gab sich, mit Recht, schwierig und sprach viel von Entnazifizierung, aber er hatte eine Schwäche für Könner, und früher oder später landeten sie alle wieder, dank ihm, im deutschen Film.

Immerhin – er verstand viel vom Film, jedenfalls mehr als die meisten der neuen deutschen Verleiher und Produzenten, die hinter seinem Rücken erklärten, er sei seiner Stellung nicht gewachsen; später, als er nicht mehr im Amt war, brachten sie es fertig, den deutschen Film in Rekordzeit zu ruinieren.

Mit der Besichtigung des „Jud Süß" hatte es seine Schwierigkeiten. Der US-General, dem alles Kulturelle unterstand, hatte nämlich dekretiert, kein Deutscher dürfe je wieder den Film sehen, was eigentlich selbstverständlich war. Aber der Vorführer, der auf Geheiß von Pommer oder eines anderen Filmoffiziers Filme zeigte, war natürlich Deutscher.

Pommer zerschnitt den gordischen Knoten. „Zeigen Sie den Film, aber Sie selbst dürfen nicht hinsehen!"

Ich sah also „Jud Süß". Ich allein in dem großen Bavaria-Vorführungsraum, der dreihundert und mehr Personen fassen konnte. Und mir wurde in des Wortes wahrster Bedeutung übel. Ja, ich erbrach mich in diesen heiligen Hallen.

Am Abend sprach ich mit Pommer darüber. „Und dabei haben mir viele Deutsche versichert, der Film sei gar nicht so schlimm, wie Goebbels ihn gewollt habe, der Hauptdarsteller Ferdinand Marian wirke geradezu sympathisch!"

Pommer: „Reden so nicht Leute, die sich ein Alibi verschaffen wollen?"

„Nein. Menschen, die im Dritten Reich leben mußten, haben ihr Verhältnis zur Realität verloren."

Diese Erfahrung sollte ich noch oft machen. Auf der einen Seite behaupteten diese Leute, nicht gewußt zu haben, was an Furchtbarem während der Nazi-Zeit geschah. War ihnen denn nie aufgefallen, daß Menschen, nicht nur Juden, aus ihrer Nachbarschaft verschwanden, um nie wieder zurückzukehren? Daß diejenigen, die nach einer gewissen Zeit wieder auftauchten, sich standhaft weigerten, über ihren Verbleib auch nur ein Wort verlauten zu lassen?

Auf der anderen Seite wußten sie jetzt alles Mögliche, was sie eigentlich gar nicht wissen konnten. Mir wurden damals – dank meiner Stellung – viele Papiere zugänglich gemacht, aus denen – zum Beispiel – ersichtlich war, daß der oder jener Parteigenosse gewesen war, schlimmer, daß er denunziert hatte. Einer seiner Bekannten bestritt das. Er habe den Mann gekannt, ich nicht. Er und seine Freunde wußten, der Betreffende sei völlig in Ordnung. Sie wußten es – gleichgültig, wie es um meine Unterlagen bestellt war. Basta!

Ich telephonierte mit Käthe. „Ich habe den Film also gesehen. Er ist noch viel schlimmer, als ich dachte."

Aber ich fuhr trotzdem zu Werner Krauss an den Mondsee. Ich war nun neugierig geworden. Was würde er sagen? Wie würde er erklären, was er getan hatte? Wie würde er versuchen, sich zu rechtfertigen – denn natürlich würde er das versuchen. Aber vor allem interessierte es mich, wie es in meinem ehemaligen guten Freund aussah.

Ich kam vor seinem Haus bei Schnee und Regen und Hagel um Mitternacht an. Er hatte auf mich gewartet. Er ersparte es sich und mir, in Rührung zu machen. Auch ich blieb sachlich. Ich käme auf Wunsch, um nicht zu sagen auf Befehl von Käthe. Und ich wolle ihm gleich sagen, ich könne in seiner Sache nichts tun.

„Wird man mich wieder spielen lassen?"

„Sicher. Nach einer gewissen Zeit. Du wirst wohl entnazifiziert werden müssen."

„Entnazifiziert?"

Offensichtlich war es das erste Mal, daß er dieses Wort hörte. Später regten sich unzählige Deutsche darüber auf, daß sie entnazifiziert werden sollten. Und über den „Fragebogen", den sie ausfüllen mußten. Warum sollten sie ihn nicht ausfüllen? Kam denn niemand auf die Idee, daß die so oft unwürdigen und überflüssigen Verhöre die direkte Folge der Tatsache waren, daß fast kein Deutscher zu dem stand, was er unter Hitler getan oder geglaubt hatte. Würden die „Sieger" als wahr unterstellen, was sie jetzt beteuerten, dann hatte es überhaupt keine Nazis gegeben. Hitler vielleicht ausgenommen, aber der wußte ja bekanntlich längst nicht alles, was geschah. Denn sonst hätte er es nicht zugelassen, sagten viele und glaubten es auch.

Eines muß ich Werner Krauss lassen: er versuchte nicht, anderen die Schuld zuzuschieben, er behauptete nicht, zu seiner Mitwirkung an dem Schandfilm gezwungen worden zu sein. Er war auch bereit, auf sich zu nehmen, was über ihn beschlossen werden würde. Er sah ein, daß er Unrecht getan hatte, er sagte es mir und versprach, es auch anderen zu sagen. Es dauerte wohl an die zwei Jahre, bis er vor eine Untersuchungskommission gestellt wurde, und dann, da die Anklage in Revision ging, mußte er noch ein zweites Entnazifizierungsverfahren durchmachen, bevor er wieder spielen durfte.

In Wien begann er. Dort ging alles gut, nicht zuletzt dank Käthe Dorsch, die seine Partnerin war. In Berlin nicht. Gelegentlich eines Gastspiels des Wiener Burgtheaters mit der Dorsch und Helene Thimig kam es zu „sogenannten" spontanen Ausschreitungen. Hans Rosenthal, damals noch ein kleiner Angestellter der amerikanischen Radiostation RIAS, hatte mit Geld, das ihm in die Hand gedrückt wurde, einige Dutzend Rowdies engagiert – sie kannten weder den Namen des Stückes, das gespielt wurde, noch den von Werner Krauss, noch wußten sie überhaupt, worum es ging. Sie hatten den Auftrag, die eintreffenden Zuschauer zu belästigen, und das taten sie auch.

Auch ich wurde arg zugerichtet und mußte später sogar genäht werden. Der von der amerikanischen „Neuen Zeitung" engagierte Kritiker Friedrich Luft beobachtete die Vorgänge und empörte sich über die Zuschauer, die von den Rowdies arg behindert, das Theater aufsuchten. Dabei war Werner Krauss immerhin von den Amerikanern entnazifiziert worden! Luft erklärte: „Wenn Werner Krauss spielt, ist der Platz des Kritikers vor dem Theater!" Ein Versprechen, das er schon beim nächsten Auftreten von Werner Krauss in Berlin brach.

Werner Krauss war auch nicht der gescheiteste. Ich erinnere mich, daß ich ihn ein Jahr später am Mondsee besuchte. Er spielte im nahegelegenen Salzburg den Teufel in „Jedermann". Er erzählte, gestern oder vorgestern habe ihn sein alter Freund Ernst Deutsch besucht, der gerade aus der Emigration, sprich Hollywood zurückgekehrt sei. Auf die Frage von Krauss, was er denn in Hollywood gespielt habe: „Wir Emigranten konnten wegen unseres Akzents natürlich nur Deutsche spielen, U-Boot-Kapitäne, Piloten der Luftwaffe, Leiter von Konzentrationslagern. Es wurden ja genug Anti-Nazi-Filme gedreht."

Wie er sie spielte?

„Unsympathisch natürlich! Als Schurken!"

Krauss holte Atem: „Siehst du, Curt, wenn die das machten, ging es in Ordnung, aber wenn ich Juden unsympathisch spiele..."

Ich unterbrach: „Noch ein Wort, und du sitzt wieder in der Tinte!"

Er hatte den Unterschied noch immer nicht begriffen.

Ein paar Wochen später kam es zur Trennung von Käthe Dorsch. Besser: zu der ihren von mir. Ich hatte – während der Salzburger Festspiele, über die ich Kritiken schrieb – bei ihr in Kammer am Attersee gewohnt, eine knappe Autostunde entfernt. Wir hatten uns in alter Freundschaft und Liebe getrennt. Irgendwo, ich glaube in Frankfurt, wohin eine Tournee sie führte, wollten wir uns wiedertreffen. Als ich am Theater erschien, ließ sie mir durch eine Freundin sagen, sie wolle mich nie wieder sehen, es sei alles aus.

Ich war wie vor den Kopf geschlagen. Ich bestand damals und auch später auf einer Erklärung. Ich bekam nie eine. Statt dessen ließ sie mir – in der Presse – mit einem Prozeß drohen. Ich schulde ihr eine Menge Geld für Wertsachen, die ich unterschlagen hätte. Grotesk, wenn man bedenkt, daß in den ersten Nachkriegsjahren ich, der ja finanziell viel besser Gestellte, sie mehr oder weniger miternährte; was in Anbetracht unserer Beziehungen nur selbstverständlich war.

Es kam nie zu einem Prozeß. Am Tag, bevor er stattfinden sollte, zog sie ihre Klage zurück.

Der eigentliche Grund: eine Schauspielerin, zu der ich zwar keine engen Beziehungen unterhielt, mit der ich aber befreundet war. Es handelte sich jedoch um eine Dame, mit der ihr erster Mann, jener Filmschauspieler Harry Liedtke, ein Verhältnis gehabt hatte. Etwa zehn Jahre nach seiner Scheidung von Käthe Dorsch.

Aber das genügte ihr. Eine Frau, die zehn Jahre nach ihrer Scheidung mit ihrem ehemaligen Mann etwas hatte, verdiente in Acht und Bann getan zu werden. So war sie eben.

„So ist sie eben!" sagte ebenfalls Peter Suhrkamp. „Früher oder später wäre es doch so gekommen."

Er war übrigens einer von denen, die sie aufforderte, jegliche

Beziehungen zu mir abzubrechen, andernfalls sie ihren Verkehr mit ihnen abbrechen würde, und der diese Aufforderung mit einem glatten Nein beantwortete. Die beiden anderen Nein-Sager: Werner Krauss und Gustaf Gründgens. Das Ungeheuerliche ihrer Zumutung kam ihr nie zu Bewußtsein. So war sie eben, die schwierige, harte und unendlich weiche und so unendlich liebenswerte Käthe Dorsch.

So lange sie auf der Bühne stand, war sie das Idol des Publikums schlechthin. Sie starb qualvoll fast über ein Jahr an Leberzirrhose. Seit ihrem Tod sind nun auch schon viele, viele Jahre verflossen. Und niemand kennt sie mehr. Niemand – das ist vielleicht übertrieben. Von denen, die sie persönlich kannten, wird wohl kaum einer sie vergessen; auch ich nicht.

Teil VI
DAS LEBEN GEHT WEITER

29
Ich stelle mich um

„Sie sind fristlos entlassen und verlieren jedes Anrecht auf Ihre Pension und auf andere Rechte, die unsere Angestellten besitzen."

Dies telegraphierte mir der „France-soir" am Tag nach dem Ende der Berliner Blockade.

Ich war erstaunt, aber nicht allzu erstaunt. Die französische Zeitung konnte mir mit Recht vorwerfen, daß ich das Ende der Blockade – eine Art Volksfest auf der Autobahn, die von Berlin über die Zone nach Helmstedt führt, auf dem gesungen und getanzt wurde – nicht ausführlich genug beschrieben, was andere Zeitungen in großer Aufmachung getan hatten. Der Grund: Mangel an Zeit. Denn gerade in dieser Nacht, als Berlin wieder eine sozusagen „freie" Stadt wurde – ganz frei sollte Berlin ja nicht werden – brauchte mich Clay mehr als sonst. Ich mußte, wieder einmal, in „Volksbefragung" machen. Das Resultat: Die West-Berliner waren entzückt, „gesiegt" zu haben, die Ost-Berliner waren übrigens auch froh, daß die Geschichte vorbei war, auch sie freuten sich wohl über die Schlappe der Russen. Und darum und um nicht weniger handelte es sich.

Ich war ein bißchen traurig über die Kündigung aus Paris, weil ich ja an Pierre Lazareff hing. Aber nur ein bißchen. Wie sich bald herausstellen sollte, änderten sich unsere persönlichen Beziehungen nicht im geringsten. Was den „France-soir" anging, so vermißte ich weder die Arbeit für ihn, noch die eher mittelmäßige Bezahlung.

Ich war auch ein wenig traurig, daß für die häufigen Besuche in Paris, der Stadt, an der ich so lange gehangen hatte, nun eigentlich kein Grund mehr war.

Aber so vieles war vorbei. Ein Schlußstrich war gezogen unter die ersten Nachkriegsjahre, die ja für die meisten in Deutschland, vor allem in Berlin, fast noch schlimmer gewesen waren als der Krieg, und auch in den anderen Ländern, Österreich, Frankreich, England, nicht viel erfreulicher.

Und nun wurde alles besser, und in Deutschland sehr schnell, und was später das „Wirtschaftswunder" genannt wurde, befand sich schon im Anmarsch. Vielleicht war es in Berlin am wenigsten und am spätesten spürbar. Die ja immerhin lebensbedrohende Blockade hatte bis ins Frühjahr 1949 gedauert. Aber die Lage Berlins, inmitten der sowjetischen Zone, hatte sich nicht verändert, die prekäre Situation sollte sich auch späterhin nicht grundlegend ändern.

In Berlin war man so damit beschäftigt, über den „Sieg" – den Abbruch der Blockade durch die Russen – zu jubeln, daß dies vorerst gar nicht beachtet wurde. Ich spürte allerdings, daß etwas für mich anders geworden war, als, wenige Tage nach dem Ende der Blockade, Clay und Murphy – ich glaube, die Reihenfolge war umgekehrt – mich wissen ließen, daß sie in die USA zurückkehren würden.

Wachablöse.

Reuter sagte zu mir: „Es wird ohne die beiden nicht leichter sein!" Er hatte sozusagen Schulter an Schulter mit Clay gekämpft, gegen den er übrigens gewisse Vorbehalte hatte. Auch Clay mochte Reuter nicht besonders.

Jetzt sah also Reuter die unendlichen Schwierigkeiten Berlins voraus, die kleineren und die größeren Schikanen, denen die Stadt während der nächsten Jahre und lange über seinen plötzlichen und viel zu frühen Tod hinaus ausgesetzt sein würde. Er sagte mir auch, daß man die Bevölkerung einer Stadt nicht in ständiger Begeisterung und dumpfer Entschlossenheit halten könne und daß der unpathetische Alltag viele Fragen aufwerfen würde, die man in der Euphorie, „Frontstadt" zu sein, nicht hatte erkennen können und wollen.

Ich fuhr oder flog nun öfter von Berlin fort, ich war für die Nachfolger von Clay und Murphy – heute weiß ich kaum noch, wie sie hießen – kein Freund, nicht einmal ein alter Kamerad, sondern eben einer von vielen „Angestellten".

Damals traf ich in Zürich Bert Brecht nebst Familie wieder. Die Brechts hatten die Vereinigten Staaten sehr schnell, nein, hastig verlassen. Schuld daran waren die Verhöre in Washington, veranlaßt direkt oder indirekt durch den Senator McCarthy, nicht nur Kommunistenfresser, sondern auch ein Gegner der Liberalen. Brecht hatte so ein Verhör überstanden, hauptsächlich deswegen, weil er unter Eid erklärte, daß er nicht Mitglied der kommunistischen Partei sei – das war er wirklich nicht und sollte es auch später nie werden.

Zu mir sagte er über das Verhör: „Idiotisch, solche Frage an mich zu stellen! Wenn die Leute nur ein Stück von mir gesehen hätten, wären sie über mich im Bilde gewesen!"

Er inszenierte am Zürcher Schauspielhaus die Uraufführung von „Puntila und sein Knecht", das heißt nicht offiziell, denn er hatte natürlich keine Arbeitserlaubnis. Kurt Hirschfeld, der stellvertretende Direktor und Dramaturg, lieh seinen Namen. Aber Brecht wollte nicht in der Schweiz bleiben – er wollte nach Deutschland zurück, wohin er ja auch gehörte.

Ich tat alles, um ihm dabei zu helfen. Wir standen uns damals sehr nah. Etwa 1943 oder 1944 hatte er mir – er konnte sich ja ausrechnen, daß ich früher in Deutschland und Österreich sein würde als er – einen Brief geschrieben – ich besitze ihn noch –, in dem er mir Vollmacht erteilte, jede Aufführung eines seiner Werke – nach dem Krieg, versteht sich – zu verbieten.

„Ich will dort nicht aufgeführt werden!" erklärte er. „Sie würden ja doch alles falsch machen!" Er protestierte sogar – telegraphisch – gegen eine Aufführung von „Mutter Courage" bald nach Kriegsende in Zürich. Ich unterschlug diesen Protest, und ich machte auch von dem Brief nie Gebrauch.

Vergebens meine Bemühungen, ihm eine Einreisegenehmigung nach Deutschland zu verschaffen. Die amerikanischen Kultusoffiziere sträubten sich. Er fuhr oder flog also nach Prag und von dort nach Ost-Berlin. Dort war man bereit, „alles" für ihn zu tun. Aber Ost-Berlin oder besser die okkupierenden Russen behagten ihm nicht. „Warum gehen sie nicht in die UdSSR zurück!" fauchte er.

Er wäre liebend gern nach West-Berlin gekommen. Selbstverständliche Bedingung, daß man ihm ein Theater gab oder doch die Möglichkeit, irgendwo in West-Berlin Theater zu machen.

Ich arrangierte ein Treffen zwischen ihm und unseren Kulturoffizieren. Sie fragten ihn, ob er Kommunist sei. Er warf mir einen ironischen Blick zu. Eine Antwort gab er nicht. Die Fragesteller erteilten sie sich selbst. Sie erklärten, er sei Kommunist und könne daher in West-Berlin kein Theater machen.

Ich protestierte: „Brecht ist der heute vermutlich bedeutendste deutsche Dramatiker. Welch ein Triumph für uns, wenn er statt im Osten hier im Westen wirken würde!"

Nichts half. Brecht ging, und ich mit ihm. „Das hätte ich Ihnen gleich sagen können!" meinte er lakonisch.

Natürlich steckten wir längst im sogenannten kalten Krieg. Der war übrigens, was heute nur wenige wissen oder wissen wollen, nicht vom Westen, sondern von den Russen begonnen worden, und schon lange vor der Blockade, die eine Art Höhepunkt des kalten Krieges war.

Der machte es nun immer schwieriger für mich und viele aus dem Westen, Freundschaft mit denen im Osten zu halten. Auch mein Verhältnis zu Brecht – oder seines zu mir – litt. Er kam noch gelegentlich zu mir zum Abendessen – er verschmähte weder den amerikanischen Jeep, der ihn holte und zurückbrachte, noch die amerikanischen Rationen, aus denen die Mahlzeiten zubereitet waren.

Am letzten dieser Abende sagte ich zu Brecht: „Mein Artikel vor einer Woche soll auch im Osten Aufsehen erregt haben. Ein Bekannter hat mich wissen lassen, ich solle mich nicht wundern, wenn die Russen mich schnappen und aufhängen würden. Lächerlich, nicht wahr?"

Und Brecht: „Da hätten die Russen vollkommen recht!"

Mir verschlug es die Rede.

Und Brecht: „Dieser Kalbsbraten ist vorzüglich. Kann ich noch ein Stück haben?"

Dies waren ungefähr die letzten Worte von Brecht an mich. Ich habe ihn nie wieder gesehen.

Auch eine andere meiner Freundschaften zerschellte am kalten Krieg. Die mit der Schauspielerin Therese Giehse. Ich hatte sie in München flüchtig, in New York gut kennengelernt, und natürlich war ich oft mit ihr in Zürich zusammen, sie spielte ja am dortigen Schauspielhaus. Später, als Brecht schon in Ost-Berlin inszenierte, fuhr sie zu ihm. Ihr gutes Recht, um so mehr, als sie ihm ja politisch wie künstlerisch sehr nahestand.

Und dann hörte ich – von Amts wegen –, daß ein West-Berliner Theater sie spielen lassen wollte. Um diese Zeit war gerade ein

Vorhangzieher, der am West-Berliner Schloßparktheater arbeitete, aber in Ost-Berlin wohnte, verhaftet worden – eben weil er „für den Westen" arbeitete.

Ich protestierte nun gegen das Engagement der Giehse an ein West-Berliner Theater. Gewiß, sie war nominell Engländerin, obwohl sie mit ihrem Mann nie eine Stunde zusammengelebt hatte, aber wenn ein kleiner Vorhangzieher dran glauben mußte, dürfte für die – natürlich viel bedeutendere – Giehse keine Ausnahme gemacht werden.

Das West-Berliner Engagement zerschlug sich. Auch Zürich ließ ihr mitteilen, sie müsse sich zwischen dem Osten und dem Westen entscheiden. Sie entschied sich für den Westen, für Zürich und für die Münchner Kammerspiele, sie spielte nie wieder bei Brecht, und mit mir sprach sie kein Wort mehr.

Ich kam jetzt oft nach München. Die damals größte deutsche Illustrierte, die „Quick", holte mich als Verfasser von etwas damals ganz Neuem – für Serien. Ich wurde Serienspezialist und bin es jahrelang geblieben. Und dann wurde ich gut bekannt mit dem Mitinhaber des Blattes, dem ehemaligen Journalisten Dietrich Kenneweg, von uns allen Pitt genannt, einem außerordentlich aufgeschlossenen Mann, einem echten Europäer.

Bald wurde er nicht nur mein Bekannter, sondern mein Freund; wobei, wie bei Pierre Lazareff, das Berufliche keine große Rolle mehr spielte.

Wir trafen uns nicht nur in München, sondern auch in Paris und in London, und noch lange, nachdem er das Blatt verkauft hatte, hielten wir Kontakt.

Und dann freundete ich mich mit Hans Habe an, den ich flüchtig aus den USA kannte. Ursprünglich aus Österreich stammend, hatte er die ersten Hitler-Jahre als Korrespondent eines Wiener Blattes beim Völkerbund verbracht, war dann von Genf nach Frankreich gegangen und hatte in der französischen Armee gegen die Nazis gekämpft. Er war gefangengenommen worden, auf spektakuläre Weise entkommen, hatte sich in die USA durchgeschlagen, war dort wieder Soldat und schließlich Offizier geworden.

Als wir Deutschland besetzten, hatte er in jeder Stadt, in die wir kamen, anstelle der – automatisch – verbotenen Nazi-Organe Zeitungen eingerichtet, die den Einwohnern das Wichtigste mitteilten. Und in München eine ausgewachsene Zeitung – die „Neue Zeitung". Es ist nicht übertrieben zu behaupten, daß die „Neue Zeitung" bald zu den besten Zeitungen Europas gehörte. Gewiß, es standen Habe zahlreiche Journalisten zur Verfügung, die in den Hitler-Jahren verboten gewesen waren, das heißt, nicht hatten schreiben wollen oder dürfen. Aber sie in einem zerrissenen Deutschland zu finden, wo niemand wußte, wer wo lebte, geschweige denn wie er nach München zu verfrachten war, und mit allen ein homogenes Blatt zu machen, das nicht den Geruch eines „Siegerorgans" hatte, obwohl die „Neue Zeitung" ja schließlich nichts anderes war als das, muß als journalistische Leistung von hohem Rang gelten.

Hans Habe sah vorzüglich aus, man wußte, daß er schon etliche Male verheiratet gewesen war, man behauptete, er habe zahllose Frauengeschichten, was etwas übertrieben war; zahlreich wäre wohl das richtigere Wort. Er war nicht besonders beliebt. Warum eigentlich? Ich habe das auch später nie herausbekommen. Denn seine Leistung stand ja außer Frage. Auch war er immer liebenswürdig und konnte nur gelegentlich, wenn es sich um Fachliches handelte, hart werden. Neid? Ärger darüber, daß ein Ausländer die beste deutsche Zeitung machte? Schwer zu sagen.

Übrigens blieb Hans Habe nicht lange bei der „Neuen Zeitung". Als Soldat mußte er ja, im Unterschied zu mir, früher oder später in die USA zurück. Aber er erschien bald wieder in München, diesmal als Zivilist, und machte, mit Hilfe des gescheiten Verlegers Werner Friedmann, im Verlag der Süddeutschen Zeitung die „Münchner Illustrierte", ein interessantes Blatt, eine starke Konkurrenz für die anderen Illustrierten, von denen es in jener Zeit ungefähr ein Dutzend gab.

Habe wurde jetzt persönlich stark angefeindet, der Chefredakteur eines Konkurrenzblattes verstieg sich sogar zu der Behauptung, er stamme aus Czernowitz, womit gar nicht so diskret angedeutet werden sollte, er sei Jude. Waren wir schon wieder soweit? War das schon wieder so wichtig?

Es war doppelt bedauerlich, daß diese bösartige Ungerechtigkeit gerade Hans Habe traf. Denn er war ein Champion der Gerechtigkeit. Ich sollte das erfahren.

In diese Zeit nämlich fiel der Bruch mit Käthe Dorsch. Als Käthe Dorsch mich wegen Unterschlagung verklagte, brachte die ganze deutsche Presse dies als „Sensation". Als sie dann aber die Klage zurückzog, brachte es niemand – mit Ausnahme von Hans Habe, der in wenigen Zeilen darauf hinwies, wie absurd die ganze Angelegenheit gewesen sei – ich als Unterschlager von Wertsachen, der, was kein Geheimnis war, die Dorsch längere Zeit ernährt hatte.

Hans Habe mußte schließlich nach Einstellung seines Blattes – zum zweiten Mal – München verlassen und nach Amerika zurück, wo es ihm vorübergehend ziemlich schlecht ging. Nicht für lange. Dann war er wieder in Deutschland, diesmal als Autor, zuerst für Illustrierte – mein Konkurrent sozusagen –, später schrieb er auch erfolgreiche, und mit Recht erfolgreiche, literarisch wertvolle Romane.

Der Erfolg war um so erstaunlicher, als nach wie vor ein großer Teil der Presse ihn fast unterbrechungslos angriff; aber er konnte eben zu viel, als daß die Attacken ihm auf die Dauer hätten schaden können.

Diejenigen, die ihn angriffen, bedienten sich einer Autobiographie, die er geschrieben hatte und die er mutig „Ich stelle mich" nannte. Darin ging er sehr schonungslos mit sich selbst um und gestand, was außer ihm um diese Zeit sicher niemand mehr wußte, daß er in seiner Jugend gewisse Sünden begangen hatte. Anstatt anzuerkennen, daß er so offenherzig war, griffen seine Gegner nun diese ihn belastenden Feststellungen heraus – so, als hätten sie das alles selbst herausgebracht. Das war, um es milde zu sagen, nicht fair.

Was mich immer interessiert hat: Habes Romane aus jener Zeit, also etwa 1950 und die folgenden Jahre, waren schmissig, angenehm zu lesen, hatten aber nichts mit Literatur zu tun. Und dann schrieb er Bücher, die hatten mit Literatur zu tun. Ich fragte mich oft, wie dieser Wandel zu erklären sei. Und ich glaube, ich weiß es heute. Er mußte in seinem Leben, namentlich nach dem Krieg, viele bittere Erfahrungen machen. Ich will gar nicht von den Scheidungen sprechen, aber zum Beispiel davon, daß sein Sohn, den er mit der reichen Amerikanerin hatte, sich ihm völlig entfremdete. Oder daß die Tochter, die einer späteren Ehe entstammte, ein bildhübsches Mädchen, eines Nachts in Hollywood oder einem der umliegenden Villenorte einem Lustmord zum Opfer fiel. Oder daß seine Eltern, die aus der amerikanischen Emigration nach Ungarn zurückgekehrt waren, sich eines Nachts beide das Leben nahmen.

Es ist vielleicht billig, zu sagen, daß diese schlimmen Geschehnisse – und es kamen andere hinzu – Hans Habe läuterten. Aber gibt es ein anderes Wort dafür? Ich wüßte keines.

Ein anderer, der in jenen Zeiten eine immer entscheidendere Rolle in meinem Leben spielte, war Gustaf Gründgens. Er hatte die Düsseldorfer Theater zu den besten Deutschlands gemacht, daran bestand gar kein Zweifel. Er war vermutlich der beste Theaterdirektor, den Deutschland je gehabt hat, ein vorzüglicher Regisseur und ein guter Schauspieler – in dieser Reihenfolge. Seine Schauspielerei machte ihm mehr Sorgen als die anderen Ämter. Er wurde ja auch nicht jünger. Ich erinnere mich, daß er mich eines Nachts anrief – er pflegte immer mitten in der Nacht anzurufen –, um mir mitzuteilen: „Ich soll den Wallenstein spielen! Was sagst du dazu?"

Er meinte natürlich, er sei vielleicht zu jung für diese Rolle und ich würde ihm aus diesem Grund abraten. Er hatte ja kurz zuvor erst den Hamlet gespielt.

Ich aber antwortete: „Ich finde, das ist eine großartige Idee!"

Er war eher enttäuscht. „Wenn du meinst . . .?"

Später übernahm er die Leitung des Deutschen Schauspielhauses in Hamburg. Das ging ganz lustig vor sich. Der zuständige Hamburger Senator war nach Düsseldorf gereist und hatte Gustaf Gründgens, offenbar in seinen Augen der bedeutendste Theatermann, gefragt, wen er als Nachfolger für seinen ausscheidenden Theaterdirektor empfehlen könne. Und Gustaf Gründgens: „Haben Sie schon mal an mich gedacht?"

Der Senator hatte nicht, aber nun dachte er an keinen anderen mehr. Was Gründgens zuerst in Düsseldorf und dann in Hamburg auf die Beine stellte, war außerordentlich. Und es wäre auch unter weniger schwierigen Bedingungen außerordentlich gewesen. Natürlich gab es bei ihm gelegentlich Fehlbesetzungen oder mißlungene Aufführungen, aber sie gehörten eher zu den Seltenheiten. Er hatte einen untrüglichen Sinn für Niveau. Er ließ nichts durchgehen, was er nicht in Ordnung fand. Ich habe ihn mindestens auf zehn Hauptproben, vielleicht auch öfter, nachdem die von einem anderen inszenierte Aufführung abgerollt war, aufstehen sehen und sagen hören: „In meinem Theater nicht!"

Und dann? Verschiebung der Premiere, Umbesetzungen, neue Proben, manchmal auch unter seiner Leitung. Und das alles, während er auch noch, um katastrophale Kassen zu vermeiden, oder gar die Schließung des Theaters, fünfmal hintereinander in einer bereits erprobten, das heißt oft gespielten Rolle einspringen mußte, was erfahrungsgemäß immer ausverkaufte Häuser brachte – und ihm selbst Anfälle von Migräne.

Wie ich zu so vielen seiner Proben kam? Wäre es nach ihm gegangen, hätte ich noch viel mehr Proben gesehen. Ich und natürlich auch andere Vertraute. Er ließ sich gern bei der Arbeit zusehen. Er ließ sich auch gern kritisieren oder irgend etwas in Frage stellen, was er gemacht hatte. Kritik war ihm wichtig, vor allem wenn sie von Außenseitern kam, wie zum Beispiel von mir. Nicht etwa, daß er alles akzeptierte, was man so vorschlug. Manchmal wurde man sogar für seinen Freimut beschimpft. Nachdem man aufgefordert war zu sagen, wie einem etwas gefiel, und man sagte, es gefiele einem aus diesem oder jenem Grunde nicht, konnte man zu hören bekommen: „Du verstehst eben nichts von Theater!" Aber immer war dabei ein Zwinkern im Auge, so etwa: Du weißt ja, wie es gemeint ist!

Er war eben – und das habe ich später ausführlich in meinem Buch über ihn berichtet, in vieler Beziehung ein außergewöhnlicher Mensch. Er übte, wie gesagt, drei Berufe gleichzeitig aus. Und hatte noch ein ungewöhnliches, von ihm ständig geübtes Talent: das eines Menschenfressers. Am liebsten hätte er einen Tag und Nacht um sich gehabt. Das galt natürlich nur für einige Wenige. Aber für die in einem kaum vorstellbaren Umfang.

Wie oft läutete – wie gesagt – mitten in der Nacht das Telephon. Gründgens aus Düsseldorf oder Hamburg. Es lag gar nichts Besonderes vor. Er wollte sich nur ein wenig unterhalten. Diese Unterhaltungen dehnten sich dann auf eine halbe Stunde aus. Wenn ihn etwas beschäftigte oder bedrückte, etwa die Krankheit oder der Tod eines Menschen, der ihm nahestand, waren Gespräche von zwei Stunden – und immer des Nachts – etwas Selbstverständliches.

Über seinen Tod auf Manila, während einer Weltreise, wurde viel gemunkelt. Man sprach von Selbstmord. Unsinn! Er hatte sich lange auf diese Reise gefreut. Er sah – wie er mir immer wieder versicherte – nach seinem Rücktritt vom Hamburger Intendantenposten mit Freude einem entspannten, nicht mehr so arbeitsreichen Leben entgegen. Der Tod war also keineswegs freiwillig, sondern die Folge eines Risses der Magenwand und dieser die Folge einer seit Jahren fortschreitenden Entkalkung des Körpers. In Hamburg, in irgendeiner größeren Stadt wäre der Magenriß schnell erkannt, innerhalb von Stunden durch eine Operation beseitigt worden.

In Manila hingegen . . .

Es kam noch hinzu, daß Gustaf Gründgens seit Jahren gegen die ihn quälende Migräne schmerzlindernde Pillen nahm. Kein Rauschgift, wie oft behauptet wurde, aber eben betäubende Medikamente. Und so hatte der Riß in der Magenwand für ihn nicht die „normalen", sehr starken Schmerzen zur Folge, sondern nur ein relativ mildes Unwohlsein. Ohne diese Mittel wäre er vielleicht auch in Manila genauer untersucht und rechtzeitig operiert worden.

Mein Buch über ihn war seit Jahren geplant und aus Gründen, die hier nichts zur Sache tun, immer wieder verschoben worden. Eines Morgens rief mich der Verleger Axel Springer an: er bitte mich, den Nachruf zu schreiben. Den Nachruf? Für wen denn? Auf diese Weise erfuhr ich von dem Tod meines guten Freundes.

Und zwei Tage später traf eine Luftpostkarte aus dem Fernen Osten bei mir ein. Seine Handschrift. Nur ein paar Worte. „Es ist Zeit, daß du mit dem Buch über mich beginnst."

Meine Verbindung zum „France-soir" war ja gelöst worden. Das übrigens nicht nur, wie sich allerdings erst später herausstellte, wegen meiner wenig professionellen Handhabung der Story über das Ende der Berliner Blockade. Berlin war ja nun auch nicht mehr so interessant. Bonn begann interessant zu werden. Und von Paris kam die Anfrage, ob ich vielleicht dorthin übersiedeln wolle. Aber das wollte ich nicht.

Es gab auch noch andere Ursachen dafür, daß mir Paris verleidet war. Zum Beispiel die Geschichte mit Marlene Dietrich. Ich hatte für „Quick" eine lange Serie über sie geschrieben. „France-soir" wollte sie auf französisch bringen. Gut. Aber man brachte sie in der Ich-Form. So, als hätte Marlene Dietrich selbst die Artikel geschrieben. Eine uralte Sitte des französischen Journalismus, aber eben eine Unsitte. Marlene war verärgert. Ich glaube, sie wollte damals selbst ihre Memoiren schreiben. Jedenfalls verklagte sie den „France-soir" und auch mich. Die Klage gegen mich wurde bald zurückgenommen – ich war ja erwiesenermaßen unschuldig. „France-soir" mußte zahlen. Dort ärgerte man sich, begreiflicherweise, aber auch über mich, und das war eigentlich weniger begreiflich.

Edgar sah ich natürlich immer, wenn ich nach Paris kam. Er hatte die Zeitung „Paris-Presse" verlassen und war Sekretär einer internationalen Vereinigung zur Wahrung der Interessen der Kriegsversehrten geworden. Wozu er prädestiniert war, da er drei Sprachen fließend sprach. Obwohl wir uns nur in großen Zeitabständen trafen, war es stets so, als hätten wir gestern das letzte Mal miteinander gesprochen. Das hatte wohl mit unserem gemeinsamen Emigrantenschicksal zu tun. Denn was die Emigration, nein, eben unser Schicksal war, über die Hitler-Zeit hinaus, hatte ich letzten Endes längst begriffen: Heimatlosigkeit. Natürlich hätte ich mich irgendwo für immer niederlassen können. Berlin wäre wohl der logische Ort gewesen. Aber irgend etwas hinderte mich daran. Es war, als wollte ich mich nicht – oder noch nicht – binden.

Ich hielt es – um diese Zeit – selten mehr als zwei oder drei Wochen an einem Ort aus. Ich tauchte in Rom auf, ich weiß selbst nicht mehr, warum. Francesco Waldner, ein bekannter und sehr fähiger Astrologe sagte zu mir: „Heute morgen wird Sinclair Lewis eingeäschert. Kommen Sie mit?"

Sinclair Lewis. Berlin, Romanisches Café. New York. Dorothy Thompson. Der Astrologe erzählte mir, daß Lewis, vor zwanzig oder dreißig Jahren Nobel-Preisträger und einer der berühmtesten Schriftsteller der Welt, völlig vergessen und untätig in Rom gelebt hatte, mit einem Sekretär, der ihn „ausnützte". Genaueres wußte er nicht, wußte anscheinend niemand.

Ich fuhr also zur Einäscherung. Sie fand weit draußen an der Stadtgrenze in einer Art Fabrikshalle statt. Der Astrologe erklärte mir: „Rom ist katholisch. Also ist Einäschern eigentlich ungesetzlich oder doch zumindest unerwünscht. Daher gibt es auch kein Krematorium – oder jedenfalls kein angemessenes."

Die Feier war denkbar kurz. Es sprach kein Vertreter eines Schriftstellerverbandes, es sprach überhaupt niemand. Ich möchte sagen, trockener ging es nicht mehr. Als die sogenannte Feier schon vorbei war, eilte ein junger Mann auf die Leiche zu und zerrte ihr etwas von einem Finger. Wie ich später erfuhr, handelte es sich um einen Beamten der amerikanischen Botschaft. Er nahm einen Ring an sich. „Die Familie hätte sonst sicher reklamiert!"

Die Familie? Gab es die? Es gab irgendwo einen Sohn Michael, den ich als Knaben gekannt hatte, der inzwischen ein mißglückter Schauspieler geworden war. Dorothy Thompson war von Sinclair Lewis sicher seit den späten dreißiger Jahren geschieden.

Ich erzählte ihr von dieser Römischen Episode, als ich sie wiedersah – ich glaube, es war in Madrid. Sie schien nicht interessiert. „Es ist so lange her . . ."

In Wien traf ich oft Willi Forst und seine so gescheite Frau Melly. Er hatte den Krieg überlebt, er hatte nachher keine Schwierigkeiten gehabt, denn jeder wußte, daß er ein leidenschaftlicher Hitler-Gegner gewesen war. Er hatte sich 1933 oder 1934, sehr früh also, von Berlin nach Wien abgesetzt, um dem ganzen Nazi-Rummel in Berlin zu entgehen. Und er hatte in den letzten Kriegsjahren fast nur noch Wiener Filme „aus der guten, alten Zeit" gedreht, die beim besten Willen nicht politisch umzufunktionieren waren. Einen hatte er gerade bei Kriegsende fertiggestellt; er spielte, natürlich, in Wien, so in der k. u. k. Zeit, und hieß „Wiener Madeln". Leider besaß Forst nur etwa die Hälfte des Negativs, die andere Hälfte war in Prag in der Hand der Russen.

Es begann nun ein sich jahrelang hinziehendes Feilschen und Verhandeln. Denn die Russen betrachteten das Negativ als Kriegsbeute und wollten, daß Willi Forst den Film für sie fertigstelle. Er aber wollte ihn für sich herausbringen. Die Russen versuchten den Film allein zu machen, was mißlang, denn sie kannten nicht einmal das Drehbuch. Willi Forst konnte den Film allein auch nicht herausbringen, obwohl er alle technischen Fachleute heranzog, um aus der einen Kopie andere zu ziehen. Er fuhr zu diesem Zweck nach Berlin, Paris, Zürich. Es ging aber nicht ohne das Negativ.

Vergebens mein Rat, ja mein Flehen, doch Vergangenes vergangen sein zu lassen und etwas Neues zu machen. Denn in der Zwischenzeit bekam er, der beliebte, versierte Filmmacher, der mehr Grazie, Geschick und Liebenswürdigkeit besaß als andere Filmmacher und vor allem unbelastet war, zahllose Angebote. Aber er lehnte alle ab, denn er war auf seine „Wiener Madeln" versessen. Schließlich einigte er sich mit den Russen, der Film wurde fertiggestellt, die Russen erhielten die Hälfte der Einnahmen, die andere Hälfte Willi Forst.

Und nun zeigte sich: es war zu spät für diesen Film. Was im Krieg oder unmittelbar danach als leichte Unterhaltungsware nur zu willkommen gewesen wäre, wirkte jetzt überholt und läppisch.

Schlimmer: Die Zeit hatte nicht nur den Film, sondern auch Willi Forst überholt. Als er schließlich seinen ersten Nachkriegsfilm machte, spürten wir es alle. Der hieß „Die Sünderin" und wurde nur ein begrenzter Erfolg; und das nur, weil – man bedenke! – die blutjunge Hilde Knef aus fünfzig Meter Entfernung zu sehen war, wie sie nackt aus einem Weiher stieg.

Das war damals gewagt. Aber darüber wäre man zur Tagesordnung übergegangen, hätten nicht einige katholische Geistliche von der Kanzel herab den Film verdammt. Das wirkte sich bumerangartig als Propaganda aus. Nun wollte jeder den Film sehen, und er lief wochenlang in allen Städten Deutschlands und Österreichs. Aber alle folgenden Forst-Filme, es waren nicht mehr viele, wurden Durchfälle.

Durch Forst hatte ich den in „Wiener Madeln" mitwirkenden, mir noch unbekannten jungen Schauspieler Curd Jürgens kennengelernt. Ein reizender Kerl, der nicht nur bezaubernd aussah, sondern auch sehr klug war. Man konnte sich über alles mit ihm unterhalten. Und durch ihn lernte ich, an einem Abend in München, auf der Reise nach Rom begriffen, von wo es weiter nach Tel Aviv ging, also wirklich zwischen Tür und Angel, Heidemarie Hatheyer kennen.

30
H. H.

Ich saß in meinem Zimmer im „Bayerischen Hof" zu München und trank Whisky Soda mit dem noch relativ unbekannten Curd Jürgens. Vor mir auf dem Tisch lagen zwei Karten für die Premiere des Kabaretts „Kleine Freiheit" im oberen Stockwerk, man kann fast sagen auf dem Dachboden eines Mietshauses in Schwabing.
„Hast du Lust, mitzukommen?"
Natürlich hatte er Lust.
Während der Pause sah ich eine sehr interessante, reizvolle blonde junge Frau in Begleitung eines gutaussehenden Mannes. Sie kamen geradewegs auf uns zu. Curd Jürgens stellte vor: „Meine große Kollegin, Heidemarie Hatheyer!"
Ich war sofort fasziniert und sehr direkt: „Kann man sich einmal wiedersehen?"
„Gern. Aber ich wohne nicht in München, sondern in einem Dorf, etwa fünfundzwanzig Kilometer von hier." Sie gab mir ihre Adresse und ihre Telephonnummer. Später sollte ich erfahren, daß ein solches „Entgegenkommen" für sie etwas Ungewöhnliches war.
Ich hatte alles auf einem Zettel notiert und wollte ihn in die Tasche schieben, als Curd Jürgens etwas boshaft lächelte: „Du kannst den Zettel gleich zerreißen. Sie ist in festen Händen. Du hast ihn ja gesehen."
Ich zerriß den Zettel.
Ich blieb nur bis gegen zehn Uhr, dann brachte mich mein Fahrer Gerhard Brunzel auf den Flugplatz.
Rom und eine sehr reizvolle Frau, bei der ich nach Mitternacht eintraf. Ein paar Tage später Israel, wo ich zwei Wochen blieb und wo ein Minister mir vorschlug, für das eben entstandene Land Spionage zu treiben.

„Sie sind ja schließlich bei der US Naval Intelligence."
„Ich war. Aber als Amerikaner kann ich wohl nicht gut . . ."
Daraus wurde also nichts. Was aber Heidemarie Hatheyer betraf . . .

Meine beiden ersten Ehen waren – direkt oder indirekt – an Hitler zerschellt. Die erste, weil ich aus Deutschland auswandern wollte und meine Frau nicht. Die zweite, weil der Krieg meine Anwesenheit in Washington und London notwendig machte – und meine Frau sich in New York vernachlässigt vorkam.

Trotzdem hatte ich das Gefühl, ich müßte wieder heiraten – und bald. Vielleicht hatte das damit zu tun, daß ich nirgends Wurzeln gefaßt hatte und Wurzeln fassen wollte.

Und nun kam alles wie von selbst: Ich sah sie wieder in einem Filmatelier, nahe bei Hamburg, wo ich den Schauspieler Gustav Fröhlich besuchte. Angeregte Unterhaltungen während der Drehpausen. Die Frau interessierte mich, darüber gab es keinen Zweifel.

Drittes Treffen: In ihrer Garderobe in der Berliner Volksbühne, wo sie im „Wintermärchen" die Hermione spielte. Zu diesem Besuch fühlte ich mich gewissermaßen verpflichtet, denn ich hatte dem Regisseur Ludwig Berger, den ich von den USA her kannte – auch er war Emigrant – von ihrem Engagement abgeraten. „Sie ist viel zu herb für die Rolle!"

Nach den Kritiken – zur Zeit der Premiere fuhr ich nach St. Moritz – war ihre Hermione die einzig passable Leistung des Abends.

Ich wollte ihr irgend etwas Nettes sagen. Statt dessen stellte ich ihr die mir nicht zukommende Frage: „Ist der Herr aus München auch in Berlin?"

Sie lächelte. „Den gibt's nicht mehr."

„Würden Sie morgen nach der Vorstellung mit mir zu Abend essen?"

„Warum eigentlich nicht?"

Wir aßen nun fast jeden Abend zusammen. Mehr war vorläufig nicht. Aber ganz Berlin – *ihr* Berlin, das heißt die Schauspieler, die Filmleute, und *mein* Berlin, das heißt die Journalisten und Schriftsteller, glaubten viel mehr zu wissen, oder wie sie sich ausdrückten: alles!

Und so schlug ich Heidemarie Hatheyer eines Tages vor, mich zu heiraten.

Es war ein recht seltsamer Heiratsantrag. Ich stellte ihr die Frage, die ich mir in den Wochen zuvor mehrmals selbst gestellt hatte: „Wie soll ich meinen Freunden in New York, in London und in Paris klarmachen, daß ich eine Frau heirate, die Heidemarie heißt?"

Sie lachte: „Was ist denn an dem Namen so Schlimmes?"

„Er klingt ... er klingt so ... deutsch-national!"

„Er ist in Österreich ‚erfunden' worden. Und von meiner Mutter. Du kannnst deine Freunde beruhigen. Nicht Hitler hat mich getauft. Übrigens ... du könntest mich auch Heide nennen. Selbst wenn wir nicht heiraten sollten."

Denn sie war nicht so schnell zu diesem Schritt bereit wie mit mir zu Abend zu essen.

Natürlich erschien sie nun auf allen Parties, die ich gab. Und so ganz allmählich, ohne daß es mir eigentlich so recht auffiel, blieben gewisse, bisher von mir gern gesehene Gäste fort. Das heißt, sie wurden nicht mehr eingeladen. Dafür sorgte meine Sekretärin, und die erhielt ihre Instruktionen, oder sagen wir besser ihre Tips, von Heide, wie ich sie jetzt nannte.

Die hatte nämlich zu einer Zeit, da viele von ihnen nicht wußten, daß wir befreundet waren, von ihnen zu hören bekommen, was sie von mir hielten; es war nicht eben schmeichelhaft für mich. Und sie hatte bemerkt, daß große Mengen Zigaretten und ganze Flaschen Whisky mitgenommen wurden, wenn ich gerade nicht hinsah.

Eine bekannte Schauspielerin traf ich auf dem Kurfürstendamm, und sie beschwerte sich, daß sie nicht mehr eingeladen würde. Ich versicherte ihr, daß es ein Irrtum sei, zu glauben, Heide möge sie nicht. Und erzählte Heide lachend von diesem Verdacht. Und die sagte ganz trocken: „So. Sie sagt, daß ich sie nicht leiden kann? Nun, da hat sie vollkommen recht!"

Übrigens, in der Zeit, in der diese kleine Geschichte spielt, waren wir bereits verheiratet.

Sie hatte, wie gesagt, Bedenken gehabt. Ihre erste Ehe war nicht sehr glücklich verlaufen. Dann waren da ihre zwei Töchter, Veronika, zwölf Jahre, und Regine, Gine genannt, zehn Jahre. Ich gewann ihre Herzen, als ich sie gelegentlich eines Aufenthaltes in

München zu einem feudalen Mittagessen einlud. Es wird mir ein ewiges Rätsel bleiben, daß sie bei dieser Gelegenheit nicht platzten.

Übrigens waren die beiden Mädchen schuld daran, daß Heide sich schließlich bereit erklärte, mich zu heiraten. „Sie sind zu alt, als daß ich vor ihren Augen mit einem Mann zusammenleben möchte, mit dem ich nicht verheiratet bin."

Ich kam in jener Nachkriegszeit übrigens oft nach Zürich. Es gab dafür viele Gründe, das heißt, es gab viele Menschen, die ich dort sehen wollte. Zürich war wieder eine Art internationaler Treffpunkt geworden. Eigentlich kam jeder einmal hin: Die amerikanischen Verleger, die Großen aus Hollywood, die wenigen Verwandten, die mir geblieben waren – mein Vetter Hans Straus etwa, der ein großer Mann bei RCA in New York geworden war; und ein anderer Vetter namens Bruno, der die Public relations für die gesamte französische Filmindustrie in der Schweiz machte; der Agent Felix Guggenheim, der in Beverly Hills residierte, aber im wesentlichen mit Deutschland seine Geschäfte machte, und dem ich sehr viel verdanke.

In Zürich lebte damals die bildschöne Vera Kálmán, die nie zu altern schien und immer guter Laune war: die Lebenslust in persona. Sie war die Witwe des Operettenkomponisten Emmerich Kálmán, seine Tantiemen brachten ihr eine Menge Geld. Aber sie tat auch viel dazu. Sie sorgte für neue Platten, für Neuaufführungen. Manchmal war sie nur auf der Durchreise in Zürich, manchmal für längere Zeit. Sie war unermüdlich. Sie stopfte sozusagen dreimal soviel Leben in ein Leben, wie wir anderen es vermögen. Das soll ihr mal einer nachmachen – und das gilt auch jetzt noch, da ich diese Zeilen schreibe. Sie scheint die Kunst zu besitzen, nie älter zu werden.

Thomas Mann war nach Zürich zurückgekehrt, von wo er Mitte der dreißiger Jahre in die USA gegangen war. Nach Deutschland wollte er nicht mehr zurück, jedenfalls nicht mehr für ständig. Er empfand sich – mit Recht – als von dort vertrieben. Übrigens war er keineswegs verbittert und hielt die Bundesrepublik auch nicht für „faschistisch", wie es seine Tochter Erika tat, die seine Sekretärin – im besten Sinne des Wortes – geworden war.

Thomas Mann war mir gegenüber freundlich, ja freundschaftlich und zeigte bei jeder Gelegenheit, daß er etwas von mir hielt. Erika hatte mir ja den Krieg erklärt.

Ich habe bis zu ihrem viel zu frühen traurigen Ende – Gehirntumor – nie in Erfahrung bringen können, warum ich nicht mehr für sie existierte; auch Klaus nicht, der weiterhin ein guter Freund blieb und den das Zerwürfnis schon aus diesem Grunde schmerzte. Nur die Sache mit dem „Mephisto"?

Daß es nie zu einer Aussprache, geschweige denn zu einer Versöhnung kam, hatte natürlich auch mit meinem Eintreten für ihren Exgatten GG zu tun und damit, daß ich gegen das Erscheinen des Buches „Mephisto" eingetreten war.

Mit – oder besser durch Erika – hatte ich noch nach Abbruch der Beziehungen ein recht komisches Erlebnis. Ich schrieb – das war wohl Mitte der fünfziger Jahre – unter meinem oft benutzten Pseudonym C. R. Martin eine Serie für die „Welt am Sonntag". Der Titel: „Bücher, die Millionen lasen." Ein Kapitel war Thomas Mann und seinen „Buddenbrooks" gewidmet. Darin zitierte ich den berühmten Brief des jungen Thomas Mann an seinen Verleger S. Fischer, in dem er ihn beschwört, nichts aus dem Romanmanuskript zu streichen. Erika Mann geriet darüber in große Erregung und schrieb dem Chefredakteur der „Welt am Sonntag", Bernhard Menne, der bewußte Brief sei gelegentlich einer Razzia bei S. Fischer durch die SS, und zwar im Jahre 1936, entwendet worden. Die Erklärung, wie C. R. Martin zu dem Brief gekommen sei, liege auf der Hand. Er müsse wohl der Anführer jener SS-Bande gewesen sein. Wenn er den Brief zurückgebe, seien die Erben Thomas Manns willens, von einer Anzeige und einem Strafverfahren abzusehen. Auf die Idee, C. R. Martin könnte den Brief in einer der zahlreichen Thomas-Mann-Biographien gefunden haben, war sie wohl nicht gekommen.

Bernhard Menne, ehemaliger Emigrant wie ich, rief mich belustigt an. Ob ich in der SS gewesen sei, wollte er wissen. Ich antwortete ihm, das wisse er doch, besagte Razzia hätten wir doch gemeinsam durchgeführt.

Einer der gesellschaftlichen Mittelpunkte von Zürich war, zumindest für mich, Karl von Schumacher, Herausgeber und Chefredakteur der „Weltwoche", für die ich schrieb. Dieses Wochenblatt, in dem Manuel Gasser, übrigens ebenfalls bald mein Freund, den kulturellen Teil vorzüglich besorgte, hatte, wie erwähnt, in den Hitler-Jahren mit Mut einen strikten Anti-Nazi-Kurs verfolgt. Ja dazu gehörte damals Mut, denn der deutsche Botschafter wurde ständig bei der Regierung in Bern vorstellig, um sich gegen diesen oder jenen Presseangriff zu wehren, und Bern versuchte meist, Schumacher in diesem Sinne zu beeinflussen. Vergebens! Schumacher war so unerbittlich in seiner Verdammung der Nazis, daß das Gerücht entstand, er werde von den Engländern bezahlt.

Er war klein, sehr gepflegt, unheimlich gescheit – seine Artikel wurden in den Vereinigten Staaten und in England dauernd zitiert, er wußte fast immer vor den anderen, was geschehen würde. Ich hatte für ihn 1947 von New York und später von Berlin aus berichtet, und dank meiner Artikel war die „Weltwoche" die einzige schweizer und fast die einzige europäische Zeitung, die vom ersten Tag der Berliner Blockade an der Überzeugung Ausdruck verlieh, daß die Russen nicht siegen würden. Obwohl K. v. S., wie er zeichnete, viel wußte, machte er selten den Mund auf, und dann nur, um Fragen zu stellen. Und so erfuhr er mehr und immer mehr.

Übrigens zog er sich früh zurück. Zuerst dachten wir, er habe das Interesse an seinem Blatt verloren. Jedenfalls kam er nicht mehr in die Redaktion, er lebte auf seinem Schloß Mauensee, auf einer ihm gehörenden Insel inmitten des Sees gelegen – er war sehr reich geworden. Dann zog er zu seiner Schwester nach Luzern. Parkinsonsche Krankheit. Er wurde ganz apathisch, er interessierte sich nur noch fürs Essen. Es war ein für alle seine Freunde höchst schmerzlicher Niedergang, von dem ihn schließlich der Tod erlöste.

Für mich war der wichtigste Mann in Zürich natürlich der Verleger Emil Oprecht, „Opi", der übrigens zwei meiner Bücher herausgebracht hatte, darunter die in Amerika so sensationell erfolgreiche Goebbels-Biographie, die in Deutschland anfangs keine Leser fand, aber 1975 wieder neu aufgelegt wurde. Opi war ein Hans Dampf in allen Gassen. Er hatte das Schauspielhaus, dessen Präsident er war, zum Emigrantentheater par excellence gemacht. Man sah dem mittelgroßen, etwas behäbigen Mann gar nicht an, daß er – vor allem in der Hitler-Zeit – ein ungemein mutiger Verleger gewesen war und ein sehr tatkräftiger Theatermann. Er spielte späterhin auch in der UNESCO eine wichtige Rolle. Das alles hätte er nie ohne die tatkräftige Mithilfe seiner Frau Emmie zustande gebracht.

Opi starb viel zu früh. Leberkrebs, der sich über zehn Monate hinzog, und von dem nur einige wenige von uns wußten. Ich erfuhr von der furchtbaren Diagnose, als ich, Weihnachten 1951, von St. Moritz aus in Zürich anrief. Emmie teilte mir weinend mit, was die Ärzte, als sie Opi aufschnitten, festgestellt hatten. Ich brach meinen Aufenthalt in St. Moritz ab und war am nächsten Tag bei ihr in Zürich. Übrigens kam Opi bald wieder aus dem Krankenhaus und schien guten Mutes. Er hatte tausend neue Pläne. Und er wurde auch sehr schnell wieder gesund, oder vielmehr glaubte er, er sei wieder gesund.

Ich besuchte ihn damals täglich zweimal und in den folgenden neun Monaten unendlich oft. Ich wußte, ich würde ihn bald verlieren, und ich hatte das Gefühl, daß ich mit ihm und in ihm etwas verlieren würde, was in jedem Sinne des Wortes unersetzlich war.

Ich erinnere mich meines letzten Besuches bei ihm. Er war in elender Verfassung von einer UNESCO-Tagung in Venedig zurückgekommen und hatte das Bett aufgesucht. Ich brachte – das war kurz vor unserer Heirat – Heide mit. Er wollte sie kennenlernen. Als sie wieder gegangen war, sagte er zu mir: „Du mußt mir versprechen, daß sie an unserem Theater spielt!"

Ich versprach es, obwohl ich nicht recht an eine solche Möglichkeit glaubte.

„Ich freue mich auf eure Hochzeit. Ich bin natürlich Trauzeuge!"

Die Trauung, die wenige Wochen später stattfand, sollte er nicht mehr erleben.

Die Sache mit der Heirat war übrigens gar nicht so einfach. Ich brauchte, natürlich, die Einwilligung meines obersten Chefs, des Nachfolgers des Nachfolgers von Clay. Nachdem er gegangen war, lösten sich die Herren an der Spitze der US-Zone schnell ab.

Der augenblickliche Chef schüttelte den Kopf: „Unmöglich!" Ich sei „Geheimnisträger" – was immer das sieben Jahre nach Kriegsende bedeuten mochte. Natürlich könne er mich nicht hindern, in die USA zurückzugehen und dort eine Deutsche zu heiraten. Heide war zwar in Österreich geboren, aber gleich zweimal Deutsche geworden – einmal durch den sogenannten „Anschluß", dann auch durch die Ehe mit einem Deutschen.

Ich wandte mich an Clay, der zwar Privatmann in New York geworden war, aber noch immer über die besten Beziehungen in Washington verfügte und, wie Gustaf Gründgens gesagt hätte, „Die Puppen tanzen lassen konnte". Clay verstand, daß Heide nicht in die USA wollte, das hätte das Ende ihrer Laufbahn als Schauspielerin bedeutet. Washington erklärte schließlich, ich könne zwar heiraten, aber ganz sicher nicht in Deutschland, sondern in einem anderen Land. In der Schweiz? Warum nicht?

Und was Heide anging – mußte es denn unbedingt eine Deutsche sein? Ich sagte, es müsse Heide sein, aber sie sei eigentlich Österreicherin. Nun, ich erreichte innerhalb weniger Tage durch meine Beziehungen in Wien, daß sie wieder Österreicherin wurde. Das heißt, sie bekam einen neuen österreichischen Paß.

Die letzten und völlig unsinnigen Schwierigkeiten kamen dann von einem borniertem Schweizer Standesbeamten, der sich als entsetzlicher Dickschädel entpuppte. Er bestand darauf, Heide mit ihrem deutschen Paß zu trauen. Und gerade das sollte ja vermieden werden! Er wollte nicht einsehen, warum sie plötzlich Österreicherin sei, obwohl sie ja ursprünglich Österreicherin gewesen und auch in Österreich geboren war. Diese Schwierigkeit wurde schließlich durch ein Telephongespräch mit einem Schweizer Parlamentarier, dem Nationalrat Hans Oprecht, dem Bruder Opis, aus dem Weg geräumt.

Wir heirateten in Zürich, und es gab ein lustiges kleines Fest – der Schatten von Opis Tod nur wenige Tage zuvor lag über ihm. Am Abend fuhren wir bei strömendem Regen nach München weiter, am nächsten Tag stand Heide wieder vor der Filmkamera, und ich flog nach Berlin, um zu schreiben, und auch, um ein passendes Haus zu suchen.

Dann kam Heide mit ihrer jüngeren Tochter, der blonden Gine; Veronika, von uns Vroni genannt, blieb in München im Internat der „Englischen Fräulein".

Schon bald begannen die Proben für Heides Auftreten im Schillertheater. Es handelte sich um „Rose Bernd". Und alles ging sozusagen nahtlos weiter. Unsere Bekannten und Freunde, die, wie bereits erwähnt, schon so lange von uns „alles" wußten, sagten unserer Ehe freilich keine lange Dauer voraus. Mein Agent erzählte mir, die Journalisten seien sich darüber einig, daß Heide es nicht lange mit mir aushalten würde. Die Agentin Heides erzählte mir, in Schauspieler- und Filmkreisen sei es eine ausgemachte Sache, daß ich Heide davonlaufen würde. Nun, sie alle haben nicht recht behalten. Und während ich dies schreibe, ist es bald fünfundzwanzig Jahre her, daß wir geheiratet haben.

Eine Freundin aus früheren Tagen, wenn ich sie so nennen darf, die in Beverly Hills lebte, erschien fast jedes Jahr in Europa, um ihre Tochter Liesl zu besuchen. Es war die einmalige Fritzi Massary, jetzt nun wirklich eine ältere Dame, wie Ingrid sie genannt hatte, mit immer noch makelloser Figur und blitzenden Augen, mit der ich auch oft auf der Terrasse des Hotels Dolder saß, von der aus man über Wälder hinweg auf den Zürichsee blickt.

Einmal gesellte sich zu uns ihre Tochter Liesl, Witwe des Schriftstellers Bruno Frank, und rief ihrer Mutter aus einiger Entfernung zu: „Curt hat wieder geheiratet!"

Fritzi nickte. Sie wußte es ja bereits.

Liesl unbekümmert, und in einer Lautstärke, die andere Gäste aufhorchen ließ: „Eine Schauspielerin!"

Fritzi: „Ich weiß, ich weiß!"

„Eine sehr gute Schauspielerin!"

Und Fritzi, in ihrem unnachahmlichen ironischen Ton: „Eine schlechte wird er heiraten!"

31
Eine neutrale Heimat

Das Kabel lautete: „Ziehe sofort nach Bern oder Paris . . ."

Ich erzählte Freunden öfter: „Da hab' ich gestern nacht einen Traum gehabt. Ich sitze in einem Zug, der durch Australien rast. Zusammenstoß mit einem anderen Zug. Panik, Schreie, Feuer. Ich trage mit letzter Kraft eine bewußtlose Dame aus unserem Abteil ins Freie. Nach einiger Zeit öffnet sie die Augen und sagt: ‚Eigentlich bin ich Soubrette in Basel!'"

Natürlich habe ich so einen Traum nie gehabt. Ich erzähle ihn nur als selbstironischen Kommentar zur Tatsache, daß ich so oft in meinem Leben mit Schauspielerinnen zu tun hatte.

Ich hielt das lange für einen Zufall, aber heute weiß ich, daß es keiner ist. Sondern: das hängt mit meiner frühen Liebe zum Theater – an sich, nicht unbedingt zu Schauspielerinnen – zusammen. Diese Welt des Theaters, in die ich selbst nie eintreten wollte, rückte mir auf diesem, wenn man will Umweg, immer wieder ganz nahe.

Aber die Ehe mit Heide war doch ein ganz neues Erlebnis für mich. Da ist man nun – mehr oder weniger – den ganzen Tag zusammen, allerdings nur theoretisch, denn ich schreibe ja, und das muß man allein tun; und abends sitzt man im Zuschauerraum und sieht seine Frau, die eigene Frau, und sie ist doch eine ganz andere Frau, nämlich diejenige, die ein Dichter sich ausgedacht hat. Da sitzt man in ihrer Garderobe und sieht mit fast ungläubigen Augen, wie sich die eigene Frau in eine Unbekannte verwandelt. Dabei überlegt sie – laut – was es morgen zum Mittagessen geben könnte und was ich dem Mädchen, falls sie selbst morgen länger schlafen will, über die noch zu tätigenden Einkäufe ausrichten soll. Und gleich darauf hör ich sie, wie mir scheint mit einer ganz anderen Stimme, griechische Götter anflehen oder auf berlinerisch um ihr Kind kämpfen, das gar nicht das ihre ist, oder sich einem Mann in die Arme werfen, für den sie zu sterben bereit ist.

Das seltsame: Ich weiß, daß sie spielt, und erkenne doch ihre Stimme und oft auch sie selbst nicht mehr; ich weiß, daß sie als Königin die Bühne betreten hat, und sehe nicht mehr die Frau, die sich soeben entschlossen hat, daß es morgen Schnitzel und Spaghetti geben soll. Und nach einer Rede über die Sinnlosigkeit des Lebens wird sie abtreten und mich fragen: „Vielleicht doch lieber gefüllte Paprikaschoten?"

Die Übersiedlung von Berlin nach Zürich hatte einen ganz anderen Grund als den des Engagements meiner Frau ans Zürcher Schauspielhaus, das später mehr zufällig kam. Ich erwähnte schon die Schwierigkeiten durch die USA, die uns vor unserer Verheiratung gemacht wurden. Nun kamen andere hinzu.

Mein alter Freund Arnold Gingrich vom „Esquire", der übrigens längst von Chicago nach New York umgezogen war, meldete sich mit einem Kabel: „Ziehe sofort nach Bern oder Paris. Stop. Brief folgt. Stop. Esquire. Gingrich."

Ich hatte nach dem Krieg beim „Esquire" die Stellung eines Leiters des europäischen Büros übernommen. Das Büro existierte eigentlich gar nicht im physischen Sinn. Das Büro – das war ich. Gute Bezahlung, nicht allzu viel Arbeit. Im wesentlichen Vorschläge von Artikeln oder auch nur von Themen, die in Europa publiziert wurden. Arnold fand schließlich, daß dies sich von Berlin aus nicht mehr machen lasse. Seine Vorschläge: Paris oder Bern – letzteres wohl, weil Bern die Hauptstadt der Schweiz war; daß die intellektuelle Hauptstadt Zürich war, wußte man in Amerika nicht so genau.

Paris kam für uns beide nicht in Frage. Dort hätte ja Heide ebensowenig arbeiten können wie in Amerika selbst. Ich schlug anstelle von Bern Zürich vor. Das wurde akzeptiert. Ich fuhr erst einmal hin, lebte ein paar Monate in einem Hotel, suchte und mietete ein Haus in Küsnacht am Zürichsee, später ein noch nicht ganz fertiggestelltes Haus in Scheuren auf der Forch, einem Dorf von rund fünfhundert Einwohnern, etwa zehn Kilometer von der Stadt entfernt auf einem Hügel, über dem Greifensee gelegen. Wir kauften das Haus innerhalb von Minuten – und leben seither dort.

Heide ging also ans Schauspielhaus. Natürlich immer nur für einen Teil des Jahres und für ein oder zwei Rollen pro Saison.

Gleich ihr erstes Auftreten in Zürich wurde eine Sensation: die Uraufführung von „Requiem für eine Nonne" von Faulkner. Alle hielten das Stück für unaufführbar, in Amerika sowie in Deutschland, übrigens auch Heide, die schließlich nur einwilligte, weil sie so viele andere Rollen vorher abgelehnt hatte und nicht den Eindruck erwecken wollte, sie sei schwierig und sie wolle vielleicht gar nicht in Zürich spielen.

In diesem Stück, in dem ihre Rolle allein eine Spieldauer von über zwei Stunden beträgt, gibt es eine Szene, in der sie, nur gelegentlich von ihrem Onkel oder dem Gouverneur eines amerikanischen Südstaates unterbrochen, fünfundvierzig Minuten zu sprechen hat. Auf der Bühne eine Ewigkeit! Wer kann schon fünfundvierzig Minuten lang sich das Interesse des Publikums erhalten, fünfundvierzig Minuten, in denen nichts an Handlung vor sich geht, in denen nur erzählt wird, erzählt wird, erzählt wird . . . Bis es dunkel wird und dann wieder hell. Und die große Pause beginnt.

Die Sache mit den fünfundvierzig Minuten hatte sich in Zürich schon vor der Premiere herumgesprochen. In der großen Pause suchte ich, indem ich mir meinen Weg durch das Publikum bahnte, zu erfahren, wie die Stimmung sei. Ein Bekannter hielt mich fest: „Sagen Sie, wann kommen denn nun eigentlich die fünfundvierzig Minuten, von denen man so viel hört?"

Er hatte nicht gemerkt, daß sie gerade vorbei waren. Ich eilte in Heides Garderobe: „Keine Sorge! Die Schlacht ist gewonnen!" Sie war es. Das „Requiem für eine Nonne" wurde durch zwei Spielzeiten gehalten – eine Seltenheit für Zürich.

Heide spielte auch in Berlin, im Renaissance-Theater unseres gemeinsamen Freundes Kurt Raeck. Sie spielte in Wien, zuerst im Volkstheater, später am Burgtheater, wo sie eine kleine Sensation wurde: „Die aus der Fremde zurückgekehrte Einheimische". In Wien wußte man übrigens erstaunlich wenig von ihr. Dort war völlig unbekannt, daß und was sie in Deutschland gespielt hatte. Man kannte nur ihre Filme, und ich erinnere mich, daß der damals bekannteste Kritiker Wiens schrieb: „Es ist schade, daß eine Frau, die so viel kann, anstatt Klassiker zu spielen, nur mittelmäßige Filme macht!"

Dabei hatte sie immerhin an den ersten Bühnen Deutschlands, vor allem an den Kammerspielen München, bei Gründgens in Berlin und später bei Stroux in Düsseldorf so ziemlich alles gespielt, was an Klassikern anfiel.

Sie spielte auch weiterhin bei Gründgens in Hamburg, sie machte Filme, so lange man das, ohne sich allzu viel zu vergeben, tun konnte. Denn die Zeiten waren dem deutschen Film nicht günstig – oder sollte man sagen, der deutsche Film wurde rapid schlechter und schlechter.

Eines Tages rief mich Erich Maria Remarque an, der wieder in seinem mit Kunstschätzen vollgepfropften Haus am Lago Maggiore lebte. Er war gerade nach Zürich gekommen. Er sagte: „Ich habe ein Stück geschrieben. Mein erstes. Ich denke, es wäre eine gute Rolle für die Dorsch. Jemand hat mir erzählt, daß Sie sehr mit ihr befreundet sind."

„War! Das war einmal! Aber erzählen Sie mir einmal von dem Stück."

Er tat es. Es handelte sich um das, was eine Berlinerin am letzten Tag des Krieges erlebt und am ersten Tag nach dem Krieg. Sie verliebt sich in einen entflohenen KZ-Sträfling und verbirgt ihn. Am Tag, an dem der Krieg nun also vorbei ist, will der SS-Mann, der den KZ-Sträfling bei ihr gesucht hat, nun seinerseits von ihr versteckt werden. Aber er kommt um.

Ich sagte: „Die Dorsch ist über sechzig."

Er war sprachlos. Er hatte sie noch in Erinnerung, wie sie vor der Emigration gewesen war – als fast junges Mädchen.

Ich sagte: „Ich glaube, ich hätte eine Schauspielerin für Sie."

Am nächsten Abend saß er im „Requiem". Dann aßen wir zu dritt zu Abend. Bei der zweiten Flasche Champagner erklärte Remarque, nur Heide könne sein Stück spielen. Bei der dritten Flasche duzten wir uns.

Das Stück wurde ein starker Erfolg am Berliner Renaissance-Theater. Wir blieben mit „Beni", wie wir Remarque nannten, befreundet. Ich sah ihn oft. Bis zuletzt. Er mußte schließlich dafür bezahlen, daß er sein Leben ziemlich rücksichts- und schonungslos gelebt, daß er vor allem viel zuviel getrunken hatte. Er hörte zu spät damit auf. Angina pectoris. Er kam in eine Zürcher Klinik, nur ein paar Kilometer von uns entfernt. Er litt furchtbar. Die Ärzte hatten ihn längst aufgegeben.

Und er wußte es. „Die können mir nicht helfen!" sagte er, als ich ihn das letzte Mal besuchte. Es war eine ganz nüchterne Feststellung. Ein paar Wochen später war er tot. Einige, auch ich, waren zur Beerdigung ins Tessin gereist, und unzählige Sightseeing-Touristen waren aus dem benachbarten Ascona und aus Locarno gekommen, um das Ereignis zu knipsen.

Aber keine amtliche deutsche Stelle hatte sich gemeldet oder gar Blumen geschickt, wie ja auch nie ein Versuch gemacht worden war, diesem großen deutschen Schriftsteller, der von Hitler ausgebürgert worden war, wieder die deutsche Staatsbürgerschaft anzutragen. Was ihn sehr geschmerzt hat.

Eines Tages erzählte mir die Witwe des bekannten Operettenkomponisten Ralph Benatzky, die reizende Melany Benatzky, die nach der amerikanischen Emigration seit vielen Jahren in Zürich lebte, sie müsse ihre Freundin Ellen Richter treffen. Ellen Richter. Der Name hatte mir in meiner Jugend etwas bedeutet. Ich sagte, ich würde mich freuen, Frau Richter kennenzulernen. Das war einfach. Sie wohnte in einem sehr eleganten Hotel nahe der Oper.

Als ich ihr vorgestellt wurde, starrte ich sie fasziniert an. „Kennen wir uns nicht von früher?"

„Ich wüßte nicht . . ."

Eine kleine Dame, nicht mehr jung, aber sehr gut konserviert, mit kohlrabenschwarzem Haar – später erfuhr ich, daß es sich um eine Perücke handelte.

„Sie haben sicher einen meiner Filme gesehen . . ."

„Ohne Zweifel."

Sie hatte unzählige Filme gemacht, sie war eigentlich die zweite Frau im deutschen Stummfilm, gleich nach Henny Porten. Die spielte die blonden, guten, lieben Mädchen oder Frauen, die Richter spielte die eleganten, nicht ganz einwandfreien Damen: Spioninnen, Mätressen, Verführerinnen – kurz, sie war das, was man in Hollywood einen Vamp nannte.

Ich schüttelte den Kopf. „Natürlich habe ich viele Ihrer Filme gesehen. Aber das ist es nicht. Wir haben uns besser gekannt."

„Schade, daß Sie mir das nicht vor dreißig Jahren gesagt haben."

Plötzlich ging mir ein Licht auf. „Sie haben in meinem Leben eine große Rolle gespielt!" Und ohne ihr Zeit zu lassen, ihr Erstaunen zu äußern: „Erinnern Sie sich an den Film mit dem Titel ‚König Motor'?"

Sie schüttelte den Kopf. „Ich habe in den zwanziger Jahren so ungefähr acht Stummfilme pro Jahr gedreht."

„Es war viel früher. Es war mitten im Ersten Weltkrieg."

„Aber ich erinnere mich nicht. König Motor . . .?"

„Ja, so hieß der Film. Und er wird mir ewig unvergeßlich sein."

„War ich denn wirklich so gut in diesem Film?"

„Sie nicht. Eine andere Dame."

Später, als wir gute Freunde geworden waren, erzählte ich ihr einmal die absonderliche Geschichte von „König Motor" und der Frau des Kinodirektors, die mich so manches gelehrt hatte.

Die fünfziger Jahre, in denen Heidemarie Hatheyer von Erfolg zu Erfolg eilte, waren auch für mich recht ergiebig. Ich sprach schon davon, daß ich für die große Illustrierte „Quick" eine Art Serienspezialist geworden war. Und auch für andere Illustrierte, die es damals in rauhen Mengen gab. Ich schrieb zeitweise unter zwölf Pseudonymen und unter meinem eigenen Namen, also dreizehn im Ganzen. Ich war abergläubisch und wollte nicht weiter gehen.

Einmal schrieb ich sieben Serien gleichzeitig. Das bedeutete, daß ich jeden Tag, also auch am Sonntag, eine Folge verfertigen mußte und ständig davor zitterte, ich könnte erkranken. Selbst zwei oder drei Tage Pause hätten den ganzen Fahrplan, und nicht nur den meinen, durcheinandergebracht. Ich schwor mir, das sollte nie wieder geschehen. Aber auch zwei oder drei Serien gleichzeitig waren keine Seltenheit für mich.

Ich hatte aus der Arbeit in Amerika nichts gelernt. Es ging mir immer noch um Selbstbestätigung, nicht durch Qualität, sondern durch Quantität.

Mein größter Erfolg war wohl „Das gab's nur einmal!" – die

Geschichte des deutschen Films bis zum Ende des Zweiten Weltkriegs.

Wie es dazu kam? Ich hatte einen Vertrag mit dem „stern". Aber alle Vorschläge, die ich machte, gefielen dem instinktsicheren Chefredakteur Henri Nannen nicht, und seine sagten mir nicht zu. Schließlich kam Nannen mit der Idee der Filmgeschichte. Ich meinte, dies sei doch schon so oft gemacht worden. Das wußte er natürlich auch. „Aber für zwölf Folgen wird's ja gehen – bis wir etwas Besseres finden."

Es wurden sechsundneunzig Folgen. Die Leser konnten nicht genug bekommen. Auch das Buch war ein Schlager. Die ersten 25.000 Exemplare – mehr wurden für den Anfang nicht gedruckt – waren am Tag der Auslieferung ausverkauft; das war Ende der fünfziger Jahre schon etwas.

Ich habe dann viel mit Nannen gemacht, den ich für einen der gescheitesten Journalisten Europas halte, obwohl wir in vielem nicht gerade einer Ansicht sind, besonders wenn es um Politisches geht. Er war nicht ohne Schwierigkeiten und machte viele – aber er war ein großer Könner. Und er verfügt über ein Team von Könnern – Victor Schuller, sein Vize, lange an der Spitze.

Den vermutlich größten Zeitungsmann unserer Tage, wenigstens nach meiner Meinung, Axel Springer, lernte ich verhältnismäßig spät kennen, als er die „„Welt" kaufte, für die ich schon vorher oft schrieb, und die „Welt am Sonntag", für die ich am laufenden Band arbeitete.

Axel Springer war damals mit vielen Blättern und Zeitschriften bereits arriviert. Unsere Treffen waren meist zufällig und ohne besondere Bedeutung – wie mir anfangs erschien. Bald wurde mir klar, daß er sehr aufmerksam zuhören konnte. Er war voller Ideen, kam sich aber nicht zu gut vor, die Ideen anderer zu akzeptieren. Er besaß und besitzt eine Eigenschaft, die nach meiner Ansicht nur wirklich große Männer besitzen: Es ist nicht schwer, an ihn heranzukommen. Das war auch bei Churchill der Fall gewesen und bei Roosevelt, und jetzt eben bei Axel Springer. Wenn ich bedenke, wie schwierig es ist, an einen Mann in Bonn heranzukommen, der nicht halb so bedeutend ist, wie er sich vorkommt, und um wie vieles leichter, mit Axel Springer zu telephonieren . . .

Ich schreibe dies alles, weil Axel Springer zu den umstrittensten Männern, zumindest Zeitungsmännern unserer Zeit gehört. Warum? Weil er eine Politik treibt oder treiben läßt, die, sagen wir, recht liberal ist. Und wenn schon! Niemand ist ja gezwungen, seine Zeitungen zu lesen. Aber – und dies nimmt man ihm vielleicht noch übler als seine politische Haltung: die meisten seiner Blätter gehören zu den erfolgreichsten im deutschen Sprachgebiet. Der Herausgeber des „Spiegel" hat – offenbar in einem Anfall von Schwachsinn, allen Ernstes gefordert, man solle Springer enteignen.

Und warum sind Springer-Zeitungen so erfolgreich, warum gehen die Auflagen seiner Blätter in die Millionen? Ist das Zufall? Hat das nicht mit dem außerordentlichen journalistischen Instinkt des Mannes zu tun?

Man kann es nicht oft genug wiederholen: Niemand ist ja gezwungen, Springer-Erzeugnisse zu lesen!

Übrigens war ich in jenen Jahren nicht so sehr journalistisch beschäftigt, als vielmehr mit dem Schreiben von Büchern. Natürlich ging manches daneben, aber viele meiner Bücher – und dieses Buch ist alles in allem, mit Einschluß der englischen und französischen, das dreiundachtzigste – konnten doch einen gewissen Erfolg verzeichnen.

Einen entscheidenden Fehler machte ich. Ich konzentrierte mich fast nur noch auf Deutschland, kümmerte mich nicht mehr um Frankreich, wo ich einen Namen gehabt hatte, und auch nicht mehr um Amerika. Dort war ich ja wirklich sehr erfolgreich gewesen, und wenn es nach dem Krieg Enttäuschungen gegeben hatte, ich wäre doch wieder „gekommen", wie meine amerikanischen Verleger mir wiederholt versicherten, die unmutig darüber wurden, daß ich nach dem „Goebbels" und der „Berlin-Story" nichts mehr lieferte.

Rückblickend verstehe ich mich eigentlich selbst nicht mehr.

Meine einzige berufliche Bindung an die USA waren – neben dem „Esquire" – jährlich zwei Fernsehspiele. Das ging so vor sich: Ich flog hinüber, besprach mit der Gesellschaft ein Thema, lieferte nach vier oder fünf Wochen, von Europa aus, das Drehbuch, kam einen weiteren Monat darauf wieder nach New York zurück und nahm zur Kenntnis, was man an Änderungen wünschte. Ich setzte mich vierzehn Tage mit einem anderen Mitarbeiter in ein Hotelzimmer, änderte, schrieb um, besprach ein neues Thema, flog wieder nach Europa zurück, schickte mein Manuskript vier Monate darauf nach drüben.

Das ging viele Jahre so, brachte gutes Geld – und das Beste: ich mußte nie sehen, was ich da fabriziert hatte; übrigens unter einem Pseudonym.

Das bröckelte nun auch langsam ab.

Was nicht bedeuten soll, daß ich jeden Kontakt mit den USA verlor. Ich fuhr auch später immer wieder hinüber, etwa einmal im Jahr oder doch jedenfalls einmal alle zwei Jahre. Nicht daß ich, wie viele andere naturalisierte Amerikaner, dazu gezwungen war, wenn ich meinen US-Paß nicht verlieren wollte. Den bekam ich, wann immer ich darum nachsuchte, von den zuständigen Konsulaten anstandslos ausgehändigt. Weil ich Kriegsteilnehmer war? Aber woher wußten das die Konsulatsbeamten in Zürich oder in Paris oder in Berlin? Weil ich mich im Krieg besonderen Risiken unterzogen hatte?

Aber wer konnte das ahnen?

Übrigens hätte ich nie um des Passes, das heißt der Staatsangehörigkeit willen Reisen nach drüben unternommen und die für naturalisierte Bürger „vorgeschriebene" Zeitspanne dort verbracht. Ich fand das unwürdig und teilte das auch einmal – gelegentlich eines amerikanischen Besuches – Murphy mit, der wie Clay in die Privatindustrie übergesiedelt war. Ich fand auch, daß ich genug für Amerika getan hatte, um meinen Paß zu verdienen.

Übrigens wurde in den sechziger Jahren ein diesbezüglicher Prozeß von einer Emigrantin geführt, und das Oberste Gericht in Washington stellte fest, daß auch naturalisierte Amerikaner, also unter anderem auch die Hitler-Emigranten, ihre Pässe, die man ihnen, wenn sie dem Lande über die gestellte Frist hinaus ferngeblieben waren, abgenommen hatte, wieder zurückbekommen müßten.

Ein Züricher Konsulatsbeamter erzählte mir, in den folgenden Wochen wäre die Hölle in amerikanischen Konsulaten in aller Welt losgebrochen. Sie hätten Tausende und Tausende von Pässen neu ausschreiben müssen.

Ich fand, dies geschehe ihnen ganz recht.

Aber ich habe von meinen gelegentlichen Reisen in die USA gesprochen.
Drüben lebte immerhin mein Sohn aus erster Ehe, Michael, der Ingenieur geworden und im Pentagon tätig war. Er dürfte sich da bewährt haben – wofür allein sein Gehalt, das eines Brigadier-Generals, sprach. Reden konnte er mit mir nicht darüber, was er tat. Ganz abgesehen davon, daß ich von diesen Dingen – missiles und überhaupt Elektronisches – nichts verstand: alles war streng geheim.
Später verließ Michael dann das Pentagon und nahm eine Stelle in der Privatindustrie an. Dort hatte er wenig Glück, denn die betreffende Firma ging bald in Konkurs. Er versuchte sich in anderen Industriezweigen. Mein Einwand, er habe doch, zum Beispiel, die Herstellung von Papier nie erlernt, es sei schwer vorstellbar, wie er eine Papierfabrik leiten könne, galt bei ihm nicht. Seine Antwort: Das möge für Europa stimmen, in Amerika sei es eben anders. Auch wurde er mit mir sehr böse, als ich, noch zu seiner Pentagon-Zeit, Zweifel am amerikanischen Endsieg in Vietnam äußerte. Dergleichen wollte er, überzeugt, „wir werden in wenigen Wochen siegen", gar nicht gehört haben.
Wir: Michael ist eben wie viele Amerikaner der zweiten Generation amerikanischer als die meisten Amerikaner, die auf ungezählte amerikanische Vorfahren zurückblicken dürfen; und erlebt die Tragödie so vieler jungen Amerikaner, zum Beispiel der aus der elektronischen Industrie: sich plötzlich auf der Straße zu finden und etwas tun zu müssen, wofür er keine wie auch immer geartete Vorbereitung erhalten hat.
In der Hoffnung, daß Michael dieses Buch nicht liest: Mir gefällt es drüben nicht mehr so gut. Gewiß, überall ändert sich ständig alles, und fast nie zum Besseren, geschweige denn zum Guten. Aber für die an Ort und Stelle Lebenden wird das nicht so spürbar. Meine Berliner Freunde spüren nicht, daß Berlin immer kleiner, immer provinzieller wird. Ich fühle es manchmal, aber nicht so stark wie die Menschen, die seit zwanzig oder vierzig Jahren nicht mehr dort gewesen sind.
New York, viele Jahre lang meine Lieblingsstadt, ist für mich zu laut und zu hektisch geworden. Oder Hollywood, will sagen das, was unter diesem Sammelbegriff zu verstehen ist. Das war doch noch in den dreißiger Jahren eine Art Gartenstadt. Jetzt ist es eine

Industriestadt geworden. Die berühmte kalifornische Sonne ist fast immer vom Smog zur Gänze verdeckt, um nicht zu sagen verdreckt.

Als ich vor kurzem mit Billy Wilder auf dem Dachgarten des imposanten Apartmenthauses spazierenging, dessen oberstes Stockwerk er bewohnt, wies er auf die tief unter uns liegenden Straßen, in denen ein hektischer Verkehr vor sich ging: „Century-City! Erinnerst du dich! Dies war das Gelände der Twentieth-Century-Fox."

In der Tat: hier hatten noch 1940 oder 1945 die Cowboys die Indianer durch die menschenleeren Canyons und Felder und über die Hügel gejagt.

Fritz Lang, der Unverwüstliche, fuhr mich zu seinem Haus. Und erläuterte dabei: „Hier wohnte Douglas Fairbanks und Mary Pickford . . . und hier Charlie Chaplin . . ."

Wo sind sie jetzt? Wo ist die Garbo? Die Dietrich?

Ich lebe sehr gern in der Schweiz – der Schweiz wegen. Ich hatte mein ganzes Leben gehofft, irgendwo zu leben, wo man nicht stets in den Mittelpunkt der Ereignisse geworfen wird. Etwa so: Man liegt auf einem Liegestuhl auf der Veranda eines Sanatoriums, hoch oben auf einem Berg. Unten im Tal eine Straßenschlacht in einem kleinen Ort.

Warum?

Irgend jemand erläutert: „Bürgermeisterwahl!"

Nur einen selbst geht das nichts an.

Die Schweiz: Sie ist zu klein, um eine Rolle im Weltgeschehen zu spielen. Ich selbst bin Ausländer, darf hier zwar alles tun, nur nicht wählen und nicht gewählt werden.

Na und?

Ich weiß nie, wer gerade Präsident des Bundesrats ist, der wechselt jedes Jahr. Ich weiß nur, daß er mit der Straßenbahn in sein Amt fährt und daß man ihn anrufen kann, denn sein Name mitsamt Adresse steht im Telephonbuch. Und entweder ist seine Köchin oder seine Frau am Apparat – oder er selbst.

Einmal, vor vielen Jahren, waren meine Frau und ich zur Einweihung der Junifestwochen in die Oper geladen. Neben uns in der Loge saß ein sehr distinguiertes älteres Ehepaar. Wir grüßten, die anderen grüßten.   Der Zürcher Stadtpräsident eröffnete die Feierlichkeiten mit einer kleinen Rede. Er begrüßte die anwesende

Prominenz, vor allem als ersten den Präsidenten – wie hieß er doch gleich?

Beifall, in den, man ist ja höflich, wir mit einstimmten. Darauf beugte sich der distinguierte Herr in unserer Loge zu uns und sagte: „Danke!"

Wir saßen, ohne es gewußt zu haben, neben dem Präsidenten der Schweiz.

32
Und immer wieder E.

„Sie haben, wie jeder Mensch, ein Recht darauf, gesund und schmerzfrei zu sein!" Das sagte mir Dr. Hubertus Hötzl, Chefarzt der Inneren Klinik Wilmersdorf, der ehemaligen Privatklinik des sagenhaften Vorgängers von Sauerbruch, Professor August Bier.

Hötzl sah unbeschreiblich gut aus – eher wie ein Filmheld als ein Arzt. Er war zu Heide gerufen worden, als diese – mitten in einer Serie von „Minna von Barnhelm" – Asthma-Anfälle bekam. Er stand allabendlich mit einer schweren Spritze in der Kulisse.

Heide: „Er kann kein guter Arzt sein! Er sieht viel zu gut aus!"

Er war aber nicht nur ein guter Arzt, sondern sogar ein vorzüglicher. Er ist ohne Zweifel der beste, den ich je konsultiert habe. Im Verlauf der vielen Jahre, die inzwischen vergangen sind, erwies er sich als ein für mich geradezu fabulöser Diagnostiker. Ich bin nicht oft krank, aber das eine oder andere stößt einem ja doch im Verlauf der Jahre zu, und das gleiche gilt für die Familie und Freunde. Ich war – bedingt durch meine vielen Reisen – schon in vielen Städten bei vielen Ärzten. Aber wenn keiner half, schon weil keiner genau wußte, was mir gerade fehlte, flog ich von wo immer nach Berlin, und Hötzl wußte fast immer sehr bald, was los war. Und heilte.

Der Grund des Phänomens: Hötzl ist einer der wenigen Ärzte, die sich für ihre Patienten interessieren. Sehr früh schon, etwa Mitte der fünfziger Jahre, als ich einmal in seiner Klinik lag, hörte ich sein Credo, daß jeder Mensch ein Recht auf Gesundheit hat. Er hätte hinzufügen können: „Und es ist meine Pflicht, dafür zu sorgen, daß er gesund wird."

Er gehört zu den Menschen, ohne den ich mir mein Leben gar nicht vorstellen könnte.

Hötzl rühmt meine Konstitution – leider haben nicht alle, an denen mir etwas liegt, eine solche Konstitution. Oder sollte ich sagen „hatten"? Denn viele von ihnen leben nicht mehr.

Der Preis des Überlebens ist, daß es einsam um einen wird. Das erstaunliche ist: Der Massentod vieler meiner Lieben in der Hitler-Zeit war für mich vor allem ein Grund zur Empörung, zur Wut. Das Sterben von einzelnen in den letzten Jahren berührte mich tiefer, erschütterte mich, ich muß es gestehen, weit mehr.

Fast alle, die ich in Hollywood gekannt habe, sind tot – und das Seltsame daran, zumindest für mich: niemand scheint es zu merken oder gar traurig darüber zu sein.

Mein guter Freund, Peter Lorre, den ich in Berlin kannte, den ich in Paris kannte, den ich in Hollywood kannte, starb ein bißchen zu früh. Aber die vielen Drogen! Und die ständigen Entziehungskuren!

Vicki Baum starb, wohl schon Anfang Siebzig, sehr schnell und wohl so, wie sie es sich gewünscht hätte. Sie litt seit Jahren an einer Art latenter Leukämie. Die Ärzte warnten: eine besondere Anstrengung oder ein Sturz würden die Leukämie aktivieren, so wenigstens habe ich es verstanden. Sie tat einen Sturz in ihrer Küche – wenige Stunden später war sie tot. Ihrem Wunsch entsprechend, publizierte ihr Mann eine falsche Stunde für die Beerdigung. Als ihre Freunde kamen, war schon alles vorbei. Nicht einmal ihre Söhne waren benachrichtigt worden. Sie lasen vom Tod ihrer Mutter in der Zeitung oder hörten davon im Radio.

Manchmal ertappe ich mich dabei, daß ich beim Durchsehen meines privaten Telefonbuches mir die Frage stelle: „Wie lange wird dieser Name noch hier stehen?" Es vergeht kein Jahr, ohne daß ich den einen oder anderen ausstreichen muß.

Wie gesagt: der Preis des Überlebens.

Wenige Wochen, bevor diese Zeilen geschrieben wurden, erfuhr ich vom Tod zweier alter Freunde. Fritz Lang, fast erblindet und kaum noch fähig, sich zu bewegen, starb in seinem Haus in Beverly Hills. Und Arnold Gingrich vom „Esquire" war, nach langer, schwerer Krankheit gestorben.

Vorbei . . . vorbei . . .

Da war Pem.

Als der Krieg ausbrach, mußte er das Erscheinen seiner „Bulletins" einstellen, sie wären vielleicht spionageverdächtig geworden. Was sollte ein durchschnittlicher englischer Zensor mit der Unzahl der ihm unbekannten Namen anfangen? Er wußte ja wohl kaum, wer Billy Wilder war, oder Otto Preminger oder Curt Riess. Code-Namen? Agenten?

Außerdem wurde Pem, der Kleine, Schmächtige, Bebrillte, vorübergehend Soldat. Und es bleibt für mich ein Rätsel, daß Hitler trotzdem den Krieg verlor. 1945: Wiederauferstehung der „Bulletins" – und nun hatten sie mehr Daseinsberechtigung als je zuvor. Wer wußte noch, wo wer steckte? Wer ein Kriegsopfer geworden war? Wer durch die Nazis umgekommen war? Erstaunlicherweise wollten das jetzt mehr Menschen wissen als je zuvor.

Ich gestehe, daß ich seinem Unternehmen der Privatberichte anfangs reichlich skeptisch gegenüberstand. Ich konnte nicht recht glauben, daß es einen Emigranten besonders interessieren könnte, zu erfahren, was aus den anderen geworden war. Das hatte damit zu tun, daß ich mir in den USA bewußt eine neues Leben aufbaute, losgelöst von dem alten. Ich wollte ja Amerikaner werden und wurde es in mehr als einem Sinn. Ich heiratete eine Amerikanerin, ich verkehrte mit amerikanischen Autoren und Verlegern. Und doch, ich kann nicht leugnen, daß mich Pems Mitteilungen interessierten.

Und das ging auch anderen so. Durch ihn hielten wir Kontakt. Wir bedauerten einander, wenn es uns nicht gut ging, wir waren stolz aufeinander, wenn auch nur einer von uns etwas erreichte, sei es ein Drehbuch zu verkaufen oder eine Rolle zu ergattern. Pem wußte ja alles, Pem kannte jede Adresse.

Was Pem uns gewesen war, wurde uns erst klar, als er nicht mehr da war, um Auskunft zu geben. Um Bericht zu erstatten.

Bericht zu erstatten. Tue ich das nicht auch in diesen Erinnerungen, die sich ihrem Ende zuneigen? Eine Bilanz von vielen möglichen Bilanzen.

Nostalgie?

Warum nicht? „Die Erinnerung", so sagte ja wohl Jean Paul, „ist das Paradies, aus dem wir nicht getrieben werden können."

Ich müßte einmal wieder Jean Paul lesen. Ich habe viel gelesen, aber manchmal scheint mir – nicht genug. Ich stehe vor meiner Bibliothek und sehe die Bände und finde, ich müßte dies oder jenes noch einmal lesen: Shakespeare, natürlich, immer wieder, und Goethe und Balzac und Thackeray und Dostojewsky und . . . und . . . Und weiß doch, daß mir nicht mehr so viel Zeit bleibt, um auch nur einen Bruchteil vom dem zu lesen, was ich lesen möchte, sollte, müßte.

Um diese meine Erinnerungen zu schreiben, fuhr ich auch nach Würzburg. Ach, es ist nicht wiederzuerkennen.

Nicht mehr unverwechselbar wie in meiner Jugend. Eine 08/15-Stadt mit Pizza-Kneipen und Einheitspreisläden, mit vielen Taxis und hastenden Menschen und mit fast allem, was man heute in anderen kleinen Städten auch findet. Das neue Theater ist natürlich technisch dem alten überlegen, aber dieses hatte Stil, das neue nicht. Das neue könnte überall stehen, das alte gehörte zum barocken Würzburg.

Die Synagoge, die 1938 niedergebrannt wurde – im Verlauf der sogenannten Kristall-Nacht –, hat man, sehr verkleinert, an anderer Stelle wieder aufgebaut. Dort, wo die Synagoge stand, ergehen sich jetzt auf einem Sportplatz angehende katholische Priester, die in einem nahegelegenen Seminar untergebracht sind.

Die meisten Würzburger von heute wissen gar nicht mehr, wo die alte Synagoge stand oder daß es überhaupt eine gab. Oder daß es Juden gab – ich glaube in meiner Jugend achthundert Familien. Auf der Gedenktafel für die Toten zweier Weltkriege ist kein einziger jüdischer Name zu finden. Kein Erinnerungsmal an die unzähligen ermordeten Würzburger Juden. Ja, doch eins! Auf dem jüdischen Friedhof, weit draußen vor der Stadt, wo kein Würzburger je hinkommt.

Nein, das ist mein Würzburg nicht mehr. Nicht das Würzburg, dessen man sich erinnern würde. Das ist tot, wie so viele es sind, deren ich mich hier erinnerte.

Aber schon während ich dies niederschreibe, weiß ich, daß es nicht stimmt. Diejenigen, die heute jung sind, werden sich, wenn sie erst alt werden, mit Vergnügen und vielleicht auch mit Wehmut des Würzburgs ihrer Jugend erinnern. Etwa die angehenden katholischen Priester, die jetzt Fußball spielen – dort, wo früher die Synagoge stand und meine erste Schule. Das Wort Jean Pauls über die Erinnerung gilt auch für sie. Gilt für alle. Und wird immer für alle gelten. Dies nicht zu begreifen ist eigentlich undankbar. Und das will ich nicht sein.

Ich habe keinen Grund dazu. Mein Leben war vollgepfropft mit bedeutenden, interessanten, amüsanten Menschen, mit seltsamen und oft tragischen Ereignissen. Und am Ende . . .

Es ist erst ein paar Jahre her, da stellte sich für mich heraus, daß die Vergangenheit noch gar nicht versunken ist. Das ist eine merkwürdige Geschichte.

Ewald, mein Jugendfreund, der, als Hitler kam, nach Palästina und dann in die Sowjetunion auswanderte, wo er von dem damaligen Volksbeauftragten Lunatscharsky aufs liebenswürdigste empfangen wurde.

Im Zuge der Säuberung wurde er dann verhaftet, in einer Zelle, die sechs Untersuchungsgefangenen kaum genügend Raum bieten würde, mit etwa dreißig eingekerkert; schließlich wegen Spionage zu fünf Jahren Gefängnis verurteilt. Spionage! Ewald und Spionage! Fünf Jahre!

Das schien indessen seinen Mitgefangenen das große Los. Aber in diese fünf Jahre hinein fiel der Kriegsausbruch, und da war an die Entlassung eines Spions natürlich nicht zu denken. Und auch nachher dachte Stalin nicht daran, Ewald oder seine Mitgefangenen freizugeben.

Auch Ewalds Frau kam in ein Lager – in ein anderes als er. Viel, viel später, so Anfang der fünfziger Jahre, tauchte sie in Wien auf; sie meldete sich bei mir, in der wohl naheliegenden Hoffnung, ich würde ihr, der es nicht besonders gut ging, aushelfen. Sie erzählte, sie habe in ihrem Lager vom Tod Ewalds erfahren. Und sie hatte kurz entschlossen einen Wiener, der ebenfalls interniert war, aber in der nächsten Zeit entlassen werden sollte, geheiratet. So war sie auch freigekommen und mit ihrem zweiten Mann nach Wien gefahren.

Sie wiederholte mehrere Male, Ewald sei tot, daran könne gar nicht gezweifelt werden. Und ich hatte keinen Grund, an ihren Worten zu zweifeln.

Und dann kam ein Brief, von meinem Verlag gesandt, und darin lag ein zweiter Brief: ‚Lieber Curt, ich hoffe, dies Schreiben erreicht dich. Ich lebe . . .‘

Er lebte.

Und wieder in Moskau. Er hatte auf einem internationalen Kongreß von Psychiatern einen deutschen Kollegen getroffen und ihn gefragt, ob er zufällig etwas von mir wisse. Der Mann hatte einige meiner Bücher gelesen. Er wußte nicht, wo ich lebte, aber er kannte meinen Verlag, und über den erreichte mich also Ewalds Brief.

In dem war auch vermerkt, man könne mit ihm telephonieren. Und eine Stunde später sprach ich mit ihm. Eine fremde Stimme. Aber je länger ich mit ihm sprach, um so vertrauter wurde sie mir.

Das wiederholte sich, als ich ein paar Wochen später nach Moskau flog. Er kam in mein Hotelzimmer. Ewald . . .?

Ein mir fremder Herr. Nicht einmal so alt aussehend, nur leicht ergraut. Sehr schlank. Aber als er mich am selben Abend abholte, um mich in seine Wohnung zu bringen und zu seiner Frau, die er noch im Lager geheiratet hatte, war er für mich schon wieder ganz der alte Ewald.

Er hatte insgesamt achtzehn Jahre Lager hinter sich, verschiedene Lager, auch Sibirien. Es war ihm wohl, wenn man davon absieht, nicht allzu schlecht ergangen, er sagte es wenigstens, man ließ die Menschen zwar auch in sowjetischen Lagern sterben, aber man brachte sie nicht um. Man wollte sie, wenn möglich, am Leben erhalten, schon um ihre Arbeitskraft zu nutzen. Und Ewald war immer Lagerarzt gewesen, und das war fast so wie König des Lagers, das manchmal um die 60.000 „Bewohner" hatte. Er lebte allein in einer Baracke oder in einem Zelt, er konnte entscheiden, wer zu krank oder zu schwach war, um zur Arbeit geschickt zu werden, wer zusätzliche Rationen oder Medizinen benötigte.

Eines Tages – es war schon nach der Chruschtschow-Rede vor dem 20. Parteikongreß, in der er sich von Stalin und seinen Methoden distanzierte – wurde Ewald nach Moskau zurückgeholt. Er erklärte, nur mit seiner Frau kommen zu wollen, und auch das wurde ihm gestattet. Ein hoher Beamter des Gesundheitswesens bedeutete ihm, man wünsche, daß er eine leitende Stellung in einer großen Klinik übernehme. Er war verblüfft.

Hatte man ihn denn rehabilitiert?

Der Beamte schien ihn nicht zu verstehen. Er sei, natürlich, nicht rehabilitiert, denn eine Verhaftung, eine Verurteilung, eine Haft – dies alles habe nie stattgefunden.

Und dann? Ewald nahm natürlich die Stelle an, die übrigens verhältnismäßig gut bezahlt war. Auch bekam er drei Monatsgehälter extra für die achtzehn Jahre, die nie stattgefunden hatten. Und auf seine Reklamation, er brauche auch außerhalb der Arbeitszeit eine gewisse Ruhe – eine Zwei-Zimmer-Wohnung, und das in Moskau, wo immer noch mehrere Familien in einer Wohnung hausen müssen. Das war, in der Tat, eine hohe Auszeichnung!

Auf einem anderen Blatt steht, daß die Wohnung so klein ist und so primitiv, daß man sie einer Putzfrau oder einem Privatchauffeur im Westen nicht anbieten dürfte. Und daß Ewald und seine Frau nicht hungern müssen, aber immer nur das kaufen können, was es gerade gibt. Und daß jede Mahlzeit lange Reisen durch Moskau voraussetzt und den Besuch von zahlreichen Lebensmittelläden. Und daß der Erwerb eines Kleides oder eines Anzuges fast unmöglich, obwohl in der Theorie eine Selbstverständlichkeit ist.

Auch darf Ewald das Land nicht verlassen und die Internationalen Kongresse, zu denen er ständig eingeladen wird, nur besuchen, wenn sie in der DDR oder in einem anderen Ostblockland stattfinden.

So bleibt er in mancherlei Beziehung weiterhin ein Gefangener. Aber, wie er sagt: „Man gewöhnt sich an alles."

Wirklich? Warum muß man das? Warum muß Ewald das? Wo ist da eine Gerechtigkeit? Warum hat er nicht das Leben leben dürfen, für das er doch vorbestimmt war?

Wir sprachen über vieles. Vor allem darüber, wie es uns ergangen war. Und ich fühlte mich ein bißchen beschämt darüber, wie gut es mir eigentlich ergangen ist im Vergleich zu ihm, obwohl ich ja wirklich sein Schicksal nicht verschuldet habe. Oder doch? Ich war es schließlich gewesen, der die Verbindung mit der Sowjetunion hergestellt hatte. Wenn Ewald in Palästina geblieben wäre ...

Wenn Ewald mir, übrigens keineswegs mit Selbstmitleid, erzählte, wie das Leben in der Sowjetunion vor sich ginge und was alles passierte oder nicht passierte, fragte ich immer wieder: „Warum?"

Und Ewald: „Das ist eben so! Man gewöhnt sich an alles."

Als ich innerhalb der nächsten Tage wohl zum tausendsten Mal

„Warum?" gefragt hatte, brachen er und seine Frau in Gelächter aus. „Du fragst immer nur, warum."

„Aber es ist doch wirklich sehr seltsam, was du mir da erzählst . . ."

„Man gewöhnt sich an alles."

Wir sprachen auch über das, was gerade in der Welt vor sich ging, und von dem wußte Ewald wirklich nur wenig. Zum Beispiel wußte er noch zwei Jahre nach dem Einfall der sowjetischen Soldaten in die Tschechoslowakei nichts von dieser Geschichte und auch fast nichts von der Unterdrückung des ungarischen Aufstandes durch die Russen. Er wußte also wirklich nicht viel, aber er ahnte manches, denn was die Nachrichten in den sowjetischen Zeitungen anbetraf, war er recht skeptisch. Und das waren auch die Russen, die ich durch ihn kennenlernte, darunter Solschenizyn, der schon damals, drei Jahre bevor er abgeschoben wurde, einen erstaunlichen Mut entwickelte, wenn es galt, Kritik am Regime zu üben.

Kaum einer von den Russen, die ich kennenlernte, hatte Angst, seine Meinung zu äußern. Auch nicht mir gegenüber, einem „Westlichen". Sie alle schienen zu denken, was Solschenizyn mir gegenüber in die Worte kleidete: „Was können sie mir schon noch tun?"

Aber Ewald redete wenig über Politik – damals, als ich ihn wiederfand – und tut es auch seither nicht, wenn ich ihn sehe. Denn ich besuche ihn fast jedes Jahr. Wir sprechen meist von längst vergangenen Zeiten. Von unserer Jugend. Wir erinnern uns der Lehrer, die lange tot sein müssen, und ihrer Schrullen, und der Mitschüler, die auch nicht mehr leben. Und wir reden von unseren ersten Mädchen und Frauen. Und von den Opern, die wir damals hörten.

Manchmal frage ich mich, ob ich nicht etwas versäumt habe und wie und wann ich sterben werde – und mit mir werden ja auch meine Erinnerungen sterben. Vielleicht habe ich nicht zuletzt deshalb dies alles aufgeschrieben.

Ist es nicht ein Happy-end? Der erste Freund meines Lebens, der mir wichtigste, der mir liebste – verloren und wiedergefunden. Wenn man das in einem Roman läse, würde man darüber lachen. Zu unwahrscheinlich! Aber das Leben ist immer ein wenig unwahrscheinlich.

Vielleicht war Ewalds Leben voller als das meine, weil er so vieles erleiden mußte und Menschen – in Gefängnissen und Lagern – so intensiv kennenlernte wie kaum jemand sonst. Vielleicht hat er darum eine so genaue Erinnerung an unsere gemeinsame Jugend behalten.

„Weißt du noch, damals . . ."

Register

Albers, Hans 108, 131
Alsberg, Max 172
Auden, W. H. 220 f.

Baer, Max 186
Baker, Josephine 12, 199, 205 ff., 226, 300 f.
Barlog, Boleslav 350, 353
Barrault, Jean Louis 12
Bassermann, Albert 56 f.
Baum, Vicki 250 ff., 266 f., 282 ff., 288, 292 ff., 300, 432
Becher, Johannes R. 319
Bermann-Fischer, Dr. Gottfried 350, 385
Benatzky, Melanie 423
–, Ralph 423
Bendow, Wilhelm 314
Benesch, Eduard 183
Bergner, Elisabeth 12, 108, 387
Bernauer, Rudolf 108
Bernard, Tristan 225 f.
Bier, Prof. August 431
Boothe, Claire 363
Bosetti, Hermine 88
Boyer, Charles 164
Braddock, Jim 237
Bradley, Omar Nelson, General 306
Brahm, Otto 320
Brauner, Arthur 386

Brecht, Berthold (Bert) 141 f., 148, 243 f., 286, 288, 398 ff.
Brundage, Avery 238
Buschenhagen, Paul 140, 337, 371

Canaris, Wilhelm, Admiral 380
Capone, Al 214
–, Mrs. 212 f.
Carnera, Primo 186
Chaplin, Charlie 109, 131 f., 157 f., 429
Chruschtschow, Nikita Sergejewitsch 436
Churchill, Winston 196 ff., 228, 259, 269 f., 426
Clay, Lucius D. 303 ff., 316, 333, 336, 339, 343 ff., 347, 349, 353, 355, 359, 373 ff., 397 f., 416 f., 427
Cocteau, Jean 316
Colbert, Claudette 252
Colette 224, 234
Coogan, Jackie 109
Cooper, Gary 252

Darrieux, Danielle 164
Davies, Marion 252 f., 257
Deutsch, Ernst 391
Dietrich, Marlene 108, 246 f., 264, 288, 382, 407, 429

Dorsch, Käthe 108, 342 f., 345 f., 349, 355, 359, 366, 370, 377, 388, 390 ff., 403, 422
Dulles, Allen 9 ff., 15 f., 32 f., 38 f., 301 f., 308 f., 355, 364
–, John Foster 9, 364 f.

Ebert, Friedrich 102
Eden, Anthony 197
Einstein, Albert 221
Eisenhower, Dwight David 304 f., 307, 309, 324, 336, 364 f.
Eisler, Hanns 242 ff., 285
Engel, Erich 141
Erb, Karl 88

Fairbanks, Douglas 109, 429
Falckenberg, Otto 88
Farago, Ladislav 279
Ferber, Edna 262
Feuchtwanger, Lion 246, 262, 286, 288, 383, 387
Fischer, Samuel 320, 414
Fitzgerald, Francis Scott 262
Forst, Melly 408
–, Willi 408 f.
Frank, Bruno 418
Freud, Sigmund 195
Friedmann, Werner 402
Fritz, Bruno 381
Fröhlich, Gustav 411
Furtwängler, Wilhelm 346 ff., 353, 370

Gasser, Manuel, 414
Gable, Clark 252, 289 f.
Garbo, Greta 132, 219, 250, 344, 429
Gaulle, Charles De 12
George, Heinrich 384
–, Stefan 92
Giehse, Therese 159, 220 f., 400 f.

Gingrich, Arnold 262 f., 366, 420, 432
Goebbels, Dr. Josef 34, 91 f., 134, 160 f., 164, 172, 174, 246, 303, 305, 333 ff., 340, 346, 349, 354, 357 f., 383 f., 387 ff.
–, Magda 334
Göring, Emmy 340 ff., 349
–, Hermann 153, 161, 174, 259, 315 f., 322 ff., 343 f., 349, 351
Graziani, Edda 308
Gründgens, Gustaf 12, 108, 132, 340, 349, 351 f., 369 ff., 393, 404 ff., 417, 422
Guggenheim, Felix 413
Guitry, Sacha 12
Gundolf, Friedrich 12, 90 ff., 112

Habe, Hans 368, 401 ff.
Haeusserman, Ernst 346
Hallen, Ingrid 263, 265, 267, 295, 361
Harlan, Thomas 384 ff.
–, Veit 383 ff.
Hasenclever, Walter 172
Hasse, O. E. 353
Hatheyer, Heidemarie 349, 379, 409 ff., 424
Hauptmann, Gerhart 319 f.
Hearst, William Randolph 253 f.
Heidenheimer, Siegfried 53 f.
Heim, Else 57, 69
Hemingway, Ernest 135, 262
Henie, Sonja 232
Heß, Rudolf 323
Hesterberg, Trude 321
Himmler, Heinrich 34, 305, 323, 342
Hindenburg, Paul von H. und Benekkendorf 102, 154
Hirschfeld, Kurt 399
Hitler, Adolf 10, 13, 34, 85 f., 88, 112, 146, 149, 151, 153, 156, 159, 161, 165 ff., 174, 177, 179 ff., 195 ff.,

214 f., 218, 220, 222, 225, 237, 239,
241, 243, 246 f., 250 f., 256, 266,
269 f., 275, 277, 282, 284 ff., 288,
295, 299, 302, 304 ff., 313, 315,
318 ff., 322 f., 325, 334, 350 f., 353,
362, 380, 384, 410, 412, 423, 433,
435
Holländer, Friedrich 108, 249, 264
Hoppe, Marianne 369
Hoover, Edgar 203 ff.
Hötzl, Dr. Hubertus 431 f.
Howard, Leslie 178
Hull, Cordell 199, 215
Hume, David 84

Ihering, Herbert 155
Ilinska, Gräfin Fira 358, 364
Ivogün, Maria 88

Jannings, Emil 79, 131, 149
Jeritza, Maria 99
Jessner, Leopold 108
Johst, Hanns 152
Jolson, Al 131
Jungk, Robert 367 f.
Jürgens, Curd 409 f.

Kálmán, Emmerich 255, 413
–, Vera 413
Karajan, Herbert von 348
Katz, Edgar 166 ff., 174 f., 182, 186,
304, 368, 407
–, Otto 164, 241, 261, 282, 285, 382
Kazan, Elia 243
Keaton, Buster 109
Keitel, Wilhelm 322 f.
Kennedy, John F. 47, 342
Kerr, Alfred 320
Kindler, Helmut 372, 375, 385

Kinski, Klaus 385 f.
Kisch, Egon Erwin 242
Klöpfer, Eugen 384
Knef, Hildegard 350, 409
Körber, Hilde 384
Korff, Kurt 141
Körner, Hermine 85
–, Theodor 19, 77
Kortner, Fritz 127, 196, 286
Kraus, Karl 132
Krauss, Clemens 319
–, Werner 12, 21, 57, 60 ff., 149 f.,
384, 387 f., 390 ff.
Kutscher, Arthur 85 f.

Lachmann, Benedict 77 f.
Lang, Fritz 12, 108, 131 ff., 164, 247,
254 f., 264, 282 f., 287 f., 293, 300,
429, 432
Lazareff, Pierre 168, 186 ff., 190 f.,
194, 202, 226, 305 f., 365, 368 f.,
397, 401
Lewis, Sinclair 195, 262, 407 f.
Liedtke, Harry 79, 345, 392
Lion, Margo 108
Lincke, Paul 317
Lombard, Carole 289
Loos, Anita 252 f.
Lorre, Peter 132, 164, 249, 432
Louis, Joe 186, 236 f.
Lubitsch, Ernst 12, 79 f., 98, 102, 108,
164, 248 f., 282 f., 288, 300
Luce, Henry R. 230, 363
Ludendorff, Erich von 359
Ludwig, Emil 92
Luft, Friedrich 391
Lustig, Hans (Jan) 164, 283

Mackeben, Theo 353
Mahler, Gustav 88, 99, 130

Mann, Erika 86, 159 f., 217, 220, 223, 261, 414, 352
–, Heinrich 220, 283, 288
–, Katja 159, 217, 220, 222
–, Klaus 86, 159 f., 217 ff., 222 f., 316, 318, 351 f.
–, Thomas 12, 72, 78, 86 f., 105, 114, 159, 217 ff., 246, 261 f., 267, 287 f., 413 f.
Marian, Ferdinand 389
Massary, Fritzi 12, 108, 127, 256, 267, 283, 338, 418
Maugham, W. Somerset 262
Mayer, Louis B. 245, 250, 255
McCarthy, Joseph R., Senator 399
McNamara, Reggio 243
Mehring, Walter 353
Meyerink, Hubert von 353
Mille, Hervé 187, 205 f.
Mistinguett (Jeanne-Marie Bourgeois) 226
Münzenberg, Willi 164
Murphy, Robert (Bob) 9, 300 f., 303, 333, 339, 346, 355, 367, 372, 379, 398, 427
Mussolini, Benito 10, 308

Nannen, Henri 425
Nelson, Rudolf 108
Negri, Pola 79
Neumann, Günter 353 f., 371 f., 374, 379, 381 f.
Nielsen, Asta 131
Nurmi, Paavo 232
Nürnberg, Rolf 78, 112, 121, 123, 132, 135 f., 139, 152, 172, 227, 263 f., 284, 291 ff., 367 f. 362

Oprecht, Emil („Opi") 165, 415 f.
–, Hans 417

Orska, Maria 387
Owens, Jesse 238

Pallenberg, Max 126 f., 256, 338
Pickford, Mary 109, 429
Pieck, Wilhelm 373
Pilsudski, Josef, Marschall 195
Polgar, Alfred 126
Pommer, Erich 246, 388 f.
Ponto, Erich 142
Porten, Henny 132, 423
Preminger, Otto 433
Prouvost, Jean 168
Purviance, Edna 257 f.

Quandt, Günther 334

Raeck, Kurt 421
Rathenau, Emil 29
–, Walther 92
Reinhardt, Max 12, 22, 56 f., 60 ff., 79 f., 83 f., 88 f., 108, 149 f., 256, 268, 319 f., 387 f.
–, Delia 88
Remarque, Erich Maria („Beni") 143, 162, 288, 422 f.
Rethberg, Elisabeth 99
Reuter, Ernst 353, 371 f., 375, 398
Richter, Ellen 423
Riefenstahl, Leni 146
Riess, Carl 44, 76
Romain, Jules 262
Roosevelt, Eleanor 201
–, Franklin D. 12, 199 ff., 254, 283 f., 309, 426
Rosenthal, Hans 391
Roth, Joseph 172

Saint-Exupéry, Antoine de 194 f.
Sais, Tatjana 353, 371, 374, 381

Sauerbruch, Prof. Ferdinand 431
Sauerwein, Jules 233 f.
Schacht, Hjalmar 153, 323 f.
Schifter, Marcellus 108
Schmeling, Max 236 f.
Schmidt-Gentner, Willy 109
Schollwer, Edith 381
Schuller, Victor 425
Schumacher, Karl von 339 f., 415
Slezak, Walter 363
Söderbaum, Christina 384
Solschenizyn, Alexander 438
Sonnemann, Emmy 152 f., 316, 340
Spoliansky, Mischa 108
Springer, Axel 406, 425 f.
Stalin, Jossif Wissarionowitsch 284, 291, 435 f.
Steinthal, Walter 107, 152, 155, 163, 172
Sternberg, Josef von 246 f.
Straßmann, Antonie 358, 364, 367
Strauss, Richard 12, 58, 287, 318 f.
Strawinsky, Igor 246
Streicher, Julius 323
Stroux, Karlheinz 422
Stumm, Dr. Johann 374
Suhrkamp, Peter 350, 377, 379, 392
Szafranski, Kurt 230

Tasiemka, Hans 299
Thimig, Helene 69 f., 391
Thomalla, Georg 381
Thompson, Dorothy 195 f., 307, 315, 359, 407 f.
Tilden, William T. 186, 238
Toller, Ernst 261

Toscanini, Arturo 99, 346
Tracy, Spencer 254, 290
Tucholsky, Kurt 172, 353
Tunney, Gene 237
Twardowsky, Hans Heinrich von 107 f.

Ulbricht, Walter 374
Ullstein, Franz 359
–, Heinz 372
–, Rudolf 139 f.

Vansittart, Lord Robert 197 f., 228, 259, 269 f.

Wagner, Winifred 317
–, Wolfgang 317
Waldeck, Gräfin Rosie 358 f.
Wallace, Edgar 128 ff.
Walter, Bruno 87 f., 221, 347
Waxmann, Franz 164, 249
Wedekind, Frank 85
Wegener, Paul 56, 331
Weill, Kurt 141
Werfel, Franz 12, 130, 246, 262, 283
Werner, Dr. Arthur 337
Wessely, Paula 63
Wiesenthal, Simon 316
Wilder, Billy 164, 180, 235 f., 249, 264, 268, 283, 288, 429, 433
Wolff, Dr. Theodor 124 f., 133, 156
Wolfe, Thomas 262

Zanuck, Daryl 283

Die große Geschichte des deutschen Films – geschrieben von Curt Riess!

Jetzt als Molden-Taschenbuch in 5 Bänden

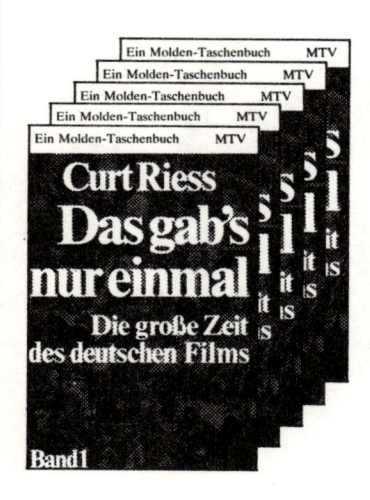

Riess beschreibt von den ersten „lebenden Bildern" 1912 bis herauf in unsere Tage den Glanz und die Faszination der Filmwelt. Die Namen der berühmten Schauspieler und Regisseure rufen heute noch große Erinnerungen in uns wach. Die reichbebilderten Taschenbücher sind eine Fundgrube der unglaublichsten Geschichten!

DAS GAB'S NUR EINMAL
Band I: Von den Anfängen bis 1925
            284 S., 53 SW-Bilder
Band II: 1925–1935
            320 S., 72 SW-Bilder
Band III: 1935–1945
            288 S., 60 SW-Bilder
Band IV: Der deutsche Film nach 1945
            288 S., 60 SW-Bilder
Band V: Der deutsche Film nach 1945
            288 S., 60 SW-Bilder
Band III: erscheint am 15. September 1977, die Bände IV, V erscheinen im Dezember 1977

MOLDEN - TASCHENBUCH-VERLAG

17.12.77
17.12.77   35.50